남경태의 가장 독창적 역사 읽기

종횡무진 서양사 

일러두기

*이 시리즈는 《종횡무진 한국사 1, 2》, 《종횡무진 동양사》, 《종횡무진 서양사 1, 2》로 구성되어 있으며, 본문에 서로 관련된 내용이 표시되어 있습니다. (예: 《종횡무진 한국사》 1권, 00~00쪽 참조)

종횡무진 서양사

2 대항해 시대에서 냉전의 종식까지

남경태 지음

Humanist

책머리에

지은이의 향기가 나는 종횡무진 시리즈가 되기를 바라며

깊으면 좁아지고 넓으면 얕아지게 마련이다. 그럼 깊으면서도 넓을 수는 없을까? 16년 전 종횡무진 시리즈를 시작할 때부터 늘 나를 괴롭혀온 질문이다.

'종횡무진'이라는 표제가 말해주듯이, 이 시리즈는 전문가용 학술서가 아니라 역사에 관심이 있는 일반 독자를 위한 대중서다. 하지만 넓어지면 얕아진다는 대중서의 '숙명'을 피하기 위해 나는 일반 대중서에는 없는 요소들을 과감히 끌어들였다. 구어적인 서술 방식이라든가 빠른 진행은 대중서 특유의 생동감을 불어넣으려는 시도였지만, 대담한 사건 연결이나 인물 비교는 역사 교과서나 대중서에서 볼 수 없는 역사적 상상력을 동원한 결과였다. 이렇게 두 마리 토끼를 쫓을 수 있었던 이유는 역사를 단순한 사실의 나열로 보지 않고 추리와 추측을 가미했기 때문이라고 자부한다.

대개 대중 역사서를 쓰는 사람들은 어떻게 하면 역사를 쉽게 정리할 수 있을까를 고민한다. 말하자면 역사의 교통경찰과 같은 역할을 자임하는 것이다. 하지만 이 시리즈에서 내가 하고자 한 역할은 교통경찰을 넘어 오케스트라의 지휘자였다. 교통경찰은 교통을 소통시켜주면 그것으로 임무가 끝나지만, 오케스트라의 지휘자는 작품을 끊임없이 재해석해야 한다. 나는 역사라는 과거의 작품을 해석하고 재해석해 역사 오케스트라의 지휘자가 되고자 했다.

그것은 쉽지 않은 길이었다. 다른 책들도 그렇지만 특히 한국사의 경우 많은 독자가 잘 아는 데다 관심도 높기 때문에 자칫 잘못 해석할 경우 오해와 비난을 부를 수도 있다. 그 위험에서 벗어나는 데는 역시 나의 '신분'이 유리했다. 전문 연구자나 학자였다면 과감한 추리가 가미될 경우 누군가 뒷덜미를 잡아당기는 듯한 기분이었겠지만, 대중서 지은이라는 신분은 학계의 선배라든가 학문적 질책을 가할 사람이 없는 탓에 상당히 자유로웠다. 다만 지나치게 방종하지 않도록 주의하고 내적인 규제의 선만 넘지 않으려고 노력했다.

물론 이런 고충을 독자 여러분이 굳이 이해하고 양해해줄 필요는 없다. 독자들은 단지 책을 통해 지식을 얻거나 흥미를 느끼면 그만이다. 그러나 지식과 흥미에도 여러 가지 차원이 있다. 지은이의 의도를 정확하게 따라잡으며 책을 읽는 것도 깊은 지식과 흥미를 포착하는 하나의 방식이 될 것이다.

지금까지 인문학을 주제로 여러 권의 책을 썼고 많은 책을 번역했다. 무엇보다 종횡무진 시리즈만큼 애정과 관심을 쏟고 정성을 기울인 책은 없다. 분량만도 전부 합쳐 원고지 1만 매에 달하는데다 다루는 주제도 통사이기 때문에 많고 넓다. 앞으로도 이런 거대한 주제를 방대한 분량으로 엮어내는 작업은 못할 것 같다. 그래서 새로운 교열을 거쳐 한꺼번에 출간하는 것을 이 종횡무진 시리즈의 최종판으로 삼고자 한다.

베스트셀러였던 적은 없지만 그래도 지금까지 독자들의 꾸준한 사랑을 받는 것으로 보아서는 역사 교과서의 지루함과 엄숙주의를 거부하는 사람들이 상당수 있다는 이야기다. 이 책은 '종횡무진'이라는 표제처럼 좌충우돌하며 자유분방하게 역사를 서술하면서도 교과서에 나오는 지식과 정보를 최대한 수용하려 애썼기 때문이다.

전 세계를 통틀어도 동양사, 서양사, 한국사를 한 사람이 책으로 엮어낸 사례는 드물 것이다(무엇보다 한국사가 포함되어 있으니 외국인은 불가능할 것이다). 하지만 이 시리즈는 그런 형식적인 특징에 만족하지 않는다. 독자들은 이 시리즈에서 한 사람의 지은이가 가진 일관된 사관과 역사 서술을 읽어내고 그것을 중심으로 공감이나 비판의 시선을 던져주기를 바란다. 그래야만 한 사람의 지은이가 시리즈를 완성한 보람이 있을 것이다.

디지털 시대를 맞아, 텍스트를 위주로 할 수밖에 없는 책은 낡은 매체로 보일지도 모른다. 그러나 나는 소설을 영화로 만든 것 중에서 원작을 능가하는 작품은 보지 못했다. 아무리 훌륭한 영화감독이라 해도 소설을 읽는 독자의 마음속에 세팅된 무대와 캐릭터를 완벽하게 재현하지는 못하기 때문이다. 더욱이 소설이 아니라 인문학이라면 말할 것도 없고, 앞으로도 텍스트의 근본적인 미덕은 변치 않을 것이다.

지은이의 향기가 나지 않는 책은 가치가 없고, 좋은 텍스트는 다른 어떤 매체보다 지은이의 향기가 진하다. 앞으로도 독자들이 이 종횡무진 시리즈에서 지은이의 체취를 느껴주기를 바라는 마음이다.

2014년 겨울

지은이 남경태

차례

종횡무진 서양사 2

7부 열매 2

종횡무진 서양사 1

종횡무진 한국사 1

종횡무진 한국사 2

종횡무진 동양사

5부

꽃

중세의 줄기가 피워낸 꽃은 세 송이다. 먼저 유럽 세계의 막내인 포르투갈과 에스파냐는 대륙의 서쪽 끝이라는 지리적 여건을 충분히 활용해 대서양 항로를 개척한다. 이들이 유럽으로 가져온 막대한 부는 유럽 문명을 세계의 중심으로 만드는 데 커다란 밑천이 되었다. 한편 정정이 복잡한 북이탈리아에서는 인간을 신에게서 해방시킨 르네상스 문화운동이 일어난다. 인문주의의 파도가 알프스를 넘어 북유럽으로 밀려들면서, 원래부터 종교적 모순이 첨예했던 독일 지역에서는 종교개혁의 물꼬가 터진다. 이제 중세의 큰 특징이던 종교적 통합성은 완전히 무너지고, 유럽 세계는 다시 새로운 질서를 모색하기 시작한다. 그 결과는 곧 전쟁을 통해 개별 국가를 이루려는 움직임이다.

23장

다른 세계를 향해

신앙과 양념

15세기 중반 이베리아 반도의 포르투갈과 에스파냐(당시에는 카스티야와 아라곤으로 나뉘어 있었지만 1권 462쪽에서 보았듯이 곧 통합을 이루니까 이제부터는 에스파냐를 나라 이름으로 불러도 되겠다)는 수백 년 동안 진행된 레콘키스타가 거의 완료되었음에도 별로 기쁘지 않았다. 뒤늦게 중앙집권적 왕국의 기틀을 갖춘 두 나라는 오히려 그것을 계기로 새삼 자신들의 처지를 자각하게 되었을 뿐이다. 서유럽 세계에서 어느새 그들은 후진국이 되어 있었다. 이탈리아와 독일은 로마 교황과 독일 황제가 권력 다툼을 벌이는 지역이었으므로 정치적 여건상 그렇다 치지만, 이베리아는 오랜 이슬람 지배로 서유럽 문화권에서 배제되어 있었던 탓에 남들이 토끼처럼 달려갈 때 거북이처럼 기어온 것이다.

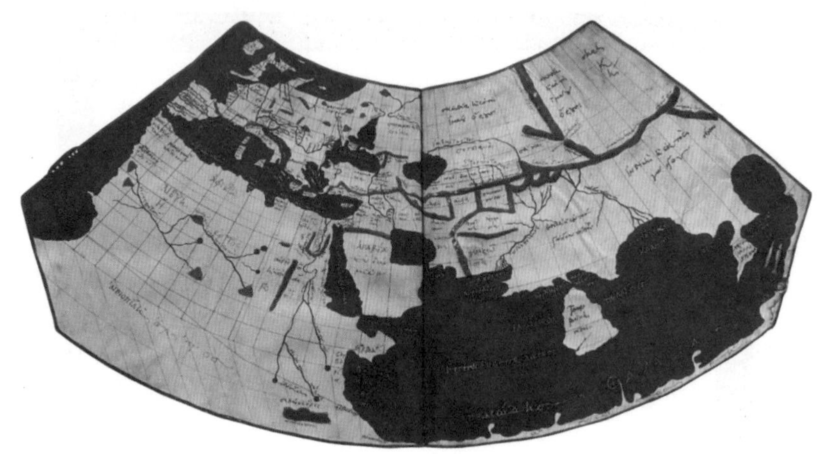

세계지도를 그리는 유럽　역동적인 역사를 전개한 유럽은 '세계'에 대한 호기심에서도 가장 앞섰다. 그림은 15세기에 그려진 세계지도다. 유럽과 아프리카 서해안 일부 이외에는 엉성하게 그려져 있지만, 그래도 전 세계를 하나의 지도에 담으려 한 유럽인들의 기상을 충분히 읽을 수 있다.

로마 시대에 히스파니아라는 이름으로 불렸던 로마의 주요한 속주라는 점에서 보면, 이베리아는 게르만 전통의 프랑스나 영국보다도 훨씬 먼저 로마 문명의 혜택을 입었던 지역이다. 그런데 지금은 영락한 처지가 되었으니, 이베리아인들은 당연히 이슬람이라면 치를 떨 수밖에 없었다. 온 세상을 그리스도교로 개종시켜야만 비로소 이 치욕에서 완전히 벗어날 수 있으리라. 그러나 그 꿈을 이루려면 먼저 한 가지 전제가 필요했다. 이교도들의 세상이 어디까지인지를 알아야 했던 것이다. 시험 범위를 알아야 공부를 할 것 아닌가?

우선 이베리아의 동쪽은 유럽과 지중해, 그 너머에는 아시아가 펼쳐져 있었고 그곳에는 전통 사회들이 득시글거렸으므로 그들의 시험 범위가 아니었다. 또 사하라 이북에서 이집트에 이르는 북아프리카는 중앙아시아와 더불어 이슬람의 본산을 이루고 있었으므로 이슬람의 손아귀에서 갓 해방된 이베리아로서는 감당하기 어려웠다. 더구나 이 '구세계'의 모든 지역은 중세에 새로이 서양 문명의 핵심으로 성장한 서유럽 강국들의 관할 구역이었으므로 이베리아의 신참들로서는 언감생심이었다. 따라서 그들이 전력을 투여할 곳은 서쪽의 망망한 대서양과 남쪽의 사하라 이남 아프리카뿐이었다. 그리스도교 문명을 새로 일굴 터전도 역시 이 방면뿐이었다. 저 바다 너머에는 뭔가가 있겠지. 대항해시대를 연 종교적 동기는 이렇게 무르익어갔다.

대서양으로 진출하게 된 또 하나의 동기는 경제적인 데 있었다. 옛 오리엔트와 그리스, 로마를 거쳐 중세 내내 지중해는 문명의 모태 그 자체였다. 유럽 문명의 씨앗을 실어온 것도 지중해였고, 뿌리를 키우고 줄기를 뻗게 한 것도 지중해였다. 그뿐이랴? 화약, 나침반, 인쇄술의 중세 3대 발명품을 비롯해 중국에서 생겨난 온갖 문물이 유럽에 전해지는 통로가 된 것도 지중해였다. 아라비아의 상인들은 비단길을 통해 또 다른 세계 문명의 발원지인 중국의 선진 문물을 도입한 뒤 지중해를 통해 부지런히 유럽으로 실어 날랐으며, 게다가 인도의 과학이나 아라비아 자체에서 발생한 그리스 고전 연구의 성과까지 유럽 세계에 전해주었다(나중에 보겠지만 이것은 르네상스의 발생에 큰 역할을 한다). 이처럼 지중해가 없었다면 서양 문명의 발생과 전파, 발전은 불가능했다. 그러나 이베리아는 지중해 연안에 있으면서도 그 혜택을 누리지 못했다. 오히려 그동안 이베리아의 역사는 지중해 때문에 피해를 본 경우였다.

중세 후기에 이슬람과 비잔티움이 무너진 것은 문명의 중심이 서유럽으로 확고히 옮겨간 계기가 되었고, 이베리아가 이슬람의 사슬에서 풀려나게 되는 데도 적잖이 기여했지만, 이베리아인들이 얻은 소득은 단지 그것뿐이었다. 지리적 여건상 당연히 그들도 한몫을 차지해야 할 지중해 무역권은 베네치아와 제노바를 비롯한 북이탈리아 도시들이 독점하게 되었다. 동방의 문물은 일단 이탈리아의 항구들에 집적되었다가 육로와 해로를 통해 알프스 이북의 서유럽에까지 전달되었는데, 육로는 이베리아와 아무런 상관이 없었고 해로는 북이탈리아와 플랑드르의 상인들이 장악했다. 이베리아인들은 상선들이 이베리아 반도를 빙 돌아가며 큰돈을 버는 모습을 뻔히 바라보아야만 했다.

동방의 문물 가운데 가장 막대한 이득을 가져다주는 것은 향료였다.* 오늘날 향료라고 하면 양념이 연상되지만 당시의 향료는 단순히 음식의 맛을 돋워주는 용도 이상의 필수품이었다. 향료는 고기를 오래 보관할 수 있게 해주었고, 와인을 비롯한 각종 술을 빚는 데도 반드시 필요했다. 몰약, 계피, 바닐라, 코코아, 사프란 등이 모두 향료였으나 그 가운데 으뜸은 후추였다. 이탈리아 상인들에게 가장 큰 무역 이익을 가져다준 것도 바로 후추였다.

● 향료는 이미 기원전 3000년경부터 중요한 교역품이었다. 아라비아 상인들이 향료 무역으로 큰돈을 벌었다는 사실도 기원전 2000년경에 나온다. 그들은 인도와 동남아시아에서 생산된 향료를 유럽에 수출하는 것으로 이득을 남겼으니, 향료 무역은 수천 년 동안 변함이 없었던 셈이다. 이 구도가 깨어진 게 대항해시대부터다. 알렉산드로스의 동방 원정도 향료 무역을 독점하려는 의도가 동기였다는 설이 있다. 또한 칭기즈칸의 서역 원정에도 향료 무역에 대한 관심이 개입되었을지 모른다(적어도 중앙아시아를 정복한 뒤에는 아라비아 상인들이 향료 무역으로 많은 돈을 번다는 사실을 알게 되었을 것이다).

향료 무역의 수익률은 대단히 높았다. 향료를 실은 선박 여섯 척 가운데 다섯 척이 도중에 침몰한다 해도 한 척만 무사히 돌아오면 이윤을 남길 수 있을 정도였다. 그러나 이탈리아 상인들이 아직 모르고 있는 게 한 가지 있었다. 그건 바로 향료의 원산지였다. 이탈리아 상인들은

세계에 관한 전설　모르는 것은 두렵다. 낯선 세계가 존재한다는 것은 알지만 그게 어떤 세계인지는 아무도 모른다. 세계 진출을 모색하기 시작한 유럽인들에게 미지의 세계는 두려움의 대상이었다. 그래서 그들은 유럽 이외의 다른 세계에 그림처럼 가슴에 얼굴이 있거나 눈이 하나밖에 없는 괴물 같은 사람들이 사는 세계가 있을 거라고 상상했다.

아라비아 대상들이 알렉산드리아나 시리아의 항구까지 실어온 향료를 받아다 서유럽에 '납품'하는 역할만 했을 뿐이므로 향료 원산지를 알 수 없었다. 아라비아 상인들은 향료의 원산지가 어디인지를 결코 알려주지 않았다. 후대에는 인도와 동남아시아의 섬들이 원산지라는 사실이 알려지지만, 당시 유럽인들은 인도 어디쯤이라는 정도만 알았고, 더욱이 인도가 어딘지 자체도 몰랐다.

그런데 '신앙과 양념'의 문제는 사실 하나였다. 그리스도교 세계를 확대하는 일과 향료 원산지를 찾는 일은 결과적으로 서로 중복되는 사업이었다. 어차피 기존의 그리스도교 세계 내에는 향료 원산지가 없으니까. 타고난 모험심으로 '항해가Navegador'라는 별명을 얻은 포르투갈의 왕자 엔리케Henrique(1394~1460)는 바로 그 점에 주목했다.

엔리케가 먼저 관심을 가진 지역은 사하라 이남의 아프리카였다. 젊은 시절 그는 북아프리카의 이슬람 도시 세우타(지금의 모로코)를 정복했을 때 남방에 관한 흥미로운 소문을 듣게 되었다. 아프리카 내륙 어느 곳에 프레스터 존Prester John이라는 사람이 세운 왕국이 있는데, 그는 독실한 그리스도교도로서 일찍이 십자군 전쟁보다 앞서 성지 예루살렘을 이슬람에게서 탈환하려 했다는 것이다. 그의 왕국과 손잡을 수 있다면 그리스도교의 세상은 훨씬 앞당길 수 있으리라. 게다가 엔리케의 귀에는 아프리카의 황금에 관한 이야기도 들려왔다. 아프리카 남쪽 어딘가에는 온통 황금으로 된 나라가 있다는 것이다.•

세상은 넓고 할 일은 많다! 프랑스와 영국이 서유럽의 패권을 놓고 백년전쟁을 한참 벌이고 있을 때, 독일의 영방국가들과 스칸디나비아의 칼마르 동맹이 그 빈틈을 노리고 강국의 대열에 올라서려 애쓸 때, 이탈리아와 플랑드르의 도시들이 지중해 무역에만 눈이 발개져 있을 때, 엔리케는 그보다 훨씬 더 크고 넓은 꿈을 이루기 위해 이탈리아에서 조선공과 항해 장비 기술자, 천문학자 등을 불러 모았다(당시 베네치아의 조선술은 세계 최고 수준이었다).

원양 항해와 지중해 항해는 근본적으로 달랐다. 우선 고대부터 지중해를 누비고 다닌 전통의 갤리선으로는 대양에 나갈 수 없었다. 노 젓는 사람들만 수십 명씩 태우고 다녀

• 프레스터 존과 황금 이야기는 둘 다 전설이지만 전혀 근거 없는 것은 아니다. 프레스터 존의 왕국은 에티오피아를 가리키는 것으로 추측된다. 에티오피아는 기원전 1000년경에 솔로몬 왕과 시바 여왕의 아들인 메넬리크가 세웠다고 한다(에티오피아인들은 1975년에 사망한 하일레 셀라시에 황제까지 그 왕통이 이어졌다고 믿고 있다). 그 후 7세기 무렵 아라비아의 셈족이 에티오피아로 이주해왔다. 솔로몬의 자손에다 셈족의 혈통인 탓에 에티오피아는 오늘날에도 아프리카에서 보기 드문 그리스도교 국가다. 또한 아프리카의 황금 이야기는 지금의 황금해안과 연관이 있었을 것이다. 그렇다면 엔리케가 들은 소문은 헛소문이 아닌 셈이다.

야 하는 데다 식량을 비롯한 보급품이 많이 필요했으므로 중간 기착지가 없이는 수개월 씩 항해를 계속할 수 없었기 때문이다. 대서양을 항해하려면 당시 신형 모델인 범선이 반드시 필요했다. 그러나 범선을 쓸 경우 갤리선에서는 없어도 상관없는 장비들이 필요했다. 바람의 힘만으로 대양을 항해해야 하므로 바람의 방향을 잘 알고 있어야 했다. 지중해에서야 노련한 선원이라면 어느 계절에 어느 쪽에서 바람이 부는지 눈 감고도 알았으나 미지의 세계 대서양은 달랐다. 나침반과 사분의 같은 항해 장비들은 그냥 '있으면 좋은' 정도가 아니라 꼭 있어야 하는 항해 도구였다. 그래서 엔리케는 동방의 선진 문물이 흘러넘치는 이탈리아의 기술자들을 초빙해 그것들을 제작하게 했다.

중세의 첨단 산업　대항해시대의 항해는 지금으로 치면 인터넷이나 IT 산업에 해당하는 첨단 분야였다. 사진은 영국의 항해 잡지인 〈매리너스 미러(The Mariners Mirror)〉인데, mirror를 mirrov(u)r라는 고어로 표기한 게 보인다. 이 잡지는 1년에 네 차례 간행되는 계간이었으며, 1588년에 창간되어 20세기 초까지 발행되었다.

선박이나 항해 장비보다 더 중요한 '인력'은 외국인의 손을 빌릴 필요가 없었다. 포르투갈과 에스파냐에도 할 일이 없어 빈둥거리는 선원들은 많았다. 그러므로 그들 중에서 모험심과 충성심이 강한 자들만 잘 고르면 되었다. 이렇게 해서 15세기 초부터 엔리케의 특명으로 구성된 탐험대는 이베리아를 떠나 아프리카의 서해안을 따라 남하했다.

성과는 기대에 미치지 못했다. 탐험대는 여러 차례에 걸쳐 약간의 노예들과 사금을 가져오는 것에 불과했다. 그러나 엔리케는 애초부터 의도가 거기에 있지 않았으므로 실망하지 않고 자비를 들여 계속 탐험대를 보냈다. 탐험 결과가 누적되고 마침내 아프리카 대륙의 가장 서쪽에 위치한 베르데 곶이 발견되자 드디어 그가 의도한 성과가 드러났다. 대서양 동부의 해도가 작성된 것이다. 해도가 있으면 항로를 찾을 수 있고, 항로를 찾으면 향료를 구할 수 있다. 이제 엔리케의 꿈은 한층 현실에 가까워졌다. 그와 더불어 마데이라, 아조레스 등 대서양의 여러 섬이 포르투갈 소유가 되면서 중간 보급기지로 사용할 수 있게 된 것도 큰 부산물이었다.

땅따먹기 게임

엔리케의 원대한 꿈이 실현된 것은 그의 사후였다. 포르투갈 왕 주앙 2세는 작은할아버지인 엔리케의 유지를 받들어 대서양 탐험대를 계속 지원했다. 마침내 1488년, 탐험을 시작한 이래 가장 큰 성과가 이루어졌다. 그전 해에 리스본을 출발한 바르톨로메우 디아스Bartolomeu Dias(1450년경~1500)가 아프리카 대륙의 최남단까지 갔다가 포르투갈로 귀국한 것이다. 아프리카의 끝을 발견했으니 이제 그곳만 돌아 동쪽으로 가면 인도를 찾을 수 있을 터였다. 폭풍으로 몇 번이나 죽을 고비를 넘긴 디아스는 그곳을 '폭풍의 곶'이라고 이름 지었으나 주앙 2세의 생각은 달랐다. 폭풍을 겪은 것은 선원이고 국왕에게는 어쨌거나 향료를 발견하기 위한 새로운 출발점이 될 뿐이다. 그래서 주앙 2세는 '희망봉'이라는 근사한 이름으로 바꾸었다.*

포르투갈이 대어를 낚자 에스파냐도 큰 자극을 받았다(그동안 에스파냐는 레콘키스타가 끝나지 않아 해외 진출을 미루었을 것이다). 하지만 그렇다고 해서 포르투갈의 뒤를 따라간다면 계속 뒤처질 수밖에 없을뿐더러 애써 항로를 개척한 포르투갈이 가만있지 않을 것이다. 이런 식의 땅따먹기 게임에는 후발 주자의 이득 같은 것도 없지 않은가? 그래서 에스파냐는 엔리케의 원래 구상을 좇아 대서양 항로를 개척하기로 마음먹었다. 포르투갈이 동쪽으로 간다면 우리는 서쪽으로 간다. 당시에는 이미 지구가 둥글다는 것이 사실로 믿어지고 있었다(바닷가에 사는 사람들은 항구로 돌아오는 배가 돛대부터 모습을 드러낸다는 것을 잘 알고 있었다). 대서양 너머 서쪽으로 계속 간다면 인도에 닿을 수 있으리라.

● 그러나 디아스의 탐험이 엔리케의 의도를 진정으로 계승한 것인지는 의문의 여지가 있다. 엔리케는 1456년 베르데 곶을 발견하고서 서쪽으로의 항해, 즉 대서양 횡단을 꾀했던 듯하다. 그런데 주앙 2세는 남쪽으로의 항해를 지시했다. 게다가 왕은 1487년 디아스의 탐험대와 더불어 육로 탐험대도 보내 향료 원산지를 찾게 했다. 주앙은 엔리케가 사적으로 항로를 개척한 성과에 고무되어 탐험의 규모를 확대했던 것이다. 하지만 엔리케의 유지를 충실히 계승했더라면 포르투갈은 에스파냐를 제치고 더 일찍 신세계에 도착했을지도 모른다.

그 일을 성공시킨 사람이 바로 콜럼버스였다. 포르투갈에 비해 수십 년이 뒤처진 에스파냐가 단번에 포르투갈을 따라잡을 수 있었던 것은 거의 전적으로 그의 공로였다. 희망봉이 발견되기 전인 1482년 콜럼버스는 포르투갈의 주앙 2세에게 대서양 탐험의 지원을 부탁했으나 당시 아프리카를 돌아가는 항로에만 관심이 있었던 주앙은 그의 제안을 받아들이지 않았다. 그래서 콜럼버스는 에스파냐의 이사벨 1세에게 부탁했다. 여왕 역시 처음에는 승인을 미루다가 1492년 그라나다의 정복으로 레콘키스타가 완료되자 계획을 허가했다. 그해 10월 콜럼버스의 산타마리아호는 카리브 해의 바하마 제도에 도착했다. 콜럼버스는 여기가 바로 인도라고 여겼고 그 믿음은 죽을 때까지 변하지 않았다(후대의 사람들은 그 일대를 서인도 제도라고 이름 지어 그의 맹신을 위로했으나 과연 이후에도 신대륙

십자가와 칼　바하마에 상륙한 콜럼버스는 그림에서처럼 원주민들의 환대를 받았다. 그는 칼을 들고 있고, 뒤의 부하들은 십자가를 일으켜 세우고 있다. 이 두 가지는 장차 에스파냐가 신대륙의 원주민들을 어떻게 대할 것인지를 예고한다. 그러나 원주민들은 아무런 눈치도 채지 못했다.

에 두 차례나 더 갔던 그가 끝까지 그곳을 인도라고 믿었을지는 의문이다).

포르투갈과 에스파냐, 두 주자가 같은 경기장에서 달리게 되었으니 서로 부딪히지 않으려면 트랙을 달리 정해야 했다. 특히 어리석은 판단으로 콜럼버스를 놓친 포르투갈은 뒤늦게 출발해 추월해버린 에스파냐에 대해 불만이 컸다. 하지만 사실 포르투갈과 에스파냐는 서로 다툴 입장이 아니었다. 한 뿌리에서 나왔고 서유럽 세계에서 차지하는 위치도 비슷한 데다, 무엇보다도 앞으로 얻게 될 영토는 무궁무진했던 것이다.

그래서 두 나라는 속셈이야 어떻든 중재자를 세우고 기준을 정해 서로 정정당당한 승부를 하기로 약속했다. 중재 역할을 맡은 로마 교황 알렉산데르 6세는 1493년 베르데 곶에서 서쪽으로 약 480킬로미터 떨어진 지점에 남북 방향으로 가상의 경계선(경도에 해당한다)을 긋고, 서쪽은 에스파냐, 동쪽은 포르투갈의 소유라고 발표했다. 쉽게 말하면, 아프리카는 포르투갈이 먼저 진출했으니 포르투갈의 소유로 하고 신대륙•은 에스파냐의 몫이라는 것이다. 하지만 그렇다면 포르투갈은 신대륙 경영에 참여할 수 없게 되니 누가 봐도 불공평했다(마침 교황은 에스파냐인이었다). 게다가 그 경계선은 대서양 한복판을 세로로 종단하므로 포르투갈이 영토로 삼을 만한 곳이 전혀 없었다.

결국 그 이듬해 두 나라는 경계선을 다시 서쪽으로 1500킬로미터쯤 더 이동시키기로 합의했는데, 이것을 토르데시야스 조약이

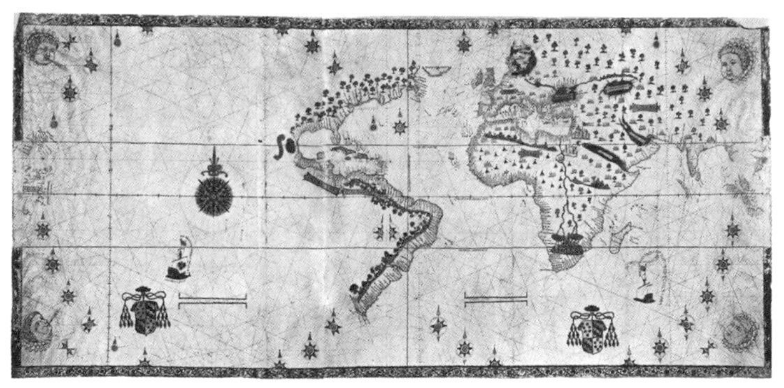

신대륙의 이야기　콜럼버스 덕분에 유럽인들은 유럽과 아프리카, 아시아 이외에 또 다른 대륙이 있다는 것을 알게 되었다. 그림은 콜럼버스의 신대륙 발견 직후에 그려진 지도인데, 남북아메리카 대륙의 동해안만이 그려져 있다. 당시 그들이 알고 있는 것은 대서양 연안의 신대륙뿐이었으니 당연하다.

라고 부른다. 베르데 곶에서 서쪽으로 2000킬로미터 지점이라면 오늘날 서경 50도 부근에 해당하므로 브라질의 동쪽 끝부분에 걸치게 된다. 당시에는 남아메리카 대륙이 발견되지 않았으므로 포르투갈로서는 미지의 세계를 걸고 도박을 감행한 셈이다. 그러나 그 도박이 성공한 덕분에 오늘날 브라질은 대부분 스페인어를 쓰는 라틴아메리카에서 유일하게 포르투갈어 국가가 되어 있다.

가상의 경계선이 처음 위력을 발휘한 때는 1500년이었다. 그해 포르투갈 선원 카브랄은 희망봉으로 가던 항로에서 실수로 이탈했다가 브라질 해안에 닿았다. 실수로 횡재를 얻은 그는 국왕인 마누엘 1세에게 보고했고, 왕은 이탈리아의 항해 전문가인 아메리고 베스푸치Amerigo Vespucci(1454~1512)에게 확인해 보라고 했다. 1503년 베스푸치는 마누엘에게

● 유럽인들이 자기중심적인 관점에서 '신대륙'이라는 말을 쓴 탓으로 우리는 신대륙이라는 말을 싫어하지만 실상 아메리카가 신대륙인 것은 사실이다. 아메리카는 인간이 가장 늦게 정착한 곳이기 때문이다. 아득한 옛날, 아시아와 알래스카를 잇는 베링해협이 육지였을 무렵 동북아시아에 살았던 몽골 계통의 인류가 북아메리카로 건너간 것이 아메리카에 인간이 살게 된 기원이라는 설이 지배적이다.

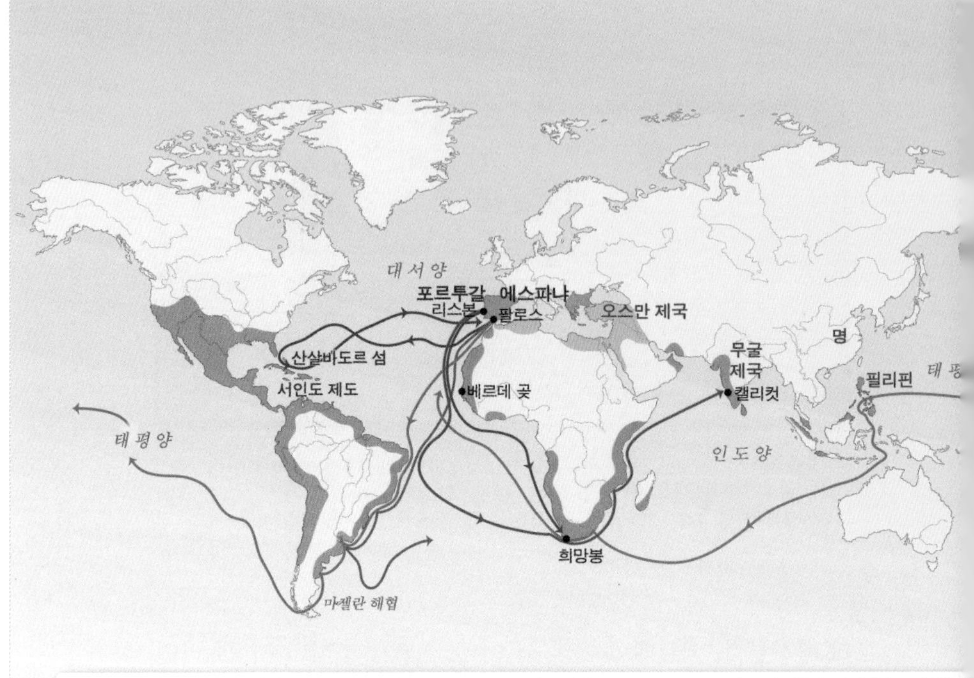

후발 주자의 이득 뒤늦게 유럽 문명권에 복귀한 포르투갈과 에스파냐는 형세를 만회하기 위해 대서양 항로 개발에 뛰어들었다. 에스파냐는 조금 먼저 출발한 포르투갈에 아프리카를 도는 항로를 빼앗겼으나 그 덕분에 서쪽 항로를 개발해 신대륙을 발견했다. 닭을 놓친 대신 꿩을 잡은 격이다.

드디어 토르데시야스 조약의 성과물이 생겼음을 알렸다. 정작 신대륙을 발견한 콜럼버스는 오늘날 콜롬비아라는 나라 이름으로만 남았지만, 브라질을 확인한 베스푸치의 이름 아메리고는 대륙 전체를 가리키는 이름(아메리카)이 되었다.

부전공인 대서양 항로에서 큰 성과를 얻었으니 전공인 인도 항로에서는 말할 것도 없다. 토르데시야스 조약으로 아프리카를 돌아가는 인도 항로를 독점하게 된 포르투갈은 항로의 끝까지 가보기로 했다. 물론 그 끝에는 인도가 있을 터였다. 1497년 마누엘로부터 '대사'라는 직함을 받은 바스쿠 다 가마Vasco da Gama(1469년경~1524)는 네 척의 배를 이끌고 리스본 항구를 출발했다. 이듬해 드디어 최종 목적지인 인도에 닿은 다 가마는 아라비아 상인들의 방해 공작을 무릅쓰고 유럽인으로서는 최초로 향료 원산지에서 향료를 구입하는 데 성공했다. 엔리케가 탐험을 계획한 지 80년 만에, 디아스가 희망봉을 발견해 절반의 목표를 이룬 지 꼭 10년 만에 인도 항로가 완전히 모습을 드러낸 것이다. 1519년부터 3년간에 걸쳐 인류 역사상 최초의 세계 일주에 성공한 마젤란의 탐험은 대항해시대 100주년 기념 선물이었다(마젤란은 항해 도중 필리핀에서 죽었으므로, 엄밀히 말해 최초의 세계 일주를 한 사람은 몰루카 출신으로 처음부터 항해에 참여한 그의 노예 엔리케다). 게다가 마젤란은 포르투갈인으로서 에스파냐의 지원을 받았으니, 말하자면 두 나라의 합작품인 셈이다.

문명의 얼굴을 한 야만

마젤란은 필리핀에서 원주민 부족과 싸우다 전사하고 동료들만 귀환했지만, 같은 시기 에스파냐 탐험대가 아메리카를 다루는 과정은 포르투갈의 경우와 현저히 달랐다. 1511년 쿠바를 정복하고 이곳에 근거지를 차린 에스파냐는 본국에서 아예 대규모의 군대를 데려다놓았다.

그럴 만한 이유는 있었다. 탐험가들이 전하는 말에 따르면, 아메리카에는 제법 힘깨나 쓰는 원주민 국가들이 존재한다는 것이었다. 그래서 에스파냐는 탐험대라는 간판을 내리고 대신 '원정대'의 깃발을 세우기로 했다. 이제 에스파냐는 원주민들에 대한 본격적인 정복 전쟁에 나섰다. 포르투갈이 탐험대→상선의 세련된 코스를 밟았다면, 에스파냐는 탐험대→원정대라는 무식한 코스를 택한 셈이다. 에스파냐로서는 그럴 수밖에 없었다. 직접적이고 단기적인 향료 무역의 이득을 노리고 인도양과 동남아시아의 섬들과 접촉한 포르투갈과 달리, 에스파냐는 대륙을 상대로 장기적이고 잠재적인 이득을 목표로 삼았기 때문이다. 그런 만큼 정복의 과정은 포르투갈의 경우보다 훨씬 더 잔인하고 야만적이었다.

당시 멕시코의 고원지대에는 아스테카인들이 200년 전부터 테노치티틀란(지금의 멕시코시티)에 터를 잡고 주변의 작은 도시국가들을 지배하고 있었다. 그리스도교 이외에는 문명의 개념을 부여하지 않았던 에스파냐인들은 아스테카 제국을 문명국으로 간주하지 않았으나, 아스테카인들은 찬란한 고대 문명인 마야를 계승한 데다 문명의 가장 명확한 증거인 문자와 달력도 사용하고 있었다.* 에스파냐인들이 군대를 끌고 간 이유는 사람을 제물로 바치는 아스테카 문명의 제례 의식을 야만적이라고 단정한 탓도 있었지만, 그보다는 문명의 수준에 비해 군사력이 취약하다는 아스테카인들의 단점을 파악했기 때문이다(더구나 아스테카는 정복한 전쟁 포로를 제물로 사용한 탓에 주변 민족들의 많은 원성을 사고 있었다. 그 주변 민족들은 나중에 에스파냐가 공격해왔을 때

* 마야인과 아스테카인은 왜 북아메리카의 넓은 평원 지대를 두고 좁은 멕시코 고원에서 문명의 꽃을 피웠을까? 이 점은 인류학의 주제로 아직도 연구 대상이지만 큰 윤곽은 추측하기 어렵지 않다. 북아메리카, 그러니까 지금 미국 동부의 넓은 평원은 기후도 좋고 사냥할 짐승도 많았지만 안타깝게도 인구가 너무 적었다. 더구나 베링 해협으로 아시아와 아메리카가 갈라지면서부터는 더 이상 구세계로부터의 이주도 없었다. 문명이 발달하려면 어느 정도의 인구밀도가 필요하다. 여기에 미치지 못했기 때문에 그들은 구세계보다 훨씬 문명의 발생과 발달이 늦었으며, 오히려 더 남쪽으로 간 무리들이 좁은 고원지대에 모여 살게 되면서 문명을 일으킨 것이다(평원에 그대로 남은 무리는 오늘날 북아메리카 원주민의 조상이 되었다).

오히려 에스파냐 측으로 붙어 아스테카와 싸웠다).

마젤란이 세계 일주를 시작한 1519년에 에스파냐의 에르난 코르테스Hernán Cortés(1485~1547)는 11척의 함대와 14문의 대포, 660명의 병력으로 쿠바의 기지를 떠났다. 그들이 닿은 곳은 오늘날 멕시코시티의 외항이라 할 베라크루스였다. 이곳에서 에스파냐군은 무려 4만 명의 원주민 군대와 싸워 이겼다. 아스테카의 결정적인 약점과 에스파냐의 우수한 화력이 한데 어울려 낳은 '어처구니없는' 전과였다.[••] 여기에 코르테스는 베라크루스를 세워 테노치티틀란을 공략하기 위한 베이스캠프로 삼았다. 그는 비록 하급 귀족 출신이었으나 열여덟 살에 청운의 꿈을 안고 신세계로 찾아온 두둑한 배짱을 가진 사나이였다.

원주민 군대의 실력을 알 만큼 알았다고 판단한 코르테스는 즉각 공세에 나서 1521년에 마침내 테노치티틀란을 점령했다. 이교도의 문명은 문명이 아니라는 그의 생각은 문명이라는 이름 아래 지극히 야만적인 행위로 실현되었다. 수천 년간 이어진 멕시코의 고대 문화를 군홧발로 짓밟고, 아스테카 원주민을 대량으로 학살했다. 아스테카 궁전을 장식하던 수많은 황금 장식물은 순전히 본국으로 수송하기 편리하도록 하기 위해 현지의 가마에서 녹여졌으며, 피라미드를 비롯한 테노치티틀란의 많은 신전은 최우선적인 파괴 대상이 되었다(이렇게 이교도 문명에 대한 적개심을 부추긴 것은 본국에서 파견되어 정복 전쟁 때마다 따라다닌 가톨릭 사제들이었다).

•• 당시 아스테카인들은 말을 한 번도 구경하지 못했다. 고산지대에서는 말이 필요 없었으므로 그들은 말을 키우지 않았던 것이다. 그래서 그들은 말을 타고 다니는 에스파냐 병사들을 상반신은 사람이고 하반신은 짐승(말)인 괴물이라고 여기면서 카바호라고 불렀다(이를테면 반인반수, 그리스 신화의 켄타우로스에 해당한다). 카바호는 '말'이라는 뜻의 에스파냐어인 카바요(caballo)에서 나온 이름이었는데, 말이라는 단어가 없으니까 아스테카인들이 에스파냐어를 빌려 만든 단어다.

또 하나의 아메리카 토착 문명인 잉카 문명은 더 보잘것없는 동기에서, 더 어처구니없는 과정을 통해 무너졌다. 아메리카가 발견된 이후 에스파냐에서는 탐험가를 자처하는 수많은 건달이 신세계로 건너왔다.* 그들 대부분은 남아메리카 어딘가에 있다는 엘도라도라는 황금의 땅을 찾으려는 꿈을 가지고 있었다. 그중 하나가 피사로Francisco Pizarro(1475년경~1541)라는 자였다. 그는 한동안 수색과 탐험을 거듭한 끝에 페루의 잉카 제국이 바로 엘도라도라고 확신했다.

10세기 이후 안데스 고원지대 쿠스코에 자리 잡은 잉카 제국은 에스파냐가 침략해올 무렵 전성기를 맞고 있었다. 더욱이 잉카는 아스테카와 달리 군사력도 강한 국가였다. 수백 년 동안 인근 민족들을 차례차례 정복했을 뿐 아니라 15세기부터는 멀리 북쪽의 에콰도르까지 손에 넣은 정복 국가였다. 배고플 때는 뭉치다가도 배부를 때는 갈라서는 게 인지상정일까? 국력이 크게 일어나자 잉카의 지배층은 쿠스코파와 에콰도르파로 양분되어 다툼을 시작했다. 1531년부터 2년간 두 세력은 치열한 내전을 벌여 에콰도르파가 승리했으나 대외적으로 위급한 상황에서 내분은 치명적이었다. 결국 조개와 새의 싸움에서 이득을 본 어부는 피사로였다.

자칭 탐험가, 타칭 건달이었던 피사로는 그간의 탐험 공로로 1531년 180명의 병력을 인솔하게 되어 지휘관이라는 명함을 하

* 그런 건달 중 하나로 발보아가 있었다. 그는 원주민들에게서 황금의 땅이 있다는 소식을 듣고 그곳을 찾기 위해 파나마 지협을 횡단한 끝에 1513년 태평양을 발견하게 된다. 그러니까 그는 최초로 태평양을 본 유럽인이다(태평양이라는 이름은 7년 뒤에 마젤란이 지었다). 그러나 그가 찾던 황금의 나라, 잉카 제국은 더 남쪽으로 가야만 했다. 그는 결국 황금을 보지 못하고 동료들을 배신한 죄로 본국에서 온 군대에 의해 처형되었다. 하지만 그가 태평양과 대서양이 가장 가까이 맞닿은 파나마에 간 것은 엉뚱한 결과를 빚었다. 발보아 때문에 신대륙의 동서 폭이 의외로 좁다고 여긴 탐험가들은 서쪽으로 약간만 더 가면 인도에 닿을 수 있으리라 여겼던 것이다. 마젤란의 세계일주도 거기서 자극을 받았을 터이다.

잉카 유적　아스테카처럼 잉카 제국도 에스파냐 병사들의 군홧발에 짓밟혀 남은 유적이 많지 않다. 이 마추픽추의 유적은 에스파냐의 침략을 피해 달아난 잉카인들이 도피 생활을 하던 곳인데, 에스파냐 병사들이 이곳을 발견하지 못한 덕분에 멀쩡한 상태로 20세기에 발견되었다.

나 더 만들었다. 그는 새 명함을 에콰도르의 실력자인 아타우알파에게 내밀었다. 쿠스코 세력과 한창 전쟁 중이던 아타우알파로서는 누구의 도움이라도 아쉬운 판에 강력한 무기를 가진 에스파냐군이 지원을 약속하니 반갑기 그지없었다.

그러나 이듬해 내전에서 승리하고 황제가 된 아타우알파에게 피사로는 명함이 아닌 성서를 내밀었다(물론 그 자리에는 에스파냐 사제가 있었다). 태양신을 비롯한 자연의 신들을 믿는 잉카인들에게 성서가 웬 말, 아타우알파는 성서를 내던지고 개종의 요구를 거부했다. 그러나 그것은 겨우 180명의 '카바호'들에게 제국을 송두리째 내주는 결과를 빚고 말았다. 1533년 '마지막 황제' 아타우알파는 문명의 얼굴을 한 야만인들의 손에 처형되었고, 그 반인반수의 야만인들은 쿠스코에서 멀찌감치 떨어진 태평양 연안 산기슭에 오늘날 페루의 수도가 된 리마라는 새 도시를 세워 본격적인 식민지 지배에 나섰다.

황금 알을 낳는 거위

동방으로 진출한 포르투갈은 목표로 삼았던 향료 원산지와 직거래함으로써 탐험의 열매를 신속히 거두어들일 수 있었다. 이것은 엔리케 이후 포르투갈의 일관된 정책이기도 했다. 그러나 뒤늦게 시작한 덕분에 오히려 더 큰 횡재를 한 것은 에스파냐였다. 동쪽 항로를 포르투갈에 선점당한 에스파냐도 원래는 서쪽으로 가서 향료 원산지를 찾으려 했으나 그 과정에서 신대륙이라는 엄청난 열매를 얻게 된 것이다.

콜럼버스가 신대륙을 발견한 이후에도 한동안 에스파냐의 탐험가들은 신대륙 내부를 탐험하기보다 향료를 찾기 위한 항로를 개척하는 데 더 열을 올렸다. 그러나 곧 그들은 자신들이 이미 손에 쥔 것이 항로와 향료보다 더 큰 가치를 지닌다는 점을 깨닫기 시작했다. 그러자 곧이어 수많은 탐험가가 신대륙으로 몰려들었다. 에스파냐 본국에서는 날마다 신대륙과 신세계에 관한 이야기가 온통 화제를 이루었다. 처음에는 향료가 없다는 데서 오는 실망감이 컸으나, 엘도라도의 소문이 퍼지면서 실망감은 큰 기대감으로 바뀌었다. 그러나 정작으로 에스파냐가 얻은 소득은 향료도, 황금도 아니었으며, 오히려 그런 것들보다 훨씬 큰 가치를 지니는 것이었다. 그것은 바로 신대륙의 영토 자체였다.

졸지에 본토의 수십 배에 달하는 해외 식민지를 얻게 된 에스파냐는 이를 관리하기 위해 왕실 직속 기구를 편성했다. 처리해야 할 중요한 문제는 얼추 세 가지였다. 첫째, 식민지 통치 구조를 확립한다. 본국과의 업무 연락을 위해서도 이것은 가장 시급했다. 둘째, 탐험가와 정복자conquistador에게 적절한 보상을 한다. 현지에서 흘린 에스파냐 군대의 피와 땀을 보상해주지 않으면 금세 반란이라도 날 터였다. 셋째, 이교도를 개종한다. 이것은 가장 어려운 문제였지만 천천히 해나가면 되니까 시급하지는 않았다.

이 문제들에 대한 해법은 간단했다. 에스파냐 왕실에서는 우선 믿을 만한 인물로 식민지 총독을 파견했고, 현지의 콘키스타도르에게는 각자 정복한 영토를 관할하게 했다. 또한 정복지마다 교회를 짓게 하고 사제들을 대거 파견했다. 이렇게 해서 세 가지 문제는 모두 쉽게 해결되었다. 단, 에스파냐 입장에서의 해결일 뿐이었다.

정복 과정에서 살아남은 원주민들은 즉각 강제 노동에 동원되었다. 자기 영토에서 전권을 움켜쥐게 된 콘키스타도르는 그 토지에 살던 원주민들을 노예로 만들었다. 그들로서는 본국에 세금도 내야 하고 이익도 거두어야 하지만 무엇보다 먼저 그동안 들인 본전을 뽑아야 했다. 정복 과정에 들어간 경비는 대부분 자비였던 것이다. 오늘날까지 이어지는 남아메리카의 대농장들은 이때부터 시작되었다.

그들이 본전을 뽑는 데 그치지 않고 이내 막대한 수익을 올리자 에스파냐 본국에서는 점차 탐험과 상관없는 일반 사람들도 신세

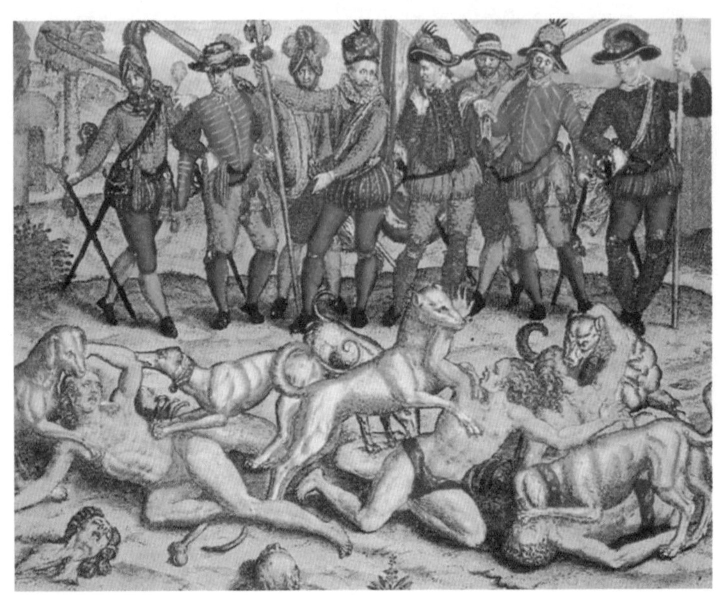

에스파냐의 잔혹극　포르투갈은 신세계로부터 무역 이득만 얻어내려 했으나 에스파냐는 신대륙에서 엄청난 땅과 보물과 노동력을 확보했다. 그런 만큼 포르투갈과 달리 에스파냐는 평화적인 방식으로 신대륙을 경영할 의도가 없었다. 그림은 에스파냐 병사들이 반항하는 원주민들을 본보기로 살육하는 장면인데, 로마 시대부터 투견으로 기르던 사나운 마스티프 개가 학살에 이용되었다.

계로 이주하기 시작했다. 건달들이 여전히 많았지만, 개중에는 선교사와 법관 등 관리 경험을 가진 자들도 있었고, 토지를 얻으려는 빈민들의 '순수한' 이주도 있었다. 그들이 원주민 여성들을 함부로 대한 것은 후대에까지 영향을 미치는 크나큰 결과를 빚었다. 이로 인해 메스티소mestizo라는 전혀 새로운 인종이 생겨났기 때문이다. 백인과 아메리카 원주민의 혼혈인 메스티소는 그 무렵에 생겨나 현재까지 라틴아메리카의 최대 인구를 형성하고 있다(메스티소는 생물학적인 기준에서의 인종 구분은 아니다).•

포르투갈은 동남아시아의 섬들을 영토화하는 데 그쳤지만(일본에 최초로 간 서양인도 포르투갈인이었다), 에스파냐는 광활한 영토와 노동력을 한꺼번에 획득했다. 신대륙에는 황금과 땅과 노예와 여자가 있었다. 에스파냐 사람들(특히 남자)에게 이보다 더 좋을 수는 없었다. 서유럽의 후진국 에스파냐는 이것을 밑천으로 일약 국제적인 신분 상승을 이루게 된다. 특히 엘도라도까지는 아니어도 멕시코와 칠레에서 다량으로 발견된 은광과 금광은 에스파냐의 경제에 결정적으로 기여했다. 현금을 땅에서 캐내는 셈이니까 이탈리아 상인들이 지중해 무역에서 올리는 이득과는 비교할 수도 없었다. 에스파냐로 흘러드는 금과 은은 서유럽 경제 전체를 쥐고 흔들 정도였다. 뒤늦게 신세계의 위력을 깨달은 서유럽의 전통적 강국들이 여기에 주목한 것은 당연한 일이었다.

그러나 당시 서유럽인들은 미처 실감하지 못했겠지만 그들이 신대륙에서 얻은 보물은 따로 있었다. 그것은 유럽만이 아니라 구세계 전체가 신세계 덕분에 누리게 된 혜택이었다. 오랫동안 구세계와 독립된 역사를 가져왔기에, 신세계 원주민들은 구세계에서 볼 수 없는 새로운 작물들을 재배하고 있었다. 바로 옥수수와 감자, 강낭콩, 호박, 면화, 토마토 등이었다. 이 작물들은 단순히 식탁을 풍요롭게 한다는 의미만이 아니라 구세계, 특히 유럽에 만연한 빈민의 기아 문제를 해결하는 데 결정적으로

● 1519년 베라크루스를 정복했을 당시 코르테스는 원주민 여자 노예와 결혼했는데, 이것은 장차 중남미에 메스티소가 생성되는 계기를 보여주는 상징적인 사건이다. 에스파냐의 군인들은 원주민 여성들을 닥치는 대로 강간했고, 마음에 들면 첩실로 삼았다. 겨우 500년 만에 메스티소가 중남미 최대의 인구로 자리 잡은 데는 그들의 '활약'이 컸다. 이렇게 라틴 계통의 백인이 아메리카 원주민과 대량으로 혼혈을 이룬 데 비해 후대에 이주하게 되는 게르만 계통의 백인(영국, 프랑스)은 좋은 대조를 보인다. 그들은 현지 주민들과 결혼하거나 성적으로 관계하는 경우가 드물었다. 이런 차이를 낳은 원인은 몇 가지가 있다. 첫째, 북아메리카의 경우에는 비교적 도덕적인 청교도들을 중심으로 이주가 이루어졌다(나중에는 이것도 무너졌지만). 둘째, 가족 단위로 이주했기 때문에 군인들이 위주인 에스파냐와는 달랐다. 셋째, 중남미에 비해 북아메리카에는 처음부터 원주민 인구가 적었다. 또한 에스파냐인들이 성적으로 타락한 것은 당시 에스파냐를 지배했던 로마 가톨릭 교회의 타락을 간접적으로 말해주는 측면도 있다. 이는 종교개혁의 주요한 원인이기도 했다.

기여했다(물론 초콜릿처럼 식탁을 풍요롭게 하는 작물도 있었다). 하지만 호사다마라고 해야 할까? 만병의 근원이라는 담배도 신세계가 원산지였다.●

● 그래서 오늘날 서양의 인류학자들은 담배를 '홍인종의 복수'라고 부르기도 한다. 서양인들에게 땅을 빼앗긴 데 대한 앙갚음으로 원주민들이 그들에게 담배를 전래했다는 이야기다. 물론 정복자들이 담배를 적극적으로 수입했으므로 복수라는 말은 성립하지 않지만.

정복의 결실

대항해시대에 유럽인들은 지구의 끝을 보았다. 물론 지구상 어느 곳에도 사람들은 살고 있었고, 그 대부분은 나름대로 문명사회를 이루고 있었지만, 적어도 전 세계를 처음으로 하나의 관점에서 인식하게 된 것이 유럽인이라는 사실은 틀림없다. 요컨대 당시 지구 전체의 모습을 알고 있는 것은 유럽인들뿐이었다(중국인들은 오래전부터 '천하'의 개념을 가지고 있었지만 그들의 천하는 중국이 중심이고 사방이 오랑캐 땅인 '우물 안 천하'에 불과했다). 아는 것은 힘이고 지식은 곧 권력이다. 세계의 정체를 먼저 인식한 유럽 문명은 결국 세계의 중심이라는 지위를 획득하고 글로벌 문명을 선도하게 된다. 그 출발점이 바로 대항해시대, 정복의 시대다.

이 시대에 유럽의 경제는 비약적인 성장을 이루었다. 동쪽 아시아에서는 아라비아 상인들을 물리치고 향료를 직수입할 수 있게 되었고, 서쪽 아메리카에서는 금과 은, 각종 신종 작물들이 쏟아져 들어왔으며, 남쪽 아프리카에서는 건장한 흑인 노예들이 마구잡이로 잡혀왔다. 포르투갈 상인들은 종전에 아라비아 상인들이 판매하던 가격의 절반으로 직수입 향료를 서유럽에 판매했으며, 아울러 인도에서 차를 수입해 서유럽 문화에 중요한 한 가지 요소를 추가했다. 게다가 그 과정에서 그들은 인도는 물론 동남아시아와 일본, 중국에 이르기까지 유럽 문명을 두루 알리는 사절 노릇을 톡톡히 했다(1557년 중국의 명나라 때 해적을 토벌한 대가로 마카오 거주권을 얻은 게 그 한 성과다).••

서유럽 경제의 중심지는 급속히 바뀌었다. 지중해 무역의 의존도가 떨어지면서 이탈리아와 플랑드르 자치도시의 상인들은 쇠락해 갔다(다음에 보겠지만 그전까지 기세가 좋았던 이탈리아와 플랑드르의 르네상스가 급속히 쇠퇴한 데는 여기에도 이유가 있다). 새로운 경제 중심은 단연 이베리아였다. 불과 100년 전까지만 해도 서유럽의 후진국에다 '이슬람의 멍에'까지 뒤집어쓰고 있었던 포르투갈과 에스파냐는 일약 서유럽 세계의 맹주로 떠올랐다.

•• 포르투갈 상인들이 일본과 중국에는 왔으면서도 한반도에 들르지 않은 이유는 무엇일까? 한반도에 온 서양인은 17세기의 벨테브레이(박연)와 하멜이 최초인데, 그마저도 둘 다 네덜란드 상인으로 중국에서 일본으로 가던 중 표류하여 제주도에 상륙한 것이었다. 그 이전은 물론 당시까지도 서양인들은 한반도의 조선을 몰랐으며, 알았다고 해야 중국의 일부로만 여겼다. 조선은 실제로 외교권과 군사권을 중국에 맡기고 있었으므로 그들의 관점에서 보면 중국의 속국이었다.

그러나 그것은 경제적인 면에서의 맹주에 불과했고, 게다가 그들이 그 지위에 있었던 시기는 정복의 시대뿐이었다. 서유럽 문명을 세계의 중심 문명으로 만드는 데는 결정적인 공헌을 했지만, 그들은 더욱 커진 그 문명을 담아내는 큰 그릇이 되지는 못했다. 그들에게 주어진 문명사적 역할은 중세 이래 전통적인 강국으로 성장한 프랑스와 영국, 독일의 서유럽 세계가 성장하는 데 경제적인 밑거름이 되는 것이었다. 그전에 먼저 서유럽은 '중세의 멍에'인 종교 문제를 해결해야 했지만.

살아남은 이탈리아와 플랑드르의 상인들은 새로운 길을 모색해야 했다. 그들이 새삼스럽게 주목한 것은 시장의 개념이었다. 예전에는 물건이 없어 팔지 못할 지경이었으므로 시장이나 경쟁이라는 개념이 필요하지 않았다. 그러나 포르투갈 상인들에게 참패한 뒤 그들은 시장의 관점에서 생산과 판매의 과정을 새로이 바라보게 되었다. 새로운 깨달음의 먼 결과는 자본주의였고, 가까운 결과는 네덜란드(플랑드르)와 영국, 프랑스가 잇달아 세우게 되는 동인도주식회사였다. 이 점에 주목한 애덤 스미스Adam Smith(1723~1790)는 훗날 정복의 시대를 '인류 역사상 가장 중요한 시대'로 규정했다(경제학의 창시자인 스미스로서는 아무래도 자본주의의 발생, 발전과 관련된 것이 가장 중요했을 테니까).

대항해시대에 서유럽 문명의 힘이 급속도로 팽창했다는 것을 보여주는 한 가지 사건이 있다. 15세기 중반 비잔티움 제국을 무너뜨리고 동유럽의 패자가 된 오스만 제국은 16세기 초 이집트를 정복해 옛 이슬람 제국의 재현을 꿈꾸었다. 오스만 제국은 곧이어 헝가리를 점령한 뒤 오스트리아의 빈을 위협했으며, 1538년에는 에스파냐와 베네치아, 로마 교황의 연합함대를 지중해에서 무찔렀다. 서유럽 그리스도교권은 몽골의 침략 이래 300년 만에 다시금 존폐의 위기에 몸을 떨었다. 서유럽은 중세를 헤쳐 나올 무렵인 16세기 중반까지도 힘에서 아직 동부 지중해 세계를 앞서지 못했던 것이다.

오스만 제국이 동방 무역의 육로를 이스탄불에서, 해로를 동부 지중해에서 차단하고 독점함으로써 서유럽은 경제 위기에 빠졌다. 당시 동방의 향료가 서유럽의 실수요자에게 왔을 때는 원래 가격의 30배로 치솟았을 정도였다. 이런 시점에서 대서양 항로가 개척된 것은 오스만 제국에 치명타를 가져왔다. 가뜩이나 정정 불안에 시달리던 제국은 무역 부진에 따른 경제난까지 겹치면서 더 이상 서유럽을 물리적으로 위협하지 못했다.

레판토 해전　신대륙에서 얻은 부는 에스파냐의 군사력을 크게 증강시켰다. 1571년 에스파냐 함대는 오스만 함대를 물리치고 지중해마저 제패하여 무적함대라는 이름을 얻었으며, 서양 문명이 이제 물리력에서 세계 최강의 지위에 올랐음을 분명하게 입증했다. 그림은 레판토 해전의 장면이다.

1571년 에스파냐와 베네치아, 로마 교황의 연합함대와 오스만 제국의 함대는 그리스 부근의 해상에서 다시 한 번 맞붙었다. 불과 30년 만의 재대결에서 연합군은 오스만 함대에게 압도적인 승리를 거두었다. 이것이 레판토 해전인데, 여기서의 활약으로 에스파냐 함대는 무적함대Armada라는 영광스러운 별명을 얻었다. 연합함대가 승리함으로써 오스만 제국의 지중해 장악은 저지되었고, 그리스도교 세력이 지중해 교역의 주도권을 잡았다.

24장

신에게서 인간으로

부활인가, 개화인가

르네상스Renaissance는 프랑스어로 '부활'이라는 뜻이다. 무엇이 부활했다는 것일까? 그리스의 고전 문화가 부활했다는 이야기다. 언제 어디서? 14세기에 이탈리아에서 시작되었고, 이것이 점차 북쪽으로 퍼져나가 16세기 무렵에는 서유럽 전체가 르네상스 문화를 공유하게 되었다. 그럼 르네상스의 역사적인 의의는 무엇일까? 르네상스는 서유럽이 1000년에 달하는 오랜 중세를 끝내고 근대사회로 접어드는 이행기라는 성격을 지닌다. 학자에 따라서는 르네상스를 중세의 끝자락에 놓기도 하고 근대의 출발점에 위치시키기도 한다.

이상이 르네상스에 관한 사전적인 지식이자 동시에 박제화된 지식이다. 하지만 이 내용은 설명보다 더 많은 의문을 안겨준다.

"이탈리아에서 시작되었다는 르네상스가 왜 프랑스어로 불릴까?" 하는 사소한 의문도 있지만, "왜 하필 2000년 전의 그리스 고전 문화가 갑자기 14세기에 부활한 것일까?"라든가, "대체 무슨 이행기가 200년씩이나 될까?" 등의 중대한 의문도 있다.

우선 르네상스가 프랑스어인 이유는 간단하다. 후대에 프랑스 학자들이 그렇게 불렀기 때문이다. 17세기 말에 프랑스의 사전 편찬자들은 '르네상스'라는 항목을 설정하고 새로운 시대의 문화와 예술에 관해 서술했다. 이것을 바탕으로 19세기의 프랑스 역사학자 쥘 미슐레Jules Michelet(1798~1874)는 처음으로 시대 전체를 가리키는 개념으로 르네상스라는 말을 썼다. 그 덕분에 르네상스는 문화와 예술을 넘어 14~16세기 서유럽의 지성 운동을 총괄하는 개념으로 승격되었다.•

둘째 의문은 르네상스의 본질과 관련된 것이지만 사실은 우문이다. 그리스 고전 문화는 오랫동안 숨죽이고 있다가 느닷없이 14세기 이탈리아에서 부활한 게 아니기 때문이다. 우리는 지금까지 서양의 역사를 씨앗(오리엔트), 뿌리(그리스와 로마), 줄기(중세)로 살펴보았다. 씨앗과 뿌리, 줄기는 같은 식물의 성장 단계들이므로 연속적이고 순차적이다. 이 연속선상에서 말한다면, 르네상스(아울러 대항해시대, 종교개혁)는 중세의 줄기가 자랄 대로 자라 드디어 꽃을 피운 게 된다.

역사에서 비약이란 없다. 그리스가 오리엔트의 문명을 이어받지 않았다면 서양 문명의 뿌리는 없었을 테고, 뿌리 없는 줄기와

• 사실은 이탈리아 르네상스 시대에 이미 르네상스라는 말이 사용되었다. 당시 피렌체의 화가이자 작가인 조르조 바사리(Giorgio Vasari, 1511~1574)는 자신의 저서인 《예술가 열전》에서 르네상스와 같은 뜻의 '리나스키타(rinascita)'라는 말을 여러 차례 사용했다. 만약 이탈리아가 프랑스처럼 일찍 국민국가를 이루었더라면 오늘날 우리는 르네상스 대신 리나스키타라는 말을 썼을 게 틀림없다. 이탈리아는 르네상스라는 '개화(開花)'를 이룬 주인공이었으면서도 그 열매는 따지 못한 셈이다.

꽃이 없듯이 중세와 르네상스도 없었을 것이다. 따라서 르네상스를 '개화'로 규정하지 않고 '부활'로 규정한 것은 근본적으로 잘못이다. 차라리 르네상스 대신 그냥 '새로운 시대'라고 부르는 게 더 나았을 것이다. 하지만 그런 문제는 역사학자들의 몫으로 넘기고 르네상스라는 이름을 그냥 사용하도록 하자.

그러면 셋째 의문은 저절로 해결된다. 200년씩이나 오래가는 '이행기'란 없다. 그 정도의 기간이라면 그 자체로 '별개의 시대'를 이루는 것으로 보아야 한다. 내용을 따져보아도 르네상스 시대는 중세와 근대 사이에 낀 이행기가 아니다. 수천 년 동안 천천히 뿌리와 줄기를 키워오던 서양 문명이라는 나무가 바야흐로 최초의 결실인 꽃을 피우는 시기다. 따라서 르네상스 시대는 어떤 사회에서 다른 사회로 넘어가는 과도기가 아니라 그 자체로 독립적인 하나의 시대다.

물론 르네상스를 고전 문화의 부활로 보는 데는 나름의 근거가 있다. 바로 중세를 부정하기 때문이다. 중세를 부정하면 그리스 문화로 직접 연결될 수 있다(로마도 끼어 있지만 로마는 문화적 측면보다 국가 체제와 사회제도의 측면에서 서구 문명의 뿌리 역할을 했다). 그렇다면 르네상스 시대는 중세와 대립하는 측면이 강하다는 이야기가 된다. 어떤 대립일까? 중세를 지배한 하나의 커다란 특성, 즉 그리스도교에 대한 관점이 크게 달라진 것이다.

분권화된 중세 사회에 전반적인 통합성을 부여한 것이 바로 그리스도교였다. 그러나 중세의 해체기로 접어들면서 그리스도교의 통합력은 점차 약해진다. 여기에는 종교 외적인 면과 종교 내적인 면이 있다. 종교의 바깥에서는 어지간한 힘을 갖춘 세속의 집단(왕국)들이 생겨나고 자라났다. 강력한 왕권이 들어설 수 있는

누드의 부활　르네상스는 고전 문화의 부활이지만 중세에 대한 거부는 아니다. 오히려 르네상스는 서양 문명의 뿌리(그리스-로마)와 줄기(로마-게르만)를 충실히 이어받아 꽃을 피운 시기로 보아야 한다. 위의 세 그림은 왼쪽부터 차례로 고전, 중세, 르네상스 시대에 미의 세 여신을 그린 작품들이다. 누드화가 부활한 것은 고전 문화를 이어받은 것이지만, 여성들의 표정은 중세 작품과 크게 다르지 않다.

지역에서는 국민국가의 원형들이 생겨났고(프랑스, 영국, 에스파냐, 북유럽), 그럴 수 없는 지역에서는 소규모의 영방국가들이 발달했으며(독일), 그럴 여건조차 갖추지 못한 지역에서는 자치도시들이 성장했다(플랑드르와 북이탈리아). 이렇게 세속의 사회들이 발달하는 눈부신 속도는 종교로서 도저히 따라잡을 수 없는 것이었다.

종교 안에서도 변화의 바람이 거셌다. 사회의 복합화가 진행될수록 사람들은 지식을 쌓아갔고, 이성의 힘을 실감하기 시작했다. 예전에는 신에게 종속되는 것만이 유일한 삶의 목표이며 행복을 구하는 길이었으나 이제는 자신의 판단에 따라 살아가고 싶어 했다. 심지어 신앙마저도 이성적으로 해명하지 않으면 안 된다고 여기는 사람들이 생겨났다(안셀무스, 토마스 아퀴나스 등 스콜라 철학자들). 비록 그리스도교 신앙 자체는 여전히 힘을 잃지 않았지만 기존의 신앙으로는 사람들의 '커진 머리'를 수용하기 어려웠다(나중에 보겠지만 여기에 교회의 부패와 타락이 겹쳐 종교개혁이 일어난다).

소수의 선각자들이 처음으로 느낀 인간의 이성과 자유의지는 금세 모든 사람에게 퍼져나갔다. 이제 사람들은 다음 두 가지 판단 중 하나를 개인적으로 선택해야 했다. 첫째, 내게 '일용할 양식'을 주는 것은 이제 신이 아니다. 둘째, 신께서 내게 일용할 양식을 주시는 과정은 알고 보니 그렇게 단순하지 않다. 앞의 것은 신의 부정이고, 뒤의 것은 앎과 이성을 통한 신앙으로 이어진다. 중세가 해체되고 있는 와중에 신을 정면으로 부정하기란 어려웠다. 따라서 많은 사람은 뒤의 입장을 선택했다. 이렇게 해서 인간이 이성으로 신을 규정하는 르네상스 시대가 개막되었다. 그 첫 단추는 문학에서 꿰었다.

문학이 문을 열다

14세기 벽두에 피렌체의 단테Alighieri Dante(1265~1321)는 《신곡La divina commedia》이라는 방대한 서사시를 지었다. 그전에도 영국의 영웅서사시 《베오울프Beowulf》라든가 프랑스의 무훈서사시 《롤랑의 노래La chanson de Roland》 등과 같은 중세의 서사시는 간혹 있었으나, 그것들은 전해 내려오는 민담에 여러 차례 살을 붙여 이루어진 것이었으므로 《신곡》처럼 지은이가 분명한 작품들은 아니었다. 게다가 《신곡》은 분량에서도 그것들의 세 배가 넘었다.

또한 《신곡》은 중세의 서사시들과 두 가지 점에서 질적으로 달랐다. 하나는 '신의 희곡'이라는 제목에서도 알 수 있듯이 신의 영

단테와 신곡　희곡 작품《신곡》에서는 베르길리우스, 베아트리체, 베르나르를 각각 지옥, 연옥, 천국의 안내자로 설정했지만, 이 그림에서는 단테가 자신의 세계를 직접 안내하는 것으로 그려져 있다. 오른쪽의 건물은 피렌체의 산타마리아 델 피오레 대성당이다.

역을 주제로 삼았다는 것이다.《신곡》은 단테 자신이 안내자의 인도를 받아 지옥과 연옥, 천국을 차례로 여행하면서 참된 종교적 승화를 이루는 내용이다.● 이처럼 인간이 이성의 힘을 통해 신이 관장하는 세계를 그려낸 작품은 그 이전이라면 상상할 수도 없었고, 상상한다 해도 시도할 수 없었다. 다른 하나는 단테에게 지옥을 안내하는 인물이 로마의 시인 베르길리우스Publius Maro Vergilius(기원전 70~기원전 19)라는 점이다. 베르길리우스라면

● 《신곡》에서 단테가 참된 신앙을 부르짖었다는 것은 역설적으로 그의 시대가 참된 신앙을 가능케 하지 않았다는 이야기가 된다. 실제로 당시 북이탈리아의 여러 도시는 신성 로마 제국을 지지하는 황제파와 로마 교황청을 지지하는 교황파로 나뉘어 격심한 다툼을 벌이고 있었다(59쪽 참조). 피렌체의 정치인으로 황제파에 속했던 단테는 1301년 교황파가 피렌체의 정권을 차지하면서 시에서 추방된다. 이후 어려운 망명 생활에서 집필한 작품이 바로 《신곡》이었으므로 당연히 교황이 지배하는 '현실의 종교'는 부정적으로 그려질 수밖에 없었다. 그는 죽을 때까지 끝내 고향에 돌아가지 못했다.

트로이 전쟁의 영웅 아이네아스의 모험을 그린 서사시《아이네이스》의 작가이므로 말하자면 그리스 정신으로 충만한 로마의 시인이었다. 단테는 아이네아스가 저승을 방문하는 장면에서 힌트를 얻어 베르길리우스를 지옥의 안내자로 설정했겠지만, 그렇다 해도 그리스와 로마의 정신을 염두에 둔 것은 분명하다. 그리스 고전을 매개로 신의 영역을 묘사한다!《신곡》의 이런 구도는 이미 중세를 넘어서고 있었다.

단테의 한 세대 다음 인물인 페트라르카Francesco Petrarca(1304~1374)와 보카치오Giovanni Boccaccio(1313~1375)에 이르면 르네상스 정신은 더욱 현저하게 드러난다. 호메로스·플라톤·세네카·키케로 등 그리스와 로마의 고문헌을 열심히 수집하여 연구했고, 고전 사상과 문학에 해박한 페트라르카는 내용에서만이 아니라 문학적 형식에서도 르네상스의 특징인 인문주의humanism의 경향성을 강하게 보여주었다. 또 보카치오는《데카메론Decameron》에서 현실의 종교, 즉 성직자들을 통렬하게 비판했다. 특히 교황에서 거지까지, 귀족에서 하인까지 이르는 사회 각계각층의 수많은 인물을 화자로 동원하고 있으므로《신곡》에 빗대어 '인간의 희곡', 즉 '인곡人曲'이라는 별명을 얻을 정도였다(후대의 학자들은 페트라르카를 '최초의 근대인'이라고 말하며, 보카치오의《데카메론》을 '근대 소설의 효시'라고 부른다).

문학을 통해 르네상스의 문을 연 단테, 페트라르카, 보카치오는 모두 이탈리아 북부의 자치도시들인 피렌체와 아레초 출신이다. 이것은 무엇을 뜻할까? 바로 북이탈리아가 르네상스의 발원지라는 것을 말해준다. 그럼 왜 르네상스는 북이탈리아에서 먼저 일어났을까?

르네상스의 두 영웅 '최초의 근대인' 페트라르카(왼쪽)와 '최초의 근대 소설가' 보카치오(오른쪽)의 초상이다. 물론 이들이 없었다 해도 '근대'는 왔겠지만, 이들은 이탈리아 르네상스의 첫 삽을 뜨고 기초공사를 튼튼히 다진 인문주의의 영웅들이다.

베네치아나 제노바 등 북이탈리아의 도시들이 지중해 무역을 독점하게 되면서 르네상스의 경제적 배경을 이루었다는 것은 앞에서 본 바 있다(22쪽 참조). 그러나 그 점도 물론 중요하기는 하지만 르네상스의 배경일 뿐 르네상스를 유발한 직접적인 동인은 아니다. 그러므로 경제적 측면에만 주목하면 르네상스의 원인을 충분히 설명하지 못한다. 예를 들어 당시 북해 무역을 독점하면서 북이탈리아에 못지않게 번영을 누리고 있던 플랑드르의 자치도시들에서는 왜 르네상스가 일어나지 않았을까? 북이탈리아와 플랑드르의 차이는 바로 정치적 측면에 있었다.

호엔슈타우펜 왕조가 독일(신성 로마 제국)의 세습 왕조로 있던 12세기 중반부터 13세기 말까지 제국과 로마 교황청은 사사건건 대립했다. 제국은 교황청을 '신성 로마'로 여기지 않았고, 교황청은 제국을 '로마 제국'으로 인정하지 않았다. 각기 다른 로마의 간판을 내건 세속과 신성은 실상 '세속의 지배자' 자리를 놓고 서로 격렬히 싸웠다. 가장 큰 피해자는 전장이 되어버린 이탈리아 북부였다. 중부는 교황청이 지배했고, 남부는 제국의 영향권에 있는 시칠리아 왕국이 들어서 있었으나, 가장 인구밀도가 높고 경제적으로 번영한 북부는 정치적으로 무주공산이나 다름없었다. 물론 그런 '정치적 공백'(통일된 정치권력이 없다는 의미에서) 덕분에 북이탈리아에는 일찍부터 자치도시들이 생겨날 수 있었지만, 이들은 아무래도 교황과 독일 황제의 대립 속에서 이리저리 시달릴 수밖에 없었다.

그러던 차에 양측의 내부에서 중요한 정세 변화가 일어났다. 우선 독일에서는 세습 왕조가 끝나면서 영방국가 체제가 들어섰다. 독일이 분권화의 길을 공식적으로 택함으로써 북이탈리아에 대한 독일의 정치적 영향력은 그전보다 약해졌다. 교황청에서는 더 큰 변화가 있었다. 독일 황제보다 훨씬 단순무식한 방법을 구사한 프랑스의 필리프 4세에 의해 로마 교황청이 아비뇽으로 옮겨간 것이다(73쪽 참조). 프랑스가 교황청을 관할하게 되면서 북이탈리아는 그전보다 한결 숨통이 트였다. 두 가지 사건 모두 13세기 말에서 14세기 초에 일어났다.•

이것으로 북이탈리아에 잠복해 있던 르네상스의 물꼬가 트였다. 본래 이곳은 옛 로마 문명의 고토이므로 다른 지역보다 고전 문화의 전통이 강했고, 로마 시대의 유적과 유물도 많았다. 한마디로, 서양 문명의 뿌리가 자라난 곳이었던 것이다(또 하나의 뿌리인 그리스는 당시 비잔티움 제국에 속해 있었다). 이런 조건은 문학이 문을 연 르네상스의 정신을 이어받아 미술이 르네상스의 대표주자로 떠오르는 데 결정적으로 기여했다.

● 이 시기에 로마에서는 이탈리아인의 해방감을 보여주는 하나의 해프닝이 있었다. 1347년 로마의 호민관이 된 리엔초라는 청년은 고대 로마 공화정의 부활을 꿈꾸었다. 실제로 그는 아비뇽 교황청과 독일 황제의 지지를 모두 얻어 신성과 세속의 조화에 바탕을 둔 '위대한 로마'를 재현하고자 했다. 이상은 좋으나 엄청난 시대착오였다. 결국 그는 권력을 잃고 사형선고까지 받았다가 간신히 살아났으나 시민들의 폭동으로 살해되고 말았다. 그러나 그의 이상에 공감하는 사람들은 적지 않았다. 당대의 페트라르카도 그에게 지지를 보냈을 뿐 아니라, 19세기 '위대한 독일'의 이념을 지지한 작곡가 바그너는 리엔초의 극적인 생애를 〈리엔치〉라는 오페라로 만들었던 것이다.

사실성에 눈뜨다

중세의 중반기까지 동방의 로마 제국, 즉 비잔티움 제국이 모든 분야에서 서유럽을 앞섰다는 것은 앞에서도 본 바 있다. 여기에는 하드웨어만이 아니라 소프트웨어도 포함된다. 정치와 경제, 사회제도 등이 하드웨어라면, 문화와 예술은 소프트웨어다. 소프트웨어가 발달하는 속도는 대체로 하드웨어보다 느리다. 중세가 한창 변화의 와중에 있었던 12~13세기쯤이면 서유럽 세계는 다른 면에서는 비잔티움 제국을 거의 따라잡았으나 문화와 예술은 아직 미치지 못했다. 특히 미술에서는 여전히 '비잔티움풍'이 가장 선진적이고 첨단의 유행이었다(그런 탓에 오늘날에도 비잔티움이라고 하면 흔히 제국보다 미술 양식을 먼저 떠올린다).

이런 구도를 깨뜨린 사람이 피렌체의 조토Giotto di Bondone(1266년경~1337)다. 그는 이탈리아의 전통을 흡수해 새로운 화법으로 표출시킴으로써 후대 미술사가들에게서 '유럽 근대 회화의 창시자'라는 영예로운 별명을 얻게 된다. 물론 아직 소재에서 새로운 것을 추구할 단계는 아니었다. 비잔티움 미술은 오랫동안 성화聖畵(icon)의 전통이 지배했기 때문에 성화를 위한 기법과 양식이 크게 발달했다. 이탈리아의 화가들도 이것을 이어받았으므로* 조토 역시 성서에 나오는 이야기를 소재로 하고 신앙심을 두텁게 하려는 의도에서 그림을 그렸다.

그러나 같은 성화라 해도 조토의 작품은 비잔티움 성화와 크게 달랐다. 비잔티움 성화는 종교적 목적만을 부각시킬 뿐 인물이 평면적이고 비사실적인 형태를 취하는 데 반해, 조토의 그림은 똑같이 성서의 내용을 소재로 하면서도 각 인물을 개성을 가진 존재로 살려내는 사실적인 방식을 도입한 것이다.

그럼 조토 이전의 비잔티움 화가와 이탈리아 화가 들은 그 점을 몰랐던 걸까? 그들의 눈에는 누가 봐도 명백한 인물들의 개성이 보이지 않았기 때문에 그렇듯 인물들을 평면적으로 그린 걸까? 그렇지는 않다. 예를 들어 비잔티움 성화에서는, 성모 마리아나 그리스도의 제자들과 같이 종교적으로 중요한 인물은 크고 자세하게 묘사하고 나머지 '조연'들은 그 주변에 아주 조그맣게 그리는 게 일반적이었다. 그러나 그렇다고 해서 화가가 실제로 그 인물들의 크기가 각기 다르다고 생각한 것은 아니다. 다만 당시의 회화에서는 종교적 목적이 가장 중요했고, 다른 측면, 이를테면 사실성 따위는 중요하지 않다고 여겼을 뿐이다. 중세 이전의 시대, 종교가 모든 것을 압도하지 않았던 시대, 즉 그리스와 로마 시

● 비잔티움의 성화가 서유럽으로 퍼진 것은 특히 9세기 이후부터였다. 왜 그랬을까? 바로 성상 숭배 금지령 때문이다. 1권 328쪽에서 보았듯이 8세기에 비잔티움 황제 레오 3세는 수도원 세력을 누르고 황권을 안정시키기 위해 성상 숭배 금지령을 내렸다. 이후 이 문제를 놓고 비잔티움 제국 내에서는 여러 차례 분쟁이 벌어지게 되는데, 이를 계기로 제국 내에서 위축된 비잔티움 양식의 성화가 서유럽으로 전해지게 되었다.

달라진 기준　왼쪽은 12세기의 비잔티움 성화이고, 오른쪽은 르네상스 시대에 뒤러가 그린 〈성모와 아기 예수〉다. 같은 소재의 작품이지만 왼쪽 그림은 누가 봐도 두 인물의 비례가 어색하다. 그러나 이 그림이 그려질 무렵에는 사실성을 기준으로 작품의 가치를 따진 게 아니라 종교적 심성이 무엇보다 중요했다. 예술의 기준은 이렇게 상대적이다. 뒤러의 작품은 12세기라면 오히려 어색하다는 비난을 받았을지도 모른다.

대의 예술이 더 후대인 중세보다 훨씬 사실적인 작품들을 제작했다는 것이 그 점을 증명한다(그렇기 때문에 조토의 회화는 중세를 건너뛰어 고전 문화와 통하는 르네상스의 특징을 담고 있는 것이다).

따라서 조토가 자신의 작품에서 사실성을 부각시킨 것은 그의 예술적 천재성을 말해준다기보다는 '시대가 바뀌었음'을 말해주는 현상이다. 달리 말하면 조토 이전의 시대와 조토의 시대, 중세와 르네상스 시대는 '좋은 작품'의 기준이 다른 것이다. 만약 중세의 전성기에 조토의 작품이 미술전에 출품되었다면 틀림없이 격렬한 비난을 받았을 것이다. 그때는 신앙심을 얼마나 잘 담아냈는가가 작품 선정의 가장 중요한 기준이었으니까(그런 점에서 르네상스 미술은 그전 시대보다 내용의 중요성이 적어진 대신 미술의 형식, 즉 양식미가 훨씬 중요해졌다고 할 수 있다).

조토가 개척한 사실성의 새로운 관점은 피렌체 태생인 건축가 브루넬레스키Filippo Brunelleschi(1377~1446)에게로 이어져 르네상스 미술의 최대 발명품이라 할 원근법을 낳게 된다. 알다시피 건축은 회화보다도 더 사실성이 필요한 예술 장르다. 그림으로 그린 건물은 설령 불안정해 보인다 해도 무너질 일은 없지만 건축에서는 조금만 균형을 잃어도 대형사고가 나기 때문이다. 그래서 신앙심을 최우선으로 하는 중세에도 건축에서만큼은 사실적인 측면을 고려하지 않을 수 없었다(신앙심의 상징인 고딕 성당의 높은 첨탑을 유지하기 위해서라도 그래야 했다).

건축가인 동시에 건축 이론가이기도 한 브루넬레스키는 그 사실성을 수학적으로 엄밀하게 계산하고자 했다. 그가 연구 대상으로 택한 것은 옛 로마의 유적이었다. 그 고대의 건축물들을 보면서 그는 보는 시점과 각도에 따라 거리감이 어떻게, 얼마나 달라지는가를 계산했으며, 그 결과 비례에 대한 새로운 관점과 감각을 얻을 수 있었다. 즉 보는 사람의 눈과 물체의 거리가 어느 정도 떨어져 있을 경우 어느 정도로 작게 보이는가를 알 수 있었던 것이다. 이것은 바로 원근법의 근본 원리였다.

그런데 역설적이게도 브루넬레스키가 발명한 원근법은 정작 건축에서는 별로 쓸모가 없었다. 건축에서는 이미 오래전부터 원근법의 원리가 적용되어오고 있었기 때문이다(그렇지 않으면 건축물 자체가 존재할 수 없었을 것이다). 원근법은 오히려 3차원의 입체를 2차원의 평면으로 묘사하는 것, 즉 회화에 반드시 필요했다. 회화가 새로운 사실성을 담아내려면 원근법을 수용해야 했다.

가까이 있는 물체는 커 보이고 멀리 있는 물체는 작아 보인다. 이것은 현실 세계가 입체적으로 구성되어 있기 때문이다. 따라서 현실 세계를 2차원의 화폭에 담으려면 가까운 것을 크게 그리고 먼 것을 작게 그려야 한다. 지금 우리에게는 지극히 당연한 원리지만, 르네상스 시대에 세계를 사실적으로 그리겠다는 발상이 나오지 않았다면 그 당연한 원리는 훨씬 더 늦게 회화에 적용되었을 것이다.•

조토와 브루넬레스키의 발상은 천재적인 예술가들의 발명이나 깨달음이라기보다는 사실적이고 현실적인 예술 작품을 지향하는 과정에서 생겨난 산물이다. 대상을 눈에 보이는 대로, 있는 그대로 담아내려는 예술적 의도는 원래 지극히 자연스러우며 본능에 가까운 것이다. 그리스와 로마의 고전 시대는 물론 그보다 훨씬 이전인 구석기시대에 속하는 알타미라 동굴이나 라스코 동굴의 벽화에서도 그 점은 분명하게 드러난다. 그러나 인류 역사에서 내내 관철되어오던 사실성을 향한 지향은 중세 기간에 종교가 만들어낸 무형의 압력에 짓눌려 잠시 맥이 끊겼다. 그것을 부활시킨 것이 르네상스 미술이라는 점에서 본다면, 르네상스는 단지 고전 문화만을 부활시킨 게 아니라 억압되어 있던 인간의 본능을 해방시킨 것이라고도 할 수 있다.

• 브루넬레스키가 개발한 원근법은 그의 동료 건축가이자 작가인 알베르티가 더욱 체계화한다. 르네상스 시대에 발명된 원근법은 선으로 원근을 표현하는 선원근법이었고, 나중에는 색채를 이용하는 색채원근법으로 이어진다. 그런데 이 원근법에는 흥미로운 역설이 숨어 있다. 자연을 사실적으로, 즉 있는 그대로 표현하고자 하는 게 원근법의 취지였지만 원근법 자체에는 사실의 왜곡이 포함되어 있다는 점이다. 화가들은 원근법에 따라 멀리 있는 길은 좁게 그리고 가까이 있는 길은 넓게 그리지만(또한 그게 더 사실적이고 자연스러워 보이지만), 멀리 있다고 해서 실제로 길 자체가 좁아지는 것은 아니다. 그렇다면 원근법은 사실을 왜곡해야만 사실성을 얻을 수 있다는 역설이 된다. 이는 3차원의 현실을 2차원으로 담아내는 데 따르는 피할 수 없는 모순이다. 이 점은 나중에 인간 이성의 동질성이 해체되는 19세기에 다시 주요한 주제가 된다.

'작은 로마'가 만든 르네상스

조토가 새롭게 불을 지핀 사실성의 불꽃은 15~16세기 마사초, 보티첼리 등의 피렌체 화가들에게 계승되었다. 이 과정에서 회화의 소재는 성서에 머물지 않고 더욱 폭을 넓혀 그리스 신화에까지 확대되었다. 바야흐로 본격적인 고전 문화의 부활이 시작된 것이다. 그 불꽃을 이어받아 커다란 횃불로 만든 예술가는 전성기 르네상스의 3대 거장으로 불리는 레오나르도 다빈치Leonardo da Vinci(1452~1519), 미켈란젤로Michelangelo(1475~1564), 라파엘로Raffaello Sanzio(1483~1520)였다. 이들은 그리스도교에 의해 죄악시되던 인간의 '신체'에서 아름다움을 찾아냈고, 성서와 신화의 내용을 빌려 인간의 모습을 표현했다.•

흥미로운 사실은 조토에서 라파엘로에 이르기까지 르네상스를 이끈 화가들, 나아가 단테와 페트라르카, 보카치오 등 작가들까지도 거의 대부분 피렌체에서 태어났거나 거기서 활동했다는 점이다. 당시 피렌체의 인구는 기껏해야 9만 명 정도였는데, 여기에는 뛰어난 예술가를 키워내는 마법의 약이라도 있었던 걸까?

피렌체는 이탈리아 르네상스와 일부러 만들려 해도 만들 수 없고 떼려 해도 뗄 수 없는 인연을 가지고 있었다. 르네상스 직전에 번영기를 맞이했고 르네상스가 끝나는 것과

• 르네상스 시대에 누드화가 부활한 것도 그 덕분이다. 그리스도교는 물론 이슬람교에서도, 나아가 현대의 거의 모든 종교에서도 신체의 노출은 금기시되며, 다른 사람들 앞에서 옷을 벗는다는 것은 커다란 수치로 간주한다. 특히 중세의 그리스도교에서는 인간의 원죄설에 따라 인간의 신체 자체에 죄악이 깃들어 있다고 보았기 때문에 나체를 그린다는 건 생각지도 못했다. 하지만 르네상스 화가들은 성서의 내용을 소재로 하면서도 과감하게 나체의 인물들을 작품 속에 도입했다. 이렇게 나체를 그리기 위해서는 골격이나 근육 등 인간 신체의 구조에 관해 상세히 알아야 한다. 그래서 르네상스 화가들은 시신을 해부하면서 신체에 대해 연구했는데, 그 성과는 생물학과 의학의 발달에도 큰 영향을 주었다. 심지어 레오나르도 다빈치 같은 사람은 한밤중에 공동묘지에까지 가서 시신을 가져다가 해부했다.

동시에 쇠퇴한 도시이기 때문이다. 북이탈리아에 자치도시들이 우후죽순처럼 생겨나던 12세기에 피렌체는 자치도시가 되어 모직물 산업과 상업으로 크게 번영했다. 그러나 정치적으로는 여느 북이탈리아 도시들처럼 피렌체 역시 교황파와 황제파로 분열되어 늘 정정이 불안했다. 13세기에 교황파가 대상인들의 지원을 받아 피렌체의 권력을 잡은 것은 단테에게는 추방의 고통을 가져다주었지만, 피렌체를 위해서는 다행이었다. 시의 권력을 장악하고 온갖 부패를 저지르고 있던 봉건 귀족들이 물러나게 된 것이다.

새로 정권을 잡은 상인들은 자신들의 상업 활동을 위해 가장 유리한 정치 체제를 구축했다. 그것은 바로 공화정이었다. 옛 로마, 제국 시대 이전 원로원이 다스리던 초기 로마의 영광이 피렌체에서 축소판으로 부활했다. '작은 로마' 피렌체가 실제의 로마를 닮아간 것은 거기에 그치지 않았다. 상인들의 공화정보다 더 큰 변화를 바랐던 시내의 수공업자들과 시 주변의 농민들이 불만을 터뜨리자 공화정 정부는 다시 옛 로마의 해결책으로 대응했다. 농노를 해방하고 평민들을 정치에 참여시킨 것이다. 그러나 옛 로마에서도 공화정이 무르익은 뒤에는 결국 제정으로 향했듯이, 공화정으로 봉건제의 폐단을 제거한 피렌체에서도 점차 강력한 권력체가 필요해졌다. 시대의 추세는 강력한 왕권을 요구하고 있었다. 작은 규모의 도시조차 공화정으로는 유지할 수 없게 된 것이다. 이런 추세에 따라 1458년 대금융가인 코시모 데 메디치Cosimo de' Medici(1389~1464)는 쿠데타로 시민들의 불만을 잠재우고 최고 권력자의 위치에 오르는데, 이것이 메디치 가문의 시작이다.

적어도 형식상 피렌체는 공화국이었으므로 코시모는 왕이 아니었으나 '국부國父'의 칭호를 받고 사실상의 왕으로 군림했다. 그냥

왕국 같은 공화국 르네상스 시대 피렌체와 베네치아 등 북이탈리아의 도시들은 형식적으로 공화국을 취했지만, 실상은 지배 가문이 왕처럼 군림하는 군주국이나 다름없었다. 사실 그렇지 않았다면 르네상스의 중심지가 되지 못했을 것이다. 사진은 피렌체의 전경인데, 한가운데에는 산타 마리아 델 피오레 대성당이 자리 잡고 있다.

피렌체의 정치적 지배 세력으로만 있었다면 메디치 가문은 후대에까지 유명세를 떨치지 않았을 것이다. 메디치는 튼튼한 재력을 바탕으로 르네상스 예술가들을 적극 지원했다. 특히 코시모의 손자인 로렌초Lorenzo de' Medici(1449~1492)는 그 자신이 시인으로 활동할 정도로 예술에 대해 각별한 관심을 가졌으며, 피렌체 르네상스의 발달에 중대한 기여를 했다. 피렌체가 문화의 중심지로 떠오르자 북이탈리아의 자치도시들은 잇달아 피렌체를 모방하기 시작했으며, 르네상스의 물결은 순식간에 이 지역 전체로 퍼져나갔다.•

이렇듯 전제군주가 예술을 애호한 데서 서양 예술의 한 가지 특성이 생겨났다(예술상의 특성이라기보다는 예술을 둘러싼 여건의 특성이라 해야겠지만). 군주가 예술가들을 식객처럼 거느리고 지원하자 자연히 예술가들은 군주의 가문과 궁실을 중요한 소재의 하나로 삼게 되었다(이들을 궁정 예술가라고 불렀다). 1839년 프랑스에서 사진이 발명되기 전까지 인물의 모습을 가장 정확하게 기록으로 남기는 방법은 그림뿐이었다. 따라서 화가들은 자신이 모시는 군주의 생일이라든가, 군주가 아들을 낳았을 때 군주의 명령을 받아 기념사진을 찍듯이 인물화를 그렸다. 이리하여 초상화의 전통이 생겨나게 되었다.

● 피렌체에는 미치지 못했지만 그 영향을 받아 베네치아에서도 르네상스 미술이 발달했는데, 이들을 베네치아 화파라고 부른다. 당시 베네치아는 지중해 무역의 선두주자로서 경제와 정치에서 자치도시의 수준을 넘어섰다. 그런 탓에 미술에서도 피렌체처럼 주지적 경향이 적고 그 대신 감각적이고 화려한 색채 미술이 발달했다(이는 베네치아가 비잔티움과 친화적이었기 때문이기도 하다). 풍경을 바탕으로 인물을 배치하는 혁신적인 구도를 선보인 조르조네(Giorgione, 1477년경~1510)와 신화의 인물을 관능적인 색채로 그려낸 티치아노(Tiziano Vecellio, 1488년경~1576)가 유명하다.

그렇게 보면 오늘날 전해지는 르네상스 시대의 명화들 중 상당수는 원래 '순수 예술 작품'이 아니라 '실용적이고 상업적인 작품'이었던 셈이다. 당시에는 미술 시장이 없었을 뿐만 아니라 있다 해도 미술가들을 먹여 살릴 만큼 크지 않았다. 오늘날처럼 미술가가 작품의 판매로 생활할 수 있으려면 9만 명의 피렌체 인구가 각 가정마다 작품을 하나씩은 구매해주어야 했을 것이다.

당시의 예술가들은 내적 동기에 의해서 작품 활동을 하기보다 주로 다른 사람의 주문을 받아 작품을 제작했다.●● 그것은 오늘날과 같은 작품 판매의 의미가 아니라, 권력자

●● 그런 점에서 동양 미술이 발달한 과정은 사뭇 대조적이다. 동양에서도 관청에 속한 화원들은 왕이나 귀족의 명령을 받아 영정을 그렸다. 하지만 동양에서는 문인들이 여가 활동으로 그림을 그리는 경우가 많았고, 또 그런 작품들이 후대에 명화로 남았다는 점에서 서양과는 다르다.

가 예술가의 기능을 사주는 형식이었다. 당시의 권력자라면 단연 도시의 지배자인 군주였으나 교회도 그에 못지않은 최고의 주문자였다. 교회를 새로 지으면 건축가를 비롯해 제단화와 벽화를 그릴 화가, 조각상을 만들어줄 조각가 등이 필요했다. 교회는 말하자면 오늘날 영화 산업처럼 종합예술의 공간이었다. 교회의 의뢰를 받은 예술가는 그것을 생업 활동이자 자기 솜씨를 발휘해 명성을 드높일 좋은 기회로 여겼다. 그중에서 보수도 최고이고 최고의 영예도 누릴 수 있는 기회는 교황청이 의뢰하는 경우였다. 미켈란젤로의 〈시스티나 성당 천장화〉와 라파엘로의 〈아테네의 학당〉은 바로 그렇게 해서 만들어진 명화다.●

시대는 더 나중이지만 서양의 근대 음악이 발달하는 과정 역시 마찬가지다. 바흐Johann Sebastian Bach(1685~1750), 모차르트Wolfgang Amadeus Mozart(1756~1791), 베토벤Ludwig van Beethoven(1770~1827) 등 근대 음악의 창시자와 거장 들은 모두 궁정 음악가로 일하면서 모시는 군주나 교회의 의뢰를 받아 음악들을 작곡했다. 이를테면 군주가 자식을 낳았을 때 작곡한 축가, 군주가 죽었을 때 작곡한 진혼가 들이 오늘날 '걸작'으로 남게 된 것이다(미술이나 음악에서 이른바 '순수한 예술적 동기'가 중요해지는 것은, 작품을 판매하는 것으로도 예술가가 먹고살 수 있게 되는 19세기부터의 일이다). 다만 이탈리아 르네상스가 한창일 무렵 미술에 비해 음악은 아직 발달하지 못했으므로 '음악의 르네상스'는 17세기 독일 지역에서 태동하게 된다.

● 그런 면에서 보면 르네상스 미술이 발전한 것은 서양 역사 특유의 노블레스 오블리주를 말해준다. 인구 대다수가 먹고살기 급급한 시대에 예술을 후원할 수 있는 계층은 귀족과 부자였다. 그러나 어느 나라, 어느 시대에나 귀족과 부자가 있지만 그들이 언제나 예술과 문화의 창달에 기여하는 것은 아니다. 특히 동양의 지배층은 늘 정치권력에 굶주려 있어 사회의 소프트웨어를 발달시키는 데 별로 관심이 없었다.

예술 산업 흔히 순수 예술과 상업 예술을 구분하지만, 역사적으로 보면 그런 구분은 무의미하다. 지금은 고전으로 전해지는 르네상스 시대의 미술 작품들도 당대에는 모두 상업 예술이었다. 르네상스 후기로 접어들면서부터 상업화의 경향은 더욱 두드러진다. 경제적 부를 바탕으로 미술품을 수집하기 시작한 부유층을 위해 그림에서와 같은 전문 화랑들이 생겨나기 시작한 것이다.

알프스를 넘은 르네상스

북이탈리아의 자치도시들이 르네상스를 발전시킨 비옥한 토양이었다면, 북방(알프스 북쪽을 가리킨다)에도 그에 못지않은 환경이 또한 군데 있었다. 바로 플랑드르였다. 이곳은 교황권과 황제권이 대립을 빚은 북이탈리아의 독특한 정치 상황만 제외하면 북이탈리아와 여러모로 닮은 지역이었다. 북해 무역을 바탕으로 쌓은 한자동맹 도시들은 재력에서 북이탈리아에 뒤지지 않았으며, 강력한 지역적 통일 권력이 없다는 점도 비슷했다.

플랑드르에서 피렌체의 조토와 같은 선구자의 역할을 한 화가는 후베르트 반에이크 Hubert van Eyck(1370년경~1426)와 얀 반에이크 Jan van Eyck(1395년간~1441) 형제였다. 그들은 유화 기법•을 처음으로 도입해 후대의 미술사가들에게서 북방 르네상스의 창시자라는 영예로운 평가를 얻었다. 어쩌면 그들이 유화라는 새로운 기법을 창안한 것은 무대가 플랑드르이기에 가능했는지도 모른다. 북이탈리아와 달리 플랑드르 화가들에게는 전통이라는 게 없었기 때문이다. 전통은 새로운 것을 시작할 때 좋은 터전이 되어주기도 하지만 새로운 것을 더욱 밀고 나갈 때는 걸림돌이 되기도 한다. 그래서 플랑드르 화가들은 북이탈리아 화가들처럼 그리스 고전 문화에 지나치게 매몰되지 않으면서 새로운 양식을 실험할 수 있었다. 자화상이라는 독특한 장르를 발

• 르네상스 시대 이전, 수천 년 동안 화가들이 사용한 회화 기법은 물감을 물에 섞어 그림을 그리는 프레스코 기법이었다. 교회의 벽화나 제단화 등이 대부분 프레스코화인데, 건물과 한 몸이기 때문에 오늘날에도 색이 바래는 현상이 계속되고 있다. 르네상스 시대에는 프레스코를 대체해 템페라 기법이 발명되었다. 이 기법은 물 대신 다른 물질로 용액을 만들었는데, 주로 달걀이 사용되었다. 그러나 이것 역시 물감이 금세 말라버린다는 단점이 있어 화가들이 제 솜씨를 충분히 발휘하기 어려웠다. 그래서 나온 게 바로 유화 기법이었다. 유화는 기름을 용액으로 쓰기 때문에 잘 굳지 않으며 한번 굳으면 쉽게 변색하지 않았다. 유화 기법을 창시한 반에이크 형제가 없었다면 오늘날에까지 전하는 르네상스 작품들의 수는 크게 줄어들었을 것이다.

전시킨 것과, 자연의 풍경과 인물을 함께 배치하는 새로운 시도는 바로 그 산물이다. 또한 오늘날의 SF 영화를 보는 듯한 기괴하고 음울한 작품으로 유명한 보스Hieronymus Bosch(1450년경~1516)라든가, 두 차례 이탈리아 유학을 다녀온 뒤 이탈리아의 양식을 과감히 취사선택해 독자적인 영역을 구축한 뒤러Albrecht Dürer(1471~1528)도 플랑드르가 아니었다면 탄생할 수 없는 화가들이다.

참신한 소재　같은 르네상스 시대의 화가라 해도 플랑드르 화가들은 소재를 종교나 고전으로 제한하지 않고 자유롭게 선택했다. 그림은 얀 반에이크의 〈아르놀피니의 결혼〉인데, 성공한 부르주아 은행가 부부의 초상이다. 창턱에 놓인 한 개의 조그만 오렌지는 당시 북유럽에서는 처음 수입되기 시작한 일종의 사치품이었다.

전통과 고전으로부터 자유로울 수 있다는 플랑드르의 조건은 새로운 미술 양식만이 아니라 새로운 인문주의도 가능케 했다. 북이탈리아의 인문주의자들은 그리스 고전 문화를 부활시키고 모방하는 데 열중했지만, 플랑드르에서는 그런 열정으로부터 비교적 거리를 둘 수 있었다. 그리스 사상과 그리스도교를 접목시키려는 시도는 피렌체에서 시작되었으나, 그 성과는 알프스를 넘으면서 더 근원적인 형태를 취했다. 더 근원적이라는 것은 그리스도교의 원리에 더 충실하다는 의미다. 그런데 교황이 있는 이탈리아를 제쳐두고 그게 가능할까? 하지만 오히려 교황이 없기에 더 가능했다.

교황이 지배하는 이탈리아에서는 성서에 대한 '권위 있는 해석'이 이미 존재하고 있었다. 아무리 개방적인 르네상스 학자라 해도 적어도 성서에 관한 한 교황청의 해석에 의문을 던질 수는 없었다. 그러나 플랑드르의 '촌 학자들'은 달랐다. 그들은 누구의 주목도 받지 않았고, 따라서 누구의 눈치도 볼 필요가 없었기에 성서 자체에 훨씬 자유롭게 접근할 수 있었다. 그래서 나온 게 그리스도교 인문주의다. 그 대표자는 플랑드르의 에라스뮈스Desiderius Erasmus(1466~1536)였다.

에라스뮈스는 기존의 권위 있는 해석을 거부하고, 성서에 바탕을 둔 소박한 신앙으로 돌아가자고 주장했다. 특히 이탈리아보다 더 타락한 북방의 교회와 성직자 들은 그의 주장을 뒷받침해주는 '살아 있는 사례'였다. 철학자나 신학자, 성직자 등 지식인의 위선을 날카롭게 풍자한 《우신 예찬Moriae encomium》은 그런 토대에서 나온 작품이다. 이탈리아였더라면 혹시 교황이 보낸 자객에게 칼을 맞았을지도 모르지만, 에라스뮈스는 그런 대담한 사상을 피력했음에도 불구하고 일약 북방의 매력적인 지식인으로 떠오르며 인기를 한 몸에 받았다. 그러나 교회와 성직자를 비판하고서도 행복한 삶을 누릴 수 있었던 것은 그가 마지막이었다. 곧이어 다가오는 종교개혁의 폭풍 속에서 수없는 개혁 사상가가 탄압을 받게 되니까.

알프스를 넘어온 이탈리아 르네상스는 플랑드르만이 아니라 서유럽 전역에 널리 퍼졌지만, 플랑드르만큼 르네상스의 정신을 충실히 계승한 지역은 없었다. 전통의 강국인 프랑스와 영국은 서유럽의 선두 주자였던 만큼 체제가 이미 굳어져 있어 새롭고 창조적인 정신이 스며들 여지가 적었다. 그러므로 르네상스의 물결은 프랑스를 우회해 동쪽으로는 플랑드르로, 서쪽으로는 에스파냐로 흘러들었다. 마침 에스파냐는 대항해시대에 축적된 경제적 부를 바탕으로 문화 예술에 대한 새로운 관심을 키워가고 있었다. 르네상스 미술의 종합판이라 할 '초상화의 황제' 벨라스케스Diego

르네상스식 기념사진 사진이 없던 시대에 그림은 예술품이라기보다 실용품에 가까웠다. 군주나 주교 들은 결혼하거나 자식을 낳았을 때 그것을 기념하기 위해 휘하에 거느린 화가들에게 초상화를 부탁하곤 했다. 그림은 에스파냐의 궁정화가로 명성을 날린 벨라스케스가 다섯 살짜리 마르가리타 공주의 초상을 그린 〈시녀들〉이다. 왕명을 받고 그렸을 텐데, 벨라스케스는 왼쪽 귀퉁이에 붓을 든 자기 모습을 그려넣어 자신의 '기념사진'으로도 만들었다.

Rodríguez de Silva Velázquez(1599~1660)가 에스파냐의 궁정에서 활동한 것은 우연이 아니다.

그러나 르네상스 정신이 가장 큰 변혁의 바람을 불러일으킨 곳은 독일 지역이었다. 이탈리아에서 발생하고 플랑드르에서 전승한 르네상스의 정신은 당시 교회의 모순이 집적된 곳, 심지어 '교황청의 젖소'라는 불명예스런 별명으로 불리던 독일의 종교개혁에 지대한 영향을 미치게 된다.

인간 정신의 깨어남

르네상스라고 하면 미술을 맨 먼저 떠올리는 것은 당연하지만, 르네상스가 인류 역사, 특히 서양의 역사에 가장 크게 기여한 것은 학문 분야였다. 미술처럼 화려한 조명을 받지는 못했어도 르네상스 시기 학문적 사고의 변화는 이후 수백 년 동안 서양 문명이 발달하고 마침내 전 세계의 패자가 되는 데 필수적인 거름이었다.

인간을 신의 손아귀에서 빠져나오게 한 인문주의는 실로 오랜만에 인간을 다시금 생각하게 해주었다. 중세에는 인간의 위상과 세계 내에서의 역할이 신에 의해 무조건적으로 규정되었으므로 인간을 설명하느라 애쓸 필요가 없었다. 그러나 이제 고전 시대 이래 처음으로 인간은 자신이 어떤 존재인가를 생각하는 계기를 얻었다. 오랫동안 인간은 '세계의 일부'이기만 했으나 이제부터는 세계를 마주 대하는 입장이 된 것이다. 인간이 세계를 바라보는 '주체'가 되었으므로 세계에 존재하는 모든 것도 새로워 보이는 것은 물론이다. 이것은 당연히 철학의 주제였지만, 아직 철학은 신학의 지배에서 완전히 벗어나지 못했다. 새로운 인간 중심의 세계관을 처음으로 부르짖은 것은, 중세에 신학 이외의 '잡학', 즉 '교양과목'으로 묶여 있던 천문학이었다.

이탈리아의 화가들이 신이 아닌 인간의 모습을 본격적으로 화폭에 담기 시작할 때, 폴란드의 천문학자 코페르니쿠스Nicolaus Copernicus(1473~1543)는 엄청난 학설을 준비하고 있었다. 1530년 그는 학생 시절부터 오랫동안 연구해온 성과를 조심스럽게 자비로 출판했다. 그것은 로마 시대 그리스의 천문학자인 프톨레마이오스가 정립한 천동설을 정면으로 뒤집는 지동설이라는 혁명적인 이론이었다.

천동설은 1300년 동안이나 일식과 월식, 행성들의 위치 등을 정확히 예측하게 해주었고 그리스도교 이념에도 충실한 이론 체계였다. 그랬으니 코페르니쿠스의 고민은 클 수밖에 없었다(더구나 그 자신도 신앙심이라면 누구에게도 뒤지지 않는 신학자였다). 무엇보다 중요한 것은 교회의 반응이다. 그래서 그는 책을 맨 먼저 교회로 보냈다.

교회는 아직 사태의 중요성을 모르고 있었다. 태양이 지구 주위를 도는 게 아니라 지구가 태양의 주위를 돈다?• 사실 지동설은 코페르니쿠스가 발명했다기보다는 '발견'한 것이었다. 고대 그리스 시대에도 아리스타르코스가 지동설을 주창한 적이 있었으나 당시에는 플라톤과 아리스토텔레스 등 쟁쟁한 학자들이 천동설을 주장했기 때문에 금세 묻혀버렸다. 젊은 시절 북이탈리아에 유학을 왔던 코페르니쿠스는 아리스타르코스의 학설을 설명하는 그리스 시대의 문헌에 주목했다. 마침 그리스와 연관된 것이면 모든 것을 부활시키려 했던 당시 북이탈리아의 시대적 추세도 그에게 큰 힘을 주었을 것이다.

예상외로 교회에서 공식 출간을 권유하자 코페르니쿠스는 자신감을 얻었다. 하지만 그래도 그는 계속 망설이다가 죽기 1년 전에야 출간을 결심하고 죽음을 앞두고 자기 책

• 언뜻 생각하기에는 천동설이 지동설보다 오히려 인문주의에 어울리는 것처럼 보인다. 태양이 지구 주위를 돈다면 우주가 인간 중심의 질서를 취하고 있다는 것 아니겠는가? 그러나 그것은 인간 중심이 아니라 신 중심의 질서다. 그리스도교에 따르면 인간은 신이 만든 가장 높은 수준의 피조물이므로 천동설은 신 중심의 세계관을 강화해준다. 그에 비해 지동설은 겉으로 보기에는 인간을 세계의 다른 존재(예컨대 사물)와 같은 위상으로 격하시키는 듯하지만, 실은 인간 중심의 세계관을 대변한다. 지동설은 인간이 이성의 힘을 통해 자연의 법칙을 인식한 결과이기 때문이다. 이렇게 인문주의는 인간 자체보다 인간 이성(reason)을 중심으로 내세웠다는 점에서 인문주의(humanism)라기보다는 이성주의, 즉 합리주의(rationalism)라는 이름이 더 어울릴 것이다. 실제로 17세기부터는 합리주의적 전통이 자라나면서 이것이 18세기의 계몽주의로 이어지게 되므로 인문주의는 합리주의의 단초라고 보아야 한다.

뒤바뀐 세계관　지구는 수십억 년 전부터 태양의 주위를 돌고 있었지만, 그 사실을 설명하는 담론은 고대에 지동설, 중세에 천동설, 다시 근대에 지동설로 바뀌었다. 사물은 변함없지만 그 사물을 규정하는 말은 자꾸 변한다. 이렇듯 앎이란 '사물'에서 비롯되는 게 아니라 '말'에서 생겨나는 것이다. 그림은 지동설이 진리로 굳어진 17세기에 간행된 천문학서의 삽화다. 오른쪽에 앉아 있는 인물이 코페르니쿠스다.

을 받아보았는데, 개인적으로는 그게 다행이었다. 지동설이 어떤 의미를 가지고 있는지를 뒤늦게 깨달은 교회는 공식적으로 지동설을 부인했고, 그것을 주장하는 학자들을 이단으로 몰기 시작한 것이다. 브루노Giordano Bruno(1548~1600)가 화형을 당하고 갈릴레이Galileo Galilei(1564~1642)가 "그래도 지구는 돈다."라고 속삭인 것은 그 절정이었다(지동설은 17세기에 완전히 옳은 학설로 인정되지만 교회에서 공식적으로 승인하는 것은 19세기의 일이다).

코페르니쿠스의 지동설이 금세 유럽 전역으로 퍼져나갈 수 있었던 이유 중 하나는 인쇄술이 발전한 데 있었다. 15세기 중반 독일의 구텐베르크가 금속활자와 인쇄기를 발명함으로써 서적의 대량 인쇄와 유통이 가능해진 것이다. 이것은 그렇잖아도 급속도로 확산되어가는 르네상스 문화와 사상에 날개를 달아준 셈이 되었다.

중국에서 발명되어 아라비아 상인들을 통해 서유럽에 전해진 '4대 발명품'(중세 3대 발명품에 종이를 더함)은 모두 르네상스 시기 서유럽의 발전에 지대한 역할을 했다. 화약이 서유럽에 전래된 시기는 확실하지 않으나 비잔티움 제국이 '그리스의 불'을 만들어 쓴 게(1권 316쪽 참조) 8세기이고 보면 그 이전일 것이다. 그다음 8세기에는 종이가 유럽에 전래되었고, 11세기 무렵에는 나침반이 그 뒤를 따랐다. 인쇄술의 경우에는 전래 여

동서양의 인쇄술 왼쪽은 구텐베르크가 인쇄술을 발명한 15세기 중반에 간행된 성서의 한 쪽이고, 오른쪽은 그보다 700여 년 앞서 중국에서 목판인쇄로 간행된 서적의 한 쪽이다. 인쇄술은 동양에서 먼저 발명되었으나 꽃을 피운 것은 서양에서였다. 동양에서 서적은 지식을 보급하기보다 보관하는 매체였으나 서양에서는 반대였다. 특히 서양의 인쇄술이 빛을 보게 된 것은 종교개혁으로 일반 민중에게 성서를 보급하자는 운동이 일어났기 때문이다.

부가 확실치 않으나 원 제국 시대인 13세기에 유럽으로 전해졌을 것으로 추측된다. 그러나 서양에서도 이 발명품들이 본격적으로 활용된 때는 르네상스 시대였다. 한 가지 예로, 유럽인들은 오래전에 종이가 전래되었는데도 중세 내내 양피지를 계속 사용하다가(필사본을 만들 때는 양피지가 더 좋았다) 인쇄술이 발명된 이후에야 더 값싼 종이를 대량 생산하고 사용하게 되었다.

동양 사회는 인쇄술과 활자를 먼저 발명했으나 주로 지식을 보관하는 데 사용했다. 예를 들어 실용 서적이 아니면 대량 인쇄를 하지 않고 네 부만 인쇄해서 네 군데의 서고에 보관하는 식이었다(역사서가 대표적인 예다). 그 반면 서양에서 인쇄술은 발명되자마자 지식의 보급에 결정적인 역할을 했다.• 르네상스 시대에 초기 시민계급이 탄생하면서 지식이 점차 민간에 확산되었고, 그에

● 인쇄술이 동양에서 먼저 발명되었어도 많이 사용되지 못한 이유는 동양 사회가 늘 지배계급 중심의 역사를 전개했기 때문이다. 동양 사회에서 서적은 아무나 볼 수 있는 게 아니었으므로 굳이 서적을 대량으로 생산해 유포할 필요가 없었다. 농사나 약학 같은 실용적인 지식을 제외한 대부분의 지식은 지배층이 가지고 이용하는 것이지 민간에 확산되면 안 되는 것이었다. 그래서 인쇄술은 주로 궁정에 보관하는 사서(史書)나 관청의 자료를 제작하는 데만 사용했다. 인쇄술을 정부가 독점한 것과 달리 서양에서는 인쇄술이 발명되자 곧바로 민간에 퍼졌다. 구텐베르크가 인쇄술을 발명한 지 불과 50년 만에 서유럽에서는 200여 곳의 출판사-인쇄소가 생겨났다.

따라 서적의 필요성이 커졌다. 인쇄술이라는 첨단의 매체가 발달한 덕분에 르네상스 시대에 새로 정립된 세계관은 순식간에 전 유럽에 퍼져나갔다. 그러나 지식의 보급 이전에 인쇄술이 결정적인 위력을 발휘한 분야는 따로 있었다. 인쇄술과 활자가 개발되자 가장 먼저 인쇄하고 싶은 서적이 있었기 때문이다. 그건 바로 성서였다. 성서가 대량으로 인쇄되고 폭넓게 보급된 것은 당시 일렁이고 있던 종교개혁의 물결을 거센 파도로 바꾸었다.

25장

종교의 굴레를 벗고

개혁과 비판의 차이

고향에서 추방된 단테가 《신곡》을 쓰고 있을 때, 또한 그의 고향 피렌체에서 조토가 새로운 사실성의 세계를 화폭에 구현하고 있을 때, 프랑스 왕 필리프 4세는 로마 교황 보니파키우스를 납치하고 아비뇽에 자기 마음에 맞는 새 교황청을 열었다. 이 아비뇽 사태는 당시 추락 일로에 있던 교황권이 몰락하는 속도를 더욱 가속시켰다.

중세가 출범한 이래 수백 년 동안 중세 사회에 통합성을 부여해온 로마 교황청은 이제 제 한 몸도 추스르지 못할 만큼 약해졌다. 그렇잖아도 교황청의 간섭을 싫어하던 서유럽의 군주들은 이 기회를 틈타 실 끊어진 연처럼 일제히 교황청과의 인연을 끊고자 했다. 프랑스는 교황청을 아예 접수하는 방법을 구사했고, 영국은 적국인 프랑스의 교황청을 거부하고 나섰으며, 독일은 북이탈리아 자치도시들에 대한 영향력을 놓고 교황청과 사사건건 대립했다. 신성이 세속을 지배하던 시대는 끝났다. 분열된 세속은 통합의 중심이자 상징인 신성을 마음대로 주물렀고, 마침내 분리시켜 버렸다.

1377년 교황청은 70년간의 오랜 아비뇽 시절을 끝내고 일단 로마로 복귀했으나 그 후유증은 심각했다. 우선 프랑스는 교황청을 휘하에 거느리던 맛을 잊지 못했다. 더욱이 교황 선출권을 가지고 있는 추기경들 중에는 프랑스계가 상당수 있었다. 로마로 돌아오자마자 프랑스계 추기경들과 로마계 추기경들은 교황 선출을 두고 격렬한 논쟁을 벌였다. 칼싸움이 아니니 승자가 명확할 수 없고, 승자가 없으니 각자 자기 뜻대로 할 수밖에 없다. 그래서 양측은 각자 한 명씩 교황을 선출했으니, 이제 교황은 두 명이 되었다. 로마로 돌아온 지 불과 1년도 못 되어 교황청은 아비뇽과 로마 두 곳에 존재하게 되었다. 이른바 교회의 대분열Schisma이었다.

교황청이 두 곳이므로 서유럽 각국이 줄 서는 곳도 두 군데가 되었다. 프랑스는 당연히 아비뇽 교황청의 편이었고, 여기에 에스파냐의 왕국들이 가세했다. 아직 백년전쟁이 진행 중이었으므로 영국은 프랑스의 반대편인 로마 교황청을 지지하고 나섰고, 여기에 독일이 힘을 실어주었다(독일의 영방군주들은 제국이 약화되고 영방국가 체제가 되면서 더욱 로마 교황청으로 기울었다). 이렇게 세속의 권력들이 달라붙었다면 혹시 스러져가던 교회의 권위와 권력이 되살아났을까? 천만의 말씀이다. 그 때문에 오히려 교회의 분열이 더 오래 지속되어 교회의 힘이 더욱 약화되었다. 콘스탄츠 공의회에서 결정된 바에 따라 1417년에 새 교황 마르티누스 5세가

두 교황을 둘러싼 패싸움　아비뇽 시대에 한 번 크게 금이 간 교황의 권위는 좀처럼 회복되지 못했다. 그림은 아비뇽과 로마에서 각각 교황을 세워 두 명의 교황이 존재하는 대분열 시대를 풍자한 그림이다. 교황이 둘이므로 유럽의 군주들도 두 패로 나뉘어 패싸움을 벌였다. 영국·독일·헝가리는 로마 교황을, 프랑스·나폴리·스코틀랜드·카스티야·아라곤은 아비뇽 교황을 밀었다.

즉위하면서 교황청의 분열은 해소되었으나 손바닥으로 하늘을 가릴 수는 없었다.

봉황이 꼬리를 잃으면 닭이 된다. 꼬리를 잃은 교회는 한때 봉황이었다는 기억만 믿고 형편없이 타락해갔다. 성직자들은 무너져가는 교회의 권위를 찾기보다 헌금함에 더 관심이 컸고, 성서보다 장부를 더 가까이 두었다. 중세에는 교회가 타락하면 그때마다 수도원이 일어나 해결해주었다. 수도원 운동은 그래도 교회 자체 내에 개혁 세력이 있었기에 가능했다. 그러나 교회가 총체적으로 부패한 시대에는 수도원도 마찬가지로 부패했다. 교회 안에서 문제가 제기된다면 개혁이지만 밖에서라면 비판이 된다. 교회 바깥에서는 점차 교회에 대한 비판의 물결이 높아졌다.

마녀사냥 종교의 시대답지 않게 중세에는 온갖 주술과 미신도 성행했다. 그 대표적인 것이 마법사와 마녀다. 이들은 원래 민간요법으로 질병을 치료하는, 말하자면 무당이나 '돌팔이 의사'에 불과했는데, 교회가 위기에 처한 15~16세기에는 부패한 교회를 변명하기 위한 희생양이 되었다. 특히 여성은 악마와 계약하고 성관계를 맺었다는 누명을 쓰고 화영을 당했다. 그림은 1549년 암스테르담에서 '마녀' 여섯 자매가 화형을 당하는 장면이다.

예나 지금이나 비판은 학자들의 몫이다. 최초로 교회를 비판하고 나선 사람들은 지식인들이었다. 대분열이 있기 전에 이미 옥스퍼드 대학의 교수인 위클리프John Wycliffe(1330년경~1384)는 영적 권력을 가졌다면서도 세속의 재산에까지 탐욕을 부리는 교회의 이중성을 맹렬히 비판했다. 이렇게 제도권 교회를 통째로 거부하고 나면 어디서 신앙의 근거를 찾을까? 그것은 바로 성서였다. 그는 교회가 아니라 성서 안에 신앙의 진리가 있다고 믿었고, 그 믿음을 민중 설교회에서 널리 설파했다. 이것이 문제가 되어 교황이 직접 그에게 징계를 내리려 했으나 불난 집에 부채질을 한 격이었다. 위클리프는 교황을 심지어 '그리스도의 적'이라고 불렀다. 누가 누굴 파문하는지 모를 일이었다.

위클리프는 그래도 교황청의 관할권에서 멀리 떨어진 영국의 인물이었지만,* 곧이어 대륙에서도 비슷한 비판자가 나왔다. 프라하 대학의 교수와 교회의 수석사제를 지낸 보헤미아의 후스Jan Hus(1372년경~1415)는 위클리프의 사상을 교회의 가르침보다 우위에 두었다. 그의 주장은 위클리프와 다를 바 없었으나 교황청에서는 후스를 더 위험한 인물로 규정했다. 교황청의 앞마당인 보헤미아에서 나온 발언이었을 뿐 아니라, 후스는 교황청의 주 수입원 중 하나를 비판했기 때문이다. 1412년 후스는 교황 요한네스 23세가 나폴리 토벌 기금을 마련하기 위해 면죄부**를 팔려 하자 민중을 동원하여 격렬히 반대했다. 격분한 교황은 그를 파문했고, 심지어 그를 낳은 프라하 시까지도 파문해 문자 그대로 '저주받은 도시'로 만들었다. 그러고도 분이 풀리지 않은 교황은 콘스탄츠 공의회에서 그를 이단으로 몰아 화형을 시켰다.

하지만 후스는 죽었어도 그의 망령은 계속 보헤미아를 떠돌았다. 후스를 추종하던 프라하의 시민들은 1419년 교회의 잔인한 처사에 반발해 대규모 시위를 벌였다. 여기에 보헤미아의 농민들이 가세하면서 시위는 곧장 내전으로 이어졌다. 이를 진압하기 위

* 당시 영국의 왕과 귀족들은 왕권 강화와 교회 재산에 욕심이 있었으므로 위클리프를 옹호하고 나섰다. 위클리프가 그런 과감한 교회 비판에 앞장설 수 있었던 이유는 그런 정치적 지원을 받은 데다 영국이 독일이나 프랑스에 비해 전통적으로 교황청의 간섭으로부터 자유로웠기 때문이다.

** 돈을 내면 죄를 사해준다는 면죄부는 중세 초기부터 있었던 종교적 관습이었으나 십자군 운동을 계기로 폭넓게 이용되었다. 당시에는 전쟁에 나가면 죽을지 살지 모르는 데다 교회 권력이 절정기에 있었으므로 아무도 그 '효능'을 의심하지 않았다. 그러나 교회가 면죄부를 활동 자금이자 주요 치부 수단으로 삼으면서 면죄부의 효능은 사라졌다. 후스가 면죄부 판매를 비판하고 나설 무렵에는 이미 일반 민중도 면죄부를 별로 믿지 않고 있었다.

신앙은 불에 타지 않는다 처음에 후스의 요구는 종교개혁이었으나 점차 정치적 요구로 바뀌었다. 결국 교황의 미움을 산 그는 그림에서처럼 이단으로 몰려 화형을 당했지만 불에 탄 것은 그의 육신뿐이었다. 프라하의 시민들은 그의 죽음을 순교로 여기고 오히려 그의 사후에 더욱 반역의 불길을 높이 피워 올렸다.

해 로마 교황과 독일 황제는 여러 차례 기사단을 파견했는데, 그 이름은 또다시 '십자군'이다. 그들로서는 이단을 처단하는 것이었으니까.

그러나 농민군은 이름만의 십자군을 무찌르고 오히려 보헤미아를 넘어 독일 동부 지역까지 진출했다. 깜짝 놀란 교회 측은 태도를 바꾸어 화해에 나선 끝에 간신히 사태를 무마시킬 수 있었다. 그러나 그 와중에 강경파인 독일의 룩셈부르크 왕조가 몰락하고 프리드리히 3세가 황제로 즉위함으로써 오랜만에 다시 합스부르크 왕조가 제위에 복귀하게 되었다.

독일의 문제

바깥의 비판자를 처형해 급한 불은 껐지만 문제를 근본적으로 해결하기 위해서는 내부의 개혁이 필요했다. 콘스탄츠 공의회에 참석한 교황청의 추기경과 수백 명에 이르는 서유럽 각국의 주교, 수도원장, 신학자 들은 교회에 위기가 닥칠 때마다 수도원 운동이 구해주었던 것을 생각했다. 이제는 '재야'인 수도원도 '제도권' 못지않게 타락했으니 불가능한 일, 그렇다면 중세에 수도원이 한 역할을 수행할 새로운 개혁 기구가 있어야 한다. 적어도 이런 문제를 놓고 계속 논의할 수만 있다면 어느 정도 개혁이 가능하지 않겠는가? 그래서 그들은 종교회의, 즉 공의회를 상설 기구로 만들어 교회 개혁을 지속적으로 추진하자는 데 합의를 보았다. 공의회에서 공의회를 상설화하자는 희한한 결론이 내려진 것이다.

이 새로운 시도는 얼마 가지 못해 다시 교황에게 리더십을 빼앗기면서 실효를 거두지는 못했으나 그 후유증은 엉뚱하게 나타났다. 그 기회를 이용해 각국은 자국 내의 교회를 국가 차원에서 통합하기 시작한 것이다. 오로지 교황만 있을 뿐 국적이 없던 교회들은 이제 새로 국적을 가지게 되었다. 이로써 교황청이 흔들리는 가운데서도 명목상으로나마 유지되어온 교회의 통합성은 완전히 깨어지고 신성의 영역은 세속의 영역 앞에 무릎을 꿇게 되었다. 교회의 고삐에서 풀려난 서유럽 각국은 일제히 왕권 강화에 나섰다. 그 결과가 바로 16세기부터 시작되는 절대주의였다.

그러나 새로운 추세에 동참하지 못하는 국가들이 있었다. 바로 독일과 에스파냐였다(이탈리아는 남부의 시칠리아와 나폴리 두 왕국, 중부의 교황령, 북부의 자치도시들로 분열되어 있어 독일만큼의 국가적 정체성도 없었으므로 논외다). 두 나라는 오히려 시대의 흐름을 거슬러 로마 교황청에 한사코 매달렸다. 대분열 시기에는 로마 교황청(독일)과 아비뇽 교황청(에스파냐)으로 나뉘어 대립한 두 나라가 어떻게 행동을 같이하게 되었을까? 여기에는 사연이 있다.

합스부르크 가문의 독일 황제 막시밀리안 1세Maximilian I(1459~1519)는 가문과 제국을 함께 부흥시키는 방책으로 통혼이라는 고전적인 카드를 꺼내들었다.* 우선 그 자신은 부르고뉴의 상속녀 마리아와 결혼해 부르고뉴를 챙겼고, 마리아가 죽은 다음에는 밀라노 공국의 지배자인 스포르차 가문의 딸과 재혼했다. 또 자신의 딸과 아들은 에스파냐의 왕자와 공주, 손주들은 헝가리의 왕자와 공주에게 각각 결혼시켰다. 이로써 합스부르크 왕가는 에스파냐에서 헝가리에 이르는 방대한 영토를 지배하는 유럽 최대의 왕가로 떠올랐다. 막시밀리안 자신은 프랑스의 반발에 부딪쳐 통혼의 효과를 보지 못했으나 그의 손자로 다음 황제가 된 카를 5세Karl V(1500~1558, 재위 1519~1556)는 독일 황제이자 에스파냐의 왕이라는 두 개의 공식 명함을 가지게 되었으며, 그 밖에 오스트리아와 보헤미아, 시칠리아, 네덜란드 등의 왕국과 공국 들을 거느리면서 '합스부르크 세계 제국'이라는 영광스러운 칭호를 얻게 된다(에스파냐 왕으로서는 카를로스 1세이며, 재위 기간은 1516~1556년이다).

* 통혼 정책은 룩셈부르크 왕가 때부터 독일 황제들이 즐겨 사용해오던 것이었는데(그 방법으로 보헤미아를 합병할 수 있었다), 합스부르크 왕가에서는 아예 이것을 가장 중요한 외교 수단으로 삼았다. 막시밀리안의 아버지 프리드리히 3세는 통혼 정책으로 네덜란드로부터 알자스와 부르고뉴를 획득했고, 에스파냐와 보헤미아, 헝가리의 상속권도 확보했다. 또한 그는 합스부르크 가문에서 제위를 세습하기 위해 합스부르크 가문이 신의 은총을 받은 가문이라면서 '오스트리아 가문'이라 부르고 1453년 오스트리아 공령을 설치했는데, 이것이 후일 오스트리아의 기원이 되었다.

합스부르크 왕가가 위협적인 세력으로 떠오르자 가장 크게 반발한 나라는 프랑스였다. 사실 프랑스의 왕 프랑수아 1세François I(1494~1547, 재위 1515~1547)는 막시밀리안이 죽었을 때 합스부르크 왕가의 제위 세습을 막기 위해 황제 선거에 출마했다가 카를 5세에게 밀려 낙선한 바 있었다. 일곱 명의 독일 선제후들 역시 합

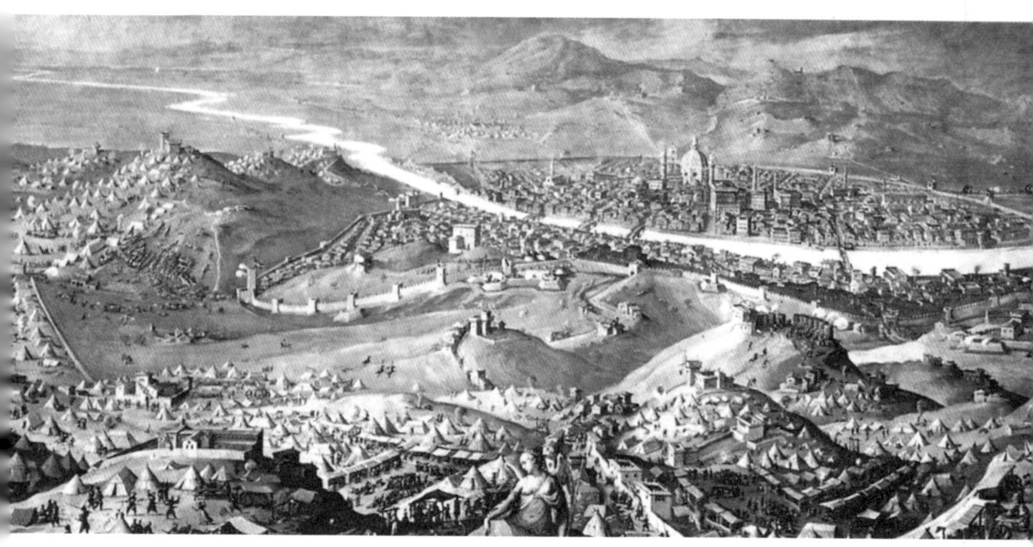

고래 싸움의 새우　문화와 정치는 비례하지 않는 걸까? 르네상스를 꽃피웠음에도 북이탈리아는 정치적으로 여전히 후진성을 면치 못하고 무주공산처럼 남아 있었다. 급기야 프랑스의 프랑수아 1세와 합스부르크의 카를 5세는 교황 선거전의 연장전을 북이탈리아에서 치르기까지 했다. 그림은 1527년 프랑스군과 합스부르크군이 피렌체에서 전쟁을 벌이는 모습이다.

스부르크 왕가의 전횡을 좋아하지는 않았으나 프랑스의 왕에게 제위를 허락할 의사는 없었던 것이다(그러나 프랑스 왕이 독일 황제 선출에 뛰어들 만큼 당시 유럽 왕실의 통혼 관계는 매우 복잡하게 얽혀 있었다). 카를 5세는 선거에서 이겼으나 여전히 프랑스가 두려웠다. 게다가 합스부르크 제국은 이름만 그럴듯할 뿐 제국에 어울리는 중앙집권력은 없었다(합스부르크 제국이란 물론 편의적인 이름일 뿐이고 실제로는 신성 로마 제국의 연장이다). 따라서 그가 전통적인 연대 세력인 교황에게 접근한 것은 당연했다.

하지만 여기에는 큰 변수가 있었다. 황제의 의도는 그랬어도 독일 영방국가 군주들의 생각은 달랐던 것이다. 합스부르크 제국

누더기 제국　　합스부르크 제국은 영토가 한 덩어리를 이루지 못한 누더기 제국이었다. 지도는 카를 5세 치세에 제국의 영토가 에스파냐, 플랑드르, 이탈리아, 중부 유럽 등지에 널리 분산된 것을 보여준다. 급기야 카를 5세는 독일 지역을 포기하고 황제 대신 에스파냐 왕을 택했다.

이 영방국가들에 대해 지니는 영향력은 휘하의 왕국이나 공국 들에 비해 훨씬 뒤처지는 수준이었다. 영방국가들은 정치적으로 독립국이나 다름없었기 때문이다. 그런데도 영방국가의 군주들 중에서 황제 선출권을 가진 선제후들이 있었으니 당시 독일 지역의 정치적 지형이 얼마나 복잡했는지 알 수 있다. 합스부르크 왕가가 제위를 세습하게 되자 선제후들의 위상은 애매해졌다. 무엇보다 금인칙서 이래 행사해오던 황제 선출권이 무의미해졌다. 게다가 합스부르크 제국의 성장은 프랑스 못지않게 영방국가들에게도 위협적이었다. 그런 상황에서 결정타를 가한 것이 바로 카를 5세의 친교황 정책이었다.

'교황청의 젖소'인 것도 모자라서 교황의 발까지 씻어주려는 건가? 때는 바야흐로 도약의 시대였다. 프랑스와 영국은 백년전쟁을 마치고 서둘러 국력 강화에 나섰고, 심지어 합스부르크가 지배하는 에스파냐에서도 대서양 항로의 개척이 결실을 보기 시작하면서 만년 후진국의 탈을 벗고 있었다. 이런 상황에서 그렇잖아도 독일 지역의 경제를 좀먹는 근원인 교황청에게로 복귀한 것은 영방군주들의 반발을 넘어 분노를 샀다. 그러나 더 큰 반발과 분노는 지배층보다 피지배층이 품고 있었다. 프랑스와 영국은 물론 강력한 정치권력이 없는 북이탈리아와 플랑드르에서도 자치도시의 바람이 불어 경제 번영의 시대를 맞고 있는데, 유독 독일 지역만이 중세의 질곡을 벗어나지 못하고 있다. 이것은 누구보다도 중세의 농노들, 즉 일반 농민들에게 가장 큰 부담과 폐해를 안겨주었다. 그들은 바로 교황청에 '우유'를 대는 당사자가 아닌가?

합스부르크 영토를 제외한 독일 지역에서는 모순의 집적이 점차 거대하고 파괴적인 바람을 준비하고 있었다. 그것은 가장 중세적인 지역의 가장 중세적인 요소에 대한 반대, 즉 종교개혁이었다.

루터의 허상과 실상

1517년 10월 31일, 비텐베르크 대학의 신학 교수인 마르틴 루터 Martin Luther(1483~1546)는 교황 레오 10세가 발급한 면죄부의 부당성을 폭로하는 95개 조의 반박문을 비텐베르크 교회의 문에 내걸었다.[•] 그의 행위는 당시 관례에 따른 것일 뿐이었으나 그 파장은 그의 원래 의도를 넘어 교황에게까지 전해졌다. 여기에는 구텐베르크 이후로 독일에서 크게 발달한 인쇄술 덕분에 그의 반박문이 인쇄되어 전국에 뿌려진 탓이 컸다(또한 이 무렵은 성서가 대량 인쇄되어 서민들에게까지 전해짐으로써 성서로 돌아가라던 위클리프와 후스의 사상이 실천되는 시기이기도 했다).

이듬해 교황이 파견한 종교 심문단은 루터에게 반박문의 철회를 요구했으나 루터는 이를 거부했다. 뒤이어 루터는 교황도 잘못을 저지를 수 있다고 말함으로써 교황 측의 더 큰 분노를 샀고 교황이 보낸 파문 협박장까지 불태워버리는 용기를 보였다. 신성의 징계를 무시하자 이번에는 세속의 징계가 떨어졌다. 교황의 세속적 대리인이 된 카를 5세가 그에게 추방령을 내린 것이다. 루터는 갈 곳 없는 처지가 되었으나, 바로 그 순간 그가 그토록 용기 있게 행동할 수 있게 한 '배후'가 드러났다. 선제후들 중 서열 1위에 해당하는 작센 선제후 프리드리히 3세Friedrich III(1463~1525, 합스부르크의 프리드리히 3세와는 다른 인물이다)가 그를 자기 소유의 발트부르크 성에 피신시켜주었던 것이다. 그는 비텐베르크 대학의 설립자이자 루터를 교수로 발탁한 장본인이었다. 그때부터 루터는 프리드리히의 명에 따라 성서를 독일어로 번역하기 시작했다.

• 당시 비텐베르크 교회의 문은 게시판으로 사용되고 있었으니 루터가 그곳에 대자보를 붙인 것은 이해할 수 있지만, 교황의 면죄부가 독일에서 팔리게 된 이유는 무엇일까? 그 면죄부는 레오 10세가 성 베드로 대성당의 신축 기금을 마련하기 위해 발급한 것이었다. 대성당 신축은 전임 교황 율리우스 2세가 계획한 것인데, 르네상스 시대의 유명한 건축가인 브라만테가 설계를 맡았다. 그런 점에서 보면 이탈리아 르네상스가 독일 종교개혁의 방아쇠를 당겼다고 할 수도 있다. 그 무렵 마인츠 대주교로 임명된 알브레히트는 초입세(annates: 성직자가 임명된 첫해의 수입을 교황에게 바치는 것)를 낼 돈이 부족하자 독일의 대상인인 후거에게서 돈을 빌렸고 이 돈을 갚기 위해 교황의 허가를 얻어 면죄부를 가져다 팔았다. 하지만 근본적인 원인은 중앙집권적 왕국의 면모를 가졌던 프랑스에 비해, 독일 지역은 극도로 분열되어 있었으므로 좋은 면죄부 '시장'이 되었다는 점이다. 심지어 테첼 같은 수도사는 영업사원처럼 독일 전역을 순회하며 면죄부 판매에 열을 올렸다.

배짱의 배후에는 1521년에 루터(가운데)가 카를 5세(오른쪽) 앞에서 자기 변론을 하는 장면이다. 이 자리에서 그는 추방령을 받았으나 제후와 주교, 시민 들까지 모여 있는 가운데서 당당하게 교회의 타락과 종교개혁의 필요성을 주장한 그의 배짱은 놀랍다. 그러나 사실 그에게는 작센 선제후라는 든든한 '빽'이 있었다.

이쯤 되면 사건의 전모를 추측할 수 있다. 루터가 반박문을 내건 행위가 프리드리히와 처음부터 공모한 것인지는 알 수 없지만, 적어도 프리드리히가 루터의 배후에서 그를 지지한 것만은 분명하다. 프리드리히는 당시 현공賢公이라는 별명을 가질 만큼 뛰어난 인물이고 학문에도 밝은 데다 뒤러를 비롯해 북방 르네상스를 개척한 예술가들의 후원자이기도 했다. 비록 종교적으로는 루터에 비해 온건한 입장으로 알려져 있었으나 그것은 선제후이자 강력한 영방국가의 군주라는 그의 신분상 어쩔 수 없었을 것이다. 이렇게 독일 지역의 지배층과 피지배층은 이미 종교의 측면에서 한배를 타고 있었다.••

루터는 발트부르크 성에 은신하면서 성서의 번역과 저작 활동

●● 그 하나의 예로, 루터는 〈독일 귀족에게 고함〉이라는 글에서 독일의 귀족들은 독일을 로마로부터 해방시키고 교회의 재산과 토지를 접수하라고 호소했다. 이는 곧 영방군주들에게 로마 교황의 영향력에서 벗어나 독자적인 노선을 걸으라는 뜻이다. 당시 서유럽의 다른 나라들은 이미 교회를 일국적인 차원에서 관리하고 있었으므로 루터의 주장은 시대의 추세에 따른 것이기도 했다. 그러나 이 글은 혹시 작센 선제후가 '루터의 입을 빌려' 선언한 것은 아니었을까? 1505년 스물두 살의 루터는 들판에서 천둥과 번개를 만나 죽음의 두려움으로부터 계시를 얻고 신학에의 길을 걸었다고 전한다. 여기까지는 사실이겠지만, 그 후 그의 신학적 지식이 발전하게 된 데는 프리드리히와의 교감이 큰 역할을 했을 가능성이 크다. 그렇다면 95개 조 반박문도 역시 프리드리히의 영향력 아래에서 작성되었을 것으로 추측할 수도 있다.

에 종사했지만, 그로 인해 일어난 바람은 그때부터 더욱 거세어졌다. 영방군주들은 즉시 루터파와 반루터파로 확연히 갈라져 다투기 시작했다. 그러나 그 다툼을 중단시키는 바람이 아래에서부터 불어왔다. 독일 지역 곳곳에서 민중이 들고일어난 것이다. 흥미로운 것은 분명히 루터가 일으킨 종교개혁의 바람을 타고 일어났으면서도 루터의 주장을 지지하는 세력은 거의 없었다는 점이다. 사람들은 루터의 사상을 나름대로 변형시켜 해석했는데, 루터의 사상 가운데 성서 중심주의, 평등주의, 제도권 교회의 부정에 관해서는 의견이 같았으나 핵심적 부분이라 할 영방군주들과 공동으로 행동하자는 데서는 견해가 달랐다. 그도 그럴 것이 그들은 루터와 같은 신학자나 지식인이 아니라 일반 농민이었기 때문이다.

1524년 독일 남부 슈바르츠발트의 슈틸링겐 백작령에서 일어난 농민전쟁을 기화로 독일 전역은 삽시간에 농민전쟁의 물결로 뒤덮였다. 이 물결은 라인란트·슈바벤·프랑켄 등 남부를 휩쓸었고, 이듬해에는 북독일까지 확산되었다. 농민들의 요구 사항은 농노제를 폐지하고 인두세와 상속세 등 각종 봉건적 세금 부담을 경감하라는 것이었는데, 한마디로 요약하면 독일 지역에 만연한 봉건적 유제들을 철폐하라는 것이었다. 일부 농민들은 그리스도교 형제단을 결성하거나 교회에 바치는 십일조를 폐지하라고 주장했으나, 기본적으로는 종교적 측면보다 봉건 체제를 타파하려는 혁명적 측면이 강했다. 그러므로 어떤 의미에서 농민전쟁은 종교개혁과 시기적으로 맞물릴 뿐 깊은 연관을 가진 것은 아니었다고 볼 수 있다.

곳곳에서 반란의 불길이 치솟자 영방군주들은 당황했다. 루터파와 반루터파로 나뉘어 있는 군주들, 그들에게 이미 전국적 명사가 된 루터가 농민들의 요구를 공개적으로 지지하고 나섰다면 군주들 간에 혼란이 더욱 가중되었을 것이다. 그러나 루터는 그러지 않았다. 오히려 그는 농민들의 주장을 단호히 반대하고 군주들에게 농민전쟁을 가혹하게 진압하라고 권고했다. 뭔가 아귀가 맞지 않는 것 같지만 군주들에게 독일을 교황의 손아귀에서 해방시키고 교회의 재산을 몰수하라고 호소한 그로서는 당연한 행동이었다. 루터는 정치적 감각이 뛰어난 종교개혁가일 뿐 사회운동가는 아니었으니까.

대개의 농민운동이 그렇듯이 농민전쟁도 비록 규모는 컸으나 조직적이지 못했다. 뒤늦게 정신을 차린 군주들은 루터파와 반루터파를 가리지 않고 서로 공동전선을 이루어 연합군을 조직하고, 루터의 권고대로 가혹하고 끔찍하게 농민전쟁을 진압했다. 2년도 못 되는 기간 동안 농민들은 무려 10만 명가량이 죽었으며, 살아남은 사람들은 반란을 일으키기 전보다 처지가 더 악화되었다. 농민전쟁은 오히려 영방국가 체제를 더욱 공고하게 만들어주었을 뿐 완전한 실패로 끝났다. 아직 민중은 세상의 주인이 아니었다.

프로테스탄트의 탄생

농민전쟁을 진압하는 과정에서 루터파 군주들은 반루터파 군주들과 약간 다른 행동을 취했다. 혼란의 와중에도 그들은 루터의 가르침대로 교회 재산을 몰수하고 교회를 프랑스와 영국에서처럼 국가 체제 안으로 포함시켰다. 때마침 카를 5세가 독일에 없었기 때문에 그 작업은 더 쉬웠다. 카를 5세는 1521년 루터를 추방한 직후 에스파냐로 가서 10년 가까이 지냈던 것이다. 그는 에스파냐 왕의 명함도 가지고 있었을 뿐만 아니라 개인적으로는 외가인 에스파냐에 더 애착을 가졌다(그러나 그가 에스파냐에 오래 머문 이유는 당시 오스만 제국이 동방 진출에 나서 오스트리아까지 위협하고 있었기 때문이다(105쪽 참조).

독일(오스트리아)로 돌아온 카를 5세의 눈에 루터파 영방군주들의 행동이 곱게 보였을 리 만무하다. 그는 즉각 의회를 소집해 그들을 압박하려 했다. 그러나 가뜩이나 합스부르크 왕가에 반발심을 가지고 있던 루터파 군주들은 카를 5세에게 강력히 저항하며 항의서를 제출했다. 여기서 '항의하는 사람', 즉 프로테스탄트Protestant라는 말이 생겼다. 여기서 나온 프로테스탄티즘(신교)은 훗날 로마 가톨릭교, 동방정교와 함께 그리스도교의 3대 종파가 된다.

논쟁으로 문제를 해결하지 못하자 황제파와 루터파는 실력대결에 들어갔다. 1546년 양측은 본격적인 내전을 벌이기 시작했다. 루터파 군주들은 슈말칼덴 동맹을 맺어 황제파에 맞섰으나 아직 물리력에서는 한 수 아래였다. 이듬해 뮐베르크 전투에서 카를 5세가 대승을 거두자 갓 태어난 프로테스탄트라는 말은 곧 사어가

항의하는 자들　종교개혁의 열풍 속에서 독일의 군주들도 가톨릭과 루터파로 양분되었다. 그림은 1529년 슈파이어에서 열린 제국의회 장면이다. 여기에는 황제 카를 5세와 많은 제후, 주교가 참석했다. 이 자리에서 카를은 루터파 군주들을 '항의하는 자들'이라고 불렀는데, 그 말이 바로 오늘날까지 이어지는 또 하나의 교파를 지칭하는 이름이 될 줄은 몰랐을 것이다.

될 듯했다. 그러나 여기서도 작센 군주가 중요한 역할을 했다. 합스부르크 황제의 권력이 지나치게 강화될 것을 우려한 그가 황제파에서 이탈한 것이다. 영향력 있는 영방이 빠져나가자 양측은 대뜸 호각을 이루었다. 결국 지루하게 끌던 분쟁은 1555년 아우크스부르크 화의를 통해 절충적으로 마무리된다.

항의의 보람은 있었다. 루터파는 가톨릭과 동등한 지위를 가지는 교파로 인정받는 성과를 거두었다. 그러나 종교의 선택권은 지배자, 즉 군주에게만 있었고, 군주가 선택한 종교는 그 영방국가 내에서 무조건적으로 관철되었다. 그렇다면 군주가 선택한 종교를 거부하는 주민은 다른 곳으로 이주해야 한다는 의미다. 결국 합스부르크의 지배하에 있는 남독일은 가톨릭으로 남았고, 북독일의 영방국가들은 대부분 루터파로 개종했다. 그러나 인정을 받은 것은 루터파 하나뿐이었다. 다른 교파들이 모두 제외되었다는 것은 계속 불씨로 남을 수밖에 없었다.•

● 아우크스부르크 화의는 종교의 문제를 정치적으로 해결하는 전례를 낳았다. 그래서 곧이어 유럽 전역에 종교전쟁의 회오리를 부르게 된다. 특히 아우크스부르크 화의에서 가톨릭에 유리한 협상이 이루어진 것은 종교전쟁의 마무리이자 그 절정인 30년 전쟁에 이르기까지 두고두고 분란의 도화선이 된다.

루터파 이외에 다른 교파라면 무엇일까? 루터가 종교개혁의 물꼬를 튼 지 불과 수십 년 동안 유럽 각지에서는 그리스도교의 여러 교파가 생겨났다. 일찍이 로마 황제 콘스탄티누스가 니케아 공의회를 열어 이단 문제를 논의하던 325년 이래로 가장 다양한 교파(로마 가톨릭 측에서 보면 이단)가 득시글거렸다. 1000여 년 전 첫 공의회는 처음 교리를 공식적으로 확정하는 자리였던 만큼 쉽게 '이단'을 규정할 수 있었지만, 지금 로마 가톨릭에 반대한다고 해서 무조건 '이단'으로 몰면 오히려 '정통'이 위태로워질 참이었다. 이단이라기보다는 신흥 교파라고 보아야 했다. 그 신흥 교파들이 프로테스탄티즘이라는 신조어의 내용을 채우게 된다.

종교개혁의 불씨는 루터가 피워 올렸지만, 공교롭게도 그에게서 영향을 받은 신교 개혁가들은 대부분 루터와 견해가 크게 달랐다. 사실 그것은 당연했다. 루터는 가톨릭의 부패가 현실의 정치 발전(특히 독일 지역의 정치)을 저해한다는 입장이었으므로 종교개혁가라기보다는 정치개혁가에 가까웠기 때문이다. 그에 비해 루터를 계승한 개혁가들은 정치적 이념보다 종교적 측면을 더 중시했다. 그중 한 사람이 스위스의 츠빙글리Huldrych

Zwingli(1484~1531)다.

츠빙글리는 에라스뮈스의 영향을 많이 받아 인문주의의 입장에서 그리스도교를 새로이 해석하고자 했다.** 그러므로 루터보다 훨씬 성서주의적인 입장이었다. 그는 심지어 교회에서 가장 중시하는 성체성사도 폐지할 것을 주장했으니, 순전히 종교적인 측면에서 보면 로마 가톨릭에 루터보다 더 '심각한 이단'으로 보였다. 하지만 그는 루터처럼 강력한 군주의 보호를 받지 못했는데도 교회에서 그를 어쩌지 못했다. 그 이유는 츠빙글리가 도시를 중심으로 한 공개 토론회 운동을 전개했기 때문이다. 루터는 영방군주의 비호를 받았고 영방국가 중심의 개혁을 부르짖었지만, 츠빙글리는 자치도시의 시민들이 개혁의 주체가 되어야 한다고 주장했다. 루터가 위로부터의 개혁이라면, 츠빙글리는 아래로부터의 개혁이다. 이렇게 시민적 토대 위에서 신학자와 성직자, 일반 시민 들까지 모아놓고 공개적으로 개혁 토론회를 열었기에 츠빙글리는 취리히에서 큰 성공을 거둘 수 있었으며, 다른 지역의 도시들에서도 그의 방식을 모델로 삼았다. 이런 점에서 보면 진정한 종교개혁의 창시자는 루터가 아니라 츠빙글리라고 해야 할 것이다.

츠빙글리에 뒤이어 스위스 제네바에서 종교개혁에 나선 인물은 칼뱅Jean Calvin(1509~1564)이었다. 그는 기본적으로 루터보다는 츠빙글리의 견해에 가까웠지만, 도시 당국의 지지를 받은 츠빙글리와는 달리 정치와 무관한 순수한 종교개혁을 주창했다(루터와 츠빙글리는 일종의 '국가 교회'를 지지했다는 점에서는 닮은 점이 있다). 개

●● 츠빙글리가 스스로 밝힌 바에 따르면, 그는 루터를 알지 못한 상태에서 1516년부터 독자적으로 그리스도의 복음을 설교하기 시작했다고 한다. 1516년이라면 루터가 반박문 사건을 일으키기 1년 전이므로 그의 주장은 앞뒤가 들어맞는다. 이는 곧 당시 종교개혁의 움직임은 유럽 도처에 있었음을 보여주는 일이며, 종교개혁의 불씨를 피워 올린 사람을 루터 하나로 국한하는 게 잘못임을 말해주기도 한다(더구나 루터가 처음인 것도 아니다).

인적 배경에서도 그럴 만했다. 그는 파리에서 태어난 프랑스인이면서도 프랑수아 1세의 반동 정책을 피해 제네바로 망명한 뒤 종교개혁에 뛰어들었기 때문이다.

칼뱅의 새로운 교리에서 핵심을 이룬 것은 도덕과 규율이었다. 그는 가톨릭이 부패한 이유가 상층(교회)에서는 도덕이, 하층(시민)에서는 규율이 무너졌기 때문이라고 보았다. 도덕을 부활시키기 위해서는 타락한 성직자들을 교회에서 훈련과 교육을 통해 거듭나게 해야 한다. 이를 전담하는 교회 기구로서 칼뱅은 장로제를 제안했는데, 이것은 오늘날까지 프로테스탄티즘의 가장 중요한 교회 기구가 되어 있다. 또한 시민들의 규율을 회복시키려면 금욕적이고 경건한 신앙생활을 강조해야 한다.

여기까지는 중세의 수도원 운동에서 늘 주장해오던 금욕적 생활과 다를 바 없다. 그러나 중세에는 신앙이 곧 생활이었으므로 종교적 '명령'이 통했으나 지금은 다르다. 이제는 아무런 대가나 혜택이 없는데 스스로 금욕이라는 고통을 사서 할 사람은 거의 없다. 그래서 칼뱅은 그 '혜택'을 만든다. 참된 신앙생활은 신에게서 구제를 받았다는 것을 보여주는 증표다. 물론 신앙생활을 열심히 하면 천국에 갈 수 있다는 것은 그리스도교의 전통적인 가르침이다. 하지만 칼뱅이 말하는 신앙생활이란 교회에서 가르치는 것보다 훨씬 넓은 의미다. 그는 현세에서의 생활에 이미 신의 뜻과 의지가 담겨 있다고 보았기 때문이다. 현세에서 어떻게 살아가는지가 천국으로 가는 티켓을 결정하는데, 그것은 이미 신이 예정해놓았다. 이것이 칼뱅의 종교개혁 사상에서 핵심을 이루는 예정설이다.

이제 천국에 가기 위해 기존의 교회를 통하지 않아도 된다. 칼뱅의 사상은 강력한 힘과 매력이 내포되어 있는 만큼 순식간에 폭넓은 지지 세력을 얻었다. 유럽 각지에서 많은 사람이 그의 가르침을 얻기 위해 제네바로 모여들었고, 그들은 심지어 칼뱅을 '프로테스탄티즘의 교황'이라고 부르기까지 했다. 그가 거둔 성공은 루터나 츠빙글리처럼 정치 세력의 지원을 등에 업지 않았기에 더욱 가치가 컸다. 특히 그의 예정설은 신흥 시민층과 상인들을 위주로 하는 중산층의 구미에 딱 맞는 것이었다. 교회에서는 부자가 천국에 가기란 낙타가 바늘구멍으로 들어가는 것만큼 어렵다고 가르쳤지만(그러면서도 사제들은 부자였다), 칼뱅은 성실하고 근면하게 살면 천국에 갈 수 있다고 가르쳤다.

칼뱅의 가르침을 믿는 시민층은 머잖아 역사를 이끌어가는 주체가 된다. 장차 그들은 인류 역사상 전혀 보지 못했던 새로운 사회체제, 자본주의 사회를 낳게 된다.• 그러나 아직 거기까지 가기 위해서는 가파른 언덕을 넘어야 했다. 그것은 종교개혁을 넘어 종교전쟁이라는 험한 싸움이었다.

믿음의 척도는 성공 칼뱅의 교리는 가톨릭에서 경멸을 받은 상인들의 입지를 크게 강화해주었다. 세속에서의 성공이 바로 신의 낙점을 받았다는 징표라니 이보다 더 좋을 수는 없다. 그림은 플랑드르 화가 쿠엔틴 마시스의 작품인데, 장사로 번 돈의 무게를 달고 있는 상인 부부의 모습이다.

• 19세기 독일의 사회학자 막스 베버(Max Weber, 1864~1920)는 칼뱅의 이 예정설이 자본주의를 낳은 정신적 토대가 되었다고 주장했다. 비록 칼뱅 자신은 세속적인 성공(이를테면 돈을 많이 번다든가, 기업을 일으켜 성공한다든가)을 중시하지 않았으나, 그의 예정설은 세속적인 측면에도 큰 영향을 미쳤다는 것이다. 타락한 방법으로 성공하는 것은 물론 예외가 되겠지만, 도덕적인 방법으로 세속적 성공을 거두는 것은 오히려 신의 의지에 부합하는 것이 된다. 실제로 이런 생각은 당시 도시의 상인들에게 널리 퍼졌다. 그러나 이후 자본주의의 발전 과정에서 '도덕적이고 금욕적인 성공'이 얼마나 가능했는가는 또 다른 문제다.

기묘한 종교개혁

대륙을 휩쓴 종교개혁의 바람은 도버 해협

을 건너 영국에도 영향을 미쳤다. 그러나 영국을 대륙으로부터 분리하고 있는 것은 강이 아니라 바다이듯이, 영국의 종교개혁은 대륙과 전혀 다르게, 아주 기묘한 동기에서 시작되어 기묘한 과정을 거쳐 기묘한 결과를 낳게 된다.

장미전쟁을 종식시키고 튜더 왕조의 문을 연 헨리 7세는 새 왕조의 개창자라는 자격으로 강력한 왕권을 누렸다(이 때문에 영국에서는 대륙보다 먼저 절대주의가 발달했다). 그가 닦아놓은 기반은 그의 차남으로 왕위를 계승한 헨리 8세Henry VIII(1491~1547, 재위 1509~1547)의 시대에 더욱 위력을 발휘했다. 그러나 권력에서는 대륙의 어느 군주도 부럽지 않았던 헨리 8세에게 한 가지 부족한 게 있었다. 바로 아들이었다.

형이 일찍 죽어 차남으로 왕위에 오른 그는 왕자 시절 아버지의 명에 따라 형수인 캐서린과 약혼했고, 왕위에 오른 직후 그녀를 왕비로 맞아들였다.• 캐서린이 나이도 여섯 살이나 연상인 데다 미모도 아니라는 것은 괜찮았다. 문제는 아들을 낳지 못했다는 점이다(실은 두 아들을 포함해 여섯 아이를 낳았으나 딸 하나만 살아남고 다 어릴 때 죽었다). 다른 시대 같으면 그러려니 하고 넘어갈 수도 있겠지만, 때는 바야흐로 유럽 각국에서 왕권이 강화되고 있던 16세기였다.

• 그의 형 아서가 결혼 생활 1년 만에 죽었기 때문에 형수를 아내로 맞아들이는 데 큰 문제가 없었지만, 진정한 이유는 캐서린의 친정이 당시 신대륙 발견으로 유럽 최고의 부국으로 떠오른 에스파냐였기 때문일 것이다. 아버지 헨리 7세도 에스파냐 왕실의 며느리를 원했을 테고, 헨리 8세 본인도 같은 심정이었을 것이다.

헨리 8세는 토머스 모어Thomas More(1477~1535)나 에라스뮈스 등 르네상스 인문주의자들과 폭넓은 교제를 통해 '첨단'의 학문과 소양을 기른 데다 거칠고 호방한 기질을 지니고 있었다.

캐서린은 카스티야와 아라곤을 통합한 페르난도와 이사벨 부

헨리 8세의 여섯 아내　헨리 8세의 여성 편력은 아들을 얻기 위해서라는 변명이 궁색할 듯싶다. 무려 여섯 왕비를 둔 데다가 그것도 형수였던 첫 번째 왕비를 빼면 불과 2, 3년을 살지 못하고 계속 이혼하거나 아내를 처형했기 때문이다. 사진은 영국의 록그룹 예스의 키보드 연주자 릭 웨이크먼이 1972년에 발표한 〈헨리 8세의 여섯 아내〉라는 솔로 앨범의 재킷이다. 오른쪽의 두 왕비는 릭 웨이크먼이 가리고 있다.

부의 막내딸이었다. 프랑스와 대립하고 있는 영국으로서는 에스파냐와의 돈독한 관계가 필요했으므로 헨리 8세는 개인적 불만을 눌러 참았다(프랑스는 백년전쟁 이후 스코틀랜드를 노골적으로 지원하면서 영국을 괴롭히고 있었다). 당시 에스파냐는 뒤늦게 유럽 그리스도교권에 합류한 탓에, 또 사활이 걸린 대서양 항로 개척을 위해 로마 교황청과 돈독한 관계를 맺고 있었다. 에스파냐 왕실을 처가로 둔 만큼 헨리 8세는 대륙에서 루터의 종교개혁이 시작되었을 때 루터파에 단호히 반대하고 로마 가톨릭을 옹호하는 책까지 직접 써서 로마 교황으로부터 '신앙의 옹호자'라는 명예로운 호칭까지 얻었다.

하지만 후사가 없다는 사실은 끝내 그의 결혼 생활을 종국으로 몰았다. 그는 아들을 얻어야 했고, 아내는 이미 마흔이 넘었다. 일단 헨리는 아내와 이혼하기로 마음먹었다. 하지만 교회법에 따르면 살아 있는 아내와 이혼하는 것은 불가능했으므로, 그는 교활하게도 형수와의 결혼 자체가 성서의 가르침에 위배된다고 교황청에 탄원했다. 물론 캐서린은 이혼할 마음이 없었고, 교황청도 이혼을 허락할 마음이 없었다.

법이 허락하지 않으면 법을 바꿀 수밖에 없다. 헨리는 1531년에 캐서린과 이혼하고 이듬해에 앤 불린이라는 궁녀를 새 왕비로 맞아들였다(프랑스에서 교육을 받은 그녀는 당시 영국 사교계에서 인기가 높았다).* 이제 이혼을 법으로 정당화할 차례다. 하지만 교황은 그의 이혼과 재혼을 승인해주고 싶어도 그렇게 할 수 없었다. 교리로도 불가능한 데다 에스파냐 왕실의 반발도 걱정이었다. 게다가 1516년부터는 캐서린의 조카인 카를로스 1세가 에스파냐의 왕으로 있었다. 그는 바로 합스부르크 제국의 카를 5세, 교황청의 최대 후원자가 아니던가?

● 당시 대법관으로 있던 《유토피아》의 작가 토머스 모어는 헨리 8세가 캐서린과 이혼하고 앤 불린과 결혼하자 대법관직을 사임하면서 항의를 표시했다. 평등과 사유재산 폐지라는 진보적인 사상을 주장한 그로서도 헨리의 행동에는 찬성할 수 없었던 것이다. 그러나 이 때문에 헨리의 눈 밖에 난 그는 2년 뒤 헨리의 왕위 계승법에 선서하기를 거부했다가 런던탑에 투옥된 다음 처형되고 만다.

사실 교황은 고민할 필요가 없었다. 이미 헨리 8세는 교황의 허락이나 승인을 필요없게 만드는 계획을 꾸미고 있었으니까. 1534년 그는 의회에서 수장령首長令(Acts of Supremacy)을 통과시켰다. 무엇의 수장이라는 걸까? 바로 종교의 수장이다. 그는 영국 교회를 로마 교황청으로부터 분리시키고 자신이 직접 영국 교회의 수장이라고 선언한 것이다. 이 조치는 종교개혁이 시작되면서 대륙에서 일고 있던 국가 교회 체제의 절정이었고, 비잔티움 제국이 무너진 이후 사라진 황제-교황 체제의 부활이었다. 그렇게 해서 생겨난 영국 국교회는 오늘날까지 이어지며, 우리 사회에는 대한성공회라는 이름으로 수입되어 있다.**

교황청에서 종교적으로 분리된 이상 두려울 게 없다. 헨리는 후속 조치로 영국에서 거두어가는 교황청의 수입을 차단하고, 수도원을 모두 해산한 다음, 그 재산을 몰수했다. 그러나 대외적으로 마음껏 호기를 부린 것과 반대로 개인적으로는 불행에서 벗어나지 못했다. 앤 불린에게서도 아들을 얻지 못하고 궁실 내의 알력으로 결혼생활이 어려워지자 그는 아내를 처형했으며, 이후 네 번이나 더 결혼했다가 실패했다(앤 다음에 결혼한 제인 시모어에게서 아들 하나를 겨우 낳았다). 하지만 불린과의 사이에서 얻은 딸은 얼마 뒤 엘리자베스 1세Elizabeth I(1533~1603, 재위 1558~1603)로 왕위에 올라 영국을 유럽 최강국으로 발돋움시키게 된다. 결과적으로 보면 헨리 8세의 과감한 결정은 종교적으로나 정치적으로나 영국 역사에 지극히 중요한 기여를 한 셈이다.

●● 이런 탄생의 배경을 가진 만큼 영국 국교회는 종교나 신앙 문제에서는 로마 가톨릭과 크게 다르지 않았다. 기본적으로 영국의 종교개혁은 '종교의 개혁'이 아니었다. 그렇기 때문에 이후에도 영국 국교회는 한동안 중심을 잃고 표류하게 된다. 1553년 캐서린의 딸로 왕위에 오른 메리 여왕이 영국 국교회를 로마 교회에 복귀시켰다가 1558년 엘리자베스 1세가 또다시 분리시켰다. 이후부터는 영국 국교회가 계속 독자적으로 존속하게 되지만, 애초부터 가톨릭과 종교적 차이는 없었으므로 영국 국교회는 프로테스탄티즘 교파 가운데 가장 가톨릭적인 속성을 가지게 되었고, 때에 따라 구교와 다른 신교를 모두 탄압했다(사실 영국 국교회는 어찌 보면 근대의 문턱에 어울리지 않게 고대적 '제정일치'로 복귀하려는 것이었으며, 영국이기에 가능한 기묘한 종교개혁이었다). 이런 문제점은 나중에 청교도 박해로 이어지고, 아메리카에 청교도들이 이주하게 되는 원인을 제공한다.

그러나 대륙에서의 종교개혁은 영국에서처럼 국왕의 개인적인 결단으로 쉽게 해결될 수 없는 문제였다. 빛이 강하면 그늘도 깊듯이, 대륙의 종교 문제는 중세에 서유럽 문명의 오지였던 영국에 비해 훨씬 뿌리가 깊었다. 그래서 대륙에서는 종교개혁으로 일어난 회오리가 종교전쟁으로 번지면서 근대 유럽의 탄생으로 이어지게 된다.

DÉCLARATION
DES DROITS DE L'HOMME
ET DU CITOYEN
PRÉAMBULE
ARTICLE PREMIER
AUX REPRESENTANS DU PEUPLE FRANCOIS

6부

열매 1

중세적 질서가 완전히 사라진 다음에는 각개약진밖에 없다. 새로 탄생한 유럽 국가들은 영토와 주권의 의미를 새삼스럽게 각인한다. 프랑스와 영국을 선두로 각국은 한 뼘의 땅이라도 더 차지하기 위해 치열한 경쟁과 전쟁을 벌인다. 그러나 아직도 중세의 잔재를 버리지 못한 독일은 신성 로마 제국의 명패를 합스부르크 제국으로 바꾸어 달고 로마 가톨릭이 지배한 좋았던 옛날로 돌아가고자 애쓴다. 해가 지지 않는 제국이라는 영예로운 별명을 얻었던 에스파냐는 불운하게도 합스부르크 제국의 본거지가 되면서 몰락의 길을 걷기 시작한 반면, 영국은 활발한 시민혁명으로 가장 먼저 정치적 안정을 이루고 대외 진출에 나선다. 구체제의 상징이던 프랑스는 뒤늦게 시민혁명을 이루는데, 이 프랑스 혁명은 유럽 전역에 메가톤급 폭발력을 발산한다. 이것으로 서양 문명의 첫 번째 열매인 민족국가가 유럽의 새로운 질서를 담당할 주역으로 떠오른다.

26장

영토와 주권의 의미

누더기 제국

거의 동시에 진행된 르네상스와 항로 개척, 종교개혁을 통해 서유럽 세계는 중세의 흔적을 걷어내고 새로운 시대를 준비하는 출발선에 서게 되었다. 아직은 다가오지 않았지만, 그 새로운 시대란 곧 서유럽 각국이 근대적인 영토와 주권을 가진 국가로서 발돋움하면서 서로 국력을 키우기 위해 치열한 경쟁을 벌이게 되는 시대, 지금의 서양과 직접적으로 연관된 시대를 가리킨다. 그럼 그 이전의 국가들은 그렇지 않았던가?

중세의 국가들은 엄밀한 의미에서 영토 국가도, 주권국가도 아니었다. 영토는 있었지만 오늘날과 같이 국경선으로 꼼꼼히 구획된 개념의 영토가 아니라 봉건 영주의 지배 지역을 중심으로 하는 점點 개념의 영토였다.* 영주의 세력에 따라 크고 작은 차이는

● 이는 일찍부터 선(線) 개념의 영토 국가가 성립한 동양의 경우와 대조를 보인다. 중국은 대륙을 최초로 통일한 진(秦) 제국 때부터 영토 개념이 분명했으며, 한반도의 경우에는 고려 중기 윤관의 북방 정벌이 이루어진 때부터 분명한 영토 국가를 이룬다(이때도 중국의 한 지방이라는 의미가 강했지만 '통일신라' 시절보다는 중국과의 일체감이 약했다). 물론 서양의 봉건 군주들이라고 해서 땅 욕심이 적었던 것은 아니다. 다만, 그네들은 동양처럼 강력한 중앙집권력이 없었기에 영토 국가의 성립이 늦었을 뿐이다.

있었으나 선線 개념의 '국경선'은 없었다. 영토가 선으로 확정되지 않았으므로 주권도 불분명했다. 주권의 주인은 물론 봉건 영주였지만('주권sovereignty'이라는 말도 봉건 군주를 뜻하는 프랑스어 souverain에서 비롯되었다), 그 주권이 어디까지 미치는지가 확실치 않았다. 예를 들어 툴루즈 백국이나 작센 공국의 주권이 정확히 어느 곳, 어느 백성에게까지 미치는지는 툴루즈 백작과 작센 공작 자신도 알지 못했다. 고대부터 영토 국가의 면모를 가졌던 동양식 왕국과 달리, 서양의 중세 왕국은 기본적으로 도시국가의 체제였다. 서유럽에 수천 개의 도시가 있었다면 곧 수천 개의 왕국이 있었던 것이나 다름없다.

이렇게 극도로 분립적인 서유럽 세계가 그런대로 통합성을 유지할 수 있었던 이유는 교황과 교회의 덕분이었다. 세속의 영역은 무수히 나뉘어 있었어도 신성의 영역은 하나였고, 세속 군주들은 교황의 영적 지배(아울러 그에 따르는 '어느 정도'의 세속적 지배)를 나름대로 인정하고 있었다. 이렇게 보면 중세의 서유럽 세계는 한편으로는 수천 개의 나라로 분열되었다고 볼 수도 있지만, 다른 편으로는 각 봉건 군주가 내정의 자치권만 가진 채 외교권을 교황에게 맡겨두고 있는 하나의 거대한 '제국'이었다고도 볼 수 있다. 여기서 교황은 각국 간의 분쟁과 갈등을 해결하는 국제 질서의 조정자라는 역할을 맡았다(29쪽에서 말한 토르데시야스 조약 같은 경우가 그런 사례인데, 교황의 조정 기능은 교황의 인물됨과 무관하게 오로지 지위에서 나오는 기능이다).

따라서 종교개혁으로 교황권이 몰락한 것은 단순히 종교상의 문제만이 아니었다(그랬다면 종교개혁은 종교사에서만 다루어도 충분할 것이다). 그것은 중세라는 틀을 유지해온 국제 질서의 중심이 무너진 것이다. 이제 서유럽 각국은 스스로의 의지와 힘으로 새로운 국제 질서를 만들어야 했다. 그 과정이 20세기까지 지속되었으므로 중세 이후는 하나의 시대로 묶을 수 있다(나중에 보겠지만, 정확히 한정하면 제2차 세계대전이 그 종착역이다. 전후 지금에 이르는 현대사는 서양의 입장에서 보면 500년 만에 새로운 국제 질서, 서양만이 아니라 전 세계를 아우르는 질서를 만들어가는 과정이다).

동아시아에는 중국이라는 국제 질서의 중심이 있었으므로 서양처럼 분권화되지 않았다. 제국이 있다면 국제 질서가 수직적으로 일사불란하게 편제될 수 있기 때문이다. 그런데 서양의 중세에도 '제국'이 없지는 않았다. 그것도 교황이 지배하는 영적인 제국이 아니라 현실의 제국이 엄연히 존재하고 있었다. 그게 바로 신성 로마 제국이 아닌가? 물론 이것이 '신성'하지도 않았고, '로마'와도 무관했으며, '제국'도 아니었음은 앞에서도 본 바 있다. 그러나 이 기묘한 제국이 제국의 명패를 되찾으려 하면서 제국도 원치 않은 새로운 국제 질서가 모습을 드러내기 시작한다.

15세기 중반 프리드리히 3세가 제위에 오르면서 합스부르크 가문은 황제 자리를 세습하게 된다. 그전까지 신성 로마 제국의 제위를 세습하던 가문은 작센과 잘리에르, 호엔슈타우펜 등 세 개가 있었지만, 합스부르크 가문은 그들과 질적으로 달랐다. 물론 유전자나 체질의 면에서 다르다는 게 아니라 시대적 배경에서 차이가 있다는 이야기다. 15세기 중반이라면 중세가 거의 해체되고 서유럽 각국이 새로운 개념의 국가를 형성해가던 와중이니까.

'지역'에서 '국가'로 13~15세기 무렵의 서유럽이다. 당시에는 거의 개별적인 나라를 이루었던 지형들이 오늘날에는 대부분 지역이나 도시 이름으로 바뀌어 있음을 알 수 있다. 주의할 것은, 아직까지는 선적 개념의 영토 국가가 확실히 자리 잡지 못했다는 점이다. 그러나 이 시기부터는 서서히 주권과 영토의 개념을 각인한 지배 세력들이 출현하고 그에 따라 오늘날과 같은 '국경선' 국가의 모습이 등장하게 된다.

앞에서 본 것처럼(80쪽의 주) 프리드리히 3세는 '통혼'이라는 대단히 육탄적인 정책을 구사했는데, 당시 상황에서는 매우 적절하고도 효과적인 외교술이었다. 이름만 제국일 뿐 프랑스와 영국 같은 전통의 강국, 나아가 에스파냐 같은 후발 주자보다도 국력이 약한 신성 로마 제국(독일)이 일약 강국의 반열에 오르게 된 것은 바로 그 정책 덕분이다.

프리드리히 3세와 그 아들 막시밀리안 1세의 대를 이은 통혼 정책으로 합스부르크 가문은 다음 황제인 카를 5세 때에 이르러 에스파냐에서 헝가리에 이르는 대제국을 이루게 된다. 그러나 동서로 2000킬로미터가 넘는 이 지역을 전부 통솔한 것은 아니었을 뿐 아니라 제국에 걸맞은 중앙집권력도 부족했다. 그러므로 합스부르크 제국의 실체는 여기저기 천 조각들을 기워 만든 '누더기 제국'이나 다름없었다('통혼'으로 만든 제국의 한계다). 그래도 누더기라면 그중에 좋은 조각도 있을 터이다. 그곳은 어딜까? 단연 에스파냐다. 당시 에스파냐는 신대륙에서 유입된 막대한 양의 금과 은을 밑천 삼아 서유럽 세계의 새로운 경제 중심지로 떠오르고 있었다. 카를 5세가 신성 로마 제국의 전통적 중심지인 오스트리아를 버리고 에스파냐에 오랫동안 머문 이유도 거기에 있었다.

영욕의 펠리페　카를 5세의 아들로 에스파냐 왕위에 오른 펠리페 2세의 초상이다. 40년이 넘는 재위 기간 동안 그는 에스파냐를 일약 유럽의 강국으로 성장시켰으나, 그것은 그의 치적이라기보다 신대륙에서 유입된 경제적 부에 힘입은 바가 컸다. 결국 그의 만년에 에스파냐는 무적함대를 잃으며 몰락하기 시작한다.

그러나 합스부르크 제국에는 적이 많았다. 우선 카를 5세와 제위를 놓고 싸운 프랑스가 전통의 적수였고, 종교개혁으로 생겨난 신교 영방군주들도 만만치 않았으며, 헝가리 부근까지 손에 넣고 오스트리아를 위협하고 있는 당대 세계 최대의 강국인 튀르크의 오스만 제국은 감당하기 어려운 강적이었다. 전통적으로 신성 로마 제국의 지원 세력이던 독일 영방군주들마저 신교와 구교로 분열된 상황이었으므로, 합스부르크 제국은 오로지 에스파냐의 경제력만을 바탕으로 그 세 적과 싸워야 했다.

결과는 비참했다. 1529년 빈을 포위한 튀르크군은 간신히 물리쳤으나[●] 1538년 지중해에서는 튀르크 함대에 패배했고, 1555년 아우크스부르크 화의에서는 루터파 군주들에게 양보해야 했다. 게다가 북이탈리아에 대한 영향권을 놓고 벌인 프랑스와의 다툼에서도 제국은 승리하지 못했다. 1559년 카토-캉브레지 조약에서 북이탈리아는 가까스로 유지했으나 라인 강변의 요지들을 송두리째 프랑스에 내준 것이다(이 문제는 알자스-로렌 분쟁으로 이어져 19세기 말까지 두고두고 프랑스-독일 간의 대립을 야기한다).

● 서양의 역사를 통틀어 보면 어려운 처지에서도 용케, 혹은 운 좋게 동양의 침략을 막아낸 경우가 자주 있었다. 기원전 5세기에 객관적인 전력에서 절대 열세인 그리스가 페르시아 전쟁에서 승리한 것, 8세기 초반 비잔티움 제국이 유럽의 동쪽 끝에서 이슬람을 막아내고 프랑크가 서쪽 끝에서 방어한 것이 용한 경우라면, 5세기에 로마를 침입한 훈족이 교황 레오 1세의 설득으로 철수한 것이라든가 13세기 몽골군이 본국 사정으로 스스로 물러난 것은 운이 좋았던 경우다. 합스부르크 제국이 당대 최강인 오스만튀르크의 침략을 빈에서 물리친 것도 그런 예에 속한다. 그 전쟁들 가운데 어느 한 전쟁에서라도 패배했더라면 오늘날의 서양은 없었을지 모른다.

카를 5세는 아우크스부르크 화의 이듬해인 1556년에 동생인 페르디난트 1세에게 제위를 물려주고, 에스파냐의 왕위는 아들인 펠리페 2세(Felipe II, 1527~98, 재위 1556~98)에게 물려준 다음 정계에서 은퇴해버렸다. 이로써 한동안 엉성하게나마 세계 제국을 이루었던 합스부르크 제국은 사라지고, 오스트리아와 에스파냐는 다시 원래의 독립국으로 분리되었다. 서유럽 최대의 부국 에스파냐의 왕이 된 펠리페 2세는 여러 대째 지속된 합스부르크 가문의 새로운 전통, 즉 통혼 외교를 계속 전개하면서 근대로 향하는 서유럽 세계의 패자를 꿈꾼다. 그러나 이미 낡은 수법에 의존한 데서 짐작할 수 있듯이, 그는 자신의 나라 에스파냐와 더불어 유럽 역사의 무대에서 끝내 주연의 문턱에 오르지 못하고 조연에 그칠 운명이었다.

세계 진출의 계승자

"재주는 곰이 부리고 돈은 왕서방이 챙긴다."라고 했던가? 항로 개척을 통해 전 세계로 향하는 문들을 모두 열어놓은 에스파냐가 곰이라면 그것을 바탕으로 네덜란드와 영국은 세계 지배에 나서서 알짜 수익을 거두었다. 원래 일하는 자와 누리는 자가 늘 달랐던 게 인류 역사 아닌가?

아무리 '가문의 내력'이라지만 펠리페 2세의 통혼은 정도를 지나친 감이 있었다. 그는 포르투갈 왕녀, 영국 여왕, 프랑스 왕녀, 합스부르크 왕녀와 네 차례나 결혼을 했는데, 이것이 모두 성공했더라면 그의 대에서 합스부르크 가문이 다시 부활하는 것은 물론 서유럽 세계는 16세기에 왕실들의 혼맥을 통해 정치적 통합을 이루었을지도 모른다. 그러나 펠리페가 통혼의 결실을 거둔 것은 포르투갈을 상속받아 합병한 것뿐이었다. 특히 1554년에 왕비로 맞아들인 영국의 메리 1세Mary I(1516~1558)는 아버지 카를 5세의 이모인 캐서린의 딸이었고, 넷째 아내인 합스부르크 왕녀 안나는 카를 5세의 외손녀였으니, 펠리페는 항렬의 위와 아래를 가리지 않고 닥치는 대로 통혼했던 셈이다.••

1571년 레판토 해전에서 오스만 제국에 설욕한 시기가 펠리페와 에스파냐의 최전성기였다. 이때 에스파냐는 대서양 항로를 독점한 것은 물론 지중해 무역에서도 패자가

•• 왕실의 근친혼은 동서고금에서 흔히 볼 수 있었다. 우리 역사의 경우 유명한 사례로는 김유신과 김춘추가 있다. 김춘추는 젊은 시절 김유신의 누이동생과 결혼했는데, 나중에 김유신 덕분에 왕위에 오르자 그 보답으로 자기 딸을 김유신에게 시집보낸다. 두 사람은 처남-매부이자 장인-사위가 된 것이다. 또한 신라의 마지막 왕인 경순왕은 고려 태조 왕건에게 사촌누이를 주고 왕건은 그 대신 자기 딸을 경순왕에게 보냈는데, 이때도 처남-매부이자 장인-사위 관계가 성립된다. 유학을 국가 이념으로 삼은 조선 사회부터 왕실의 근친혼은 사라지지만, 그 때문에 왕실의 외척 세력이 힘을 얻게 되었고, 이들이 왕권을 위협하면서 사대부 정치의 폐해를 조장했다. 그 절정이 19세기 초·중반의 세도정치다.

되었다. 펠리페가 특별히 엄청난 공과 돈을 들여 육성한 당시의 에스파냐 함대에 영국인들이 무적함대라는 이름을 붙인 것도 무리가 아니다. 그러나 절정의 기쁨을 맛보기가 무섭게 에스파냐는 쇠퇴기로 접어든다. 영국은 1588년 노예무역과 약탈을 일삼던 해적 두목 출신 드레이크Sir Francis Drake(1543경~1596)가 에스파냐 무적함대를 무찔러 자신들이 지은 이름을 무색케 했다(무적함대를 이긴 함대는 어떤 함대라고 불러야 할까?). 이 사건을 계기로 에스파냐는 쇠퇴의 늪에 빠져들지만 실상 에스파냐의 몰락을 부른 것은 그것만이 아니다.

에스파냐에서는 이슬람에 대한 전통적인 적대감으로 가톨릭이 득세한 데다 교황과 결탁한 합스부르크 왕가의 지배로 종교적 보수화가 극에 달했다. 따라서 서유럽 각국이 새로운 국민국가를 형성해가는 와중에도 에스파냐에서는 제대로 된 관료 집단이 성장하지 못했으며, 서유럽 과거의 봉건 왕조보다도 뒤진 국가 체제를 이루고 있었다. 그나마 에스파냐를 버티게 해준 것은 신대륙에서 오는 막대한 이익이었는데, 이마저도 왕실의 사치와 방탕, 프랑스와의 지루한 다툼, 튀르크와의 전쟁 등으로 인해 바닥날 지경에 이르렀다. 국가 재정이 부실해지자 신대륙에서 오는 금과 은은 점차 에스파냐에서 사용되지 못하고 다른 나라들로 유출되기 시작했다. 그 와중에 플랑드르의 상인들은 에스파냐의 지배를 벗어나 독립을 이루고 네덜란드라는 새로운 나라를 건설했다. 이로써 에스파냐는 서유럽의 전진기지이자 최대의 부유한 영토를 잃고 말았다.

사태를 더욱 악화시킨 것은 영국과 치른 전쟁이었다. 시대착오적인 국가 운영, 종교 정책, 외교 정책(통혼)을 무기로 삼은 펠리페

2세는 영국에서 자신의 아내이자 독실한 가톨릭교도인 메리 1세가 죽고 엘리자베스 1세(헨리 8세와 앤 불린의 딸)가 즉위하면서 영국 국교회를 강화하는 방향으로 선회하자 즉각 응징을 계획했다. 하지만 그 결과는 무적함대의 참패였다. 이제 곰을 부리는 자의 정체가 서서히 드러나고 있었다. 에스파냐에서 독립한 네덜란드와 무적함대를 격침시킨 영국이 바로 곰의 주인들이었다.

사실 펠리페 2세가 네덜란드를 계속 유지하려면 우선 종교 정책을 변화시켜야 했다. 에스파냐는 본국에서 가톨릭을 유지하더라도 최소한 네덜란드에서만큼은 유연성을 보여야 했다. 중세 말기에 상인들이 지배하는 자치도시체로 출발한 플랑드르적 전통에다 루터와 칼뱅의 종교개혁이 가장 큰 결실을 거둔 지역이 바로 네덜란드가 아니던가? 펠리페의 종교 탄압은 네덜란드의 상인들은 물론 전통적인 귀족들마저도 적으로 만들어버린 악수였다.

가톨릭 귀족으로 성장했고 젊은 시절 에스파냐 궁정에서 카를 5세와 펠리페 2세를 위해 일한 적이 있는 네덜란드 총독 빌렘 Willem(1533~1584)•은 '침묵공'이라는 별명답게 웬만하면 참으려 했다. 그러나 펠리페는 총애하는 측근을 총독으로 앉혔으면서도 믿지 못하고 계속 다른 측근 인사들을 네덜란드에 보내 간섭했다. 더구나 네덜란드에 온 에스파냐인들은 토착 귀족들과 자주 마찰을 빚었다. 여기에 결정적으로 빌렘의 꼭지를 돌게 만든 것은 펠리페의 신교 박해였다.

• 그의 가문은 오라녜(Oranje) 공국의 지배 가문이었으므로 그를 흔히 오라녜 공 빌렘이라고 부른다. Oranje를 영어식으로 읽으면 '오렌지'가 되기 때문에 영어명은 '오렌지 공 윌리엄'이다. 과일 오렌지(orange)와 철자가 같은데, 가문 명칭과 과일 이름이 어떤 관계인지는 확실치 않다. 오라녜 가문에 관한 기록은 12세기부터 전해지지만 과일 오렌지는 15세기 말 바스쿠 다 가마가 인도에서 처음 유럽에 들여온 것으로 되어 있다. 그러나 현재 네덜란드 축구 대표팀이 오렌지색 유니폼에 '오렌지 군단'이라는 별명을 가진 것에서 보듯이 오렌지와 네덜란드의 각별한 관계를 보면 오라녜 가문과 과일 오렌지는 모종의 관계가 있을 것이다.

에스파냐의 젖소 독일은 교황청의 젖소였지만 네덜란드는 에스파냐의 젖소였다. 그림은 당시의 풍자화인데, 소는 네덜란드를 뜻하며, 소를 탄 사람은 펠리페 2세가 젖을 짜기 위해 네덜란드에 파견한 알바 공작이다. 오른쪽에는 네덜란드 총독 빌렘과 영국 여왕 엘리자베스 1세가 서 있다.

1567년 펠리페는 군대를 파견해 네덜란드의 신교도들을 철저히 색출하기 시작했다. 이를 피해 신교도들이 국외로 도망가는 일이 잦아지자 마침내 빌렘은 더 이상 두고 볼 수 없게 되었다. 국민이 국가를 버린다면 국가가 존립할 수 없지 않은가?

일단 망명자들을 따라 국외로 망명한 빌렘은 신교도들로 군대를 편성해 네덜란드 탈환 작전에 나섰다. 조국을 수복해야 하는 처지가 되었는데, 쉬운 일은 아니었다. 원래부터 신교도가 우세한 홀란트 주는 쉽게 점령했으나 남부의 가톨릭 주들이 반발하고 나섰다. 어쩔 수 없이 빌렘은 신교도들의 북부 7주만을 규합해 위트레흐트 동맹을 결성했다. 그래도 국가 수립의 대세에는 지장이 없었다. 1581년 동맹은 독립을 선언하고 네덜란드 연방 공화국을 이루었다(빌렘은 1584년 가톨릭교도에게 암살되었으나 그의 후손들은 19세기에 네덜란드 왕가를 이루어 오늘날에까지 이르고 있다).

플랑드르 시절부터 모직물 공업과 해외 무역에는 일가견이 있었던 네덜란드는 독립을 이루자마자 곧바로 해외 진출에 나섰다. 때는 바야흐로 과거에 플랑드르 상인들이 지배했던 지중해 무역 정도가 아니라 에스파냐가 개척해놓은 항로를 통해 전 세계가 하나의 무역권으로 변모해가는 시대였다. 지중해 중개무역을 통해 갈고 닦은 항해술과 새로 개척된 대서양 항로가 결합되면서 네덜란드는 보잘것없는 영토의 규모에 어울리지 않게 에스파냐에 뒤이어 일약 전 세계를 대상으로 하는 해외 무역의 중심지로 발돋움했다.

영토 국가의 선두 주자

중세의 해체는 변방에서부터 시작되었다. 서쪽 변방(이베리아)에서 대항해시대가 열리고, 남쪽 변방(이탈리아)에서 르네상스가 빛나고, 동쪽 변방(독일)에서 종교개혁의 파도가 휩쓰는 동안, 서유럽의 전통적 중심지인 프랑스는 상대적으로 조용했다. 물론 바깥에서 볼 때 그랬다는 이야기다. 원래 변방에서는 변화를 추구하지만 중심에서는 안정을 추구하게 마련이다. 사방에서 다양한 방식으로 새로운 질서를 모색하는 가운데서도 프랑스에서는 의연히 중세의 절정을 향해 치닫고 있었다.

중세의 절정이라면 분권화의 완성? 그렇지는 않다. 분권화가 중세의 커다란 특징인 것은 분명하지만, 유럽 전체를 놓고 볼 때 그런 것이고, 각 지역별로는 중앙집권화를 향한 완만한 흐름이 이어지고 있었다. 중세의 분권화는 원시 사회에서와 같은 단순한 분권화가 아니다. 아무리 봉건 영주들이 독립국처럼 행세한다 하더라도 어차피 지역적으로 서열은 지어지게 마련이며, 이 서열은 중심을 지향할 수밖에 없다. 다만 중세에 그런 변화가 서서히 전개될 수밖에 없었던 이유는 교황이라는 '가상의' 중앙집권체가 존재했기 때문이다. 아비뇽 교황청 시대 이후 프랑스는 그 가상을 일찌감치 떨쳐버렸으니, 그런 점에서 보면 오히려 프랑스는 가장 먼저 종교개혁을 이룬 나라인지도 모른다.

15세기 중반 백년전쟁이 끝나면서 프랑스는 프랑스 내의 영국 왕실 영토를 완전히 없애는 데 성공했다. 하지만 아직도 프랑스에는 영토 문제가 남아 있었고, 서유럽의 다른 지역들과는 달리 그 문제를 가장 시급하게 여겼다. 서유럽의 중심답게 프랑스는 가장 일찍 영토 국가의 길로 나선 것이다. 그런 점에서, 세계사적으로는 그 시대에 다른 데서 벌어진 사건들, 즉 항로 개척과 르네상스, 종교개혁이 더 중요하겠지만, 그 역사적 흐름을 주도한 나라들보다 프랑스가 더 전형적인 서양의 역사를 보여준다고 할 수 있다. 프랑스는 맨 먼저 근대국가의 체제로 향했기 때문이다(영국도 비슷한 행보를 보였지만 영국의 경우 체제상의 내적 요인보다 섬이라는 지리적 요인이 컸다).

백년전쟁은 프랑스 서부의 영토를 말끔하게 구획 정리해주었다. 그럼 이제 남은 것은 동부다. 동부의 영토 문제는 크게 두 부분으로 나뉜다. 북부에서는 부르고뉴 공국과의 문제(1권 445쪽 주 참조), 중부와 남부에서는 신성 로마 제국 및 북부 이탈리아 자치 도시들과의 문제다.* 물론 좋게 말해서 '문제'이고 실은 '분쟁'이다.

샤를 7세의 아들로 프랑스 왕위를 계승한 루이 11세(1423~1483, 재위 1461~1483)는 먼저 부르고뉴 문제를 해결하고자 했다. 그러나 플랑드르 르네상스를 지원해 후대의 역사가들에게서 '유럽의 대공'이라는 영예로운 별명으로 불리는 부르고뉴의 영주 필리프 2세는 발루아 가문의 새까만 후배인 루이 11세가 걸어오는 시비에 신경 쓰지 않았다. 필리프 2세는 문화와 학문을 애호하는 군주였는데, 대개 이런 군주는 정치적으로 무관심하거나 무능하게 마련이다. 하지만 그의 아들 샤를은 달랐다. 1467년 아버지의 뒤를 이은 샤를은 프랑스 왕가의 영향력을 벗어나 부르고뉴를 독립 왕국으로 발전시키려는 움직임을 보였다.••

샤를의 시도가 성공했더라면 오늘날 벨기에는 부르고뉴로 불렸을지도 모른다. 19세기에 부르고뉴 땅(그리고 네덜란드 연방 공화국에 반대한 남부의 가톨릭 주들)에는 벨기에라는 독립국이 세워지니까. 하지만 루이 11세는 에스파냐와 영국, 독일의 영방군주들과 결탁해 집요하게 샤를을 압박했다. 마침내 1477년 샤를이 전사함으로써 부르고뉴의 독립은 물거품이 되고 말았다. 샤를의 딸 마리아는 자신을 며느리로 삼으려는 루이 11세의 압력을 거부하고 합스부르크의 막시밀리안 1세를 선택했지만 국제적 긴장 관계 속에서 선장을 잃은 부르고뉴

● 길게 보면 이 무렵 프랑스의 영토 문제는 600년 전 프랑크 왕국이 분열될 때 생겨난 문제의 최종 마무리에 해당한다. 9세기 베르됭 조약에서 중부 프랑크를 모태로 출발한 프랑스는 백년전쟁으로 옛 서프랑크 영토를 완전히 손에 넣었고(그때까지 수백 년 동안 이 지역에는 앙주, 툴루즈 등의 봉건 왕조들이 지배했으므로 엄밀히 말해 '프랑스의 역사'가 아니었다), 이제는 동프랑크의 영토 문제가 남은 것이다.

●● 당시 부르고뉴 가문은 서유럽 전체에서 프랑스 왕가인 발루아 가문 다음으로 세력이 컸다. 부르고뉴는 5세기에 독일 중부에 있었던 게르만 왕국인 부르군트에서 유래했고, 9세기 메르센 조약에서 맏아들인 로테르의 영지로 분봉되었을 만큼 전통과 연혁이 오랜 지역이다. 카페 왕조 시절부터 부르고뉴는 프랑스 왕실과 밀접한 연관을 맺었으며, 백년전쟁이 한창이던 14세기 중반에 영주의 대가 끊기자 다시 발루아 혈통을 영주로 삼았다. 특히 필리프 2세 때 부르고뉴는 네덜란드와 룩셈부르크까지 지배했는데, 아직 자국 내의 영국령도 차지하지 못한 프랑스에 결코 뒤지지 않는 국력을 자랑했다.

호는 온전할 수 없었다. 결국 부르고뉴는 둘로 나뉘어 각각 프랑스와 합스부르크 제국의 영토가 되었다(바꾸어 말하면 부르고뉴는 완전히 해체되어 역사의 뒤안길로 사라졌다).

이제 프랑스의 영토 문제는 북이탈리아에 대한 지배권을 놓고 신성 로마 제국의 합스부르크와 한판 승부를 벌이는 것만 남았다. 당시 프랑스 왕인 프랑수아 1세는 특히 적극적으로 나왔다. 앞서 보았듯이 그가 신성 로마 제국의 제위를 놓고 카를 5세와 겨룬 것도 실은 북이탈리아의 영토 문제가 원인이었다. 황제 선거에서 패배한 뒤 그는 힘으로 역전을 이루기 위해 이탈리아의 파비아에서 합스부르크와 맞붙었으나 여기서도 패하고 그 자신은 포로로 잡히는 치욕까지 겪었다. 결국 이 문제는 그가 죽고 나서 1559년 카토-캉브레지 조약으로 해결되었다(그런 점에서 이 조약은 9세기 베르됭 조약이 남긴 숙제를 600년 만에 해결한 것이라 할 수 있다).

프랑수아가 이탈리아에 집착한 이유는 일단 영토 문제가 컸지만 그가 이탈리아 르네상스의 학문과 예술에 심취한 탓도 있었다. 그는 당시 프랑스 군주로서는 드물게 르네상스의 도입에 적극적이었으며, 이탈리아 학자들을 궁정에 초청하기도 했다.• 특히 오늘

부르고뉴의 파티　프랑스의 압박을 받자 부르고뉴는 자연히 합스부르크 쪽으로 기울었다. 그림은 1473년 부르고뉴와 합스부르크의 왕가가 모여 파티를 벌이는 장면이다. 그러나 이 파티가 열리고 얼마 뒤 부르고뉴는 프랑스와 합스부르크로 분할, 통합되면서 역사 지도에서 지워지고 말았다(오늘날 부르고뉴에 해당하는 나라는 벨기에다).

• 그 일환으로 프랑수아는 1546년에 루브르 궁전을 짓기 시작했다. 이 궁전은 나중에 계속 증축되었고 17세기부터 미술품이 소장되지만 건축 당시부터 그렇게 사용할 의도가 있었던 것으로 보인다. 프랑수아는 루브르를 짓기 30년 전인 1516년에 예순네 살의 레오나르도 다빈치를 프랑스로 초청했고, 그가 세상을 떠난 뒤에는 그의 걸작 〈모나리자〉를 사들였다. 현재 이 작품은 루브르에 소장되어 있다.

프랑스의 르네상스 프랑스는 북이탈리아나 플랑드르에 비해 르네상스가 크게 발달하지 못했지만, 그래도 프랑수아 1세 때는 프랑스 르네상스의 전성기였다. 사진은 그의 시대에 르네상스 양식으로 건축된 퐁텐블로 궁전이다. 이후 이 궁전은 루이 14세가 낭트 칙령을 철폐하고 19세기 초 나폴레옹이 폐위되는 등 굵직한 역사적 사건들의 무대가 된다.

날 자국어에 유달리 자부심을 가지는 프랑스 국민들은 프랑수아에게 감사해야 할 것이다. 그는 라틴어 대신 프랑스어를 공용어로 사용하도록 만들었으니까.

그러나 호방한 무인 기질과 섬세한 문인 기질을 함께 갖춘 프랑수아도 신교에 대해서만큼은 용납하지 않았다. 적수인 합스부르크 가문이 로마 교황청을 지지했으니 그로서는 신교를 지원할 법도 한데, 전혀 그렇지 않았던 것이다. 전통적으로 프랑스가 신성 로마 제국보다 더 로마 가톨릭의 세속적 하수인과 같은 역할을 충실히 담당했기 때문일 것이다. 하지만 만약 프랑수아가 종교개혁의 바람을 받아들이고 합스부르크와 대결했더라면 더 승산이 크지 않았을까? 어차피 프랑스는 곧이어 엄청난 종교전쟁의 회오리에 휘말리게 되니 말이다.

종교전쟁의 개막

프랑수아 1세가 신교를 탄압한 것은 가뜩이나 어지러운 서유럽의 종교적 지형을 더욱 큰 혼란에 빠뜨렸다. 그의 아들 앙리 2세Henri II(1519~1559, 재위 1547~1559)는 모든 면에서 아버지의 유지를 충실히 받들었는데, 특히 신교의 탄압에서는 한술 더 떴다. 사실 그가 카토-캉브레지 조약을 맺어 아버지가 남긴 숙제를 해결하고 합스부르크와 타협한 데는 종교적인 이유가 컸다. 스위스에서 칼뱅교도들이 대거 프랑스로 이주하자 그는 대외 전쟁보다 대내의 종교 문제를 해결하는 것이 먼저라고 판단한 것이다. 그러나 그는 조약 체결을 기념하는 마상 경기에서 그만 근위대장이 잘못 던진 창을 맞고 마흔 살의 한창 나이에 죽었다. 그는 자신의 신교 탄압이 복잡한 종교전쟁으로 이어질 줄은 몰랐을 테고, 자신의 아내가 거기에 깊숙이 관여하게 될 줄은 더더욱 몰랐을 것이다.

일찍이 프랑수아는 이탈리아에서 합스부르크와 전쟁을 벌일 무렵 합스부르크의 전매특허인 통혼 전략을 구사한 적이 있었다. 1533년 아들(앙리 2세)을 동갑내기인 카트린 드 메디시스Catherine de Medicis(1519~1589)라는 이탈리아 처녀와 결혼시킨 것이다. 프랑스식으로 읽어 메디시스지만 이탈리아식으로 읽으면 그녀의 성은 메디치가 된다. 카트린은 바로 르네상스를 이끈 피렌체의 지배자 로렌초 메디치의 증손녀였다.

정략결혼이었지만 부부의 의는 나쁘지 않았던지, 앙리 2세와 카트린은 모두 열 명의 자식을 낳았다. 자식들 가운데 세 명의 프랑스 왕들이 연속해서 나왔고 다른 나라의 왕비로 시집보낸 딸들도 두 명이나 되었으니, 카트린으로서는 남편복은 없었어도 자식복은 있었던 셈이다. 앙리 2세가 변사하는 바람에 열여섯 살의 어린 아들 프랑수아 2세가 왕위를 이었지만 병약한 탓으로 2년도 못 가서 죽고, 1560년 그의 동생인 샤를 9세가 열 살의 나이로 왕위에 올랐다. 다른 때 같으면 몰라도 한창 왕권이 뻗어나고 있는 상황에서, 게다가 서유럽의 국제 정세가 급박하게 돌아가고 있는 상황에서 어린 왕이 즉위했다는 것은 프랑스에 치명적일 수 있었다. 그래서 카트린은 직접 섭정을 맡기로 했다.

이탈리아의 명문 출신답게 카트린은 정치적 자질과 수완이 뛰어난 여성이었으나, 외국인이라는 제약 때문에 프랑스 귀족들을 주무르는 데는 한계가 있었다. 그래서 그녀는 먼저 지지 세력을 규합하기로 결심했는데, 그 대상이 바로 가톨릭 귀족들이었다. 특히 프랑수아 1세의 비호를 받아 단기간에 명문 세가로 성장한 기즈Guise 가문이 그녀의 가장 굳건한 동맹자가 되었다. 더구나 기즈 가문은 프랑수아 2세의 처가였으니 카트린에게는 든든한 사돈이기도 했다.

당시 프랑스에는 남부를 중심으로 칼뱅교도들이 널리 퍼져 있었다. 프랑스 남부라면 바로 13세기에 이단으로 몰린 알비파의 고장(434~435쪽 참조)이었으므로 전통적으로 로마 가톨릭에 반대하는 분위기가 강한 곳이었다. 칼뱅파는 과거 알비파의 교세에 비할 바가 아니었다. 상인과 수공업자 등 신흥 계층만이 아니라 귀족도 많았으며 몇몇 대영주들 중에도 신교도로 개종한 사람들이 있었다. 이렇게 칼뱅주의의 새로운 성지가 된 남프랑스에서는 신교도를 가리키는 새로운 이름으로 위그노Huguenot라는 말이 생겨났다(위그노란 '동맹'이라는 뜻의 독일어 Eidgenossen에서 파생된 말로 알려져 있다). 빠른 속도로 성장한 위그노는 금세 정치 세력화하면서 '국가 안의 국가'라고 불릴 만큼 강력해졌다. 이미 위그노는 종교적 일파만을 가리키는 제한적인 의미를 벗어나 새로운 정치적 대안을 뜻하는 대명사로 자리 잡게 된 것이다.

종교의 분열이 정치적 분열로 이어지고 양측이 타협할 수 없는 지경에까지 이르렀다면 그다음은 전쟁밖에 없다. 그렇게 해서 터진 전쟁이 프랑스 최초의 종교전쟁인 위그노 전쟁(1562~1598)이다.●

사실 카트린은 자신도 가톨릭교도였고 가톨릭 세력의 지원도 받고 있었으나 중립적인 입장에 가까웠다. 섭정을 맡고 있는 그녀는 우선 왕권을 확립하고 국내 정치의 안정을 꾀하는 게 급선무이고 종교 문제는 그다음이라고 보았다. 그러나 그녀와 연대하고 있는 기즈 공작의 생각은 달랐다. 그는 광신도에 가까운 가톨릭교도인 데다 정치적 야심이 가득한 인물이었다. 결국 위그노 전쟁의 방아쇠를 당긴 것도 그였다.

● 위그노 전쟁은 기본적으로 종교전쟁이므로 구교와 신교의 대립이 가장 큰 전선을 이루었다. 그러나 위그노 자체가 정치 세력인 데다 위그노를 둘러싸고 프랑스의 왕과 귀족들이 개입한 탓에 위그노 전쟁은 전면적인 내전이 되었고, 나아가 국제적인 세력들까지 편을 갈라 간섭했으므로 국제전의 성격도 가졌다(당시 프랑스의 정치는 서유럽 모든 나라의 관심 대상이었다). 따라서 위그노 전쟁은 과거의 종교전쟁, 이를테면 그 얼마 전에 독일에서 있었던 슈말칼덴 전쟁과는 비교할 수 없는 규모와 영향력을 가진 사건이었다.

1562년 기즈 공작의 명령으로 프랑스 정부군이 창고에서 예배를 올리고 있던 위그노들을 기습 공격하면서 모두 8차에 걸친 위그노 전쟁이 시작되었다. 애초에 위그노 측은 가톨릭 측과 전쟁을 벌일 마음이 없었다. 그들은 비록 정치 세력을 이루고 있었으나 정부에 대해 종교적 관용 이외에 별다른 요구 사항이 없었던 것이다. 그래서 3차전까지 치른 뒤 양측은 평화 협상을 벌여 어렵지 않게 합의를 이루었다. 이것으로 전쟁은 끝나는가 싶었다. 그러나 불씨가 꺼지지 않았는데 끝나는 전쟁은 없다. 위그노는 여전히 정부 측에 종교의 자유를 요구했고, 정부는 여전히 그것을 인정하지 않았다. 모순은 해소되지 않고 곪아만 갔다.

결국 1차전에서 기습으로 재미를 본 기즈 공작이 또 선수를 쳤다. 게다가 이때부터는 카트린까지 적극 가담했다. 그들은 함께 위그노를 근절하기 위한 치밀한 비밀공작을 세웠다. 거사일은 1572년 8월 24일 성 바르톨로메우의 축일로 정해졌다. 때마침 콜리니(그는 앙리 2세의 두터운 신임을 받은 제독으로서 에스파냐 함대를 물리친 전과로 프랑스 국민의 존경도 받은 인물이었다)를 비롯한 위그노의 주요 지도자들은 나바르의 왕인 앙리의 결혼식을 맞아 일주일 전부터 파리에 머물고 있었다. 가톨릭 측의 기습 공격으로 축일이 저물기까지 불과 한나절 동안 파리에서만 2000여 명의 위그노가 학살되었고, 지방에서도 수천 명의 위그노가 무참히 살해되었다. 독일인 용병의 손에 살해된 콜리니의 시신은 창문 밖으로 내던져져 거리에 나뒹굴었다. 이것이 역사에 성 바르톨로메우의 대학살로 알려진 참극이다. 이 터무니없는 학살극은 9월까지 이어지면서 2만 명의 목숨을 더 거두어갔다.

당연히 평화 무드는 깨졌다. 격분한 위그노는 전국에서 들고일어났다. 이에 대해 가톨릭의 총사령관 기즈 공작은 과격파를 중심으로 가톨릭동맹을 결성하고 한 치의 물러섬 없이 맞섰다. 그러나 이 무대의 실제 주인공은 그가 아니라 카트린이었다. 기즈 공작은

축일의 대학살 바시의 학살이 있은 지 꼭 10년 만에 그보다 훨씬 더 큰 규모의 바르톨로메우 대학살이 벌어졌다. 그림은 그 학살의 장면이다. 로마 시대 후기에 순교자들의 피를 먹고 자라난 로마 가톨릭은 이제 신교에 대해 똑같은 피를 요구한다. 결과도 마찬가지였다. 결국 위그노들은 신앙의 자유를 쟁취했으니까.

해묵은 십자군과 성전을 부르짖었으나 그녀의 생각은 달랐다. 토끼를 잡았으니 이제 사냥개는 필요가 없다. 더욱이 위그노는 기즈를 처형하라고 외쳐대고 있지 않은가?

카트린은 셋째 아들 앙리 3세를 사주해 기즈 공작을 암살하라는 지령을 내렸다.* 대학살의 표면상의 주범은 1588년 암살로 최후를 맞았다. 그런데 사냥개를 잡았는데도 사태는 좀처럼 진정되지 않았다. 특히 기즈 공작처럼 가마솥에 들어갈 운명에 처한 다른 사냥개들은 그냥 앉아서 죽을 수만은 없다고

● 샤를 9세의 동생 앙리 3세가 왕위를 계승한 데는 사연이 있다. 샤를 9세는 성년이 되었으나 어머니는 권력을 아들에게 넘기려 하지 않았다. 어머니가 섭정이었어도 프랑스의 왕은 그였으므로 샤를은 바르톨로메우 대학살이 일어난 것에 큰 충격을 받았다. 결국 그는 1574년 양심의 가책에 시달리다가 죽었다. 그러나 이 발표의 이면에는 숨겨진 사실이 있다. 원래 그는 1570년부터 위그노의 지도자 콜리니와 접촉하여 사태를 수습하고자 노력했다. 이 사실을 안 카트린은 아들을 제거하기로 마음먹었다. 그녀는 둘째 아들을 자기 손으로 죽였다는 슬픔보다도 셋째 아들 앙리 3세가 '충실한 개' 노릇을 하는 것에 더 만족했을 것이다.

생각했다. 그들은 왕을 암살하려는 엄청난 계획을 꾸미고, 그 이듬해 드디어 거사에 성공했다. 공교롭게도 같은 해에 풍운의 여걸 카트린 드 메디시스가 사망했다.

악명 높은 지배 세력이 일거에 무너졌으니 새 왕조가 들어설 절호의 기회다. 후사가 없는 앙리 3세의 뒤를 이어 왕위에 오른 앙리 4세Henri IV(1553~1610, 재위 1589~1610)는 바로 바르톨로메우의 비극으로 결혼식을 망쳐버린 나바르 왕 앙리였다. 그는 생루이의 후손으로 부르봉Bourbon 가문이었으므로, 오랫동안 프랑스 왕권을 이어온 발루아 왕조가 끝나고 이때부터 부르봉 왕조로 바뀌었다.

어머니부터 철저한 위그노였고 그 자신도 콜리니를 아버지처럼 존경한 앙리 4세였으니, 이제 종교전쟁의 승자는 결정된 셈이었다. 어차피 그가 아니었다 해도 사태의 수습책은 오직 하나, 신앙의 자유를 인정하는 것밖에는 없었다. 다만 그는 가톨릭 측의 거부감을 고려해 신앙의 자유를 프랑스 내의 일정한 지역에만 국한하기로 했다(심지어 그는 1593년 종교 화해의 손짓으로써 가톨릭으로 개종하기도 했다). 이 절충안이 1598년의 낭트 칙령이다. 이것으로 36년간을 끌어오던 위그노 전쟁은 마침내 끝이 났다.••

위그노 전쟁이 낳은 것은 신교의 승리와 부르봉 왕조만이 아니다(그랬다면 프랑스 역사로만 취급되고 말았을 것이다). 사실 낭트 칙령과 같이 근대국가에서나 볼 수 있는 고도의 정치적 타협이 성립할 수 있었던 것은 그를

•• 위그노 전쟁에서 흥미로운 사실 하나는 영국이 위그노를 지지했다는 점이다. 이는 당시 영국의 엘리자베스 1세가 영국 국교회를 지원하면서 가톨릭과 사이가 멀어졌기 때문이다. 백년전쟁 이후 내내 적수로 지내온 두 나라의 관계가 원만해진 것은 이 무렵이 처음일 것이다(하지만 곧이어 리슐리외의 공격적인 외교로 두 나라는 다시 다투게 된다). 에스파냐의 펠리페 2세는 당연히 가톨릭을 지지했으나 1588년 무적함대의 패배로 기가 꺾이면서 에스파냐는 프랑스 문제에서 손을 떼게 된다. 위그노가 승리한 데에는 영국의 간접적인 지원 사격이 있었던 셈이다.

뒷받침하는 정치 세력이 존재했기 때문이다. 위그노 전쟁이 예상보다 훨씬 오래 끌면서 프랑스에는 새로운 정치 세력이 생겨났다. 양 극단이 대립하면 이를 중재하려는 노력이 생기는 것은 당연하다. 따라서 새로운 정치 세력은 종교를 떠나 냉정하고 객관적으로 사태를 바라보고 해결책을 찾으려 했으며, 왕권을 강화해 질서를 회복시키고자 했다. 이들은 그 이름도 어울리게 정치파Politique라고 불렸는데, 여기에는 기즈 공작의 지나치게 강압적인 태도에 반대하고 나선 가톨릭 온건파도 합류했다. 불안정한 정정에서 앙리 4세의 즉위, 왕의 개종을 통한 사태 진정, 낭트 칙령을 통한 문제 해결 등 일련의 수습 정책을 제안하고 실행에 옮긴 것은 바로 이 정치파였다.

전통적인 귀족 출신도 아니고, 가톨릭의 보수적 전통에서도 자유로우며, 전쟁 중에 이미 뛰어난 국정 운영 능력을 선보인 이들은 새로 들어선 부르봉 왕조에서 새로운 관료 집단을 이루게 되었다. 프랑스가 가장 먼저 영토 국가의 기틀을 갖추고 절대주의의 시대로 접어들 수 있었던 데는 그들의 역할이 결정적이었다.

앙리 4세는 큰 내란을 매듭짓고 분열된 국론을 모아 프랑스의 왕권과 국력을 키우는 데 주력했고 또 상당한 성과도 거두었지만, '호색왕'이라는 별명처럼 여색을 밝힌 탓에 도덕적으로 문제가 있었다. 보수적인 가톨릭에서는 용납될 수 없는 일이었던 탓에 그는 1610년 라바야크라는 가톨릭 광신도에 의해 암살되고 말았다. 그의 아들 루이 13세가 아홉 살의 나이로 왕위를 계승하자 그의 어머니 마리(그녀도 메디치 가문이었다)가 섭정을 맡았다. 다시 50년 전 카트린이 생각나지 않을 수 없는 상황이지만, 이미 프랑스에는 전쟁을 통해 성장한 관료 집단이 있었다. 1614년 귀족들의 요구로 섭정 마리가 소집한 삼부회는 큰 성과를 내지 못했으나, 성직자 대표로 참가해 마리의 주목을 받은 인물이 하나 있었다. 그의 이름은 리슐리외Richelieu(1585~1642)였다.

마리에게 발탁되어 정치 활동을 시작한 리슐리외는 이후 어린 왕을 보필해 프랑스의 왕권을 강화하고 정치적 안정을 이룩하는 데 일익을 담당하게 된다. 그러나 더 중요한 것은 그가 명료한 근대국가의 개념을 가진 인물이었다는 점이다. 당시 서유럽 세계는 종교적 통합성이 사라지고 개별 국가로 각개약진을 시작하려는 시대였다. 여기서 가장 먼저 국내적 안정을 이룬 프랑스는 리슐리외의 화려한 외교 정책으로 '강력한 프랑스'의 이념을 내세워 서유럽의 지도자 자리를 다지게 된다. 그 무대는 바로 독일에서 벌어진 마지막 종교전쟁이자 최초의 근대 전쟁이라 할 30년 전쟁이다.

27장

유럽을 낳은 전쟁

화재를 부른 불씨

절충과 타협은 원래 문제의 근본적 해결 방식이 아니다. 잘되어야 문제를 오래 묶어둘 뿐이고, 잘못되면 문제를 더욱 키우게 된다. 전형적인 절충과 타협이었던 1555년의 아우크스부르크 화의가 바로 그랬다. 가장 큰 불씨는 바로 루터파에 한해서만 신앙의 자유를 허용했다는 점이다. 보수적인 황제파와 가톨릭 측은 당장 불거진 루터파 영방군주들의 불만을 달래는 방식으로 문제를 덮으려 했으나 그것은 호미로 막을 것을 가래로도 막지 못할 문제로 키우는 꼴이 되고 말았다(만약 시대의 추세를 따라 완전한 신앙의 자유를 허용했더라면 적어도 종교의 외피를 두른 문제는 더 이상 발생하지 않았을 것이다).

물론 가톨릭의 반성도 있었다. 아우크스부르크 화의로 루터파를 공인하게 된 것은 가톨릭에도 대단히 뼈아픈 일이었다. 사실 인정하기는 싫어도 성서로 돌아가자는 신교파의 호소가 먹힌 데는 교회의 타락이 큰 원인이었다. 하지만 그렇다고 해도 그들의 주장대로 교회의 종교 의식을 폐지한다면 가톨릭은 정체성을 잃게 될 게 뻔했다. 자칫하면 교회 조직과 사제도 성서에 나오지 않으니 없애야 한다고 할지 몰랐다.

교황의 오른팔　로욜라가 교황 파울루스 3세 앞에 무릎을 꿇고 예수회의 창립을 승인받는 장면이다. 헨리 8세를 파문하고 카를 5세의 신교 탄압을 적극 지지한 파울루스는 물론 대만족이었다. 그러나 예수회 선교사들은 이미 신교로 대세가 기운 유럽을 포기하고 새로운 종교 '시장'을 찾아 멀리 동양으로 진출하게 된다. 중국을 서양에 최초로 알린 이탈리아 선교사 마테오 리치가 바로 그 예수회 소속이었다.

그래서 가톨릭 측은 트리엔트 공의회를 열어 기본 교리부터 점검하기로 했다. 우선 인간은 신의 뜻에 복종하기만 하는 존재가 아니라 나름대로 자유의지를 가지는 존재로 규정되었다(즉 신은 인간에게 자유의지를 부여했다). 또한 신교 측의 주장을 가톨릭 방식으로 소화해 성직 매매를 금지하고 성직자의 자질 향상을 모색하기로 했다. 그러나 그러면서도 가톨릭이 존립하는 기반을 약화시키면 안 되었으므로 성서와 신앙만이 아니라 교회와 교회 의식도 여전히 중요하다고 결정했다.

더 중요한 개혁은 수도회에서 나왔다. 중세부터 교회가 위기에 빠질 때면 늘 구해주었던 수도회 운동은 또다시 가톨릭 교회에 큰 힘을 실어주었다. 전통적인 프란체스코회와 도미니쿠스회도 활동을 재개했지만, 그보다 큰 힘은 예수회였다. 1534년 에스파냐의 로욜라Ignatius de Loyola(1491~1556)가 교황의 승인을 얻어 출범시킨 예수회는 군대식 복종과 규율로 무장하고 가톨릭 부흥에 앞장섰다. 특히 예수회 수도사들은 북독일 군주들의 개종으로 혼란 상태에 빠져 있던 남독일 군주들과 폴란드를 가톨릭으로 복귀시키는 개가를 올렸다.•

그러나 가톨릭의 '종교개혁'은 신교 측으로서는 '반反종교개혁'인 셈이었다. 더구나 배타적인 성격으로 말한다면 신교 역시 가톨릭에 못지않았다. 그나마 루터파는 공인을 받았으므로 다소 갈등이 해소되었으나 진짜 큰 문제는 칼뱅주의였다. 남프랑스만큼은 아니었지만 칼뱅주의의 호소력은 독일에도 서서히 퍼져가기 시작했다. 16세기 중반에는 이미 독일 인구의 90퍼센트가 신교도였고, 그중 상당수는 칼뱅파였다. 그러자 루터파에 회의를 품은 신교 영방군주들도 대안으로 칼뱅주의를 택했다. 그러나 칼뱅주의는 아직 공인되지 않은 신앙이었다. 게다가 예수회의 활동으로 다시 종교적 보수화가 진행되기 시작했다.

이래저래 칼뱅파 군주들은 불안할 수밖에 없었다. 그러나 위기는 곧 기회다. 프랑스에서 위그노가 승리를 거두는 모습을 지켜본 그들은 놀라움과 함께 큰 자극과 고무를 받았다. 그도 그럴 것이 신교가 현실 정치 투쟁에서 가톨릭을 누르고 승리한 경우는 처음이었기 때문이다. 그것도 서유럽의 전통적 중심지인 프랑스에서.

새삼스럽게 칼뱅주의의 위력을 실감한 그들은 서서히 결속을 이루기 시작했다. 마침 리더도 있었다. 전통의 영방군주인 팔츠 선제후 프리드리히 5세가 칼뱅파로 돌아선 것이다(혹시 루터파

• 세계적으로 보면 예수회가 가장 큰 성과를 거둔 곳은 독일이 아니라 동양이었다. 예수회는 유럽에서 실추된 가톨릭의 명예를 해외에서 회복하고자 노력했다. 명 제국 시대의 중국과 전국시대의 일본에 온 서양인 선교사들은 대부분 예수회 소속이었다. 이는 예수회의 탄생지가 당시 대양 항로 개척의 주역인 에스파냐였기 때문이다. 그들은 에스파냐 상선을 타고 멀리 동양에까지 포교 활동에 나섰다. 그러나 새로운 지역에서 포교하려면 가톨릭보다는 신교가 유리했을 것이다. 교회 제도와 의식을 강조하는 것보다는 성서와 신앙을 앞세우는 게 그리스도교에 대한 동양인들의 거부감을 줄일 수 있었을 테니까. 실제로 동양에 온 가톨릭 선교사들은 마치 유럽의 신교파처럼 교회보다 성서를 위주로 포교했다.

의 리더인 작센 선제후에 대한 경쟁심 때문이었을까?). 칼뱅파 군주들은 1608년 프리드리히를 중심으로 '연합'을 결성했다. 최소 목표는 자신들의 보위이고, 최대 목표는 프랑스처럼 칼뱅파의 승리다.

그러나 위그노 전쟁에서 자극을 받은 것은 승리한 신교 측만이 아니었다. 남독일의 가톨릭 세력은 프랑스에서 가톨릭이 무너지는 것을 보고 가뜩이나 긴장하고 있는 판에 칼뱅파 군주들이 뭉치자 자신들도 모종의 조치를 취해야 한다고 판단했다. 그래서 그들은 1609년 바이에른 대공 막시밀리안을 리더로 삼아 '동맹'을 결성했다.

무르익은 전운을 전쟁으로 표출시킨 계기는 바깥에서 생겨났다. 아우크스부르크 화의를 성립시킨 페르디난트 1세의 손자 페르디난트 2세는 어린 시절부터 예수회의 교육을 받고 자란 가톨릭 '골수분자'였다. 개인적으로만 그랬다면 별 문제가 없겠는데, 그는 1617년에 보헤미아 왕이 되었고, 그 이듬해에는 헝가리의 왕까지 겸했다(보헤미아와 헝가리는 모두 합스부르크 가문의 소유였으니까 특별한 일이 아니다). 권력을 손에 쥔 그는 자신의 개인적인 꿈을 두 나라에 걸쳐 실현하려 했다. 보헤미아 신교도들은 가혹한 탄압 아래 놓였다. 수십 년 전 아우크스부르크 화의 때만 해도 군주와 귀족들은 그런대로 타협을 이룰 수 있었으나 이제는 사정이 달랐다. 우선 페르디난트는 할아버지의 타협을 가톨릭의 패배라고 여겼으며, 탄압받는 보헤미아의 신교파 귀족들도 과거처럼 굴욕적인 타협 따위는 하지 않으려 했다.

보헤미아의 의회는 페르디난트를 보헤미아 왕으로 인정하지 않겠다고 주장했다. 영리하게도 그들은 독일의 팔츠 선제후이자 '연합'의 리더인 프리드리히 5세를 자신들의 새로운 왕으로 추대했

분노한 보헤미아의 귀족 15세기 후스 운동의 중심지였던 탓으로 프라하의 귀족들은 신교적 성향이 강했다. 그런 판에 가톨릭의 본산인 합스부르크 가문의 페르디난트 2세가 보헤미아의 왕을 겸하게 되자 그들은 당연히 불만이었다. 그림은 보헤미아 귀족들이 가톨릭 관리들을 창밖으로 내던지는 장면이다. 바로 이 사건이 30년 전쟁의 직접적인 계기가 된다.

다. 그러나 페르디난트는 전선이 확대될 조짐을 보이는 것에도 개의치 않았다. 1618년 그는 종교적 이단에서 정치적 반란 세력으로 탈바꿈한 보헤미아 귀족들에 대해 군사적 공격에 들어갔다. 이렇게 해서 30년 전쟁이 시작되었다. 이 전쟁은 명칭처럼 1618년에서 1648년까지 30년을 끌게 된다.

국제전과 복마전

보헤미아 신교도 귀족들의 노림수는 빗나갔다. 믿었던 프리드리히 5세와 칼뱅파 연합은 막상 뚜껑이 열리고 보니 별로 힘을 쓰지 못했다. 독일에서 칼뱅파는 아직 가톨릭은커녕 루터파보다도 세력이 약했다. 게다가 페르디난트는 1619년에 제위도 차지하면서 가톨릭의 새로운 맹주로 떠올랐다. 힘을 얻은 독일의 가톨릭 동맹은 황제와 '또 다른 동맹'을 맺었다. 여기에 가톨릭 문제라면 만사를 제쳐두고 약방의 감초처럼 끼어드는 에스파냐까지 합세했다. 보헤미아 신교파는 사면초가에 처했다. 결국 1620년 그들은 프라하 부근에서 황제군에게 패배하고 뜻을 접어야 했다. 잠시 그들과 운명이 엮인 팔츠 선제후 프리드리히는 국외로 도망쳐버렸다.

이로써 반란은 진압되었고 보헤미아는 원래대로 합스부르크의 소유가 되었다. 이것으로 전쟁이 끝났다면 이 전쟁은 유럽의 역사에서 그토록 큰 비중을 갖지 못했을 것이다. 하마터면 '2년 전쟁'으로 끝날 뻔한 사건을 '30년 전쟁'으로 만든 것은 예상외의 변수인 덴마크였다.

덴마크의 올덴부르크 왕조는 이미 루터의 종교개혁 초기에 국내의 가톨릭 세력을 물리치고 1537년부터 루터파를 승인했다. 특히 크리스티안 4세Christian IV(1577~1648, 재위 1588~1648)는 왕권 강화와 더불어 중상주의 정책으로 국력을 크게 키웠으며, 종교적 열망에 못지않게 정치적 야심도 큰 인물이었다. 1625년 그는 그 열망과 야심을 충족시키기 위해 북독일로 쳐들어왔다.

이렇게 해서 2라운드가 벌어지게 되었는데, 전쟁의 성격도 종전과는 달라졌다. 이제 종교적 색채는 거의 탈색되고 국제정치적 맥락이 전쟁의 중심에 놓였다. 30년 전쟁의 1라운드가 마지막 종교전쟁이라면, 2라운드부터는 영토 확장을 목적으로 하는 본격적인 근대 전쟁의 양상을 띠게 된 것이다. 이 점을 증명이라도 하듯이 1621년부터는 네덜란드가 완전 독립을 이루기 위해 에스파냐와 전쟁을 시작했다(이 때문에 에스파냐는 2차전부터 독일 전선에서 빠지게 된다).

새로 강적을 맞은 페르디난트는 긴장할 수밖에 없었다. 국왕이 직접 나선 덴마크는 보헤미아 귀족들이나 루터파 연합처럼 만만한 상대가 아니었다. 이때 페르디난트의 고민을 해결해준 인물은 발렌슈타인 Wallenstein(1583~1634)이었다.* 그는 페르디난트에게 즉각 5만 명의 군대를 모집하겠다고 약속했고, 그 약속을 지켜 덴마크군을 뤼베크에서 격파했다.

덴마크마저 무너지자 독일의 신교파는 종교개혁 이래 최대의 위기에 봉착했다. 때를 놓치지 않고 가톨릭 세력이 최후 공세에 나섰더라면 칼뱅파는 물론 루터파까지 몰락했을지도 모른다. 그러나 '근본도 없는' 자가 일약 스타로 떠오르는 모습을 본 가톨릭 제후들은 다음 화살을 발렌슈타인에게로 돌렸다. 그렇잖아도 점차 발언권이 커지는 발렌슈타인에게 경계심을 품고 있던 페르디난트는 제후들의 반발을 핑계 삼아 일등공신인 그를 파면해버렸다. 이것으로 전쟁은 끝났다고 낙관한 걸까?

하지만 북유럽에는 덴마크만 있는 게 아니었다. 스웨덴은 16세기 초 덴마크의 합병 위

● 발렌슈타인은 황제에 의해 제국군 총사령관에 임명되었으나 군인 출신은 아니었다. 보헤미아 하층 출신의 이 야심가는 죽은 아내의 유산을 잘 굴려 막대한 재산을 쌓았고 이후 공작의 작위까지 받고 제국 제후의 신분에 오른 입지전적 인물이었다. 그런 만큼 발렌슈타인의 주 무기는 바로 돈이었다. 1라운드에서도 그는 직접 용병대를 구성해 황제를 도운 적이 있었는데, 덴마크의 침략을 맞아서도 그의 주 무기는 돈으로 산 용병이었다.

●● 구스타프의 주 무기는 발렌슈타인과 정반대였다. 그는 용병 대신 스웨덴 국민들을 대상으로 강제 징집 제도를 도입해 유럽 역사상 최초의 국민군을 창설했다. 애국심은 기본이며, 국가에서 먹여주고 훈련시키고 급여까지 주었으므로 이들의 사기는 용병에 비할 바가 아니었다. 게다가 구스타프는 타고난 무장이었다. 그는 군대 편제를 혁신한 것 이외에도 당시의 신무기인 화약에 일찍부터 관심을 가지고 있었다. 그래서 그는 당시 다른 유럽 군대와 달리 야포 부대를 주력의 하나로 편성했고, 창병보다 머스킷 병을 주 무기로 활용하는 신개념의 전술을 구사했다. 창병은 다른 나라의 군대에서는 주력군이었으나 스웨덴 군대에서는 머스킷 병사들이 화약을 장전하는 동안 엄호해주는 게 주된 임무였다.

최대·최후의 종교전쟁 역사상 최초의 국제전이라 할 30년 전쟁은 그 이전까지 있었던 어느 전쟁보다 규모가 크고 소모적인 전쟁이었다. 전쟁의 주요 무대였던 독일 지역에서는 이 전쟁 기간 동안 무려 800만 명이 희생되었다. 왼쪽 그림은 행군하는 신성 로마 제국군의 모습인데, 발렌슈타인(오른쪽)의 용병 부대가 아니었을까?

협을 벗어난 뒤 곧바로 중앙집권화에 성공해 서유럽 무대에 등장하길 꿈꾸고 있었다. 크리스티안이 데뷔에 실패한 것을 본 스웨덴 왕 구스타프 2세Gustav II(1594~1632, 재위 1611~1632)는 1630년 스칸디나비아의 두 번째 주자로 독일을 침략했다.** 그는 신교의 보호를 참전의 명분으로 내세웠으나 실은 페르디난트의 세력이 자신의 텃밭인 발트 해까지 미치게 되지 않을까 우려하고 있었다. 이렇게 전쟁 후반에는 처음에 전쟁을 유발한 종교가 뒷전으로 물러나고 각국의 현실적인 이해관계만이 전쟁을 이끌어가는 힘이 되었다.

1631년 구스타프는 라이프치히 근방의 브라이텐펠트에서 황제군에게 대승을 거두었다. 그러자 다급해진 페르디난트는 발등의 불을 끄기 위해 다시 발렌슈타인을 불러들였고, 발렌슈타인은 예의 주 무기인 재력을 이용해 자비로 4만 명의 병력을 모집했다. 이리하여 그 이듬해 30년 전쟁의 두 영웅인 구스타프와 발렌슈타인이 맞대결을 벌이게 되었다. 뤼첸에서 벌어진 이 전투의 결과는 승패의 판정을 내리기가 곤란하다. 스웨덴은 이겼으나 구스타프가 전사했고, 제국은 패했으나 발렌슈타인이 살아남았다. 상황은 묘하게 전개되었다. 전투에서 이긴 스웨덴은 오히려 주춤하고, 발렌슈타인은 다시 군대를 재건했다. 전세는 오히려 제국 측에 유리하게 돌아갔다. 그러나 이미 강적을 물리쳤다고 생각한 페르디난트는 또다시 발렌슈타인을 파면했는데, 이번에는 돌아올 수 없었다. 발렌슈타인이 암살당했기 때문이다.

그러나 30년 전쟁의 클라이맥스는 이제부터다. 전쟁의 전면에 나섰던 두 영웅이 죽자 숨은 음모자가 나온 것이다. 그는 바로 프랑스의 리슐리외였다. 일찍이 구스타프를 부추겨 제국 공략에 나서게 한 사람도 그였으며, 덴마크와의 전쟁에서 공을 세운 발렌슈타인을 파면하도록 페르디난트를 부추긴 사람도 그였다. 두 영웅 뒤에 숨은 모사꾼 리슐리외는 지금까지 이 전쟁이 기본적으로 에스파냐와 바이에른의 가톨릭 세력을 등에 업은 합스부르크 제국과 기타 유럽의 신교 국가들의 대표주자인 프랑스 간의 전쟁이라는 사실을 잘 알고 있었다(물론 멍청한 페르디난트는 알지 못했다).

이제는 리슐리외가 직접 나서 전쟁을 매듭지을 때다. 1635년 프랑스군이 제국의 텃밭 남독일을 침략하면서 전쟁은 막바지로 접어들었다. 힘을 잃어가던 스웨덴도 다시 공격을 재개했다. 전세는 순식간에 역전되었다. 오랜 전쟁 기간을 거치면서 합스부르크 제국은 보헤미아의 반란을 진압하고 덴마크와 스웨덴의 침략을 잘 막아냈으나, 3연승을 거둔 뒤 마지막 전투에서 패배함으로써 모든 주도권을 잃었다.

사라진 것과 생겨난 것

한 명의 귀재가 두 명의 영웅을 조종한 30년 전쟁은 1648년 베스트팔렌 조약으로 끝났다. 길다고 하면 긴 30년이었으나 전쟁 기간보다도 전쟁의 특징을 더 잘 드러내주는 것은 유럽 최초의 국제전이라는 사실이다. 관련된 나라만 해도 합스부르크 제국의 세습령인 오스트리아를 비롯해 에스파냐, 보헤미아, 헝가리 등 제국의 속국들, 독일의 영방국가들, 여기에 덴마크, 스웨덴, 네덜란드, 프랑스 등 수십 개국에 달했다. 영국을 제외한 서유럽의 모든 나라가 전쟁에 직간접적으로 관여한 것이다. 이전까지 유럽의 역사상 30년 전쟁보다 큰 규모의 전쟁은 있었어도, 유럽 세계가 이처럼 각 나라별로 나뉘어 각자의 이해관계에 따라 움직인 적은 없었다. 그 이유는 무엇일까?

종교 문제가 전쟁의 계기였지만 30년 전쟁은 과거의 종교 분쟁과 달랐다. 무엇보다 교황이 전혀 개입하지 못했다는 점이 중요한 차이다. 종교개혁으로 교황과 교회의 권위가 실추되자 로마 교황청은 현실 정치에 대해 전혀 영향력을 행사하지 못하는 신세가 되었다. 유럽 각국은 각자 자신의 이해관계에 따라 새로운 국제 질서를 정립하고자 했다.

덴마크의 선공으로 시작된 2라운드에서는 종교 문제가 명분으로만 이용되었을 뿐 현실적으로는 아무런 의미도 없었다. 수십 년

근대 최초의 국제조약　30년 전쟁이 최초의 국제전이었던 만큼 그 전쟁을 마무리하는 베스트팔렌 조약도 최초의 근대적인 국제조약이었다. 1648년에 마무리된 베스트팔렌 조약은 이후 유럽의 국제전에서 체결되는 평화조약의 모범이 된다. 그림은 당시 뮌스터에 머물고 있던 네덜란드 화가 테르보르흐가 조약이 최종적으로 조인되는 장면을 그린 것이다. 미술이 정치적 '기념사진'의 역할을 한 사례다.

전에 벌어진 프랑스의 위그노 전쟁만 해도 전쟁의 양측은 구교와 신교였다. 30년 전쟁도 종교전쟁으로 시작된 만큼 초기에는 구교와 신교의 갈등이 주요한 계기였으나 전쟁이 진행되는 과정에서 그런 구도가 무너지고 어느덧 근대적인 국가 관계에 바탕을 둔 전쟁으로 변형되었다. 그런 점에서 이 전쟁은 서양의 근·현대사를 특징짓는 '전쟁을 통한 갈등 해결'의 출발점을 이룬다. 쉽게 말하면 이 전쟁을 계기로 이후의 전쟁들은 전부 근대적 영토 전쟁이며, 서양 세계는 수백 년간 대규모 국제전의 혼란기에 접어들게 된다. 그 마지막 전쟁이 바로 20세기의 제2차 세계대전이다.

많은 나라가 개입하고 이해관계가 얽히고설킨 탓에 전쟁의 결과를 마무리하는 베스트팔렌 조약의 논공행상도 매우 복잡했다. 전쟁의 숨은 주역 프랑스는 알자스-로렌을 손에 넣었고, 스웨덴은 발트 해의 제해권을 얻었으며, 네덜란드는 에스파냐의 지배에서 완전히 독립했다(이미 그전에 독립한 스위스도 이 조약을 통해 비로소 독립이 승인되었다). 한편 패전국인 독일은 당연히 최대의 피해자였지만 얻은 것도 있었다. 전쟁 기간 독일 지역에서는 무려 800만 명이 희생되었으며, 스웨덴에 약탈당한 마그데부르크를 위시해 전국이 폐허로 변했다. 그러나 합스부르크 제국이 사실상 붕괴하면서 제국에 속해 있던 영방국가와 자치도시 들은 완전한 주권과 독립을 얻었다.●

그 덕분에 독일에도 이제 강력한 (영방)국가를 중심으로 절대왕정 체제가 출현할 수 있게 되었다. 그 대표주자가 프로이센이었다. 전쟁 초반에 브란덴부르크 공국은 프로이센을 통합해 브란덴부르크-프로이센을 이루었다. 브란덴부르크 선제후인 프리드리히 빌헬름Friedrich Wilhelm(1620~1688)은 전쟁으로 입은 타격을 극복하기 위해 세금제도를 개선하고 상비군을 육성하는 한편, 대외적으로는 뛰어난 외교술로 신흥국을 일약 독일 지역의 새로운 리더로 키워냈다. 이로써 그의 가문인 호엔촐레른Hohenzollern은 사실상

● 제국의 중앙집권력이 크게 약화되었다는 점에서는 13세기 중반 영방국가가 탄생할 때(1권 449~450쪽 참조)와 비슷한 점도 있으나 그때와는 차이가 크다. 교황권이 절정에 달했던 13세기에는 독일 지역이 영방국가들로 분립되었어도 정치적으로만 분열이었을 뿐 '신성의 통합'에서 벗어나지는 않았다. 그러나 이제는 그런 구심점이 전혀 없었다. 이때부터는 독일 지역에서 '제후국'이나 '영방국가'라는 명칭도 쓸 필요가 없었다. 중세의 흔적으로 '공국'(작센 공국, 브란덴부르크 공국 등) 같은 명칭이 남았으나 그들은 사실상 독립 왕국이었다.

독일 지역의 왕가처럼 군림하게 되었다.

합스부르크를 비롯해 앞서 있었던 독일의 왕가들이 모두 신성 로마 제국의 황가였던 것과 달리, 호엔촐레른 가문은 처음으로 제후국의 가문으로 출발해 최고 왕가의 지위에까지 올랐다. 이후 호엔촐레른 가문은 1701년에 프로이센이 공국에서 왕국으로 격상함으로써 프로이센 왕가가 되어, 20세기 초반 독일의 군주제가 무너질 때까지 그 지위를 계속 유지하게 된다. 이렇게 패전국이면서도 멸망하기는커녕 오히려 재도약의 발판을 마련하게 되는 '독일적 전통'은 20세기에 두 차례나 대규모의 세계대전을 일으켰다가 패전했을 때도 달라지지 않았다.

낙동강 오리알의 신세가 된 것은 보헤미아였다. 전쟁의 시발점인 보헤미아는 초반부에 일찌감치 몰락하고 전선에서 이탈했기 때문에 논공행상에서 전혀 배려를 받지 못했다. 따라서 보헤미아는 전쟁 전보다 오히려 사정이 더욱 나빠졌다. 그 이전에도 합스부르크의 영토이기는 했으나, 이제부터는 아예 합스부르크 가문의 '부동산'처럼 취급되었기 때문이다(이 때문에 이 지역에는 '게르만족이 슬라브족을 지배하는 전통'이 자리 잡았는데, 이런 상태는 20세기 초 슬라브족이 자각해 체코를 독립시킬 때까지 지속된다).

30년 전쟁이 역사상 최초의 국제전이었듯이, 베스트팔렌 조약도 유럽의 역사만이 아니라 그때까지 지구상 어느 지역의 역사에서도 없었던 최초의 명실상부한 국제조약이었다. 고대부터 국제조약이 없지는 않았으나 대부분 전쟁 당사자 두 나라가 맺는 조약일 뿐 베스트팔렌 조약처럼 여러 나라가 참여한 조약은 없었다. 그런 점에서 이 조약은 근대 유럽의 새로운 국제 질서를 예고하고 있었다.

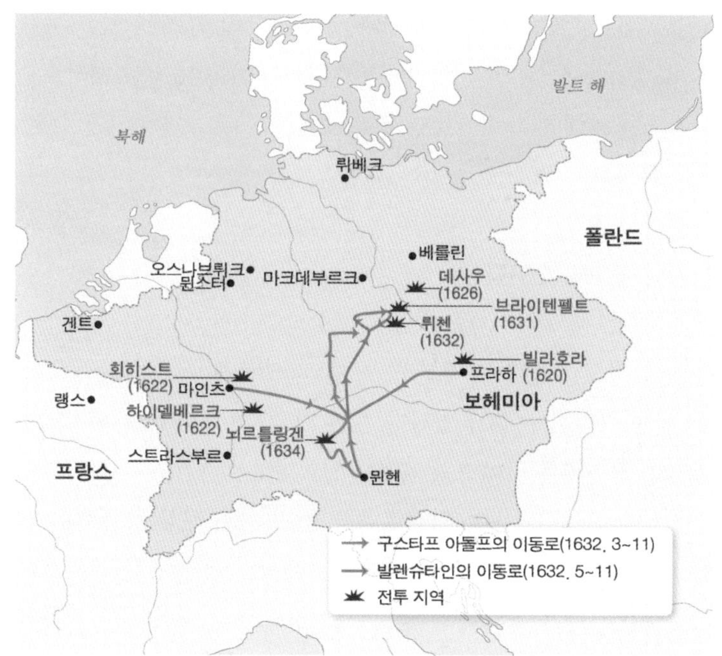

근대를 낳은 진통 종교 문제로 시작해서 영토 문제로 끝난 전쟁, 이런 점에서 30년 전쟁은 중세의 끝이자 근대의 시작을 알리는 신호탄이었다. 지도는 무수한 전투가 벌어지고 무수한 인명이 희생된 북독일의 전장이다. 이 어지러운 형세는 곧 유럽의 근대를 낳는 진통이었다.

전쟁 도중에 전쟁의 성격이 완전히 달라진 이상 종교 문제는 전혀 관심의 대상이 아니었다. 물론 칼뱅파를 신교로 공인하는 조항이 포함되었으나, 그것은 종교가 분쟁을 낳는 낡은 질서와의 마지막 고별과 같았다. 종전까지 모든 조약에서 항상 가장 중요한 관심사인 종교 대신 베스트팔렌 조약에서 관심의 초점이 된 것은 주권과 영토의 문제였다. 논공행상에서 보았듯이, 조약 체결에 참여한 각국은 저마다 이 문제에 비상한 관심을 보였다. 아직 주권이 확립되지 못한 국가들(네덜란드, 스위스, 독일의 영방국가들)은 주권을 주장했고, 주권이 안정된 국가들(프랑스, 스웨덴, 덴마크)은 더 많은 영토를 확보하려 했다. 이제부터는 주권과 영토가 본격적인 쟁점으로 부각되는 시대였다. 바야흐로 유럽 세계는 근대로 접어든 것이다.

정치와 종교의 도가니

유럽의 정치 지형을 크게 바꾼 30년 전쟁에 영국이 개입하지 못한 데는 그만한 이유가 있었다. 당시 영국 역시 대륙에 못지않은 복잡한 격변기를 맞이하고 있었던 것이다.

에스파냐 무적함대의 격파로 영국을 새로운 해상 강국으로 만들고, 셰익스피어로 대표되는 '영국 르네상스'를 지원한 엘리자베스 1세가 45년을 재위한 끝에 1603년 일흔 살의 나이로 죽자 튜더 왕조는 대가 끊겼다. 젊은 시절 그녀에게는 유럽의 여러 군주가 구혼했지만, 엘리자베스는 오히려 그것을 적절히 이용하면서 여러 가지 외교적 실익을 얻어냈다.• 그녀가 평생 독신으로 지낸 결과로 나라는 번영했으나 당연히 후사는 없었다.

의회는 다시 후계 문제로 골머리를 앓아야 했다. 헨리 8세의 한 아들과 두 딸(에드워드 6세, 메리 1세, 엘리자베스 1세)이 연속 왕위를 잇는 동안 영국 왕실의 손은 씨가 말라버렸다. 한참을 고민하던 의회는 가까스로 튜더 왕조의 핏줄을 찾아냈다. 헨리 8세의 자손은 끊겼으므로 더 위로 올라가야 한다. 그러자 헨리

• 구혼자들 중 가장 유명한 사람은 에스파냐의 펠리페 2세다. 통혼 정책으로 톡톡히 재미를 본 그는 엘리자베스의 배다른 언니인 메리 1세와 결혼했으면서도 그녀가 죽자 엘리자베스에게 다시 청혼했다. 그러나 메리가 그와 결혼했을 때도 외국인 남편에 대한 영국 국민들의 큰 반발을 받은 적이 있었으므로 엘리자베스는 그에 응하지 않았다. 여기에 앙심을 품은 펠리페는 군사적 침략에 나섰는데, 그 결과가 무적함대의 패배였으니 구혼의 대가 치고는 값비싼 것이었다.

'여성 교황'의 행차　영국 국교회를 처음 만든 사람은 헨리 8세였으나 그것을 실제로 안정시킨 사람은 그의 딸 엘리자베스 1세다. 엘리자베스의 시대에 확립된 영국 국교회는 교리상으로 신교를 취하고 예배 형식은 가톨릭을 취하면서 신교와 가톨릭에 양다리를 걸쳤으나, 시간이 지나면서 점차 가톨릭과 비슷해졌다. 그림은 엘리자베스의 행차 모습인데, 가톨릭도 신교도 아닌 제3교파의 수장이라는 신분이었으니 이를테면 여성 교황의 행차인 셈이다.

8세의 누나인 마거릿 튜더의 혈통이 보였다. 그녀는 아버지 헨리 7세의 정략결혼 정책에 따라 1503년 스코틀랜드 왕인 제임스 4세와 결혼했는데, 그 후손이 있었던 것이다. 제임스 4세의 아들인 제임스 5세 역시 정략결혼으로 프랑스 기즈 가문의 딸 마리와 결혼했다. 그는 서른 살에 죽은 탓에 별다른 치적을 남기지 못했으나 그 대신 딸 메리 스튜어트를 남겼다. 바로 그 메리 스튜어트의 아들인 스코틀랜드 왕 제임스 6세James I (1566~1625)가 튜더 왕가의 유일한 혈통이었다.

어머니가 반역죄로 엘리자베스 1세에게 처형된 뒤 겨우 한 살에 어머니에 이어 스코틀랜드 왕위에 오른 제임스는 영국 왕가의 유일한 혈통이라는 것 때문에 가문의 원수인 영국 왕위까지 상속하게 되었다. 그래서 스코틀랜드 왕계로는 제임스 6세이지만 영국 왕계로는 제임스 1세가 된다. 외가 쪽은 튜더라도 친가 쪽은 스코틀랜드 왕조인 스튜어트이므로 이때부터 18세기 초반까지 이어지는 영국 왕가를 스튜어트Stuart 왕조라고 부른다.

새 왕조를 개창한 왕답지 않게 제임스 1세는 초장부터 반동적으로 나아갔다. 개인적으로는 어머니의 원수(엘리자베스)를 칭송하는 분위기가 영 마음에 들지 않은 데다, 그는 전통적으로 프랑스에 가깝고 대륙 문화를 숭상하는 스코틀랜드 왕실 출신이었다. 위그노 전쟁을 승리로 이끈 당시 프랑스 왕 앙리 4세는 절대왕권을 누리고 있지 않은가? 선진국 프랑스를 본받자! 사실 영국이 프랑스를 본받을 이유는 없었다. 이미 경제력에서는 결코 프랑스에 뒤지지 않았던 영국의 위치를 그는 전혀 모르고 있었다.

제임스 1세는 스코틀랜드의 왕으로 있던 시절에 자신이 쓴 글을 통치 이념으로 삼기로 했다. 〈자유 왕국의 진정한 법The True Law of Free Monarchies〉이라는 거창한 제목의 그 글은 후대에 이른바 '왕권신수설'이라고 알려지는 주장을 담고 있다. 사실 그로서는 그저 프랑스의 왕권을 모방하려 했을 뿐이지만 영국은 프랑스와 사정이 달랐다. 가장 큰 차이는 바로 의회였다. 프랑스의 의회인 삼부회는 제도로만 남아 있을 뿐(18세기 말 프랑스 혁명 때까지) 유명무실한 상태였으나, 영국의 의회는 13세기 말 '모델 의회' 이래 꾸준히 발전해왔던 것이다. 심지어 강력한 왕권을 가졌던 헨리 8세나 엘리자베스 1세 같은 왕들도 의회를 무시하기는커녕 국정의 대소사에 의회의 의견을 구했으며, 최소한 무시하지는 않았다.

게다가 제임스의 결정적인 실책은 수구적인 신교 박해였다. 전 유럽을 휩쓸면서 프랑스에서 위그노라는 강력한 정치 세력을 이

가이 포크스 데이 영국 국교회의 탄압을 받은 것은 신교의 청교도만이 아니라 가톨릭도 마찬가지였다. 가톨릭 세력은 1605년 11월 5일 의회 개회일에 화약을 폭발시켜 국왕과 왕당파를 제거하려는 음모를 꾸몄다. 이것을 화약 음모 사건이라 부르는데, 결국 미수로 끝나고 주동자인 가이 포크스는 체포되어 처형당했다. 오늘날까지도 영국에서는 11월 5일을 가이 포크스 데이라 부르며 국경일로 기념하고 있는데, 의회민주주의를 처음 도입한 국가에서 왕권신수설의 신봉자였던 제임스의 무사함을 지금까지도 경축하고 있다는 것은 의외다.

루기도 한 칼뱅주의는 영국에도 널리 퍼졌다. 특히 영국의 칼뱅교도들은 이름부터 청교도Puritan라고 부를 만큼 더 철저하고 근본적인 교회 개혁과 성서 중심주의를 내세웠다. 그러나 앞에서 보았듯이(97쪽의 주 참조), 영국 국교회는 껍데기를 보면 종교개혁을 통해 성립한 '신교'였으나 알맹이는 가톨릭과 다를 바 없었다.

제임스는 '영국적 가톨릭'에 해당하는 국교회를 강화하는 한편 청교도에 대한 강력한 탄압에 나섰다. "주교가 없으면 왕도 없다."라는 그의 주장은 대륙에서도 사라진 케케묵은 논리였다. 하긴, 왕권을 신이 부여했다는 그의 이론을 정당화하려면 교회를 강화하는 게 지극히 당연했다. 그의 탄압에 시달린 청교도들 중에는 프랑스에서 위그노들이 그랬듯이 국외로 종교적 망명까지 하는 사람들도 있었다. 그 덕분에 얼마 뒤인 1620년에는 102명의 청교

꼭두각시 테러범　가이 포크스는 사실 신앙심은 독실했어도 그다지 명민한 인물은 아니었다. 그는 로버트 케이츠비의 사주를 받아 화약을 매설한 꼭두각시였을 뿐이다. 그림은 가이 포크스 데이에 가이 포크스의 분장을 하고 축제에 참여한 모습이다. 축제의 절정은 가이 포크스의 인형을 불태우는 행사인데, 그의 화형을 상징한다.

도들을 태운 메이플라워호가 북아메리카의 뉴잉글랜드에 도착해 오늘날 미국의 기원을 이루게 되지만, 등 떠밀려 먼 타향으로 간 그들이나 국내에 남은 청교도들이나 고통스러운 삶을 산 것은 마찬가지였다.

왕권과 의회의 대립, 국교도와 청교도의 대립, 정치와 종교에서 팽팽히 맞선 이 두 가지 대립은 점차 하나의 전선을 형성했다. 왕과 주교는 더욱 밀착되었고, 그들만큼은 아니지만 의회와 청교도도 한 몸이 되기 시작했다. 그러나 제임스는 그런 사태를 파국에까지 몰아가지는 않았다. 끝장을 보자고 덤빈 것은 모든 정책을 아버지와 같이, 그러나 그 강도는 아버지보다 높게 구사한 그의 아들 찰스 1세Charles I(1600~1649, 재위 1625~1649)였다.

프랑스, 에스파냐와 크고 작은 전쟁을 끊임없이 벌이던 영국 왕실에서는 무엇보다 전쟁을 수행할 경비가 필요했다. 귀족들에게서 반강제로 돈을 빌려 충당하던 찰스는 마침내 재정 문제를 근본적으로 해결하기 위해 1628년에 의회를 소집했다. 그러나 이것은 의회에서도 바라던 바였다. 찰스가 재정 문제를 타개하고자 마련한 자리에서 의회는 권리청원Petition of Right을 들이밀었다.

400년 전 마그나 카르타가 탄생하던 무렵이 생각나지 않을 수 없는 상황이다. 과연 권리청원의 내용도 마그나 카르타와 거의 다를 바 없다. "국왕이 귀족들의 동의를 구하지 않고 마음대로 세금을 징수할 수 없도록 한다."라는 게 마그나 카르타가 아니었던가? 당시에는 의회가 없었으니까 '귀족들의 동의'라는 표현을 썼지만, 의회가 존재하는 지금은 표현이 달라진다. 권리청원의 가장 주요한 내용은 "국왕이 의회의 동의를 구하지 않고 마음대로 세금을 징수할 수 없도록 한다."라는 것이었다. 귀족이라는 말을 의회로 바꾼 것에 불과하다. 400년 동안 영국 의회는 고작 의회의 존재를 확인한 것 이외에는 한 걸음도 전진하지 못했던 것이다(거꾸로 말하면 이 작은 한 걸음을 나아가기 위해 그토록 오랜 기간이 필요했다고도 할 수 있겠다).

400년 전의 존처럼 찰스도 일단 의회 앞에 무릎을 꿇을 수밖에 없었다. 제 코가 석 자인지라 당장 특별세를 얻어내는 게 시급했기 때문이다. 그러나 이듬해 의회가 관세의 징수를 거부하고 나서자 찰스는 그동안 품고 있던 복안을 실행에 옮겼다. 혹을 떼어주기는커녕 더 큰 혹을 갖다붙이다니? 그렇게 국왕의 행보에 엇각을 놓는 의회라면 아예 소집하지 않는 편이 낫지 않은가? 그래서 그는 이후 11년 동안이나 의회를 무시한 채 측근인 로드 대주교와 스트래퍼드 백작을 중용해 마음껏 전제정치를 펼쳤다. 물론 의회의 감시 기능이 마비되었으므로 종전처럼 세금은 국왕이 마음대로 매겼으며, 심지어 불법 과세도 서슴지 않았다.

그러나 찰스의 아킬레스건은 또다시 그를 괴롭혔다. 이번에는 '믿는 도끼'가 그의 발등을 찍었다. 1637년 로드 대주교가 스코틀랜드에 영국 국교회 신앙을 강요하려다 반발을 사 스코틀랜드와 전쟁이 벌어진 것이다. 스코틀랜드의 완강한 저항으로 전쟁은 길어졌고, 찰스는 다시 전비가 필요했다. 그리하여 1640년에 실로 오랜만에 왕의 요청으로 의회가 소집되었다. 오랫동안 소집되지 않았던 것을 시위하기라도 하듯이 이 의회는 이후 13년이나 지속되었기에 장기의회Long Parliament라고 부른다.•

크롬웰 왕조

찰스 1세는 의회의 요구를 최대한 수용하겠다는 자세였으나 의회의 태도는 생각한 것보다 훨씬 강경했다. 의회는 왕이 자의적으로 행사하던 사법권과 종교재판권을 제한했고, 두 명의 흉적, 로드와 스트래퍼드를 처단하라고 요구했다. 어쩔 수 없이 찰스는 전횡의 도구였던 성실법원星室法院(Star Chamber)••과 고등종무관재판소를 닫았으며, 스트래퍼드를 처형하고 로드를 런던탑에 가두는 것으로 읍참마속을 대신했다. 물론 왕이 부과한 각종 불법 세금은 금지되었다.

영국 국교회에서는 국왕이 곧 '교황'이므로 왕권의 약화는 국교회의 약화를 의미한다. 사실 그동안에도 종교 문제는 정치의 혼란에 가려 표면으로 부상하지 않았을 뿐 결코 해소된 것이 아니었다. 정치적 쟁점이 소강상태에 접어드는 틈을 타서 이윽고 종교

• 사실 1640년에는 의회가 두 차례 소집되었다. 봄에 소집된 의회는 11년 전 권리청원이 제출되었던 때와 똑같은 상황이었다. 찰스는 돈이 궁했고, 의회는 왕의 정책에 대한 불만을 토로하고 권리를 찾으려 했다. 그런데 찰스가 곧바로 의회를 해산해버렸기 때문에 이것을 단기의회라고 부른다. 그러나 스코틀랜드와의 전투에서 패하면서 찰스는 그해 11월에 다시 의회의 문을 두드렸다. 이번에는 반드시 바라던 성과를 얻어내겠다고 다짐한 그였지만 결국 그 의회의 회기 중에 자신이 비참한 최후를 맞으리라고는 예상치 못했을 것이다.

•• 튜더 왕조의 개창자로 왕권 강화에 힘쓴 헨리 7세는 웨스트민스터 궁전 내에 특별 법정을 만들어 운영했다('성실'이란 이름은 이 방의 천장에 별이 그려져 있었기 때문이다). 당시 영국의 법체계는 대륙보다 크게 뒤떨어져 있어 일종의 관습법인 코먼로(common law)가 지배했으므로 성실법원은 이 결함을 극복하려는 의미가 있었다. 이것은 영국사의 한 가지 특징을 보여준다는 점에서 흥미롭다. 성실법원으로 알 수 있듯이, 영국은 중세를 벗어난 16세기 초까지도 왕권과 사법권이 일치될 만큼 후진적이었다. 게다가 헨리 8세의 수장령으로 왕이 종교권력마저 얻게 된 것도 일종의 후진성을 보여준다. 하지만 정치권력, 사법권력, 종교권력을 모두 가지고 있음에도 불구하고 영국의 왕은 의회 하나 때문에 끝내 전제정치를 완성하지 못하고 말았다.

문제가 수면 위로 떠올랐다. 하지만 그 발단은 청교도가 아니었다. 1641년 전통적 가톨릭권인 아일랜드에서 가톨릭 연맹이 결성되어 아일랜드 독립의 기치를 높이 올린 것이다(대륙에서는 신교와 구교의 갈등만 일어난 데 비해, 영국에서는 국교회가 신교인 청교도와 구교인 가톨릭을 모두 배척했으므로 종교 갈등의 양상이 복잡했다).

아일랜드 문제의 시작　1641년 영국 역사상 최대 규모의 학살극이 아일랜드 북부의 얼스터에서 일어났다. 그림에서 보듯이 가톨릭 세력이 3000여 명의 신교도들을 무차별 살해한 사건이다. 결국 이 사건은 청교도혁명의 한 계기가 되었으며, 혁명으로 집권한 크롬웰은 아일랜드의 가톨릭교도들을 학살하는 것으로 보복했다. 그러나 '피의 빚'은 그것으로 해결되지 않고 이후 영국과 아일랜드의 갈등 요소로 남아 20세기에까지 이르게 된다.

불안한 평화를 이루고 있던 찰스와 의회는 이 아일랜드 반란을 진압하는 문제를 놓고 결정적으로 갈라선다. 의회가 진압군의 지휘권을 왕에게 내주지 않자 찰스는 독자적으로 군대를 편성했다. 이제 국왕과 의회가 별도의 군대를 거느렸으니 군사적 충돌은 필연적이었다.

양측은 1642년부터 충돌의 계기가 된 아일랜드 문제는 아랑곳하지 않고 즉각 서로를 상대로 삼아 전쟁에 들어갔다. 이것을 청교도혁명이라고 부르는데, 실상 혁명이라기보다 내전이었다. 대륙에서 30년 전쟁이 막바지에 이를 무렵부터 영국은 격렬한 내전의 소용돌이에 휩싸였다. 대륙의 전쟁이나 영국의 전쟁이나 모두 종교가 개입되어 있었으니 가히 유럽 세계의 마지막 종교전쟁의 무대라 할 만했다.

정치권력은 의회가 장악하고 있었으나 막상 전쟁이 벌어지니 역시 왕은 왕이었다. 개전 초기 왕당파는 전투에서 연승을 거두면

국왕의 처형　역사상 암살된 국왕은 많아도 공개 처형된 국왕은 드물다. 1649년 찰스는 바로 그 드문 사례가 되었다. 단두대가 발명되지 않은 시대라 도끼로 참수했는데, 단상의 두 인물이 잘린 찰스의 머리와 도끼를 들고 있다.

서 곧 그간의 세력 약화를 만회할 듯했다. 그러나 시대가 인물을 낳는 법, 의회파에는 크롬웰Oliver Cromwell(1599~1658)이라는 인물이 혜성같이 등장했다. 의회 의원이었던 그는 동부에서 청교도들을 모아 강력한 철기군鐵騎軍을 조직하고 1644년부터 착실히 전세를 역전시키기 시작했다. 이들이 승리하지 않았다면 청교도혁명이라는 이름도 없었을 것이다. 사실 이 내전에서 종교는 이미 정치의 뒷전으로 물러앉았을 뿐 아니라 종교의 대립에서도 가톨릭과 국교회가 주인공이지 청교도는 아니었다.

혁명은 절정으로 치달았다. 1648년 크롬웰은 찰스를 포로로 잡았고 이듬해에는 그를 처형해버렸다. 이제까지 유럽 역사에서 국왕이 암살된 경우는 있었어도 혁명 세력에게 공개적으로 처형된 경우는 없었다. 그만큼 혁명의 강도는 유례없는 것이었다.

왕이 없으니 이제 영국은 형식상으로 왕정이 아니다. 그러나 실제로는 왕정이 유지된다. 누가 '왕'이 되었을까? 바로 혁명의 지도자인 크롬웰이었다. 그는 1653년 군대를 동원해 무력으로 의회를 해산하고* 스스로 호국경護國卿(Lord Protector)이라는 지위에 올라 국정을 맡았는데, 사실상 왕이나 다름없는 존재였다. 굳이 왕정이라는 말을 쓰지 않는다면 때 이르게 들어선 '군사독재'라고 할 수 있을 것이다. 1657년 다시 구성된 의회가 그에게 차라리 왕위에 오를 것을 권했을 때 크롬웰은 그 제의를 거부했다. 하지만 이듬해 그가 죽고 나서 그의 아들 리처드 크롬웰이 호국경의 지위를 물려받게 되므로 왕위의 세습이나 마찬가지다.

* 의회파가 승세를 탈 때부터 의회는 급진적인 파와 온건한 파로 분열되어 다툼을 벌였다. 크롬웰이 집권했을 때는 이미 온건파가 쫓겨나 급진파의 일부 의원들만 남아 있었다. 그래서 이 의회를 럼프(rump) 의회, 즉 잔여(殘餘) 의회라고 부르는데, 거의 의회의 기능을 하지 못했다.

개인적으로는 독실한 칼뱅주의 청교도였던 크롬웰은 청교도 이념에 입각한 정치를 펼쳤다. 이런 경우 대개는 건전하고 검소한 생활을 엄격하게 강조하는 한편 거기에 어긋나는 요소는 일체 용납하지 않는 방향으로 나아가게 된다. 일종의 문화 독재라고 볼 수 있다. 그는 음주와 도박을 금지하는 등 국민 생활을 철저하게 압박하는 공포정치로 일관했다. 거기까지는 괜찮았으나 아일랜드의 가톨릭을 학살과 토지 몰수 등 군홧발로 철저히 짓밟은 것은 두고두고 분쟁의 불씨가 되었다. '크롬웰의 저주'라는 말로 아일랜드인의 뇌리에 깊이 각인된 그 만행은 20세기 북아일랜드 독립운동에까지 이어지게 된다(대륙에서는 가톨릭이 신교를 탄압한 데 반해 당시 영국은 신교가 가톨릭을 탄압하는 희한한 상황이 벌어졌다).

그러나 '크롬웰 왕조'는 오래가지 못했다. 그의 아들 리처드는 아버지의 지위만 물려받았을 뿐 카리스마까지 받지는 못했으며, 국민들은 벌써 공포정치에 신물이 나 있었다. 결국 그는 8개월 만에 자진 사퇴 형식으로 물러났고, 다시 럼프 의회가 소집되어 찰스 1세의 아들을 왕으로 옹립했다. 전쟁까지 벌인 왕과 의회가 '크롬웰 왕조'의 치하를 계기로 타협을 이룬 것이다. 영국사에서는 이 사건을 왕정복고라고 부르지만, 엄밀히 말하면 크롬웰 왕조에 의해 잠시 왕위가 찬탈되었다가 스튜어트 왕조가 다시 이어졌다고 보아야 한다.

근대의 문턱에 들다

한바탕 홍역을 치렀으니, 하마터면 영원히 잃을 뻔한 왕위를 되찾은 찰스 2세(1630~1685, 재위 1660~1685)나 '근본도 없는 왕조'를 섬기게 될 뻔한 의회 측이나 피차 조심할 수밖에 없다. 하지만 종교적으로나 정치적으로나 아직 영국의 왕과 의회는 합일을 이루기 어려운 상황이었다. 그래서 양측은 완만하지만 확고하게 각자 자신의 입지를 강화해나갔다. 찰스는 국교회를 강화하기 위해 종교적으로 신교보다 더 가까운 가톨릭을 중흥시켰고, 그 일환으로 프랑스의 루이 14세와도 친교를 맺었다(나중에 보겠지만 프랑스는 30년 전쟁 이후 다시 가톨릭으로 되돌아왔다). 또 의회는 최초로 여당과 야당의 구분이 생겨났다. 여당인 토리당은 예전의 왕당파였고, 야당인 휘그당은 예전의 의회파였으니 성격이 크게 달라진 것은 없지만, 그래도 이것은 근대식 정당 제도로 향하는 중요한 길목을 이룬다.

신교를 반대하고, 프랑스를 모델로 삼고, 의회를 부담스러워한다. 이것은 바로 60년 전 찰스 2세의 할아버지 제임스 1세의 정책이며, 바로 그 시대의 상황이다. 따라서 그때의 문제는 아직도 전혀 해결된 게 없었다(크롬웰 치하가 '허송세월'이었음을 보여주는 증거라고 할 수 있겠다). 결국 제임스 1세의 치세에는 문제가 잠복해 있는 상태로 그런대로 평온히 지나갔으나 그다음 찰스 1세에게서 대형사고로 터져 나왔다. 지금의 찰스 2세가 당시의 제임스 1세라면, 찰스 1세의 역할을 한 것은 제임스 2세였다. 찰스 2세의 동생, 그러니까 찰스 1세의 둘째 아들로 왕위를 계승한 제임스 2세James II (1633~1701, 재위 1685~1688)는 불과 3년의 재위 기간에 비해 역사적인 업적을 남겼다. 바로 명예혁명이다. 물론 그가 의도한 혁명은 결코 아니다.

제임스 2세는 형보다 한술 더 떠 노골적인 가톨릭으로 선회했다. 그의 성향을 알고 있었던 의회는 그의 즉위부터 반대하고 나섰으나,* 찰스 2세에게 후사가 없었고 쉰둘의 노인네가 하면 얼마나 하랴 싶었다. 게다가 지긋지긋한 내전의 경험이 아직도 생생한 판에 조심스럽게 다져온 평화 기조를 해치고 싶지도 않았다. 그런데 아들이 없던 그가 1688년 쉰다섯의 나이로 아들을 보게 되자 상황이 급변했다. 의회는 긴장했다. 토리당과 휘그당은 제임스의 아들을 왕위 계승자로 삼으면 안 된다는 것에서 모처럼 하나로 뭉쳤다. 그들은 비밀리에 대륙으로 사람을 보내 새로운 왕위 계승자를 모셔오기로 했다. 새 왕의 후보는 제임

* 사실은 토리(Tory)와 휘그(Whig)라는 이름도 이 사건 때문에 생겨났다. 당시 의회에서는 제임스 2세를 왕위 계승자로 삼자는 의견과 그에 반대하는 의견으로 엇갈렸다. 당연히 양측은 서로를 비난하면서 좋지 않은 뜻의 별명으로 불렀다. 즉 찬성파는 반대파를 휘그당이라고 불렀고, 반대파는 찬성파를 토리당이라고 불렀다. 휘그는 스코틀랜드의 폭도였고, 토리는 아일랜드의 폭도였으니 둘 다 '폭도들'이 된 것이다.

명예와 불명예　피를 흘리지 않았다는 점에서 명예혁명이지만, 사실 윌리엄 3세가 된 오라녜 공 빌렘으로서는 불명예나 다름없었다. 네덜란드 총독 시절에 라이벌이었던 프랑스의 루이 14세에게서 실권 없는 왕이라는 무시를 받았을 뿐 아니라 의회의 힘으로 왕위에 오른 까닭에 입헌군주제가 성립하는 계기가 되었기 때문이다. 그림은 꼭두각시 국왕 부부 메리 2세와 윌리엄 3세다.

스의 사위인 네덜란드 총독 오라녜 공 빌렘이었다.*

당시 빌렘은 프랑스 루이 14세의 강력한 패권 정책에 맞서 싸우고 있었다. 제임스의 딸 메리와 결혼한 이유도 실은 영국을 자기 측으로 끌어들이기 위한 것이었다. 그런 판에 영국 왕위를 제안받다니 이것은 호박이 넝쿨째 굴러들어 온 격이었다. 그는 즉각 1만 3000명의 병력을 거느리고 바다 건너 런던을 향해 진군했다. 갓난아기를 안고 싱글벙글하던 제임스는 사위가 쳐들어온다는 소식에 아연실색하여 프랑스로 내뺐다.

이듬해인 1689년 1월 의회는 영국 왕위가 공석이 되었음을 공식적으로 선언하고 빌렘과 그의 아내인 메리를 새 왕으로 옹립했다(영국 의회는 왕위 계승의 정통성 문제 때문에 스튜어트 가문의 혈통만큼은 유지하고 싶었으므로 부부의 공동 승계를 결정했다). 영국의 왕이 되었으니 이름도 영국식으로 표기해야 한다. 그래서 빌렘은 역사에 윌리엄 3세(1650~1702, 재위 1689~1702)로 기록되었고, 메리는 메리 2세(1662~1695, 재위 1689~1694)가 되었다. 이렇게 해서 부부가 함께 영국 왕이 되는 전례 없는 일이 생겨났는데, 얼마 전에 최초로 국왕을 처형하기도 한 영국 의회로서는 별로

* 이 빌렘은 16세기에 네덜란드의 독립을 이끈 빌렘 1세의 후손이다. 그런데 대륙에서 영국의 왕이 되기 위해 군대를 이끌고 온 '윌리엄'이라면 또 한 명이 있었다. 바로 11세기에 영국 왕이 된 노르망디 공 윌리엄(1권 358~359쪽 참조)이다(그의 이름을 프랑스식으로 읽으면 '기욤'이 된다). 이 두 명의 윌리엄, 기욤과 빌렘은 영국 역사의 중요한 장면에서 외국인으로서 영국 왕이 되는 기연을 맺었다.

신기할 것도 없는 신기록이었을 게다.

피 한 방울 흘리지 않고(그래서 '명예혁명'이라는 이름이 붙었다) 영국 왕위를 얻은 윌리엄 3세로서는 영국 의회의 위력을 새삼 실감하지 않을 수 없었다. 그렇잖아도 의회 덕택에 왕이 된 그로서는 의회의 말을 무조건 따를 수밖에 없었다. 반면 의회는 스튜어트 왕실의 피가 섞이지 않은 외국인 왕을 전적으로 믿을 수는 없었다. 서로의 의심이 맞아떨어져 의회는 의회를 무시하지 말라는 보장 각서를 내밀었고 윌리엄은 기꺼이 서명을 보탰다. 이것이 마그나카르타, 권리청원과 함께 영국 의회사의 3대 문서로 간주되는 권리장전Bill of Rights이다.

권리장전은 가톨릭교도를 왕위 계승자로 삼지 말고 의회를 자주 소집하라고 규정한 것을 제외하면 그 내용은 사실 앞서의 두 문서와 크게 다를 바 없다. 그러나 내용보다 중요한 게 형식이다. 국왕의 선택과 즉위에 결정적인 영향력을 행사한 영국 의회는 권리장전을 성립시킴으로써 왕권의 한도까지 통제하는 권한을 얻게 되었다. 이제 의회는 왕권보다 우위에 있음이 여실히 증명된 것이다. 대륙의 모든 나라가 일제히 왕권을 강화하는 절대주의의 시대에 영국은 일찌감치 거기서 탈피해 의회주의의 새로운 노선으로 나아갔다. 이로써 유럽은 물론 세계적으로도 최초인 근대적 입헌군주국이 생겨났다.

결과적으로 볼 때 윌리엄 3세는 의회가 권력을 장악하는 데 이용된 도구에 불과했다. 메리가 죽은 뒤 윌리엄은 단독 국왕이 되었지만 권리장전에 따라 그의 계승자는 그의 처제(메리의 여동생)인 앤Anne(재위 1702~1714)으로 이미 정해져 있었다. 앤은 평소에 형부를 열렬히 지지했으니 윌리엄으로서는 그나마 위안이 되었을까? 그러나 앤은 아들이 어린 나이에 죽어 후사를 남기지 못했다.

이로써 영욕의 스튜어트 왕조는 마침내 대가 끊겼다.• 스튜어트 왕조의 핏줄은 당시 독일의 하노버 선제후 가문에 가 있었다. 하노버 공의 아들은 스튜어트 왕조의 개창자인 제임스 1세의 증손자(손녀의 아들)였다. 그래서 의회는 그를 데려다 조지 1세George I (1660~1727, 재위 1714~1727)로 삼아 새로 하노버 왕조를 열었는데, 영어조차 할 줄 모르는 외국인 왕이 즉위했지만 어차피 왕권을 제압한 의회로서는 크게 상관없는 일이었다(그러나 그 덕분에 19세기 중반까지 영국 왕은 하노버 왕까지 겸하게 된다). 이 하노버 왕조가 오늘날 영국 왕실로 이어진다.•• 이후 영국의 왕들은 국가를 상징하는 '꽃'의 역할만 했을 뿐 실제 정치에 크게 관여하지는 않았다. "왕은 군림하되 통치하지 않는다."라는 입헌군주제의 기본 원리가 확립된 것이다.

• 역사적으로 보면, 스튜어트 왕조는 출범 때부터 의회와 대립했다가 결국 의회에 권력을 넘겨주는 역할을 한 셈이다. 그래도 스튜어트 왕조는 영국에 한 가지 커다란 선물을 남겼다. 스코틀랜드의 스튜어트 왕조도 얼마 못 가 대가 끊기면서 1707년 스코틀랜드가 잉글랜드와 통합을 이루게 된 것이다(웨일스와 북아일랜드는 각각 16세기와 17세기에 잉글랜드와 통합되었다). 이때부터 비로소 오늘날과 같은 영국이 되었다.

•• 그러나 오늘날 영국 왕실은 윈저(Windsor) 왕조라고 불린다. 그 이유는 제1차 세계대전 중 독일과 싸우던 영국이 독일식 왕조 이름을 부담스럽게 여겨 바꾸었기 때문이다. 그래서 처음으로 왕궁 소재지 이름을 따서 윈저라고 지었는데, 혈통은 하노버 왕조의 직계다.

28장

자본주의의 출범

국부의 탄생

유럽의 17세기 전반부는 역사상 유례없는 전란의 시대였다. 대륙에서는 여러 나라의 이해관계가 얽히고설킨 30년 전쟁이 일어났고, 영국에서는 왕과 의회 간에 내전이 벌어졌다. 무수한 사람이 죽고 많은 도시가 파괴되었으며, 각국의 정치와 사회는 지극히 혼란스러웠다. 문명의 종말인가? 물론 지금 우리는 그렇지 않다는 것을 잘 알고 있다. 유럽 문명은 종말을 맞기는커녕 이후 더욱 성장하고 더욱 힘을 키워 나중에는 세계 정복에 성공하니까. 그럼 그 죽음과 파괴, 혼란은 어떤 의미였을까?

배고프면 단결하지만 배부르면 분열하게 마련이다. 빵 덩어리가 작을 때는 그것을 키우기 위해 힘을 합치지만 먹을 만큼 커지면 거기서 각자 제 몫을 더 차지하기 위해 싸운다. 17세기 전반의 유럽이 대체로 그런 상황이었다. 아메리카의 발견으로 부를 쌓은 에스파냐의 합스부르크 가문이 서유럽의 패권을 꿈꾼 것이나, 조금 일찍 영토 국가의 개념을 깨우친 프랑스가 동부(알자스-로렌)의 영토를 노리고 30년 전쟁에 개입한 것이나, 엘리자베스 시대의 번영을 계기로 한껏 커진 국력(구체적으로는 과세권)을 틀어쥐기 위해 영국의 왕과 의회가 싸운 것이나, 모두 '배고픈 시절'에는 생각지도 못한 행동들이었다. 신성의 외피를 두르고 시작한 전쟁들이 막상 전쟁이 진행되면서 모두 세속적이고 정치적인 성격으로 바뀐 이유는 그 때문이다. 그런 의미에서 17세기의 30년 전쟁과 영국 내전은 서유럽이 근대사회로 접어드는 데 따르는 '진통'이었고, 어찌 보면 근대로 들어가는 '입장료'였다.

먹고살 만해지니까 싸우기 시작했다면, 그 전쟁들을 촉발시킨 원인이 되는 서유럽의 부는 어떻게 형성된 걸까? 그 단초는 대항해시대에 생겼다. 이 시대에 동양과 아메리카에서 에스파냐를 통해 유입된 물자들은 향료나 금과 은처럼 현금과 다름없는 것들도 있었지만, 더 중요한 것은 옥수수와 감자 같은 새로운 농작물, 설탕과 차, 염료, 가죽, 목재, 소금, 수산물 등 극히 다양한 생필품이었다. 특히 동양 항로를 장악한 포르투갈은 총포를 내주고 물자를 교환하는 경제적 '무역'에 그쳤지만, 신대륙을 정치적으로 정복한 에스파냐의 경우에는 무상으로 현지의 물자를 빼앗았다. 게다가 풍부한 노예 노동력이 생산한 농업 생산물이 서유럽으로 대량 유입되었으니 서유럽이 부자가 되지 않으면 오히려 이상할 판이었다(설령 종교개혁이 일어나지 않았다 하더라도, 서유럽의 '교통경찰'이던 로마 교황은 이렇게 급증한 부를 교통정리하지 못해 어차피 무너졌을 것이다).

영국의 중산층 자본주의는 신분상으로는 평민이면서 생활상으로는 귀족이나 다름없는 신흥 중산층을 만들어냈다. 영국에서는 젠트리, 프랑스에서는 부르주아지가 바로 그들이었다(지주 냄새를 풍기는 젠트리는 주로 산업 자본가들이었고, 산업가 냄새를 풍기는 부르주아지는 주로 지주들이었다는 점이 흥미롭다). 그림은 18세기 영국 화가인 게인즈버러가 그린 〈앤드루스 부부〉로, 전형적인 중산층의 모습을 보여준다.

부가 급속히 늘어나자 서유럽 각국은 저마다 제 몫을 챙기려 들었다. 특히 합스부르크가 여기저기 전쟁을 벌이면서 흥청망청 돈을 쓴 것은 서유럽 지역 전체로 보면 부의 국제적 재분배를 대신해준 것이나 다름없었다.* 그러나 유럽 문명의 역사상 처음으로 정치의 주체가 된 국가들은 그만큼 돈 쓸 곳도 많았다. 절대주의의 강력한 왕권을 유지하려면 관료와 상비군이 있어야 했고, 그 밖에도 국가 기구들을 운영하기 위한 막대한 재원이 필요했던 것이다.

그런 재원을 확보하는 가장 좋은 방법은 전쟁이다. 다른 나라를 집어삼키거나 정치적 영향력을 행사할 수 있다면 국가의 부를 단

● 그런 점에서 에스파냐 국왕 펠리페 2세는 서유럽 번영의 일등공신이다. 비록 그 때문에 에스파냐는 쫄딱 망했지만. 펠리페의 재산은 1556~1573년 기간 동안 그 이전 재산의 두 배가 되었고, 다시 20년 뒤에는 또 재산이 두 배로 늘었다. 그러나 지출은 더 엄청났다. 예를 들면 1571년의 레판토 해전에 지출된 전비 400만 두카트(ducat: 당시 유럽의 금화와 은화 단위) 중 상당 부분이 그가 한 지출이었으며, 무적함대 육성에도 1000만 두카트가 들었다.

기간에 크게 늘릴 수 있다. 실제로 그런 의도에서 서유럽 각국은 국가 재정의 상당 부분을 군사 부문에 투입했는데, 이는 말하자면 가장 효율적이고 생산적인 '재투자'에 해당한다(오늘날의 경제학에서는 군사 부문의 국가 지출을 비생산적 소비 부문의 지출로 간주하지만 당시에는 그렇지 않았다). 그러나 전쟁이라는 방식에는 엄연히 한계가 있다. 아무 나라나 먹는다고 될 일이 아니라 부유한 나라를 정복해야 한다. 그런데 부유한 나라는 힘이 세다.* 따라서 국력을 키우기 위해서는 전쟁이 아닌 다른 방식도 필요했다. 그래서 각국이 주목한 게 바로 무역이다.

원리는 오늘날 보호무역주의와 기본적으로 같다. 즉 수입을 줄이고 수출을 늘리면 국가의 부가 쌓인다. 그러기 위해서는 보호관세가 필요하다. 강물의 흐름을 통제하려면 댐이 필요하듯이, 수입을 억제하고 수출을 증대하려면 관세의 장벽을 높이 세워야 한다. 수출 증대와 보호관세를 내세우는 이 무렵 서유럽 각국의 정책을 중상주의mercantilism라고 부른다(이런 경제 정책은 서유럽 세계가 정치적으로 각 국가별로 분립되지 않은 시기, 즉 중세라면 불가능하다. 그런 점에서 근대사회로 향하는 물꼬를 먼저 튼 것은 경제보다 정치일 수도 있다).

이제 국가는 정치의 주체만이 아니라 역사상 처음으로 경제의 주체가 되었다. 그래서 예전에는 존재하지 않던 개념이 탄생했다. 바로 국부國富라는 개념이다. 서유럽 세계가 통합적이었던 중세와 르네상스 시대에는 경제가 자연스럽게 흘렀고 누구도 인위

* 그러나 개별 국가 체제의 초기였기 때문에 이따금 경제적 부와 군사력이 일치하지 않는 나라가 있었다. 이런 나라가 일차적인 정복의 대상이 되는데, 예를 들면 에스파냐의 지배를 받은 네덜란드 같은 경우다. 또한 거꾸로 경제력에 비해 군사력이 상대적으로 강한 나라도 있었다. 오늘날에는 경제력이 강해야 군사력도 증강할 수 있지만 당시에는 경제력이 좀 약하면 군사력으로 극복하는 것도 가능했다. 나중에 보겠지만 프로이센 같은 나라가 이에 해당한다.

적으로 통제할 수 없었다. 그러나 근대에 접어들어 서유럽 세계가 각국별로 분립된 중상주의 시대에 이르면 경제에도 국적이 생겨났고 일국적인 부의 형성이 가능해졌다. 이 국부의 개념은 곧이어 자본주의라는 새로운 체제를 가능케 했다. 이로부터 한 세기가 지나면서 국부의 개념이 충분히 성숙했을 때, 즉 자본주의의 정체가 뚜렷이 드러났을 때, 영국의 경제학자 애덤 스미스Adam Smith(1723~1790)는 《국부론The Wealth of Nations》이라는 책을 쓰게 된다.

자본주의라는 새로운 바람

그런데 중상주의에는 문제가 있다. 우선 보호관세가 제 구실을 하려면 반드시 필요한 게 있다. 그것은 바로 국내 산업이다. 수출할 물건이 없는데 수출에 집중할 수는 없다. 따라서 국내에 어느 정도의 산업 기반이 확립되어 있어야 한다. 처음에는 에스파냐를 본받아 상업과 무역에만 관심을 가졌던 각국은 점차 산업과 공업 쪽으로 시선을 돌리게 되었다. 그러자 중세 말기부터 번영하기 시작한 자치도시들에 새삼 눈길이 갔다. 사실 중상주의는 13세기 자치도시의 상인들이 이미 실험했다가 역시 마찬가지 문제점을 느끼고 포기한 정책이었다(물론 그때는 국가라는 강력한 정치체가 없는 상황이었지만).

상업과 무역은 잘하면 큰 이익을 남길 수 있지만, 근본적으로 보면 물자를 유통시키는 것일 뿐 생산과는 무관하다. 그러므로 어디선가 이득을 보면 반드시 그만큼 어디선가 손해를 보게 마련이다. 즉 부가 외부에서 추가로 유입되지 않는다면 총체적인 부의 증가는 없다. 그래서 13세기 이탈리아 자치도시의 상인들은 자체적으로 생산 시스템을 마련한 적이 있었다. 수공업자에게 미리 돈과 원료를 주고 물건을 제작하게 한 뒤 그것을 가지고 상업과 무역을 전개하는 방식인데, 이것을 선대제putting-out system라고 불렀다.

개별 상인이 개별 수공업자와 거래하는 이 옛 방식을 그대로 국가 체제에 적용할 수는 없지만 적어도 부의 생산을 국내적으로 가능하게 해야 한다는 발상은 배울 수 있다. 게다가 중세의 그런 실험을 통해 '시장을 위한 생산'이라는 관념이 충분히 무르익었다. 그런 발상과 관념이 낳은 새로운 제도가 바로 자본주의다. '자본주의적(자본가적) 생산'이라는 용어는 19세기 카를 마르크스Karl Marx(1818~83)가 처음 사용했고, 생산과 분배를 포괄하는 경제 제도라는 의미로서의 자본주의capitalism라는 용어는 20세기에 들어서야 사용되지만, 자본주의의 발상과 관념은 그보다 훨씬 이전부터 싹텄던 것이다.

중세 서유럽에 동방의 문물을 전함으로써 서유럽의 발전에 기여한 것은 이탈리아 상인들이었고, 대항해시대에 서유럽을 세계 최대의 경제 중심지로 만든 것은 에스파냐였다. 그러나 이들 지중해 국가들은 자본주의의 뿌리를 키우는 역할에 그쳤을 뿐 그 꽃은 피우지 못했다. 그 이유는 무엇일까? 그것은 그들이 전통적인 문명권에 속해 있었기 때문이다. 전통이 강한 곳에서는 새로운 바람이 불기 어렵다. 변화의 바람은 중심이 아니라 변방으로부터 온다. 그럼 그 변방은 어딜까? 바로 중세적 전통이 가장 약한 곳이다.

전통적인 것 중에서도 가장 전통적인 요소가 신분제다. 기도하는 사람(성직자), 지배하는 사람(영주), 싸우는 사람(기사), 일하는 사람(농노)이 명확히 나뉘어 있던 중세 사회의 전통에서는 모든 개개인이 신분에 의해 규정된 사회적 역할에서 벗어나기 어려웠다. 귀족은 상업에 종사하는 게 법으로 금지되어 있었으므로 아무리 이재 감각이 있는 영주라 해도 대상인이 될 수 있는 길은 애초부터 막혀 있었으며, 농노는 일을 아무리 열심히 해도 큰 재산을 모은다거나 농노 신분을 면할 길이 원래부터 봉쇄되어 있었다. 이런 신분제를 더욱 부추긴 게 종교의 굴레다. 모든 종교가 그렇듯이, 중세의 그리스도교(로마 가톨릭)는 현세보다 내세를 중시했다. 현세는 좋은 내세(천국)로 가기 위한 중간 단계 혹은 시험장에 불과했다. 따라서 현세에는 오로지 신앙만이 중요할 뿐 세속적인 삶의 내용은 중요하지 않았다.

그런 환경이었기에 대항해시대가 서유럽의 경제적 부를 가져다준 것만으로는 중세의 틀을 완전히 깰 수 없었다. 중세를 부수는 또 하나의 망치, 종교개혁이 필요했던 이유는 거기에 있다. 또한 루터의 사상보다 칼뱅주의가 훨씬 중요했던 이유도 거기에 있다. 칼뱅주의는 현세의 세속적인 삶이 신앙과 무관한 게 아니라 오히려 좋은 내세를 보장받는 척도라고 가르쳤으니까(실제로 남프랑스에 자리 잡은 위그노는 상업에 많이 종사했는데, 이들이 없었다면 프랑스는 자본주의만이 아니라 중상주의도 상당히 늦어졌을 것이다).

그렇다면 자본주의가 어디서부터 등장할 수밖에 없는지는 자명해진다. 자본주의의 발생에 필요한 적당한 부를 가지고 있고, 중세의 종교적·신분제적 굴레로부터 자유로운 곳, 바로 영국이 그곳이다. 영국은 에스파냐를 물리치고 최대의 해상무역 국가로 발돋움함으로써 자본주의를 이루기 위한 '재정적 자격'을 구비했고, 비록 가톨릭 냄새가 짙지만 일찍부터 영국 국교회로 종교 독립을 이룸으로써 '종교적 면허'도 땄다. 게다가 영국은 대륙의 봉건제가 그다지 강력하게 뿌리 내리지 못한 곳이었으므로 신분적 굴레에서도 비교적 자유로웠다.•

15세기 말부터 17세기 전반까지 영국 각지에서 일어난 인클로저 운동은 바로 그런 영국적 특성을 잘 보여주는 사건이다. 원래 이 운동은 공동체적 굴레에서 벗어난 농민들이 효율적인 농사를 위해 자기들끼리 자발적으로 토지를 교환하고 소유하는 평화로운 과정으로 시작했다(농민들은 새로 자기 소유가 된 토지에 울타리를 둘렀는데, 여기서 '인클로저'라는 말이 나왔다). 그런데 농민들의 토지 구획에서 힌트를 얻은 봉건 영주들이 농민들을 폭력적으로 몰아내고 농민들의 울타리 대신 자신들의 울타리를 두르면서 인클로저 운동의 취지가 변질되기 시작했다. 하지만 자본주의를 기준으로 본다면 그것은 취지의 변질이라기보다 혁신이라고 해야 할 것이다. 영주들의 의도는 바로 이 토지에서 농사를 짓는 대신 양들을 길러 당시 첨단 산업이던 양모 가공업의 원료를 대기 위한 데 있었기 때문이다. 이는 돈을 벌기 위한 목적이었으니 자본주의의 초기적 단계에 속한다.••

모직물 공업이 발달하면서 농민들 중 일부 부유층은 자작농

• 사실 에스파냐도 영국 못지않게 자본주의의 요건을 갖춘 곳이었다. 경제적 부라면 영국을 훨씬 능가하는 수준이었고, 봉건제의 발달은 영국보다도 못했기 때문이다. 이런 '호조건'에도 불구하고 에스파냐에서 자본주의를 이루지 못한 이유는 크게 두 가지다. 하나는 장점이 곧 단점이 되어버린 탓이다. 오랜 이슬람 지배를 받았기에 봉건제가 발달하지 못했다는 것은 장점이지만, 바로 그 때문에 레콘키스타가 끝난 직후부터 에스파냐는 이교도에 대한 과도한 적대감으로 인해 곧장 골수 가톨릭이 되어버린 것이다. 다른 하나는 합스부르크 왕가 때문이다. 만약 합스부르크가 에스파냐를 지배하지 않았더라면 에스파냐의 지배층은 그렇게까지 보수화되지는 않았을 것이다. 처음에 에스파냐 왕실이 통혼으로 합스부르크 가문에 접근한 이유는 다른 서유럽 왕실들에 비해 정통성이 취약하다는 약점 때문이었으나, 그렇다고 해도 그 대상이 합스부르크라는 것은 에스파냐의 장기적 미래를 위해서는 불행이었다.

yeoman으로 성장했고, 이들 중 상층부가 또 평민 출신으로 가장 귀족 신분에 가까이 다가간 젠트리gentry를 형성했다. 이 젠트리가 의회 시민원의 주력을 이루었고 청교도혁명의 주체 세력이 되었으니, 영국의 근대적 의회제도는 자본주의가 없으면 불가능했다고 할 수 있다. 그러나 여기서 선후 관계를 따지는 것은 무의미하다. 거꾸로 영국이 중세적 전통이 약하고 의회적 전통이 강하지 않았더라면 자본주의의 발생도 불가능했을 것이기 때문이다.

유토피아를 꿈꾼 사상가　독일 화가 홀바인이 그린 토머스 모어의 초상이다. 모어는 자본주의가 싹트기도 전에 사회주의사상을 품은 진보적인 사상가였으며, 지주의 욕심 때문에 농민이 토지에서 쫓겨나 산업 노동자가 되는 현상을 개탄했다.

세계 정복을 향해

영국이라는 튼튼한 계승자가 있었기에 에스파냐가 몰락해도 서유럽 문명의 세계 진출은 위축되기는커녕 그 반대로 더욱 가속화되었다. 하지만 영국보다 먼저 그 바통을 이어받은 것은 네덜란드였다. 영국이 엘리자베스 시대의 번영을 이어가지 못하고 내전의 도가니에 휘말려 있는 동안, 네덜란드는 에스파냐에서 독립해 정치적 안정을 이루고 순식간에 최대의 무역국으로 급성장했다. 플랑드르 시절부터 중개무역에는 일가견이 있는 데다

●● 역사에서 올바른 가치 평가란 무엇일까? 토지를 잃은 영국 농민들은 유랑민이 되어 고통을 겪었고, 이것이 여러 가지 사회문제를 일으켰다. 당시 진보적 지식인이던 토머스 모어는 《유토피아》에서 "양들이 사람을 잡아먹는다."라고 개탄했다. 그러나 누가 봐도 나무랄 만한 영주들의 탐욕은 결국 영국 자본주의를 앞당기는 역할을 했고, 이를 바탕으로 영국은 이후 세계 최강국으로 발돋움할 수 있었다. 그래서 역사에서는 통시대적으로 올바른 평가가 어렵다. 예를 들어 이집트의 피라미드와 중국의 시황릉은 축조 당시 수십만 명의 피와 땀을 잡아먹었으나 후대에게 귀중한 문화유산이 되었다.

모직물 산업과 조선업의 발전까지 등에 업은 네덜란드의 무역은 말 그대로 '무역풍에 돛단 격'이었다.

에스파냐와 포르투갈이 피땀 흘려 닦아놓은 대서양 항로에는 점차 네덜란드의 상선들이 더 많아지기 시작했다. 항로에는 원래 임자가 없는 데다 토르데시야스 조약으로 이베리아의 항로 독점권을 인정해준 교황도 이제 유명무실한 존재로 전락했다. 몰락해 가는 에스파냐의 유산은 한때 에스파냐의 '자식'이었던 네덜란드에 거의 다 상속되었다. 네덜란드는 원래부터 텃밭이던 발트 해와 북해의 무역뿐 아니라, 예전보다는 많이 쇠퇴했지만 아직 짭짤한 수익을 낳는 지중해 무역, 게다가 대서양 항로까지 지배하게 되었다. 이제 네덜란드가 에스파냐에 이어 '해가 지지 않는 나라'의 지위를 계승하는 걸까? 하지만 바로 그때 영국이 등장했다.

이미 엘리자베스 시대 말기인 1600년에 네덜란드는 동인도(당시 유럽인들은 아메리카를 인도라고 착각한 '콜럼버스의 실수' 때문에 진짜 인도를 동인도라고 불렀다)를 경략하기 위해 동인도회사를 만들었다. 그러자 네덜란드를 바짝 뒤쫓고 있던 영국도 그해에 동인도회사를 세워 경쟁자로 자처했다. 하지만 아직 영국은 무역의 면에서 네덜란드의 한 수 아래였다. 게다가 영국은 제임스 1세의 반동 정책으로 국내 사정이 어지러웠으므로 네덜란드처럼 총력을 기울일 입장이 못 되었다. 1602년 네덜란드는 10여 개로 난립하던 민간 동인도회사를 하나의 국책 동인도회사로 통합하고 인도는 물론 말레이시아, 수마트라, 일본에까지 손을 뻗쳐 본격적인 아시아 무역에 나섰다.*

그러나 언제든 영국이 제 몸을 추스르고 나선다면 네덜란드는 뒤처질 수밖에 없는 운명이었다. 그 이유는 '비교 우위'가 없었기 때문이다. 조선력과 해운력에서는 그 이전부터 영국이 네덜란드에 뒤지지 않았을 뿐만 아니라(무적함대의 격파로도 증명된다), 네덜란드가 장기로 삼고 있는 모직물 공업은 바로 영국의 주력 산업이기도 했던 것이다. 무역과 상업만으로 승부하는 중상주의 경기에서는 무승부지만 산업적 생산력을 필요로 하는 자본주의 경기에서는 영국의 잠재력이 훨씬 컸다. 결국 영국이 제 몸을 어느 정도 추슬렀을 때 네덜란드는 잠시 누린 일인자의 지위를 내주어야 했다.

청교도혁명으로 권력을 장악한 크롬웰은 네덜란드를 따라잡기 위해 1651년에 새로운 항해조례를 제정했다. 그 주요 내용은 유럽 이외의 지역에서 산출된 물건을 영국이나 영국 식민지로 운송할 때는 영국의 선박을 이용해야 한다는 것이었는데, 이것은 분명히 네덜란드를 겨냥한 조치였다. 항해조례에 따라 곳곳에서 네덜란드 상선들이 영국 군함에 검문을 당하는 사태가 잇따랐다.

결국 전쟁으로 해결할 수밖에 없는 상황이 되었다. 1652년부터 2년간 양측은 전쟁에 돌입했다. 육전이 없고 해군끼리의 전쟁이었으므로 그렇게 치열하지는 않았고 이내 양측이 강화조약을 맺고 끝냈으나 누가 보아도 영국

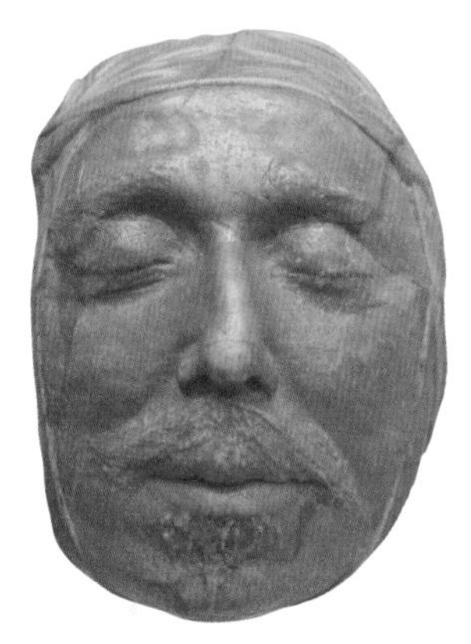

크롬웰의 유제 고집스러워 보이는 크롬웰의 데스마스크다. 그는 생전에도 내전을 일으키고 철권통치로 일관했지만 죽은 뒤에도 분쟁의 씨앗을 남겼다. 영국의 무역 독점을 위해 그가 제정한 항해조례는 네덜란드와의 전쟁을 낳았다.

● 특히 이 무렵에 형성된 네덜란드와 일본의 관계는 사뭇 각별하다. 일본에는 16세기 중반부터 포르투갈 상인들이 출입했으나 일본인들은 '무식한 장사꾼'의 이미지에다 가톨릭을 앞세우는 그들을 좋아하지 않았다. 그 반면 네덜란드 상인들은 포르투갈인들에 비해 훨씬 신사였고 종교를 그리 강요하지 않는 신교도였으므로 바쿠후와 쇼군(將軍)의 호감을 샀다. 그런 탓에 17세기부터 19세기 중반까지 약 200여 년간의 공식적인 쇄국기에도 바쿠후는 네덜란드 상인들에게만큼은 나가사키 항구에 별도의 구역을 설정해 무역을 허락했다. 이후 18세기 초반 일본에서는 네덜란드를 통해 서양 문물을 연구하는 란가쿠(蘭學)라는 학문이 성행하게 되는데, 우리로 치면 북학(北學)에 해당한다.

해양 제국의 계승자　에스파냐가 무너짐으로써 영국과 네덜란드가 '해가 지지 않는 나라'라는 영예로운 별명을 얻기 위해 다투게 되었다. 그림은 크롬웰의 항해조례로 비롯된 영국-네덜란드 전쟁인데, 이 해전에서 영국이 승리함으로써 해양 제국의 계승자가 된다.

의 승리임은 부인할 수 없었다. 이후 네덜란드는 1665년과 1672년 두 차례에 걸쳐 영국에 다시 도전했지만 이미 승부의 추는 기울어졌다(게다가 17세기 후반부터는 프랑스가 해외 식민지 건설에 뛰어들면서 영국과 프랑스의 대결이 더 중요해졌다).●

● 항해조례는 중상주의 정책에 따른 조치였지만 실상은 자본주의 발달에 더 크게 기여했다. 이후에도 항해조례는 영국이 해외 식민지를 확장해나가는 시대에 계속 통용되다가 자본주의가 성숙해지는 19세기 중반에 효력을 잃고 폐지된다.

이제 영국은 에스파냐의 뒤를 이어 '해가 지지 않는 나라'의 명성을 물려받고 세계 진출의 선두 주자로서 확고히 자리매김했다. 그러나 자본주의가 발흥하는 시대였던 만큼 영국의 세계 진출은 두 세기 전의 에스파냐와 다를 수밖에 없었다. 가장 큰 차이는 식민지의 '이용 방식'이었다. 대항해시대에는 식민지에서 필요한 물자를 들여오는 게 중요했지만, 자본주의 시대에는 무엇보다 시장이 가장 중요했다. 따라서 에스파냐는 식민지에 대한 철저한 착취를 통해 단기간에 단물을 빼먹는 방식을 썼지만, 영국은 식민지를 장기적이고 다목적적인 용도로, 즉 원료 공급처인 동시에 수출품 시장으로 이용하고자 했다. 이를 위해서는 정치적 지배가 필수적이었다. 에스파냐는 식민지의 원주민 국가들을 한번 휩쓸어 정복하는 것으로 끝냈고 또 그것으로 충분했으나, 영국은 식민지에 본국과 어울리는 정치·행정 구조를 갖추어놓고 장기적으로 경영하려 했다. 가장 대표적인 영국의 식민지는 서쪽으로는 나중에 미국이 되는 아메리카였고, 동쪽으로는 19세기에 칼라일이 "셰익스피어는 인도와도 바꿀 수 없다."라고 말한 인도였다(셰익스피어의 위대함을 강조하려 한 말이지만 인도인들의 생각과는 전혀 무관한 망언이다).

그러나 17세기 후반까지 영국은 아메리카와 인도에 식민지의 거점만 마련하는 데 그쳤고, 본격적인 식민지 지배는 뒤로 미루어야 했다. 유럽 대륙의 정세가 다시 큰 용틀임을 하기 시작했던 것이다. 전 유럽에 근대국가 체제를 확립시킨 30년 전쟁은 알고 보니 사태의 종결이 아니라 시작이었다. 베스트팔렌 조약으로 일차적 영토 분할은 끝났고, 당시 유럽 각국은 그것으로 종결되었다고 여겼지만, 실상 그것은 원대한 변화의 출발점이었다. 바둑으로 치면 전투가 끝나고 집을 세어 승부를 가리는 단계가 아니라 포석을 마치고 본격적인 전투를 개시하는 단계였다. 하기야, 근대국가라면 가장 중요하고도 민감한 게 바로 영토 문제인데, 그것이 그 정도의 전쟁과 조약으로 완전히 매듭지어질 수는 없었다.

29장

변혁의 18세기

제국의 꿈

일찌감치 영토 국가의 관념을 깨우친 덕분에 프랑스는 30년 전쟁에서 최대의 성과를 거둔 나라가 되었다. 그러나 프랑스는 거기에 만족하지 않았다. 리슐리외가 사실상 전권을 지배한 루이 13세 치하처럼 '총리의 시대'가 계속되었더라면 혹시 모르겠지만, '나라의 주인'인 국왕이 직접 나선다면 사태는 달라질 터였다. 과연 절대왕권이 완전히 뿌리를 내린 상황에 걸맞은 절대군주가 탄생했다. 그는 후대에 '태양왕'이라는 별명으로 더 잘 알려진 루이 14세(1638~1715, 재위 1643~1715)다.

30년 전쟁의 후반부를 배후 조종한 리슐리외는 1642년에 죽어 6년 뒤에 벌어진 베스트팔렌 논공행상에는 참여하지 못했다. 공교롭게도 그를 전폭적으로 신뢰하고 의지한 루이 13세도 그 이듬

태양왕 "내가 곧 국가다."라고 말한 태양왕 루이 14세의 당당한 모습이다. 그는 77년을 살았고, 그중에서 72년을 프랑스 왕으로 보냈다. 보수적이고 야심에 찬 군주였다는 점에서, 그리고 자신의 나라를 강국으로 일구었으면서 동시에 몰락의 계기를 만들었다는 점에서, 루이는 합스부르크의 카를 5세나 에스파냐의 펠리페 2세와 맥을 같이하는 절대왕정 시대의 전형적인 군주다.

해 죽었고 그의 아들 루이 14세가 다섯 살의 어린 나이로 왕위를 계승했다. 그럼 베스트팔렌 조약은 열 살짜리 어린애가 주도한 걸까? 물론 그렇지는 않다.

1643년 자신의 죽음이 가까웠음을 느낀 루이 13세는 측근들을 불러 모았다. 그는 아홉 살 때 즉위한 자신과 이제 다섯 살로 프랑스 왕위를 잇게 될 아들의 처지가 비슷하다고 여겼다. 부자간에 닮은 점은 또 있었다. 그에게 이탈리아 메디치 가문의 어머니(마리)가 있었듯이, 아들에게는 에스파냐 왕가 출신의 어머니가 있었다. 루이 13세의 아내인 안 도트리슈Anne d'Autriche('오스트리아의 안'이라는 뜻이지만 에스파냐 왕 펠리페 3세의 딸이다)는 바로 유럽 최대의 명가인 합스부르크 가문이었던 것이다(프랑스 왕실에 에스파냐나 합스부르크와의 통혼이 필요했듯이, 유럽의 명가들에게도 프랑스 왕실과의 통혼이 필요했다). 다만 리슐리외의 역할을 해줄 인물이 필요한데, 여기에도 적임자가 있었다. 리슐리외의 총애를 받아 추기경에 오르고 그에게서 국정 운영의 솜씨를 배운 마자랭Mazarin(1602~1661)이 바로 그 인물이었다.

이리하여 프랑스 왕실에는 30여 년 전과 똑같이 나이 어린 왕과 섭정을 맡은 태후, 국정 운영을 맡은 총리의 구도가 들어섰다. 이들 역시 지난번 팀처럼 팀워크가 뛰어났고, 프랑스의 국력 강화라는 똑같은 목표를 추구했다. 그러나 이 새 팀에는 전과 다른 요소가 세 가지 있었다. 우선 마자랭은 리슐리외와 달리 외국인(이탈리아인)이었고, 루이 14세는 아버지처럼 한창 일할 나이에 죽지 않았으며, 태후는 합스부르크 혈통이었다.

리슐리외를 존경한 마자랭은 선배의 노선을 충실히 따랐다. 그래서 그는 베스트팔렌 조약을 주도하고 유럽의 평화를 안착시킨 인물로 평가된다. 하지만 프랑스 귀족들은 외국인 총리에게 진심어린 신뢰를 주지 않았다. 베스트팔렌 조약이 마무리된 1648년에 귀족들은 상류층에 대한 과세로 국가 재정을 확보하려는 마자랭의 조치에 반발해 프롱드의 난을 일으켰다. 급기야 시민들도 귀족 편에 가세해 이 반란은 두 차례의 내전까지 수반하면서 5년이나 끌었다.

사실 이 쿠데타는 역사적으로 양면의 칼이었다. 성공한다면 프랑스의 절대왕정이 꽃을 피우기도 전에 좌초할 수도 있겠지만, 실패한다면 오히려 왕권을 크게 강화해줄 터였다.• 현실의 결과는 후자였다. 프랑스 귀족들은 프랑스 대혁명이 일어나기까지 100여 년 동안 두 번 다시 왕권을 넘보지 못했고, 어렵사리 반란을 진압한 마자랭은 절대왕정으로 가는 길을 확고히 구축했다. 당시에는 선진 체제를 굳히는 발전이었으나 멀리 보면 18세기 말 프랑스 대혁명으로 무너지게 되는 앙시앵 레짐ancien régime의 출발이었다.

루이 14세의 절대주의는 그런 바탕이 있었기에 가능했다. 1661년에 마자랭이 죽자 스물셋의 루이는 이제부터 총리대신을 두지 않고 자신이 직접 나라를 다스리겠다고 선언했다. 이로써 리슐리외 이래 50년 남짓 지속

• 만약 프롱드의 난에서 귀족들이 승리해 권력을 잡았다면 프랑스는 그 무렵의 영국처럼 시민혁명이 성공한 국가가 되었을 것이다. 어쩌면 영국보다 앞서 그때 입헌군주국이 되었을지도 모른다. 프롱드의 난은 프랑스 역사에만 기록된 작은 쿠데타였지만(프롱드란 당시 파리의 아이들이 관헌에게 돌멩이를 던지던 놀이의 이름이었다), 당시 쿠데타와 혁명은 한 끗 차이였다. 어쩌면 18세기의 프랑스 대혁명보다 한 세기 전에 피는 덜 흘리고 성과는 더 큰 시민혁명의 기회였을 수도 있다.

된 '총리의 시대'는 끝났다.

루이의 통치 철학은 단순했다. 국왕은 '지상에서 신을 대리하는 역할'이었고 가훈은 '너 자신을 누구보다 우월하게 하라'는 것이었다.• 그가 친정親政을 선언한 데는 그런 오만함과 자존심도 한몫 거들었을 것이다. 사실 오랜 총리의 시대를 거치며 프랑스에는 관료제가 상당히 발달해 있었으므로 루이로서는 특별히 한 사람을 중용하고 의지할 필요가 없었다. 이제 모든 관리는 국왕의 명과 지시에 따라 움직이는 수족이 되어야 했다.

• 이런 맥락에서 "내가 곧 국가다."라는 그의 유명한 말이 등장했고, 오늘날 유럽 최대의 왕궁으로 남아 있는 베르사유 궁전이 건축되었다. 그의 이런 자신감은 베스트팔렌 조약 이후 유럽의 상황을 스스로 평가한 다음과 같은 말에서도 볼 수 있다. "이웃 나라와 평화 관계가 수립되었는데, 그것은 내가 원하는 만큼 오래갈 것 같았다." 사실 프랑스는 이미 기선을 제압한 상태였으므로 이후에는 더 천천히 팽창 사업을 진행해도 되었을 것이다. 그러나 그의 자신감은 스스로에게 그런 여유를 용납하지 않았다.

루이를 보좌한 인물들 가운데 굳이 한 사람을 꼽으라면 재무를 맡아서 강력한 중상주의 정책을 펼친 콜베르Colbert(1619~1683) 정도였다. 콜베르는 한발 앞서가고 있던 무역 선진국 영국과 네덜란드를 따라잡기 위해 수출 장려와 보호관세, 국내 산업 육성 등 중상주의 정책(콜베르티슴)의 전형을 선보였고, 동인도회사와 서인도회사를 세워 해외 무역에 주력했다(이 무렵부터 프랑스는 북아메리카에 적극적으로 진출했는데, 영국보다 뒤늦은 탓에 주로 북부, 즉 지금의 캐나다 동부에 자리를 잡았다. 오늘날 캐나다가 영연방 소속이면서도 프랑스어권이 많은 이유는 그 때문이다).

영토 국가 체제를 갖추었어도 그에 걸맞은 국가 재정이 미비했던 시절에 콜베르의 정책은 상당한 성과를 거두었다. 그러나 후발 주자로서 선발 주자를 따라잡는 것은 '같은 무기'(해외 무역과 중상주의)만 가지고는 불가능했다. 더욱이 프랑스는 전통적 농업국가

베르사유 시대의 개막　루이 14세가 세웠을 당시 베르사유 궁전의 웅장한 전경이다. 현재는 프랑스 최대의 유적이자 관광 상품이자 역사 미술관이 되어 있지만, 루이의 시대에는 17세기 유럽의 역사가 설계된 곳이다. 이후에도 베르사유 궁전은 나폴레옹 시대, 1848년의 혁명, 1871년의 파리 코뮌, 그리고 20세기 제1차 세계대전 직후 유럽과 세계 역사를 주도하는 현장이 된다.

인 탓에 해상에서는 영국과 네덜란드를 당해낼 수 없었다. 1672년부터 6년간 전개된 네덜란드와의 전쟁에서 별 성과를 얻지 못한 것은 콜베르티슴의 한계를 드러낸 것이었다(이 전쟁의 네덜란드 측 당사자가 바로 영국의 명예혁명으로 영국 왕위에 오르게 되는 빌렘이다).• 그래서 루이는 바다를 버리고 땅의 영토를 팽창하려는 전략으로 궤도를 수정했다. 바야흐로 '대륙제국'을 꿈꾸기 시작한 것이다.

말이 좋아 팽창이지, 실은 전쟁이다. "나는 전쟁을 좋아한다."라고 직접 밝혔을 만큼 루이의 야망은 노골적이었다. 어차피 전쟁을 벌일 결심이 섰다면 전쟁의 구실을 찾기란 어렵지 않다. 1685년 그는 할아버지 앙리 4세의 업적인 낭트 칙령을 폐지하고 가톨릭으로 회귀했다(종교적인 목적을 앞세웠다기보다는 절대주의를 강화하기 위해 종교의 통일이 필수적이었기 때문이다). 이로 인해 프랑스의 신교도들은 100년 만에 다시 종교의 자유를 찾아 다른 나라로 망명해야 했다. 그중 상당수가 네덜란드로 갔으니, 가뜩이나 미운 네덜란드를 바라보는 루이의 눈길이 더욱 사나워진 것은 당연했다. 게다가 1688년 네덜란드 총독 빌렘이 영국의 윌리엄 3세로 즉위했다. 그것으로 목표는 정해졌다. 루이는 프랑스로 망명한 영국의 제임스 2세를 복위시킨다는 구실로 네덜란드를 침략했다(지금 같으면 명백히 타국에 대한 내정간섭이지만, 당시는 근대국가 체제가 생겨난 초기인 탓에 중세적 통합성의 흔적이 남아 있는 데다 각국이 통혼으로 얽혀 있어 '타국'이라는 관념이 약했다. 한 나라의 왕위계승 전쟁이 곧장 국제전으로 발달한 것도 그 때문이다).

• 콜베르의 정책은 영국, 네덜란드와 충돌을 빚었을 뿐 아니라 한창 성장하던 프랑스 국내 부르주아지에게서도 반발을 샀다. 일찍부터 상업과 무역의 맛을 안 영국과 네덜란드의 상인, 기업가 들과 달리 프랑스 부르주아지는 산업과 무역에 투자하기보다 토지, 국채 등에 투자하고자 했다. 게다가 그들은 당시 '수익성이 높은 사업'이던 관직 매매에도 열렬한 관심을 보였다.

그에 대한 반응은 놀라웠다. 네덜란드와 영국은 물론, 프로이센과 작센을 비롯한 독일의 영방국가들, 합스부르크의 에스파냐 등 서유럽의 거의 모든 국가가 프랑스에 반대해 동맹을 결성하고 나섰다. 이들은 아우크스부르크 동맹이라는 대프랑스 동맹으로 뭉쳤으므로 이 전쟁을 아우크스부르크 동맹전쟁이라고 부른다. 비록 '일 대 다多'의 싸움이었지만 프랑스의 힘은 엄청났다. 10년간의 전쟁에서 프랑스는 내내 우세를 유지했다. 하지만 단 하나의 아킬레스건인 해군력이 약한 탓으로 해상에서는 영국에 패하고 말았다(해군력의 약점은 이후 영국과의 경쟁에서 계속 프랑스의 발목을 잡게 된다).●● 결국 1697년 레이스웨이크 조약으로 종전이 이루어졌지만, 프랑스가 얻은 것이라고는 고작 알자스-로렌 남쪽의 스트라스부르뿐이었다. 루이의 꿈은 일단 좌절되었다.

그러나 이것은 종전이 아니라 휴전일 뿐이었으며, 곧이어 다가올 18세기 전란의 시대를 알리는 예고편이었다. 18세기 벽두인 1701년 다시 유럽 대륙은 대규모 국제전을 맞이해야 했다. 이번에는 에스파냐에서 전쟁의 계기가 터졌다.

●● 엄밀히 말해서 프랑스의 해군력은 영국보다 약하지 않았다. 프랑스의 함선은 영국의 함선보다 성능이 좋았다. 심지어 영국의 해군 장교들은 프랑스로부터 빼앗은 프랑스 군함을 지휘하기 위해 자기들끼리 경쟁을 벌였을 정도다. 그러나 전쟁이 어디 장비만으로 되던가? 전력에서 유리한 프랑스 해군은 자국의 상선들을 보호하는 데만 열중했을 뿐 전투에는 소극적이었다. 반면 영국 해군은 대담한 공격 전술로 적극 공세를 펼쳤다. 이 과정이 되풀이되면서 영국 해군력은 차츰 프랑스를 능가하게 되었다.

추락하는 프랑스

최대의 번영 속에서 최악의 실정을 거듭한 펠리페 2세 이후 17세기의 100년 동안 에스파냐는 계속 몰락했다. 펠리페 3세 때는 네덜란드에 대한 영향력을 잃었고, 펠리페 4세 때는 포르투갈이 독립하고 베스트팔렌 조약으로 네덜란드의 독립도 확정되었다. 합스부르크 가문의 유일한 업적이라면 오로지 대를 이어왔다는 것밖에는 없었다. 그런데 펠리페 4세의 아들 카를로스 2세Carlos II(1661~1700, 재위 1665~1700) 때는 그 유일한 업적마저 사라질 운명에 처했다. 결혼에 재혼까지 했는데도 후사가 없었다. 재산도 잃은 판에 혈통도 끊어질 처지, 합스부르크 가문은 최대의 시련을 맞았다.

망해도 3년은 가는 게 부자라면, 합스부르크 가문은 망해도 300년은 갈 터였다. 비록 보헤미아와 헝가리, 네덜란드를 잃었고, 세습령인 오스트리아도 사실상 독립했지만(카를 5세 때 '본가'가 에스파냐로 오면서 오스트리아와 멀어졌다), 아직도 합스부르크는 시칠리아와 남이탈리아를 지배했고, 무엇보다 광대한 신대륙을 곁들인 에스파냐를 소유했다. 그러므로 합스부르크의 후계 문제는 여전히 유럽 각국에 초미의 관심사였다.

1700년에 카를로스는 예상대로 후사를 남기지 못하고 죽었다. 이것으로 수백 년간 유럽 최대의 왕가로 명성을 날렸던 합스부르크 왕가는 대가 끊겼다(물론 오스트리아의 '분가'는 아직 남아 있다). 그러나 카를로스가 후사 대신 남긴 유언은 전 유럽을 깜짝 놀라게 하기에 족했다. 프랑스 루이 14세의 손자 필리프에게 에스파냐의 왕위와 합스부르크의 모든 재산을 물려준다는 엄청난 내용이었던 것이다(루이 14세는 외가가 합스부르크였으므로 그의 손자라면 카를로스에게도 먼 친척이 된다).

카를로스는 원래 루이 14세의 팽창정책에 반대했으나 궁정 대신들이 프랑스파와 오스트리아파로 나뉘어 권력다툼을 벌인 끝에 프랑스파가 승리한 것이었다. 어쨌거나 그렇잖아도 호전적인 루이 14세가 절대군주로 버티고 있는 프랑스에 그 유산이 넘어간다면, 합스부르크 대신 부르봉 왕가가 유럽 최대의 가문으로 등장하는 것은 물론 머잖아 유럽 전체가 프랑스의 지배하에 놓이게 될 게 뻔했다.

영국과 네덜란드는 즉각 반발했다. 그러나 그들보다 더 이해관계가 민감할 수밖에 없는 나라는 오스트리아(신성 로마 제국)였다. 에스파냐의 합스부르크 '왕가'는 끝났으나 오스트리아의 합스부르크 '황가'는 끝나지 않았다(비록 황가보다 왕가가 더 적통이었고 가세도 컸지만). 합스부르크의 오랜 세습령인 오스트리아의 황제 레오폴트 1세Leopold I(1640~1705, 재위 1658~1705)는 바로 카를 5세의 동생 페르디난트 1세의 직계 후손이었으니(106쪽 참조) 당당한 합스부르크 가문이었던 것이다. 유산 상속 문제라면 사돈의 팔촌까지 꼬여드는 판에 상속권의 일부를 틀어쥐고 있는 오스트리아 황가로서는 당연히 프랑스에 나라를 넘기라는 카를로스의 유언에 반발하지 않을 수 없었다.

이렇게 해서 1701년 영국과 네덜란드, 오스트리아의 세 나라가 주축이 되어 다시 한 번 대프랑스 동맹을 결성하고 프랑스, 에스파냐와 결전을 벌이게 되었는데, 이것이 에스파냐 왕위 계승 전쟁이다. 전쟁의 양상은 얼마 전의 아우크스부르크 동맹전쟁과 대동소이했다. 개전 초기 프랑스는 우세를 보였으나 1704년 포르투갈 근해에서 프랑스와 에스파냐의 함대가 영국과 네덜란드 함대에 참패한 것을 계기로 전세가 기울기 시작했다(이번에도 해군이 아킬레스건이었다). 계속해서 오스트리아가 이탈리아 방면에서, 영국이 네덜란드 방면에서 프랑스를 압박해 들어가면서 육전에서도 프랑스는 열세를 면치 못했다. 결국 양측은 1713년 위트레흐트 조약을 맺고 전쟁을 끝냈다(오스트리아는 그 뒤에도 1년간 더 프랑스와 전쟁을 벌였기 때문에 실제로 종전된 것은 1714년이다).●

조약의 결과 프랑스는 명예를 얻었고 동맹국 측은 실익을 얻었다. 그럼 무승부라고 보아야 할까? 그렇지는 않다. 물론 프랑스의 영토가 줄어들지는 않았다. 게다가 카를로스의 유언대로 에스파냐 왕위에 오른 루이 14세의 손자 필리프는 그대로 왕위가 인정되어, 펠리페 5세(1683~1746, 재위 1700~1746)로 에스파냐에 처음으로 부르봉 왕조를 열었다(이후 그는 에스파냐에 프랑스식 법제를 도입하고 중앙집권화를 이루어 국가 발전에 기여했다). 여기까지는 나름대로 성과로 평가할 수도 있겠지만, 상대 평가를 해보면 프랑스는 막심한 손해를 보았다. 오스트리아는 아직 에스파냐의 영토로 남아 있던 네덜란드의 일부(16세기 말 네덜란드 연방 공화국에 참여를 거부한 남부의 가톨릭 주들이 바로 그 지역인데, 오늘날 벨기에에 해당한다. 110~111쪽 참조)를 손에 넣었고, 애초부터 바라던 북이탈리아와 나폴리, 사르데냐를 얻었다. 또한 프랑스의 위성국이었다가 전쟁에서 재빨리 오스트리아로 붙은 사부아 공국은 줄을 잘 선 덕분에 시칠리아를 얻었으며, 나중에 오스트리아에 시칠리아를 내주고 사르데냐를 받아 사르데냐 왕국을 이루었다(사

● 유럽의 전쟁과는 달리 동양의 전쟁은 대개 끝장을 본다. 중국의 통일 왕조가 들어서면 주변 세력들과 힘의 균형을 이루고 대치하는 게 아니라 주변국들을 아예 말살해 버린다. 7세기에 당 제국이 고구려와 백제 같은 한반도 왕조들을 멸망시킨 게 그런 예다. 이에 비해 유럽의 전쟁은 치열하게 싸우다가도 서로 적당한 선에서 타협을 이루는 것으로 끝난다. 실제로 17세기 이후 여러 차례 대규모 국제전이 벌어졌어도 유럽 나라들의 수는 줄지 않고 오히려 늘었다. 나라가 완전히 멸망하는 경우는 없었다(심지어 폴란드 같은 나라는 몇 차례나 없어졌다가도 다시 생겨났다). 이런 차이는 민족이나 문화에서 비롯된 게 아니라 지리에 원인이 있다. 유럽에는 중국과 같은 지리적 중심이 없기 때문에, 로마 시대 이후 주변을 압도할 만한 강국이 존재하지 않았다. 그러므로 국제전이 끝난 뒤에는 강대국들 간의 완충지대를 독립국으로 만들어 세력 균형을 도모하게 된 것이다. 전통적으로 프랑스가 가장 강한 나라였기 때문에 때로 유럽 대륙을 제패하려 시도한 적이 있지만(17세기의 루이 14세와 19세기의 나폴레옹), 유럽의 지리와 역사를 볼 때 그것은 애초부터 불가능한 꿈이었다.

몰락하는 에스파냐 합스부르크 가문이 에스파냐를 지배하게 된 것은 에스파냐에 큰 불운이었다. 신대륙의 금과 은이 대거 유입되었는데도 에스파냐는 합스부르크 군주들의 전략적 판단 실수로 얼마 안 가 다 날리고 말았다. 그중에서도 에스파냐 왕위 계승 전쟁은 불운의 절정이었다. 그림은 영국과 네덜란드 연합함대에 의해 초토화되는 에스파냐의 모습을 보여준다.

부아 왕가는 19세기 이탈리아 통일의 주역이 된다).

그러나 뭐니 뭐니 해도 최대의 성적을 올린 나라는 영국이다. 영국은 지중해의 관문인 지브롤터와 지중해 무역의 요지인 메노르카 섬을 얻었다. 한물간 지중해 무역권을 확보한 것을 최대의 성적이라고 볼 수는 없지만, 그것은 부록일 뿐이고 진짜는 따로 있다. 영국은 또 에스파냐에게서 신대륙에 노예를 공급하는 권리를 비롯해 신대륙에 관한 에스파냐의 여러 특권을 빼앗았는데, 여기서 영국의 장기적인 복안을 알 수 있다. 영국은 유럽 대륙보다 바다 건너 아메리카 신대륙에 훨씬 더 관심이 있었던 것이다. 프랑스가 입은 가장 큰 손실도 바로 그 점이었다.

대륙에서 전쟁이 벌어지고 있는 동안 아메리카에서도 영국과 프랑스가 맞섰다. 아우크스부르크 동맹전쟁 때도 양국은 여기서 접전을 벌인 바 있었다. 미국 동해안에서 서진하려는 영국과 캐나다에서 남진하려는 프랑스가 충돌했던 것이다. 당시에는 무승부로 끝났으나 그보다 승패가 더욱 뚜렷한 이번 전쟁에서는 승부가 가려졌다. 위트레흐트 조약에서 영국은 뉴펀들랜드를 차지하고 허드슨 유역에까지 진출하여 신대륙에서 프랑스를 따돌리는 데 성공했던 것이다. 이후에도 영국과 프랑스는 북아메리카에서 여러 차례 대결을 벌이게 되지만,• 위트레흐트 조약은 영국이 신대륙에서 프랑스를 확실히 앞서나가는 계기가 되었다.

세력 재편　전쟁이 끝나면 논공행상이 있다. 지난 세기의 베스트팔렌 조약에서 처음으로 각국의 분명한 경계를 설정한 유럽 세계는 에스파냐 왕위 계승 전쟁이 끝나자 네덜란드의 위트레흐트에 모여 다시금 영토 협상에 들어갔다. 그림은 위트레흐트 조약을 체결하기 위한 회의 장면이다.

떠오르는 프로이센

위트레흐트 조약에는 워낙 큰 규모의 영토 분할이 많았던 탓에 그다지 주목받지 못한 사항도 하나 있었다. 그것은 바로 공국이었던 프로이센이 왕국으로 승인된 것이다. 1701년 전쟁이 시작되자마자 프로이센의 프리드리히 1세Friedrich I(1657~1713, 재위 1701~1713)는 오스트리아의 편을 들었다. 강적 프랑스를 맞이해 조금의 도움이라도 절실한 연합국 측은 당시 프로이센 '선제후'를 프

• 17~18세기에 영국과 프랑스는 유럽에서와 같은 기간에 아메리카에서도 맞붙었는데, 그래서 전쟁의 명칭도 쌍둥이처럼 각각 두 가지다. 즉 아우크스부르크 동맹전쟁=윌리엄 왕 전쟁, 에스파냐 왕위 계승 전쟁=앤 여왕 전쟁, 오스트리아 왕위 계승 전쟁=조지 왕 전쟁, 7년 전쟁=프렌치-인디언 전쟁이다.

로이센 '왕'으로 격상시켜주었다(사실 그전부터 제후국이라기보다는 독립국이었으므로 내용상으로는 달라진 게 없다). 그러나 얼마 뒤에 벌어질 사태를 미리 알았더라면 제후의 독립을 승인한 오스트리아 황제는 무덤 속에서도 땅을 치고 후회하지 않았을까?

새 나라의 기틀을 놓은 것은 프리드리히 빌헬름 1세Friedrich Wilhelm I(1688~1740, 재위 1714~1740)였다. 그는 후발 주자로서 단기간에 선두 주자를 따라잡으려면 하루속히 군사 강국이 되는 길밖에 없다고 믿었다(지금은 군국주의 이데올로기라고 비난할 수 있지만 당시로서는 현명한 판단이었다). 그래서 그는 상비군을 늘리고 군사 훈련에 만전을 기했다. 그것을 바탕으로 그의 아들 프리드리히 2세Friedrich II(1712~1786, 재위 1740~1786)는 프로이센을 일약 군사 대국으로 발전시켜 후대에 독일 국민들에게서 '프리드리히 대왕'이라는 존칭을 얻게 된다.••

전통의 강대국들은 활발한 해외 식민지 개척 경쟁에 나섰지만 아직 공국에서 벗어난 지도 얼마 되지 않은 약소국 프로이센으로서는 무엇보다 영토 확장이 급선무였다. 영토를 확장하면 자원과 인구도 늘어 국부가 커지며, 이 국부를 바탕으로 전쟁을 치르면 더 많은 영토를 얻을 수 있다. 프리드리히가 노린 1차 목표물은 오스트리아에 속해 있는 남쪽의 슐레지엔이었다. '슐레지엔의 풍부한 석탄과 철을 얻는다면 유럽 최강의 군대를 조직할 수 있으리라.' 이것이 프리드리히의 생각이었다. 하지만 오스트리아는 프로이센

•• 프리드리히 2세는 특이한 이력을 가지고 있다. 그는 어려서부터 아버지의 군대식 가정교육을 싫어하고 프랑스의 문학과 예술, 계몽주의 철학에 심취해 볼테르(Voltaire, 1694~1778)와 서신까지 교환하는 등 인문적 소양을 쌓았다. 군주라기보다는 학자에 가까웠고 더욱이 프로이센처럼 강력한 리더십을 필요로 하는 나라의 군주로는 썩 어울리지 않았다. 심지어 그는 아버지와 화해하고 그 뜻을 받들 것을 다짐한 뒤에도 《반마키아벨리론》이라는 책을 펴냈다(이 책에서 그는 군주란 국가의 지도자가 아니라 공복[公僕]일 뿐이라고 썼다). 그러나 프로이센의 왕이 된 뒤 그는 일세의 효웅이자 음모가로 변신한다. 어느 것이 그의 진면목이었을까?

비운의 여제　역사 속의 여제로는 중국의 측천무후와 비잔티움의 이레네가 있었다. 그러나 오스트리아 여제 마리아 테레지아의 처지는 막강한 권력을 휘두른 1000년 전의 여제들과는 달랐다. 그녀는 남편과 아들까지 동원해 쓰러져가는 합스부르크 황실을 지키려 애썼으나 프랑스, 영국에 이어 신흥 강국으로 떠오른 프로이센에마저 수모를 당해야 했다.

이 상대하기 벅찬 강국이었으므로 프리드리히로서는 마음속으로만 슐레지엔의 문을 열심히 두드려댈 수밖에 없었다. 두드려라, 그러면 열릴 것이다. 이윽고 프리드리히의 눈에 슐레지엔의 문이 살짝 열리는 게 보였다.

에스파냐 왕위 계승 전쟁에서 에스파냐 왕위를 꿈꾸었던 오스트리아 황제 카를 6세(레오폴트 1세의 아들)는 남의 후계 문제에 간섭하기에 앞서 자신의 후계부터 걱정해야 했다. 그에게는 아들이 없었던 것이다(에스파냐에 부르봉 왕조가 들어선 지 얼마 되지 않아 오스트리아도 대가 끊길 운명에 처했으니 이래저래 합스부르크 가문은 문을 닫을 때가 왔다). 딸은 있었으나 불행히도 오스트리아는 전통적인 게르만법에 따라 딸의 왕위 계승이 금지되어 있었다.* 그러나 시대는 변했다! 프리드리히가 프로이센의 왕이 된 해(1740)에 카를 6세는 죽으면서 딸 마리아 테레지아Maria Theresia(1717~1780, 재위 1740~1780)에게 제위를 계승시키라는 유언을 남겼다.

간섭할 구실이 생겼는데, 이를 놓칠 프리드리히가 아니다. 그는 대뜸 군대를 출동시켜 슐레지엔을 점령해버렸다. 그러자 해외 경략에 주력하고 있던 프랑스와 에스파냐가 아차 싶어 뒤늦게 개입을 선언하고 나섰다. 그들도 프로이센과 마찬가지로 침략적 의도를 가지고 있었으므로 자연스럽게 프로이센과 동맹을 맺었다. 특히 위트레흐트 조약으로 좌절한 경험이 있는 프랑스는 더욱 열심이었다. 여기서 그쳤다면 굳이 전쟁이랄 것 없이 오스트리아의 해체로 이어졌을지도 모른다.

하지만 이미 프랑스가 개입하는 곳이라면 어디든 따라가서 반대한다는 것을 정책으로 삼고 있는 영국이 오스트리아의 편을 들고 나섰다. 그래서 다시금 국제전이 시작되었다. 하지만 전쟁이 시작되자 막상 도화선에 불을 붙인 프로이센은 초반에 슬며시 빠져버렸고, 전쟁 후반은 주로 영국과 프랑스의 전쟁으로 전화되었다. 프리드리히는 영리하게도 마리아 테레지아의 승계를 인정하는 대가로 슐레지엔을 먹고 발을 빼버린 것이다. 이리하여 또다시 영국과 프랑스는 유럽과 아메리카에서 싸우기 시작했다.

● 당시 유럽에서 여왕의 전통은 드물지 않았다. 큰 업적을 남긴 유명한 여왕들만 꼽아보아도 선대에는 15세기 에스파냐의 이사벨, 16세기 영국의 엘리자베스 1세가 있었고, 당대에는 러시아의 예카테리나 2세가 있었다. 이 나라들에는 공통점이 있다. 모두 중세 시대부터 로마-게르만 전통에서 벗어나 있던 '변방'이라는 점이다. 이는 게르만 전통이 강력한 프랑스와 신성 로마 제국(독일과 오스트리아)에는 여왕이 없었던 것과 대조를 이룬다. 또 한 가지 흥미로운 것은 여왕이 존재한 나라들은 대부분 오늘날에도 군주제가 존재한다는 점이다. 오늘날 유럽의 입헌군주제 국가들은 영국·에스파냐·덴마크·네덜란드·벨기에·룩셈부르크·스웨덴·노르웨이의 여덟 나라인데, 모두 중세에는 '변방'이었다. 반면 프랑스·독일·이탈리아·동유럽 등 중세 유럽의 중심지였던 지역들은 하나같이 오늘날 공화국을 이루고 있다(러시아는 20세기의 '특수한 사정'으로 군주제가 사라졌지만).

두 나라의 전쟁은 또다시 무승부로 끝났다. 1748년 엑스라샤펠 조약으로 양측은 종전을 이루고 협상에 나섰다. 무승부니 자연 논공행상도 없었다. 오스트리아의 가여운 여왕 마리아 테레지아의 지위와 영토는 그대로 유지되었다. 그러나 프리드리히의 잔꾀는 결국 덜미가 잡혔다. 이것이 곧이어 벌어진 7년 전쟁의 도화선이 된다.

재주만 부린 곰과 같은 처지가 된 프랑스의 눈에 돈만 먹고 튄 프로이센이 곱게 보일 리 없다. 가뜩이나 프랑스는 프로이센이 강국으로 부상하는 데 대해 위협을 느끼던 터였다. 그래도 프랑스는 억울함을 느끼는 정도지만 엉겁결에 알짜배기 땅을 빼앗긴 마리아 테레지아는 기가 막혔다. 그래서 합스부르크 왕가 시절부터 프랑스와 원수로 지낸 처지건만 오스트리아는 체면 불구하고 프랑스에 손을 내밀었다. 또 마찬가지로 프로이센에 위협을 느낀 러시아와 스웨덴도 이 동맹에 참가했다. 프로이센은 졸지에 동쪽의 러시아, 서쪽의 프랑스, 남쪽의 오스트리아, 북쪽의 스웨덴에 완전 포위된 처지가 되었다. 그러나 프리드리히가 누군가? 그는 재빨리 영국에 구원을 요청했다. 그래서 오스트리아 왕위 계승 전쟁의 포연이 채 가라앉기도 전인 1756년에 7년 전쟁이 시작되었다.* 더구나 이번에는 프로이센이 주적主敵으로 몰렸으니 프리드리히로서도 전처럼 손을 뺄 수 없는 처지였다.

* 오스트리아 왕위 계승 전쟁이 끝난 1748년부터 7년 전쟁이 시작되는 1756년까지 유럽 각국은 8년간 이해관계를 둘러싸고 치열한 외교전을 벌였다. 결국 다시 전쟁을 부르는 결과를 초래하기는 했지만, 각국이 복잡한 막후 협상과 음모를 전개한 그 기간은 당시 유럽의 국제 질서가 지금과 크게 다를 바 없는 근대국가적 질서로 편제되었음을 보여준다.

프리드리히는 직접 프로이센 군대의 총사령관을 맡았다. 당시 프로이센의 인구는 유럽에서도 스무 번째였다. 병력 수에서는 비교가 되지 않는 만큼 기동력과 공격적인 전술이 절실히 필요했다. 개전 초기 프리드리히는 기동력과 공격 전술을 바탕으로 프랑스와 오스트리아, 러시아군과 한 차례씩 맞붙은 대회전에서 모두 승리하는 눈부신 활약을 보였다. 특히 오스트리아를 격파한 로이텐 전투는 프리드리히를 존경한 후대의 전쟁 영웅 나폴레옹에게서 '걸작'이라는 평가를 받았다.

그러나 단기전에서는 전술이 중요할지 몰라도 장기전이라면 국력이 좌우한다. 뒷심이 약한 프로이센은 개전 3년째가 되면서 차츰 패배가 많아졌고, 급기야는 수도 베를린마저 풍전등화의 위기에 처했다. 동맹국인 영국은 오스트리아 왕위 계승 전쟁에서처럼 해외 식민지에서 프랑스와 맞서 싸웠을 뿐 육군에서는 프로이센에 큰 도움을 주지 않았다. 오히려 그 과정에서 영국은 1757년 인도에서 벌어진 플라시 전투에서 프랑스에 승리하면서 인도를 단독 지배하게 되었다. 하기야 발등에 불이 떨어진 것은 프로이센이지 영국이 아니었다.

프로이센을 살린 것은 러시아였다. 1762년 러시아의 엘리자베타 여제가 죽고 표트르 3세가 제위에 올랐는데, 그는 프리드리히의 열렬한 숭배자였다. 불과 6개월 동안 재위한 그의 유일한 업적은 프로이센과 강화를 맺고 군대를 철수시킨 것이었다. 이렇게 동맹 관계가 와해되자 다른 동맹국들도 더 이상 전쟁을 수행할 여력을 잃게 되었다. 마침내 그 이듬해 후베르투스부르크 조약이 체결됨으로써 7년 전쟁은 끝났다.

또 무승부였을까? 겉으로는 그렇게 보이지만 사실은 아니었다. 프로이센은 슐레지엔을 더욱 확고하게 영토화하는 데 성공했다. 자원의 보고 슐레지엔을 확보한 것은 엄청난 잠재력을 비축한 셈이었다. 프로이센은 전쟁의 피해가 막심했으나 대외적으로는 오히려 유럽의 강국으로 확고한 인정을 받았으니 하나도 손해 본 게 없었다. 이후 프리드리히는 단기간에 전후 복구에 성공하고, 1772년에는 폴란드 분할에 적극 개입해 영토와 인구를 더욱 늘림으로써 프로이센을 최단기간에 유럽의 강대국 반열에 끌어올렸다.

'제3세계'의 변화

7년 전쟁은 불과 몇 년 전에 끝난 오스트리아 왕위 계승 전쟁을 완결지은 것이지만 그 전쟁과는 다른 측면이 있었다. 무엇보다 큰 차이는 '참가 선수'가 늘어났다는 것, 그중에서도 러시아가 중세 이후 처음으로 서유럽의 역사에 끼어들었다는 점이다. 15세기 말 모스크바 공국이 정치적·종교적으로 비잔티움 제국의 후계자를 자처한 이후(1권 457~458쪽 참조) 러시아는 북유럽의 스칸디나비아 나라들과 관계(주로 전쟁)를 맺었을 뿐 서유럽의 국제 질서에 뛰어든 것은 이번이 처음이었다.

사실 러시아는 서유럽의 어느 국가보다 먼저 중앙집권과 근대 국가 체제를 이루었다. 비잔티움 제국을 모델로 삼았으니 중앙집권이야 원래부터 당연한 것이었고, 서유럽의 프랑스가 위그노 전쟁에 휘말려 있던 16세기 후반 이반 4세Ivan IV(1530~1584, 재위 1533~1584) 치하에서는 젬스키 소보르zemsky sobor('전국 회의')라는 신분제 의회도 생겨났다. 이반 4세는 그 밖에도 법전을 편찬했고, 중앙과 지방의 행정제도도 완비했으며, 군제와 교회도 개혁해 일개 모스크바 공국을 일약 러시아 제국으로 격상시켰다(러시아 제국을 공식 국호로 삼게 되는 것은 1721년의 일이지만 골조는 이때 짜였다고 할 수 있다). 그러나 그 과정에서 그는 봉건 귀족•들을 대규모로 처형하는 공포정치로 '뇌제雷帝'라는 무시무시한 별명도 얻었다. 하긴, 그로서도 넓은 지역에 여기저기 산재해 있는 귀족들의 영지를 강력한 제국 체제로 묶으려면 어쩔 수 없었을 것이다.

이반은 러시아 제국의 원형만이 아니라 향후 500년간 지속될 러시아 대내외 정책의 골간도 만들었다. 첫째, 대내적으로는 공포정치를 아예 제도적으로 확립했다. 그는 봉건

• 러시아의 봉건 귀족들 가운데 차르에게 복속된 세력을 보야르(boyar)라고 부른다. 주로 대지주인 보야르는 신분상의 귀족이라기보다 넓은 토지를 소유한 대지주였다. 원래 이들은 러시아의 각 공국에서 자체로 의회를 구성해 대공(군주)을 보좌했으나 러시아 제국이 성립한 뒤에는 차르의 임명을 받고 차르 자문 기구와 같은 역할을 했다. 이때부터 보야르는 정치와 행정에도 진출해 관료층을 담당했다.

뇌제의 성당　강력한 전제정치로 차리즘의 초석을 다진 이반 4세는 후진국 러시아를 적어도 영토적으로는 유럽 강대국 대열에 올려놓았다. 사진은 그가 아버지의 이름을 따서 지은 성 바실리 대성당이다. 아홉 개의 원통형 예배당을 짜 맞춘 형태로 건축되었으며, 모스크바의 붉은 광장에 가면 볼 수 있다.

귀족들의 반란을 예방하기 위해 비밀경찰까지 조직하면서 왕권 강화와 중앙집권에 힘썼다. 이 비밀경찰과 더불어 러시아 특유의 전제정치인 차리즘tsarism이 시작된다. 둘째, 대외적으로는 팽창정책을 펼쳤다. 이반은 당시까지 남아 있던 옛 몽골 지배 지역들을 차례로 정복하고 멀리 시베리아까지 러시아의 세력권을 넓혔다. 하지만 서쪽으로는 발트 해로 진출하려다가 스웨덴과 폴란드의 방어망을 뚫지 못해 실패했다. 이런 이반의 팽창정책은 이후에도 계속 러시아의 대외 정책으로 자리 잡아, 동쪽에서는 꾸준히 팽창하고 서쪽에서는 계속 발트 해 진출에 실패하는 경험을 되풀이하게 된다.

대내적인 전제정치와 대외적인 팽창정책 이외에 이반이 러시아에 남긴 마지막 '선물'은 로마노프Romanov 왕조였다. 강력한 전제군주인 이반이 죽자 제위 계승을 둘러싸고 귀족들 간에 치열한 다툼이 벌어졌다. 한동안 혼란이 이어지다가 1613년 젬스키 소보르에서는 이반의 황후 아나스타샤의 가문 사람인 미하일 로마노프를 황제로 선출했는데, 이것이 로마노프 왕조의 시작이다. 이반이 초안을 잡은 대내외 정책과 로마노프 왕조는 20세기 초 러시아 제국이 멸망할 때까지 러시아 역사를 이끌어나가게 된다.

서유럽 세계에서 벌어진 7년 전쟁에 개입할 만큼 러시아를 발전시킨 인물은 표트르 1세Pyotr I(1672~1725, 재위 1682~1725)다. 흔히 '표트르 대제'라고 불리는 그는 그 존칭에 걸맞게 키도 2미터가 넘었으며, 서유럽에 비해 크게 뒤처진 러시아를 근대화시키고 전통적인 팽창정책을 충실히 계승한 뛰어난 군주였다. 동쪽으로는 시베리아를 넘어 1689년에 중국의 강국인 청 제국과 네르친스크 조약을 맺어 국경을 확정했고,• 서쪽으로는 1713년에 새 수도 페테르부르크('표트르의 도시'라는 뜻으로 지금의 상트페테르부르크)를 건설해 유럽 무대에 진출하고자 하는 열망을 불태웠다.

서유럽의 역사에 동참하려면 먼저 스웨덴을 꺾어야 한다. 베스트팔렌 조약 이래 스

• 서유럽이 세계 무대로 진출하기 시작한 16세기부터 러시아는 동쪽으로 팽창하면서도 부동항을 찾기 위해 끊임없이 남쪽으로 진출할 길을 모색했다. 그러나 유럽 동남부 지역에는 당대 최강국인 오스만 제국이 버티고 있었고, 그 동쪽은 험준한 파미르 고원이었다. 할 수 없이 동진을 계속한 러시아는 청 제국의 북변에 이르렀는데, 청 역시 오스만에 못지않은 강국이었으니 러시아로서는 불운의 연속이었다(불운이라기보다는 후발 주자의 숙명이겠지만). 이후 헤이룽강 부근에서는 양국 간의 소규모 군사적 충돌이 잦았다. 네르친스크 조약은 이 분쟁을 해결한 것으로, 중국으로서는 유럽 국가와 최초로 맺은 국제조약이다.

웨덴은 발트 해를 앞마당으로 삼고 있었던 것이다. 마침 스웨덴을 부담스럽게 여기는 나라는 러시아만이 아니라 덴마크와 폴란드도 있었다. 그래서 표트르는 그 두 나라와 동맹을 맺고 스웨덴에 도전장을 던졌는데, 1700년부터 약 20년간 벌어진 이 전쟁을 북방전쟁이라고 부른다. 당시 폴란드의 왕은 작센 선제후였으므로 이 전쟁에는 작센과 프로이센, 하노버 등 독일 지역의 여러 공국도 개입했다. 그 무렵 서유럽에서는 에스파냐 왕위 계승 전쟁이 한창이었으니 유럽 전역이 남과 북에서 벌어진 두 개의 전쟁으로 몸살을 앓고 있었던 셈이다.

스웨덴 왕 카를 12세는 덴마크와 폴란드까지는 어렵지 않게 제압했으나, 러시아는 다른 상대였다. 1707년 카를은 모스크바를 향해 진격했는데, 러시아의 초토화 전술에 말려 참패하고 말았다.** 여기서 역전의 계기를 잡은 러시아는 1709년 스웨덴을 격파하고 발트 해의 제해권을 확보한 다음 스웨덴의 카를이 노르웨이와의 전쟁에서 전사한 것을 계기로 스웨덴을 압박해 마침내 승리를 거두었다. 1721년 스웨덴과 러시아의 강화조약이 체결된 결과 러시아는 스웨덴을 제치고 북방의 패자가 되었다. 표트르의 꿈이 이루어진 것이다. 이제부터 러시아 역사는 유럽 역사의 일부분으로 당당히 편입되었다. 수십 년 뒤에 벌어진 7년 전쟁은 러시아의 유럽 무대 데뷔전인 셈이다.

●● 나중에도 보겠지만 지리적 이점을 이용한 러시아의 초토화 전술은 중요한 계기에서 세계사의 흐름을 바꾸는 역할을 한다. 18세기 초반 스웨덴의 공세를 차단한 러시아의 초토화 전술은 19세기 초반 나폴레옹 전쟁에서도 프랑스군을 결정적으로 물리쳤으며, 20세기 제2차 세계대전에서도 독일군의 침략을 막아냈다.

7년 전쟁에서 프로이센에 병 주고 약 준 표트르 3세는 겨우 6개월간 제위에 있다가 쿠데타로 실각하고 곧바로 암살되었다. 조상인 표트르 대제의 서구적 취향을 넘어 표트르 3세는 자기 나라를

'저주받은 나라'라고 경멸하면서 프로이센과 프리드리히 2세를 숭배했으니, 귀족들의 반발을 산 것도 당연했다. 그의 죽음은 그가 저주한 조국에 두 가지 큰 선물을 남겼다. 하나는 러시아 발전의 걸림돌인 그가 죽었다는 사실 자체이고, 다른 하나는 그의 아내인 예카테리나 2세Ekaterina II(1729~1796, 재위 1762~1796)가 제위를 이었다는 사실이다(그녀는 남편이 이혼할 음모를 꾸몄다고 여기고 귀족들과 연합해 남편을 제위에서 몰아냈다).

예카테리나는 남편이 숭배한 프로이센 출신이었으나 남편의 성향과 달리 프랑스 문화에 매료되었다. 심지어 궁정에서 프랑스어를 사용했고 프랑스 복식을 입었으니 표트르 대제보다 한술 더 뜨는 유럽 지향적인 군주였다. 물론 좋은 것도 모방했다. 그녀는 당대 서유럽의 뛰어난 군주들처럼 계몽 군주로 자처하면서 프랑스 계몽주의를 폭넓게 수용하고 디드로, 달랑베르, 볼테르 등과 교류했다. 그러나 1773년 흑해 연안의 농노들이 푸가초프를 지도자로 삼고 대규모 반란을 일으키자 예카테리나는 그것을 가혹하게 진압하고 전제정치의 고삐를 더욱 강화했으니 완전한 계몽 군주는 아니었다. 그래도 그녀는 표트르가 발동시킨 러시아 근대화(서구화)와 팽창정책을 계속 추진한 덕분에 러시아 역사상 가장 뛰어난 여제의 영예를 얻었다. 밝음 뒤에는 어둠이 있는 법, 그녀가 당대를 넘어 후대에까지 칭송을 받게 된 데는 지구상에서 한 나라가 사라진 덕분이 컸다.

프랑스의 문학과 예술을 사랑하고 계몽주의 철학을 정치에 도입하려 한 계몽 군주라면 당시 또 한 명이 있었다. 바로 프로이센의 대왕 프리드리히 2세였다. 여러모로 죽이 잘 맞는 여제와 대왕은 1772년 두 나라 사이에 있는 한 나라의 영토에 욕심을 품었다.

영웅과 여걸　왼쪽은 프로이센의 프리드리히 2세이고, 오른쪽은 러시아의 예카테리나 2세가 행차하는 장면이다. 후대에 대왕과 여제로 불린 두 사람은 서유럽의 계몽주의에 심취해 있었고, 각자 자국의 국력을 크게 배양했다. 그들은 프로이센과 러시아의 사이에 있는 폴란드를 사이좋게 분할하기도 했으니, 만약 둘이 결혼이라도 했더라면 어찌 되었을까?

바로 폴란드였다. 폴란드는 슬라브족의 국가이면서도 일찍이 로마 가톨릭으로 개종했고(125~126쪽 참조) 서유럽 문명에 더 가까운 묘한 나라였다. 마침 프로이센과 지역적 경쟁자인 작센은 북방전쟁에서 타격을 입었고 7년 전쟁에서 다시 줄을 잘못 서는 바람에(오스트리아의 편을 들었다) 힘이 크게 약화되어 폴란드에 대한 영향력을 잃은 상태였다. 이 기회에 프로이센의 프리드리히와 러시아의 예카테리나는 아직까지 국왕도 선거로 뽑는 정치적 후진국인 폴란드(그렇기 때문에 작센의 제후가 폴란드 왕을 겸하는 게 가능했다)를 나누어 먹기로 했다. 여기에 영토 상실로 심상해 있는 오스트리아의 마리아 테레지아까지 끌어들여 세 나라는 폴란드의 분할을 강행했다.• 이렇게 영토 국가의 개념은 유럽

• 생살을 뜯기는 사태가 일어나고서야 폴란드의 지배 귀족들은 정신을 차리지만 이미 때는 늦었다. 폴란드는 1793년에 2차 분할되고, 1795년에는 3차 분할이 이루어져 나라 자체가 없어진다. 이후 폴란드인들은 독립을 위해 여러 차례 투쟁했으나 나라를 다시 찾은 것은 100년도 훨씬 더 지나 20세기 제1차 세계대전이 끝나고 난 다음이다. 그러나 그 뒤에도 폴란드의 수난은 끊이지 않아, 제2차 세계대전에서 잠시 독일과 소련에 의해 분할되었다가 전후에 다시 나라를 수복했다. 강대국들 사이에 낀 약소국의 운명을 여실히 보여주는 사례다.

모든 나라의 지배자들에게 뚜렷이 각인되어 있었다.

집안의 호랑이

유럽의 지배자들만 영토 국가의 개념을 굳게 다진 것은 아니었다. 유럽에서 폴란드가 사라질 즈음, 신대륙 아메리카에서는 한 나라가 생겨났다. 바로 미국이었다.

7년 전쟁에서 영국이 프로이센의 편을 든 이유는 오로지 프랑스가 개입했기 때문이고, 프랑스의 개입을 저지한 이유는 오로지 아메리카에서 프랑스를 확실히 누르려는 의도 때문이었다. 그래서 영국은 전쟁 기간 중 유럽에서는 체면치레만 하고 유럽을 제외한 세계 각지에서 프랑스와 적극적으로 싸웠다. 그 성과가 바로 1757년 플라시 전투에서 프랑스를 누르고 동양 최대의 식민지인 인도를 완전히 손에 넣은 것이었고, 신대륙에서 프랑스를 확실히 따돌리고 패권을 차지한 것이었다.

그러나 인도의 경우는 100점짜리였으나 아메리카의 경우는 0점짜리였다. 일인자가 되면 부패하는 것은 한 나라의 독재자만이 아니었다. 드넓은 신대륙을 호령하게 된 영국은 아직까지 자기 집안에 호랑이를 키우는 줄 모르고 있었다. 영국은 식민지에 총독을 파견하는 것으로 아무 문제도 없을 줄 알았으나 실상 총독은 식민지의 정치와 행정에 그다지 참여하지 못했다. 식민지인들은 북아메리카 북동 해안 지대에 13개 주를 건설하고 자치를 시작했다.*

7년 전쟁이 벌어지던 무렵까지는 본국과 식민지의 관계가 그런대로 좋았다. 영국은 아직 프랑스와 식민지를 놓고 다투는 중이었으므로 식민지의 내부 사정에는 별다른 간섭을 하지 않았다. 또 식민지인들은 적당한 세금만 내면 정치와 종교에서 모두 자유를 누릴 수 있었으므로 본국에 대해 큰 불만이 없었다. 그러나 전쟁이 끝나고 영국이 아메리카를 독차지하면서 문제가 터졌다.

유럽과 전 세계에서 일인자의 지위를 획득한 영국은 그 지위를 유지하기 위해 막대한 돈이 필요했다. 게다가 영국 왕 조지 3세 George III(1738~1820, 재위 1760~1820)는 유럽 각국의 영토 분쟁을 목도하면서 자극을 받아 한 세기 전에 확립된 입헌군주제의 전통을 잊고 전제정치로 돌아가고자 했다. 이래저래 돈 쓸 곳이 많아지자 조지는 자연히 식민지를 떠올렸다. 예나 지금이나 세금을 많이 거두려면 세액을 올리기보다 과세 항목을 많이 신설하는 편이 훨씬 좋다. 1765년 그는 인지세법을 제정해 식민지 착취의 기치를 올렸다.

● 1620년 메이플라워호를 타고 온 청교도를 필그림 파더스(Pilgrim Fathers)로 부르며 직계 조상으로 받드는 식민지인들은 종교적으로나 정치적으로나 영국 본국과 원래부터 거리감이 있었다. 게다가 모두가 고향을 등지고 떠나온 처지였기에 그들은 신분상 평등했고(지체 높은 귀족 집안이 멀리 오지에까지 올 이유는 없으므로), 또한 그랬기에 처음부터 민주주의를 자연스럽게 도입할 수 있었다. 영국이 중세까지 서유럽 세계에서 변방이었기에 일찍부터 의회 민주주의를 발전시킬 수 있었듯이, 신대륙은 영국의 변방이었기에 더 높은 수준의 민주주의가 가능했던 셈이다.

식민지인들에게 인지세법은 아주 황당한 법이었다. 쉽게 말하면 모든 인쇄물에 인지를 첨부하는 것이었는데, 그 인지는 물론 돈을 주고 사야 했다. 이에 따라 신문과 책자는 물론 공문서, 증서, 심지어 오락용품인 카드와 학위 증서에까지 대추나무에 연 걸리듯 세금이 덕지덕지 붙었다. 관세까지는 본국의 권한으로 식민지인들도 인정하고 있었으므로 관세를 올리는 것 정도는 참을 수 있었다. 그러나 이런 직접 과세, 그것도 터무니없는 과세 항목을 설정한 것은 만행이었다. 더구나 본국에서 세법을 마음대로 개정해도 식민지인들은 법적인 발언권이 없었다. 본국 의회에 식민지 대표가 참여하지 못하는 탓이었다. 식민지 대표들은 즉각 "대표 없이 과세 없다."라는 원칙을 내세우며 거세게 항의했다.

예상치 못한 기세에 놀란 영국 의회는 1년 만에 인지세법을 폐지했는데, 속셈은 따로 있었다. 식민지의 항의는 충분히 이유가 있었다. 그래서 의회는 우선 법리상의 모순을 제거하고 새로운 법안을 내놓았다. 그런데 그 새로운 법안은 그전보다 더 악법인 선언법이었다. 이것은 식민지에 관한 법을 제정하는 권리를 본국이 보유한다는 내용이었는데, 식민지인들의 정치 참여를 애초부터 근절하려는 교활한 의도였다.

이렇게 법적 방비 장치를 해놓은 뒤 의회는 후속 법안을 제정했다. 그것이 1767년 타운센드 법으로, 내용은 식민지 의회를 인정하지 않고 유리와 납, 페인트, 종이, 차에 대해 과세하는 것이었다. 이것도 식민지의 강한 반발을 사게 되자 1770년부터는 차에 대한 세금만 남기고 나머지를 없앴다. 그런데 1773년 영국 수상 F. 노스는 미국 식민지의 상인에 의한 차의 밀무역을 금지시키고 이를 동인도회사에게 독점권을 부여하는 관세법을 통과시켰다.

1773년 식민지인들은 식민지 자치에 대한 지나친 간섭에 격분하여 보스턴 항구에서 차를 가득 실은 동인도회사의 상선을 습격해 수백 상자의 차를 바다에 던져버렸다. 후대에 보스턴 차 사건이라고 알려진 이 '명백한 반란 행위'에 영국은 즉각 응징에 나섰다. 위기감을 느낀 식민지는 1774년 조지아 주를 제외한 12개 주 대표들이 대륙회의Continental Congress를 열어 강경책을 선택했다. 이제 무력 충돌은 시간문제다.

1775년 드디어 영국군과 식민지 민병대가 처음으로 충돌

독립의 신호탄 1773년 12월 16일 한밤중에 342상자의 차가 차가운 바닷물 속으로 빠져버렸다. 북아메리카 원주민으로 변장한 '자유의 아들'이라는 급진 세력이 동인도회사의 선박을 습격해 보스턴 차 사건을 일으킨 것이다. 이 사건을 계기로 장차 세계 역사를 좌지우지할 미국이 탄생하게 된다.

했다. 사실상 식민지 정부가 된 대륙회의는 조지 워싱턴George Washington(1732~1799)을 총사령관으로 임명하고 임전 태세를 갖추었다. 식민지 민병대는 그대로 정규군이 되었다. 선전포고는 멋들어지게 1776년 7월 4일 독립선언으로 대신했으니 여러모로 식민지답지 않은 식민지였다(실제로 식민지 시민들은 자신들의 땅을 식민지로 여기지 않고 '뉴잉글랜드'라고 불렀다. 당연히 영국은 '올드 잉글랜드'였다). 이제 영국으로서는 더 이상의 적수가 없어 자국민끼리 전쟁을 벌이는 셈이 되었다.

그러나 일종의 '변형된 내전' 같은 상태는 그리 오래가지 못했다. 전쟁이 시작된 지 2년 만에 프랑스를 필두로 에스파냐, 네덜란드가 속속 식민지 편으로 참전했다.• 사실 이들은

• 공교롭게도 식민지의 편을 든 나라들은 모두 프랑스가 일인자였을 때는 영국 측에 붙은 나라들이었다. 이는 각국이 서로 견제하는 유럽의 분권적 전통을 잘 보여주는 사례다. 근대국가 체제에 들어선 이후 유럽 각국은 어느 한 나라가 유럽 전체의 패권을 장악하도록 놔두지 않았다.

독립선언의 효과　대륙회의 의장인 존 핸콕에게 선언 작성자들이 선언문을 제출하고 있는 모습이다. 다섯 명의 작성자들 중에는 프랭클린, 제퍼슨, 애덤스 등 미국 초기의 주요 정치인과 장차 대통령이 될 사람들이 끼어 있다. 미국의 독립선언은 전쟁이 개시된 이후에 발표됨으로써 영국에 반대하는 유럽 나라들의 지지를 얻어내는 외교적 성과를 올렸다.

처음부터 영국과 식민지의 갈등에 개입하고 싶었으나 명분이 없던 터였다. 그 명분을 제공한 것이 바로 식민지의 독립선언이었다. 독립을 선언했으니, 이 전쟁은 '내전'이 아니라 '국제전'이 된다. 대륙회의가 독립선언부터 서두른 이유는 바로 외부 원조를 끌어들이려는 데 있었으니 서로 손발이 잘 들어맞은 결과였다.

특히 프랑스는 대단히 헌신적이었다. 개전 초기부터 대륙회의는 자금난에 시달렸다. 독립전쟁이 시작되자 식민지인들은 독립을 지지하는 애국파와 본국을 지지하는 충성파로 갈렸는데, 수로 보면 애국파가 다수였지만 재력가들은 전부 충성파였다. 전쟁 비용을 충당하기 위해 대륙회의는 일종의 국채라고 할 종이돈paper dollar을 발행했으나 그 효과는 미미했다. 이 문제를 해결해준 게 프랑스였다. 사실 프랑스는 참전을 선언하기 전부터 비밀리에 식민지군에 의복과 장비 등 군수품과 아울러 막대한 양의 화약을 공급해주었는데, 이것을 바탕으로 식민지군은 1777년 사라토가 전투에서 중요한 승리를 거둘 수 있었다.

식민지 측의 또 다른 문제는 해군이었다. 식민지군은 육지에서는 그런대로 대등하게 버틸 수 있었으나 해군력에서는 세계 최강의 영국 해군에 도저히 미칠 수 없었다. 그런데 이 문제는 다른 유럽 국가들이 해결해주었다. 참전을 선언하지 않은 유럽의 국가들도 대부분 식민지를 지원하고 나섰다. 러시아, 프로이센, 덴마크, 스웨덴 등은 1780년 무장 중립을 선언하고, 중립국이라는 지위를 이용해 자기들의 선박으로 식민지군에 군수물자를 실어다 주었다.

십시일반의 국제적 지원에 힘입어 식민지군은 전황을 역전시켰으며, 1781년 요크타운에서 대승을 거두면서 승부에 쐐기를 박았다. 할 수 없이 영국은 1783년 파리 조약으로 식민지의 독립을 승인할 수밖에 없었다. 이제 미국은 식민지의 딱지를 떼어버리고 홀로서기에 성공했다. 독립 당시 미국은 5대호에서 미시시피에 이르는 북미 대륙 동쪽 해안 지대를 따라 남북으로 길게 뻗은 나라였다. 당시만 해도 땅은 넓었지만, 장차 이 나라가 태평양 연안까지 진출해서 더욱 영토를 넓히게 될 뿐 아니라 불과 한 세기 만에 당당한 세계열강의 대열에 끼일 줄은 아무도 몰랐을 것이다.*

● 영국으로서는 당연히 만족스러운 결과가 아니었겠지만, 미국이 탄생함으로써 서양 문명은 처음으로 다른 대륙에 자신의 적자(嫡子)를 만든 셈이 되었다. 이미 중남미 대륙에는 에스파냐와 포르투갈이 오래전에 뿌린 서양 문명의 씨앗이 자라고 있었지만, 그것은 서양 문명의 적자라고 보기 어려웠다. 에스파냐와 포르투갈은 서양 문명의 줄기에 해당하는 중세의 적통을 이어받은 게 아니었을 뿐 아니라, 라틴아메리카에 문명을 이식했다기보다는 그곳을 착취의 대상으로만 삼았기 때문이다.

30장

근대의 완성

중심에서 부는 변화의 바람

변혁의 세기인 18세기에 프랑스의 추락은 역력했다. 세기 벽두에 에스파냐 왕위를 놓고 겨루었다가 그 왕위만 얻고 다른 모든 것을 잃은 프랑스는 이후 거듭된 전쟁에서도 좀처럼 형세를 만회하지 못했다. 오스트리아 왕위 계승 전쟁에서는 서유럽 국가가 아닌 '준'이교도국 러시아와도 동맹을 맺으며 애썼으나 별무신통이었다. 결국 신흥국 프로이센에마저 추월할 지경에 이르렀고, 영국과 한 세기에 걸쳐 인도와 아메리카에서 맞붙은 결과 모두 패배했다. 이제 프랑스는 이류 국가로 전락했다. 비록 미국의 독립을 지원함으로써 영국에 다소나마 앙갚음을 했지만, 중세 내내, 그리고 근대의 문턱에서도 서유럽의 선두 주자이자 터줏대감이던 프랑스의 체면은 말이 아니었다.

사실 프랑스가 추락한 원인은 서유럽의 터줏대감이었다는 데 있다. 중세 문명(로마-게르만 문명)의 적통을 이어받은 프랑스는 서유럽 사회가 안정되었을 때는 힘을 썼지만 변화의 물결이 휘몰아칠 때는 가장 발걸음이 느릴 수밖에 없었다. 위그노 전쟁에서 신교가 승리했음에도 불구하고 다시 가톨릭으로 선회한 것만 해도 그랬다. 1689년 낭트 칙령을 폐지한 것은 루이 14세의 개인적인 취향이라기보다는 당시 프랑스 지배층의 수구적 성격을 드러내는 것이었다(그 때문에 프랑스의 상공업을 장악한 신교도들이 대거 국외로 망명함으로써 이미 루이 14세의 치세 말기에 프랑스의 국력은 바닥을 드러내기 시작했다). 비록 에스파냐에 부르봉 왕조의 '분점'이 하나 생기기는 했으나 그것은 프랑스의 국력에 보탬이 된 게 아니라 유럽의 보수성을 대변하는 가톨릭의 두 나라가 공동으로 추락하는 결과를 초래했다.

루이 14세는 다섯 살에 즉위했지만 72년이나 재위하는 바람에 아들과 손자가 모두 먼저 죽었다. 프랑스의 몰락과 더불어 가문의 몰락도 본 셈인데, 아직 부르봉 왕가의 수명은 좀 더 남아 있었다. 그의 증손자로 왕위를 계승한 루이 15세(1710~1774, 재위 1715~1774)도 증조부처럼 다섯 살 때 왕위에 올랐고 증조부에 버금갈 만큼 오래 재위했다. 하지만 그의 치세 60년 동안 프랑스는 내내 추락하면서도 오히려 보수화의 추세는 더욱 강해지는 희한한 상황이 전개되었다. 프랑스는 안으로 점점 곪아갔고, 문제는 쌓여갔다.

학문은 문제가 있는 곳에서 발전하게 마련이다. 학문이란 문제를 추구해 답을 알아내는 것이므로 문제가 없다면 학문 자체가 성립할 수 없다. 문제로 가득한 18세기 프랑스에는 그만큼 답을 찾아내려는 노력도 많았다. 많은 사람이 관심을 가진 만큼 그 노력은 극히 다양했으나 전부 프랑스가 처한 어둠에 빛을 던지려는 처방적인 의도를 담고 있었으므로 크게 계몽주의enlightenment라고 부른다.

이렇게 계몽주의는 사회적 문제의식에서 출발했지만 여기에는 지성적인 배경도 있었다. 종교가 지배하던 중세에는 사회문제도 종교적 관점에서 바라보았으나 이제는 그럴 수 없었고 해결도 교회에 맡길 수 없었다. 그래서 계몽사상가들은 신앙이 아니라 인간 이성의 힘과 그 이성을 바탕으로 한 역사의 진보를 믿었다.* 쉽게 말하면 이제 인간은 신의 의지에 종속된 존재에 불과한 게 아니라 스스로 역사를 발전시킬 줄 아는 존재가 되었다는 뜻이다. 개인적으로도 모든 것은 자기 하기 나름이 되었고, 국가적으로도 교회의 조언이 필요 없어졌다. 그래서 계몽사상은 종교의 속박에서 벗어나 한창 각개약진 중인 유럽의 군주들 사이에서 큰 인기를 끌었다. 앞에서 본 것처럼, 프로이센의 프리드리히와 러시아의 예카테리나가 계몽사상에 매료된 이유는 그 때문이다.

그러나 변방이라면 몰라도 유럽의 중심인 프랑스는 사정이 달랐다. 많은 계몽사상가가 나왔고 그에 따라 많은 '계몽책'이 제안되었으나 정작 프랑스의 지배층은 요지부동이었다. 볼테르는 철학 콩트 《캉디드Candide》에서 인간 정신이 종교적 권위로부터 자유로워져야 한다고 주장

* 인간 이성이라는 개념 자체가 근대의 산물이다. 종교의 시대인 중세에도 후기에 접어들면 이성의 존재가 인정되었지만 이성은 올바른 신앙의 길을 닦기 위한 보조 수단에 지나지 않는 것으로 여겼다. 인간 정신의 모든 영역을 신이 지배하고 있었으므로 이성 역시 신의 의지에 종속된 것일 뿐이었다. 그러나 르네상스는 이성의 독립성을 부각시켰고, 종교개혁은 신의 통제력을 축소시켰다. 이로써 신으로부터 벗어나 독자적인 영역을 지닌 근대 이성이 탄생했다. 그래서 17세기 프랑스 철학자 데카르트(René Descartes, 1596~1650)의 "나는 생각한다, 따라서 나는 존재한다(Cogito ergo sum)."라는 유명한 문구를 근대 철학의 출발점으로 삼는다.

살롱의 사상가들 17세기부터 프랑스에서는 귀부인들이 여는 살롱이 크게 유행했다. 물론 사교에만 치중하는 살롱은 오늘날의 '싸롱'처럼 천박한 문화의 공간이 되기도 했지만, 제도권 내로 흡수되지 않은 진보적 지식인들이 모이는 고급 살롱은 학문과 예술, 나아가 정치 토론의 주요 무대가 되었다. 그림은 18세기 중반의 유명한 조프랑 부인(앞줄 오른쪽에서 세 번째)의 살롱인데, 여기 모인 사람들 중에는 루소, 디드로, 달랑베르 등 프랑스의 계몽주의 3총사가 모두 있다.

하고 프랑스 사회의 보수적 신분제도를 꼬집었지만, 프랑스의 지배층은 그의 비판을 받아들이기는커녕 그의 저서를 금서로 지정했다. 몽테스키외Montesquieu(1689~1755)는 《법의 정신De l'esprit des lois》에서 법이란 인간 이성의 산물이며 입법·사법·행정의 3권이 분립되어야 한다고 주장했지만, 루이 15세는 그에게 프랑스 아카데미 회원의 자격을 주자는 의견마저 묵살했다. 그러니 루소Jean-

Jacques Rousseau(1712~1778)가 《사회계약론Du contrat social》에서 주권이란 사회 내 개인들의 계약을 통해 형성된 것이라고 말했을 때, 주권은 곧 왕권이고 왕권은 신이 내린 것이라고 믿은 루이 15세의 강력한 제재를 받은 것은 오히려 당연한 일이었다. 루소는 저서가 금서 처분을 받는 데 그치지 않고 체포장이 떨어지는 바람에 국외로 달아나야 했다.

동료인 루소의 처지를 목격한 디드로Denis Diderot(1713~1784)와 달랑베르Jean Le Rond D'Alembert(1717~1783)는 '합법적인' 테두리 내에서 계몽 활동을 펼치기로 마음먹었다. 그래서 그들이 생각해 낸 사업은 《백과전서Encyclopédie》를 간행하는 것이었다. 모든 지식을 집대성해 계몽사상의 올바름을 증명하자! 당대의 유명한 학자와 지식인 160명이 집필진으로 참여한 《백과전서》는 1751년부터 21년간 편찬되어 1772년에 총 33권으로 완간되었다. 그러나 이미 첫 두 권이 출간될 때부터 당국의 금서 처분을 받았다.* 이제 프랑스에서는 합법적인 활동이란 없었다.

이처럼 가장 기본적인 자유마저 탄압을 받았다는 것은 그만큼 프랑스 체제의 위기를 뜻하는 것이었으나, 오로지 지배층만은 그 점을 모르고 있었다. 사람들의 생각은 갈수록 자유로워지는 데 반해 체제는 여전히 자유를 옥죄려 했다. 그것은 분명한 구체제, 즉 앙시앵 레짐이었다.

그러나 문제는 사상의 측면에만 있는 게 아니라 그 사상을 낳은 사회 자체에 있었다.

* 우연의 일치일까? 마침 비슷한 시기에 중국 청 제국에서도 대규모 백과사전을 편찬하는 사업이 있었다. 청 황제 강희제의 명령으로 학자들이 동원되어 1725년에는 1만 권짜리 백과사전 《고금도서집성(古今圖書集成)》이 완성되었으며, 건륭제 시절인 1782년에는 당대의 모든 서적을 집대성한 《사고전서(四庫全書)》가 간행되었다. 이에 자극을 받아 조선의 정조도 규장각을 설치하고 서적 출간에 큰 힘을 기울였다. 그렇게 보면 18세기 후반은 가히 세계적으로 지식 운동이 활성화된 시기였다고 할까?

계몽사상가들이 이구동성으로 지적한 문제는 무엇보다 사회적 불평등과 특권층의 존재였다. 당시 프랑스의 총인구는 약 2700만 명이었는데, 그 가운데 2퍼센트도 되지 않는 성직자와 귀족 들은 면세의 특권을 누렸고 전국 토지의 10분의 1을 소유했다. 이런 현상은 어제 오늘의 일이 아니었으나 그래도 프랑스가 한창 대외적으로 팽창하던 루이 14세의 전성기에는 큰 문제로 부각되지 않았다. 하지만 루이 15세의 시대에 프랑스의 대외 정책이 연달아 실패하면서 왕실 재정마저 달리는 상황이 되자 숨어 있던 문제는 곧장 수면 위로 떠올랐다. 정부는 재정 적자를 메우기 위해 세금을 올리고 국채를 무모하게 발행했는데, 그런 미봉책이 사태를 더 악화시켰다.

그래도 루이 15세는 수를 다하고 죽었으니 개인적으로는 불운하지 않았다. 1774년 그의 손자로 왕위를 계승한 루이 16세(1754~1793, 재위 1774~1792)는 5대조 할아버지(루이 14세)부터 누적되어 온 프랑스의 모든 문제를 혼자 걸머져야 했다. 그는 무능하고 타락했던 할아버지에 비해 선량하고 신앙심이 두터워 국민들의 사랑을 받았지만, 수줍고 심약한 성격에 사냥이나 즐기는 인물이었으니 난세의 군주로서는 빵점짜리였다.

평민들의 세상

미국의 독립은 영국의 패권 전략을 저지했다는 점에서 프랑스의 왕실에 기쁨을 주었지만, 그 때문에 가뜩이나 좋지 않던 왕실의 재정은 더욱 악화되었다. 유럽도 아닌 아메리카 영국 식민지의 독

돌아온 삼부회 175년 만에 열린 삼부회의 모습이다. 왕실의 재정난을 타개하기 위한 것이었으니 청교도혁명 시기 영국의 찰스 1세가 의회를 소집한 상황과 여러모로 비슷했다. 문제는 그다음 진행도 비슷했다는 점이다. 영국의 찰스처럼 프랑스의 루이 16세도 결국 그 의회의 손에 의해 처형을 당하게 되니까.

립 전쟁까지 지원하느라 프랑스의 국고는 텅 비었다.

만성적인 재정 적자에 견디다 못한 루이 16세는 마침내 1789년에 삼부회를 소집했다. 재정난에 시달리는 왕실이 의회를 소집하는 것은 어딘가 낯익은 전술이다. 삼부회는 명색이 의회지만 1614년 루이 13세의 섭정인 마리가 소집한 이후 한 번도 소집한 적이 없었으니(123쪽 참조) 무려 175년만의 재소집이었다. '바로 전의 삼부회'가 소집된 때는 프랑스가 잘나가던 무렵으로 리슐리외라는 유능한 재상을 얻었으나, 이번 삼부회는 오히려 1628년 영국의 찰스 1세가 재정난을 타개하기 위해 의회를 소집한 상황과 비슷했다. 더 중요한 것은 상황만 비슷한 게 아니라 결과도 그랬다는 점이다. 오만하고 독선적인 찰스가 순전히 귀족들에게서 돈을 뜯어낼 목적으로 의회를 소집한 것과 달리, 루이는 왕실의 위기와 나름대로 나라의 안위를 걱정하는 마음에서 삼부회를 소집한 것이었다. 그러나 상황이 같았던 만큼 결과도 다를 바 없었다.

1789년 5월 베르사유 궁전에서 열린 삼부회에서 가장 할 말이 많은 사람은 제3신분인 시민• 대표들이었다. 그것은 당연했다. 높은 인플레와 과중한 세금, 거기다 산업혁명으로 경제력이 크게 팽창한 영국의 경제적 침략으로 가장 큰 어려움을 겪는 것은 바로 평민들이었으니까(설상가상으로 삼부회가 소집된 바로 전해인 1788년에는 대흉작이었다). 그러나 지배층인 제1신분(성직자)과 제2신분(귀족)은 사정을 너무도 모르고 있었다.

양측의 갈등은 사소한 데서 생겼다. 시급한 현안을 논의하기도 전에 표결 방식에서 의견이 엇갈렸던 것이다. 지배층은 전통적인 신분제별 투표를 고집했고, 시민층은 다수결 투표를 주장했다.

문턱에서부터 합의를 이루지 못하자 시민들은 6월에 별도로 헌법제정국민의회 Assemblée Nationale Constituante를 조직하고 새로 헌법을 제정할 때까지 농성을 계속하겠다고 선언했다. 이들의 회의 장소가 테니스 코

• 서양사에서 흔히 쓰는 '시민'이라는 말은 '도시 거주자'만을 가리키는 게 아니라 '일반 평민', 우리식으로 말하면 '국민'에 해당한다. 서양의 도시들은 예로부터 독립적이고 자치적으로 발전했으며(가장 중앙 권력이 강했던 로마 시대에도 그랬다), 중세를 거치면서 그런 성격이 더욱 강화되었다. 물론 계급으로서의 시민은 근대의 산물이지만, 그런 역사적 전통이 있기에 서양에서는 시민을 곧 국민에 해당하는 것으로 여기는 게 자연스러웠다. 사실 서양에는 우리의 국민에 해당하는 말이 없다. 이를테면 정치 연설에서도 우리는 '국민 여러분'이라고 시작하지만 서양에서는 '시민 여러분'으로 시작한다. 거꾸로 우리에게는 서양과 같은 시민의 개념이 없다. 서구 민주주의 제도가 이식된 오늘날에도 아직 우리 사회에 민주주의가 완전히 뿌리 내리지 못한 이유는 시민사회의 역사적 경험이 부재하기 때문이다.

트였기에 이것을 테니스 코트의 서약이라 부르는데, 얼마 안 가 하급 성직자들과 일부 자유주의 귀족들도 동참했다. 이들의 강경한 기세에 놀란 루이는 성직자와 귀족 들에게 어서 국민의회에 참여하라고 명했다. 이로써 오랜만에 열린 삼부회는 겨우 한 달 만에 문을 닫았고(결국 이것이 마지막 삼부회가 되었다), 처음으로 신분제를 떨쳐버린 근대식 국민의회가 성립했다.

그러나 루이는 결국 보수적인 귀족들의 주장을 꺾지 못하고 국민의회를 탄압하기 위해 베르사유 궁전에 군대를 투입했다. 헌법 제정의 꿈에 부풀어 있던 시민 대표들은 분노했다. 그러나 그들을 발탁한 시민들은 더욱 분노했다. 마침내 파리 시민들은 7월 14일 총과 탄약을 찾기 위해 바스티유 감옥을 습격했다. 이것이 프랑스 대혁명의 신호탄이었다(바스티유란 '성채'라는 뜻으로 원래는 영국군의 침략을 막기 위해 세워진 것이었으나 리슐리외가 정치범을 수용하는 감옥으로 만들었다. 바스티유만을 놓고 본다면 '바로 전 삼부회'로 정치에 입문한 그가 다음 삼부회를 망친 셈이다).

바스티유 습격의 소식은 금세 전국으로 퍼져나갔다. 가장 먼저 반응한 것은 농민들이었으나 일단 그들의 첫 반응은 '공포'였다.• 중앙정부가 무너졌다는 소식과 외국군이 침략해 들어올지 모른다는 소문은 농민들을 극도의 불안과 공포 속으로 몰아넣었다. 곳곳에서 농민들은 자위대를 조직해 자기 집과 자기 동네의 방어에 나섰다. 공포가 무장을 갖추면 폭력으로 표출된다. 비록 호미와 갈퀴 등의 엉성한 무장이지만 농민들의 공포심

• 당시 프랑스 전국의 농민들에게 만연된 막연한 공포심을 '대공포(La Grande Peur)'라고 부른다. 낡고 부패한 체제가 무너지는 것은 역사적 진보와 혁신이지만, 그래도 오랜 기간 존속한 낡은 체제가 무너지는 순간 대중은 공포감을 느끼게 된다. 구체제에 의해 탄압을 받고 희생된 대중이라 해도 잠시 안정이 흔들리는 상황을 공포로 여기는 것이다. 우리 사회에서는 1979년 18년 동안 독재로 일관한 박정희가 암살된 직후에도 그랬다. 그 공포를 이용해 신군부가 쿠데타로 정권을 잡고 유신독재의 변형판인 새로운 독재 체제를 구축해 5공화국을 열었다.

대혁명의 시작　17세기 영국에는 의회가 왕권을 견제하는 전통이 있었지만, 18세기 프랑스에는 그런 전통이 없었다. 이 차이는 '혁명의 질적 차이'로 나타났다. 청교도혁명에서는 의회가 영국 민중의 의지를 대변했으나, 프랑스 혁명에서는 민중의 불만과 분노가 아무런 여과 없이 곧바로 터져 나왔던 것이다. 그림은 프랑스 혁명의 도화선이 된 바스티유 감옥 습격 사건이다.

은 곧 그들을 수비에서 공격으로 나서게 만들었다. 각지에서 농민들은 영주의 장원을 습격해 약탈하고 봉건적 특권이 기록된 장원 문서들을 불태웠다. 이제 혁명의 무대는 파리만이 아니라 전국으로 확산되었다. 사태가 이렇게 번지자 헌법 제정만이 아니라 봉건제 자체도 타도의 대상이 되었다. 마침내 8월 4일 국민의회는 봉건제 폐지를 선언했다(봉건제가 이렇게 '공식적으로' 폐지된 것은 유럽 역사상 유일무이한 일이다). 이것으로 앙시앵 레짐은 무너지고 혁명의 최소 목표는 실현되었다.

첫 결실을 거둔 혁명은 곧이어 두 번째 결실을 맺는다. 그것은 1789년 8월 26일에 성립된 인권선언이었다. 모든 인간은 자유롭고 평등한 존재다. 주권은 왕이 아닌 국민의 것이다. 재산권은 신성 불가침하다. 오늘날에도 변함없이 통용되는 이러한 인권 개념은 바로 프랑스 혁명의 인권선언에서 최초로 문서화되었다. 바로 전까지 엄격한 신분제와 절대왕권이 지배한 프랑스 사회로서는 엄청나고도 급격한 변화였다. 보수 귀족들은 물론 국왕 루이 16세도 이 인권선언에는 도저히 찬성할 수 없었다. 한 달 이상을 승인하지 않고 버티던 루이는 결국 10월에 파리의 주부들이 빵을 달라며 벌인 시위에 굴복하고 선언에 동의했다.

이제 국민의회는 모든 법적 장애물을 넘어 사실상 프랑스 정부가 되었다(당시에는 행정부라는 개념이 독립되지 못했고, 의회가 곧 행정부였다. 218쪽의 주 참조). 따라서 지금부터는 정부로서의 기능이 중요했다. 가장 시급히 해결해야 할 것은 혁명 직전의 정부가 맞닥뜨린, 그리고 삼부회를 불러 혁명의 계기를 제공한 재정 문제였다.

혁명의 와중에 세금이 제대로 걷히지 않았기에 재정 문제는 몇 개월 전보다 더 심각한 상태였다. 이를 타개하기 위해 국민의회는 절묘한 방책을 구상했다. 교회 재산을 몰수하는 것이었다. 프랑스의 가톨릭 세력은 왕권이 유명무실화되면서 힘을 잃은 데다 이미 주권은 국민의 것이 되었으니 법적으로 하자가 될 일도 아니었다. 국민의회는 몰수한 교회 재산을 매각하고 그 대금을 일종의 국채인 아시냐assignat 화폐로 지불했다. 이 화폐 때문에 이후 심각한 인플레를 겪게 되지만 그건 나중 문제고 이로써 급한 불은 껐다. 이제 국민의회는 애초부터 하려 한 일, 즉 헌법 제정의 과제로 넘어갔다.

혁명은 전쟁을 부르고

혁명의 초기에서 가장 균형 잡힌 사고를 한 지도자는 라파예트La Fayette(1757~1834)일 것이다. 그는 일찍이 미국의 독립전쟁에서도 공을 세워 미국과 프랑스에서 두루 인기와 명성이 높았으며, 인권선언의 작성을 담당한 혁명의 주역이었다. 30대 초반의 젊은 나이에 어울리지 않을 만큼 침착하게 혁명을 주도한 그는, 당시 국민의회가 채택할 수 있는 유일한 정치제도는 입헌군주제라고 생각했다. 그의 주장이 반영되어 국민의회는 1791년부터 입헌군주제와 단원제를 골간으로 하는 프랑스 최초의 헌법을 마무리하는 단계에 들어갔다. 헌법이 제정되면 국민의회는 이룰 것을 다 이루는 셈이다. 그럼 혁명은 완성되는 걸까? 하지만 그렇지 않았다.

혁명과 같은 매머드급 태풍이 일어나면 혁명 세력 내부에서도 급진파와 온건파로 갈리게 마련이다. 국민의회가 2년을 끌어오면서 그 안에서도 서서히 균열이 생겨나기 시작했다. 이 균열이 혁명의 기조를 저해할 만큼 커지는 것을 막으려면 강력한 지도력이 필요했다. 국민들의 폭넓은 인기를 누리고 균형 감각을 잃지 않고 있던 라파예트는 바로 그 적임자였다. 그러나 한창 지도력을 굳혀가던 그에게 치명타를 던진 사건이 터졌다. 혁명의 전개 과정에 불만을 넘어 불안을 느끼고 있던 국왕 루이가 가족을 데리고 오스트리아로 망명을 시도한 것이다.● 차라리 성공했더라면 좋았을 텐데(물론 그랬다면 입헌군주제 자체도 필요 없어

● 오스트리아는 루이의 아내 마리 앙투아네트의 친정이었으니 루이로서는 망명이 아니라 처가댁을 방문하러 가는 중이었다고 변명할 수도 있었겠다. 앙투아네트는 바로 오스트리아의 여제였던 마리아 테레지아의 막내딸이었고, 당시 오스트리아 황제인 레오폴트 2세는 그녀의 오빠였다. 물론 정략결혼이었는데, 유럽 최고의 보수적인 합스부르크 왕실에서 막내딸로 귀하게 자란 탓인지 그녀는 프랑스 왕실의 재정난은 아랑곳하지 않고 베르사유 궁전에서 사치스런 생활을 일삼은 '철없는 왕비'였다. 결국 그녀는 그 대가를 호되게 치른다.

보편적 인권 개념 프랑스 혁명이 일어난 당대에는 공화국 헌법이 가장 뜨거운 쟁점이었으나 혁명의 역사적 의의는 인권선언에 있었다. 사진은 자유와 평등에 기초한 근대적 인권 개념을 최초로 정립한 프랑스 혁명의 인권선언이다(정식 명칭은 '인간과 시민의 권리선언'이다). 전문과 본문 17조로 된 이 선언은 발표된 직후 유럽 각국어로 번역되었다.

졌겠지만), 못난 왕은 변장까지 하고서도 그만 국경 부근에서 잡혀 파리로 송환되고 말았다.

그렇잖아도 혁명의 더딘 속도에 불만을 품고 있던 급진파는 이참에 아예 입헌군주제를 넘어 공화제를 주장하고 나섰다. 그런데 공화제는 유럽 어느 나라도 채택하고 있지 않았다. 사실 당시 분위기는 공화제를 과거 그리스 시대와 로마 초기에나 있었던 '골동품' 쯤으로 여기고 있었다.* 따라서 그 주장을 받아들일 수 없었던 라파예트는 급진파가 선동한 왕의 퇴위를 요구하는 시위를 무력으로 진압했다. 그러나 그 사건을 계기로 정치력의 한계를 드러낸 라파예트는 실각하고 말았다. 좌절한 라파예트는 점차 균형 감각을 잃고 이념적으로 보수화되었다.

'균형 잡힌 지도력'이 사라지자 국민의회 내의 갈등이 표면화되기 시작했다. 일단 헌법은 원안대로 통과되었지만, 입헌군주제에 찬성한 파는 점차 왕당파로 변질되었고, 반대한 파는 공화파로 결집했다. 신분제를 해소하기 위해 단원제를 택한 것이었으나 단원제 내에서도 분파가 이루어진 것이다. 급기야 왕당파는 아예 보따리를 싸서 나와 푀양파라는 별도의 팀을 꾸리기에 이르렀다. 한편 공화파는 자코뱅파Jacobins를 이루면서 로베스피에르Robespierre(1758~1794)라는 서른셋의 젊은이를 리더로 내세웠다. 혁명의 계절답게 때는 바야흐로 젊은이의 시대였다.

그래도 우여곡절 끝에 1791년 9월 헌법이 제정되었다. 그에 따라 다음 달에 국민의회는 해산되고 프랑스 최초의 근대적 의회인 입법의회Assemblée Législative가 구성되었다. 그러나 겉으로 순조로워 보이는 정치 일정의 이면에서는 갈등의 싹이 커져만 갔다. 푀양파는 다수당이었으나 애초의 입헌군주제에서 '입헌'을 떼고 보수화되어갔으므로 이념의 선명성에서 앞선 자코뱅파가 입법의회를 주도하는 분위기였다. 자코뱅파에는 아키텐의 한 지방인 지롱드 출신이 많았기에 지롱드파Girondins라고도 불렸는데, 여기서 이론가의 역할을 한 사람은 파리 출신의 브리소Jacques Pierre Brissot(1754~1793)와 콩도르세Marquis de Condorcet(1743~1794)였다(콩도르세는 《백과전서》의 집필자이기도 했는데, 마지막 계몽사상가로서 프랑스 혁명에 직접 참가한 인물이다).

● 이렇게 역사에서 진보의 개념은 시대마다 다르다. 16세기 이래 유럽에서는 절대왕정이 가장 진보적인 정치제도였고, 이것을 이루지 못한 나라는 시대에 뒤처질 수밖에 없었다. 그런 판에 공화정이라니? 물론 공화정이라는 '개념' 자체는 살아 있었다. 이를테면 플라톤과 아리스토텔레스는 일찍이 존재할 수 있는 모든 정부 형태는 군주제(왕정), 과두제(귀족정), 민주제(공화정)라고 말했으며, 이는 영국의 홉스와 로크(John Locke, 1632~1704), 프랑스의 루소 등의 계몽사상가들에 이르기까지 수천 년 동안 정설로 여겨져왔다(사실 오늘날에도 마찬가지다). 그러나 계몽주의 시대까지만 해도 공화정은 까마득한 과거에나 존재한 제도였을 뿐이고 그냥 분류상으로서만 의미가 있었다. 사회계약론을 주장했으면서도 "국가가 커지면 커질수록 정부는 축소되고 통치자의 수는 인민의 수의 증가에 반비례해야 한다."라고 말한 루소의 사상은 그 예다.

국왕의 망명 미수 사건을 계기로 브리소는 프랑스에 공화제를 수립하는 일이 결코 간단치 않음을 깨달았다. 무엇보다 프랑스는 유럽 세계의 '그렇고 그런' 국가가 아니었다. 1000년 동안이나 프랑스는 유럽 문명의 중심지였고, 혁명이 일어나기 수십 년 전까지만 해도 유럽 최강국이었다. 그래서 혁명이 발발하자 유럽 각국은 온통 프랑스의 정세에 이목을 집중했으며, 특히 국왕 루이의 처가인 오스트리아는 루이 가족의 운명에 대한 관심도 겹쳐 혁명 세력에게 노골적인 적대감을 보이고 있었다. 이런 국제 정세 속에서 프랑스에 공화제가 들어서는 것은 이미 프랑스 한 나라만의 문제가 아니었다. 바로 이 점이 17세기 내내 일어난 영국 시민혁명과의 차이였다.

1792년 3월 내각 구성을 마친 브리소는 승부수를 던졌다. 루이로 하여금 4월 20일 오스트리아에 대해 선전포고를 하게 한 것이다(브리소는 그것을 '자유의 십자군'이라고 불렀다). 바야흐로 혁명은 혁명전쟁으로 바뀌었다.

국제전으로 번진 혁명전쟁

자코뱅의 목적은 이중적이었다. 대외적으로는 외국의 간섭을 차단하는 게 목적이고, 대내적으로는 왕과 왕당파의 기를 꺾겠다는 것이었다(대내적인 목적을 더 중시했을 것이다). 하지만 수십 년 동안 영국에 연전연패한 프랑스 군대는 너무 무기력했다(한때 혁명의 지도자였던 라파예트는 오스트리아에 투항함으로써 혁명의 대열에서 완전히 이탈했다). 먼저 선전포고를 한 것이 머쓱할 만큼 프랑스군은 패전을 거듭했다. 게다가 군사 강국 프로이센이 오스트리아 측에 가담하고 나섰다.

혁명의 위기이자 프랑스 전체의 위기였다. 자코뱅은 전국에서 의용군을 모집했다. 이미 '혁명의 맛'을 본 프랑스 국민들은 '조국이 위기에 처해 있다'는 호소에 적극 호응해 속속 파리로 모여들었다.* 이때 마르세유의 의용군이 행군하면서 부른 노래는 오늘날 프랑스 국가가 된 〈라 마르세예즈La Marseillaise〉였다.

* '조국'이라는 말에서 당시 유럽에 국가의 개념이 확실히 자리 잡았음을 볼 수 있다. 30년 전쟁에서부터 유럽 세계에는 '개별 국가'의 개념이 형성되기 시작했지만, 프랑스 혁명 이전까지 그것은 주로 지배층의 이념일 뿐이었다(영토 국가로 발돋움하는 데서 당장 이익을 보는 것은 그들이었으니까). 그러나 프랑스 혁명을 계기로 이제 유럽 각국에는 일반 시민들에게까지 국가와 국민이라는 개념이 퍼지게 된다.

국제전의 조짐　1793년 1월 21일 많은 사람이 모인 자리에서 루이 16세가 공개적으로 처형되었다. 한 사람이 단두대로 잘린 왕의 머리를 쳐들고 있다. 루이의 처형은 유럽의 군주들에게 엄청난 충격을 주었다. 그전까지 유럽의 보수 세력인 오스트리아만을 상대로 했던 혁명전쟁에 영국이나 네덜란드처럼 가톨릭이 아닌 국가들까지 개입하게 된 것은 이 사건 때문이었다. 또다시 유럽 세계에는 대규모 국제전의 조짐이 감돌았다.

자코뱅은 최소한 한 가지 목적을 이루었다. 처음부터 전쟁에 반대한 왕당파와 루이는 오스트리아와 내통하려다가 그만 들통이 나고 말았다. 성난 민중은 왕궁으로 쳐들어가 친위병들을 살해하고 왕을 체포한 다음 왕권의 정지를 요구했다. 자코뱅은 이참에 왕권을 정지시키는 게 아니라 아예 폐지하기로 했다. 1792년 9월 자코뱅은 입법의회를 국민공회Convention Nationale로 바꾸고 왕정 폐지와 공화정 수립을 공식적으로 선언했다. 로마 공화정이 무너진 이래 거의 2000년 만에 유럽 세계에 다시 공화정이 부활한 것이다. 이제 프랑스는 왕국이 아니라 공화국이었다.

그러나 그것을 계기로 혁명의 지도부가 또다시 분립했다. 왕당파는 완전히 몰락했지만, 이제 공화파가 둘로 갈렸다. 기층 민중과 소시민을 대변하는 세력은 그대로 자코뱅으로 남았고,* 상층 부르주아지를 대변하는 자유주의 세력은 지롱드파를 구성해 딴살림을 꾸렸다. 입헌군주파인 푀양파가 떨어져나가면서 '군주파'로 변신했듯이 지롱드도 보수화되면서 옛 왕당파의 이념까지 일부 수용했다. 양측은 '반역자'의 처리 문제를 두고 대립했다. 그 반역자란 다름 아닌 얼마 전까지 프랑스의 왕이었던 루이다.

예나 지금이나 국가의 반역자는 사형이다. 이 점을 잘 알기에 지롱드는 재판을 질질 끌려 했고, 자코뱅은 속전속결로 처리하려 했다. 그러나 입헌군주국이라면 또 몰라도 공화국에서 왕은 필요 없는 존재였고, 게다가 루이는 대역죄인이었다. 1793년 1월 자코뱅은 집요하게 반대하는 지롱드를 근소한 차이로 누르고 국민공회에서 루이 부부의 처형을 가결했다. 그러나 이 사건은 끝이 아니라 시작이었다. 지롱드는 몰락하고 자코뱅은 권력을 확고히 다졌으나 프랑스에 쏠린 유럽 각국의 관심이 이것을 계기로 일제히 적대적으로 변했기 때문이다.

국왕이 처형된 사례는 150년 전 영국의 찰스 1세가 먼저였지만 루이의 처형이 남긴 파장은 그에 비할 바가 아니었다. 유럽을 한 나라에 비유한다면 찰스의 경우는 지방 군수가 처형된 것이지만 루이는 말 그대로 한 나라의 왕이 백성들의 손에 의해 처형된 격

* 자코뱅의 이념에 따르는 당시 프랑스의 소시민층은 자신들을 상퀼로트(sans-culotte)라고 불렀다. 이 말은 '퀼로트(반바지)가 없는 사람'이라는 뜻인데, 귀족이나 상층 부르주아지가 반바지를 즐겨 입은 데서 비롯되었다. 놀라운 사실은 그들이 상퀼로트라는 이름을 자조적으로 부르기는커녕 자랑스럽게 사용했다는 점이다. 이는 이미 프랑스 민중이 신분제를 감정으로만이 아닌 이성으로도 부정하고 있었다는 것을 말해준다. 그들은 고용 노동을 거부한 점에서, 영국과 같은 자본주의 체제를 목표로 한 지롱드의 이념과 크게 달랐다. 상퀼로트에서 싹튼 이념은 얼마 뒤 프랑스의 초기 사회주의 이념으로 이어지게 된다(마르크스는 이것을 공상적 사회주의라 부르면서 자신의 과학적 사회주의와 대비시켰으나 후자의 사상적 뿌리가 전자에 있음을 분명히 밝혔다).

비난받는 타협 1791년의 헌법은 완전한 공화정을 구현하지 못하고 입헌군주제라는 절충적 성격을 지니고 있었다. 타협의 산물인 만큼 누구도 헌법에 완전히 만족하지는 않았다. 그림은 '새 헌법'이라는 제목의 책을 모루 위에 올려놓고 귀족과 평민, 성직자가 두드려대는 모습이다.

이었다. 여기서 다른 나라들은 귀족에 해당한다. 왕을 살해한 '반란'을 그냥 두고 볼 귀족은 없다. 즉각 영국, 네덜란드, 에스파냐의 세 '귀족'이 프랑스에 선전포고를 했다. 이제 혁명전쟁은 국제전으로 비화했다. 7년 전쟁이 끝난 지 50년도 채 못 되어 다시 유럽 세계는 대규모의 국제전에 돌입한 것이다.

프랑스의 새 공화 정부는 바깥으로 전쟁을 수행하면서 안으로는 혁명의 과업을 완수해야 하는 어려움에 봉착했다. 바깥은 마음대로 할 수 없지만 권력을 잡은 이상 안은 마음대로 할 수 있다. 자코뱅의 리더 로베스피에르는 혁명을 수호하기 위해 어느 정도의 공포정치가 필요하다고 판단했다. 그래서 그는 이름도 서슬 퍼런 공안위원회를 조직하고 지롱드파를 비롯한 반혁명분자들을 가차 없이 처형했다. 이어 그는 국민총동원령(8월)과 최고가격령(9월)으로 전시 체제를 갖춘 다음 공식적으로 혁명정부의 수립을 선포했다. 이것으로 공포정치는 합법적인 면허를 얻었다(오늘날로 치면 비상계엄이 상시화된 것에 해당한다).

그러나 반대파를 제거한 뒤에 떨어진 '공포의 면허장'은 그 쓰임새가 원래 의도보다 확대될 가능성이 높았다. 달력을 제정하는 온건한 활동•으로 국가 운영을 시작한 혁명정부는 이내 본격적인 공포 체제를 가동시켰다. 그에 따라 '공안의 칼날'은 차츰 바깥보다 안을 향하게 되었다.

혁명정부의 노력으로 대외 전선에서 어느 정도 균형을 이루고 혁명 이후 내내 불안했던 경제도 다소 회복되자 혁명 주도 세력 내부에도 이견이 생겨났다. 입헌군주파와 공화파, 푀양파와 자코뱅파, 지롱드당과 자코뱅당, 혁명의 발발 이후 이렇게 분립해오는 동안 혁명세력은 점차 색깔이 선명해졌고, 혁명의 노선 역시 확고해졌다. 따라서 이제는 공화제라는 정치 체제와 기층 민중을 기반으로 한다는 계급적 이념의 면에서는 누구도 의문을 달지 않았다. 다만 문제는 혁명의 진전 속도였다.

살벌한 달력 표시　프랑스 혁명기에 반포된 공화력의 표지다. 신생국이 달력부터 손보는 것은 동서고금에 마찬가지다. 표지에 보이는 "공화국의 통일과 단결, 자유·평등·박애가 아니면 죽음을 달라"는 선연한 문구가 혁명적 분위기를 말해준다.

• 이 달력은 공화력(共和曆)이라고 부르는데, 1793년 11월 24일부터 적용되어 1806년까지 존속했다. 1년을 12개월로 한 것은 그 전까지 사용한 그레고리력과 같았으나 공화력에서는 각 달의 이름을 포도, 안개, 보리, 눈 등 그 달의 특징에서 따온 이름으로 바꾸었다. 거기까지는 괜찮았지만 한 달을 30일로 고정하고 남는 5일을 마지막 달에 추가한 방식은 이후 역사 기록에서 날짜의 혼선을 빚었다. 그래서 1793년부터 1806년까지의 프랑스 역사는 공화력으로 환산해야만 정확한 날짜를 알 수 있다.

이 문제를 두고 혁명 세력은, 일단 어느 정도 성과를 이루었으니 완급 조절을 해야 한다는 온건파와 내친 김에 수백 년간 진보의 발목을 잡아온 그리스도교마저 폐지하고 근대적 합리성을 구축해야 한다는 급진파로 나뉘어 논쟁을 벌이기 시작했다. 새는 좌우의 날개로 난다는 사실을 잊은 걸까? 로베스피에르는 그것을 혁명 세력의 분열이라고 보았다. 그래서 그는 1794년 봄에 양 파의 보스인 당통Georges Jacques Danton(1759~1794)과 에베르Jacques-René Hébert(1757~1794)를 처형해버렸는데, 그것은 최종 승리를 눈앞에 둔 프랑스 혁명의 5년을 물거품으로 만든 결정적인 실책이었다.

기요탱의 기요틴 단두대를 가리키는 기요틴은 이 장치를 만든 기요탱(Guillotin)의 이름을 영어식으로 '잘못' 읽은 말이다(더 '잘못' 읽은 예는 길로틴이다). 흔히 기요틴은 끔찍한 형벌의 대명사로 사용되지만 발명될 무렵에는 그 반대로 '인도적인' 장치였다. 당시에는 죄인에게 서서히 고통을 가해 처형하는 게 일반적이었다.

죽 쒀서 개 준 혁명

당시 로베스피에르가 취했어야 할 최선의 방책은 공포 체제를 완화하는 것이었다. 혁명정부의 집권은 확고해졌고, 프랑스는 대내적으로나 대외적으로나 어느 정도 안정기에 접어든 시점이었다. 최선이 안 된다면 차선의 방책은 혁명 지도부의 통합을 유지하는 것이었다. 그러나 이를 위해서는, 있을 수 있는 내부 논쟁을 허용하고 합의를 이끌어내는 정치력이 필요했다. 로베스피에르

혁명의 끝　홍미진진한 영화일수록 끝은 시시한 경우가 많다. 테르미도르의 반동은 프랑스 혁명을 용두사미로 만들어버렸다. 공화정을 당면 목표로, 보편적 인권을 궁극적 이념으로 내걸었던 프랑스 혁명은 결국 소수 반동 세력의 준동으로 삽시간에 물거품이 되었다. 그림은 반동파에 의해 로베스피에르가 체포되는 장면이다.

는 판단 실수로 최선의 방책을 놓쳤고, 능력 부족으로 차선의 방책을 놓쳤다. 그 결과는 그 개인으로서도, 프랑스 전체로서도 최악이었다.

1794년 7월 27일, 로베스피에르는 국민공회에서 연설하려던 순간 '독재 타도'를 외치는 의원들에 의해 전격적으로 체포되었다. 그 날짜를 공화력으로 치면 공화력 2년 '열熱의 달', 즉 테르미도르에 해당하므로 그 사건을 테르미도르의 반동이라고 부른다. 로베스피에르는 미처 정신을 차릴 여유도 없이 바로 다음 날 혁명의 지도자에서 혁명의 반역자로 곤두박질치며 처형되었다. 여기까지가 로베스피에르의 개인적인 피해라면 그다음부터는 프랑스 혁명의 수난이었다.

공포정치로 비난을 받은 로베스피에르였지만 생전에 그의 목표는 '덕德이 지배하는 공화국'이었다. 심지어 그는 자신의 공포정치를 '덕의 공포'라고 부를 정도였다. 그랬으니 그를 반대하는 사람은 많았겠지만 그를 죽일 만큼 증오하는 사람은 덕과 가장 거리가 먼 자들일 게 뻔했다. 과연 테르미도르의 반동을 저지른 자들은 부패와 악덕의 죄과를 가지고 있어 언제 공안위원회에 소환될지 몰라 두려워하던 의원들이었다. 악덕이 덕을 누르고 부패가 청렴을 죽인 것이다. 이것으로 프랑스 혁명의 최종적 운명이 결정된 것이나 다름없었다.

당통과 에베르를 제거한 뒤부터 로베스피에르의 지지 세력은 얼마 남지 않았다. 그런 마당에 그가 제거되자 그를 중심으로 결집했던 자코뱅파는 순식간에 무너져 내렸다. 어부지리를 얻은 것은 온건 공화파였다. 로베스피에르의 철권통치 시절 숨죽이고 지냈던 그들은 일만 저지르고 수권 능력이 없는 반동파를 제치고 국민공회를 장악해 임자 없는 권력을 손에 쥐었다.

그러나 혁명의 최후 성과를 결정하는 중대한 시점에 그들이 이룬 '혁명적 과업'이라고는 공화제와 공화력을 유지한 것뿐이었다. 공안위원회와 혁명재판소는 폐지되었고, 로베스피에르가 만든 모든 법은 휴지통에 처박혔다. 하지만 공포정치를 해소하는 데 그친 정치 개혁보다 더 큰 문제는 경제적 무능이었다. 자유 시장경제가 도입되면서 물가가 급속히 상승했고, 최고 가격제가 폐지되면서 민중은 생활고에 시달렸다.

이듬해인 1795년 국민공회는 새로 헌법을 제정해 위기를 타개하고자 했다. 단원제를 양원제로 바꾸고, 다섯 명의 총재를 두어 권력을 분담하도록 하는 게 주요 내용이었다. 그러나 이 헌법을 바탕으로 하여 구성된 총재정부 역시 온건 공화파에 못지않게 철저히 무능했다.* 자코뱅의 잔존 세력은 물론이고 헌법 개정을 주도한 세력조차 정부 비판에 앞장설 정도였다. 군대의 힘을 빌려 그럭저럭 양측의 공세를 차단하면서 연명하던 총재정부는 1799년 11월 마침내 믿는 도끼에 발등을 찍히는 사태를 맞았다. 정부의 물리력인 군대가 반란을 일으킨 것이다. 그 주역은 서른 살의 젊은 나이에 프랑스의 전쟁 영웅으로 떠오른 코르시카 출신의 '촌놈' 나폴레옹Napoléon Bonaparte(1769~1821)이었다.

* 총재정부는 처음으로 의회가 아닌 행정부 형태를 취한 기관이다(로베스피에르의 혁명정부는 조직으로서의 정부라기보다는 구호적인 성격이 강했다). 혁명으로 공화정이 수립된 것은 1791년 헌법 제정 때였으나 실제로 공화정에 걸맞은 행정부는 없었고 의회가 정부 기능을 수행했다. 몽테스키외가 3권 분립을 주장한 지 50년이 지나고서도 아직 행정부의 개념은 제대로 확립되지 않았던 것이다. 그러나 이렇게 해서 생긴 프랑스 최초의, 나아가 유럽 최초의 행정부는 정부의 명패만 남겼을 뿐 제 기능은 하지 못했다.

보잘것없는 신분의 나폴레옹이 처음으로 명성을 얻은 것은 1793년 영국과 에스파냐 함대가 봉쇄하고 있던 툴롱 항구를 탈환한 공로 덕분이었다(국제적으로 고립된 채 유럽 각국과 힘든 전쟁을 수행하던 프랑스 국민들은 영웅을 고대하고 있었고, 그 영웅은 전장에서 탄생할 가능성이 가장 높았다). 그 공로로 나폴레옹은 20대의 나이에 여단장으로 승진했고, 1796년에는 취약한 이탈리아 전선에 투입되었다(그가 젊은 나이에 초고속 승진한 데는 혁명 이후 경험 많은 장군이 대거 국외로 탈출해 군 지휘 계통에서 공백이 생겨났기 때문이기도 했다). 그에게 주어진 프랑스군은 특히 오합지졸이었고 장비도 엉성했으나 나폴레옹은 200년 전 한반도의 이순신이 그랬듯이 1년 동안 거의 모든 전투에서 오스트리아군을 무찌르는 괴력을 선보였다.

이집트 원정의 성과 나폴레옹의 이집트 원정에는 군대만이 아니라 많은 학자도 수행했다. 왼쪽은 그들이 발견한 로제타석이고, 오른쪽은 이집트 유적을 조사하는 프랑스 학자들이다. 고대 이집트 문자의 해독에 결정적인 열쇠가 된 로제타석은 프랑스로 운송되었다가 나폴레옹 전쟁 때 영국으로 넘겨져 현재 대영박물관에 소장되어 있다. 학자들의 연구 성과로 이후 유럽에는 이집트학이 크게 발달했으며, 이는 19세기의 오리엔탈리즘(서양의 동양 연구)으로 이어진다.

1797년 오스트리아는 이탈리아에서 철수할 수밖에 없었으며, 프랑스는 캄포포르미오 조약을 통해 롬바르디아를 오스트리아로부터 양도받고 벨기에를 영토에 포함시켰다.

이순신은 권력을 꿈꾸지 못했고 주변의 모함을 받았지만, 나폴레옹은 권력을 꿈꾸었고 주변의 도움을 받았다. 나폴레옹의 등장을 계기로 프랑스의 혁명전쟁은 소극적 방어에서 적극적 침략으로 궤도를 선회한다. 자신감을 찾은 총재정부는 이참에 영국의 인도 무역로를 차단하기로 마음먹었다. 비록 대서양 항로가 개척된 이래로 많이 위축되기는 했어도 여전히 지중해 무역은 중요했다. 총재정부가 노린 곳은 지중해 무역의 거점인 이집트였다. 1798년

정부는 나폴레옹을 사령관으로 삼아 이집트 원정군을 파견했다. 그러나 이미 프랑스의 모든 행동은 유럽 전체에 '경보'를 발하는 상황이었다. 당시 동부 지중해 진출을 최대의 목표로 삼고 있던 러시아를 비롯해 오스만 제국, 포르투갈, 시칠리아 등이 일제히 영국 측에 가담해 대프랑스 동맹을 맺었다(종교적으로 프로테스탄티즘, 가톨릭, 동방정교, 이슬람교 국가 들이 섞여 있었다는 것은 그 무렵이면 종교가 국제 관계에서 전혀 고려 대상이 되지 않았음을 말해준다).

그러나 총재정부로서 더 중요한 사실은 나폴레옹의 마음이 콩밭에 가 있었다는 점이다. 1년이 넘도록 이집트에서 영국군과 악전고투를 벌인 나폴레옹은 1799년 10월 군대를 이집트에 남겨둔 채 단신으로 귀국했다.* 그를 환영한 것은 그의 명성을 이용해 총재정부를 타도하려는 세력과 그들이 모아둔 군대였다. 군대를 거느리고 파리에 온 나폴레옹은 11월 9일 자코뱅파의 준동을 방지한다는 구실로 총재정부의 지도자들을 감금했다. 그 이튿날 그는 정부의 해체를 공식적으로 선언하고 헌법을 개정한 뒤 스스로 통령이 되어 통령정부를 새로 열었다. 1799년 11월 9일은 공화력으로 안개의 달, 즉 브뤼메르 18일이었기에 이 사건을 브뤼메르 쿠데타라고 부른다.

프랑스 혁명은 이미 테르미도르의 반동으로 사실상 끝난 것이었지만, 그나마 혁명의 흔적이라도 유지하던 총재정부마저 무너짐

● 이집트 원정은 초기에 큰 성공을 거두었다. 그러나 1798년 8월 나폴레옹은 나일 강 전투에서 참패를 당하고 점차 영국에 밀리기 시작했다. 전황이 불리해지자 단신 귀국을 결정한 것이니 '영웅' 나폴레옹의 모습은 아니다. 나일 강 전투에서 영국 측 지휘관은 바로 호레이쇼 넬슨이었는데, 7년 뒤 트라팔가르 해전에서 나폴레옹은 또다시 넬슨에게 패해 실각하고 만다.

●● 흔히 프랑스 혁명의 의의를 인권의 신장이라든가 자유·평등·박애의 정신을 유럽에 확산시켰다는 등으로 말하지만, 그건 후대의 역사가들이 살을 덧붙여 말하는 것일 뿐이고 실은 그보다 단순했다. 혁명의 목표는, 국내적으로는 공화제를 이룩하는 것이었고, 국제적으로는 한동안 뒤처진 프랑스를 유럽 국제사회의 핵심으로 다시 복원하려는 것이었다. 후자는 나폴레옹이 한때나마 실현하지만 공화제는 나폴레옹이 무너뜨렸으므로, 프랑스 혁명은 나폴레옹의 등장으로 물거품이 되었다고 보아야 한다.

으로써 혁명은 완전히 물거품이 되었다. 무엇보다 애초에 혁명 세력이 목표로 했고 또 한동안 실현한 공화제가 끝장났기 때문이다.** 결국 프랑스 혁명은 죽을 쒀서 나폴레옹에게 준 격이 되어버렸다.

유럽의 황제를 향해

통령은 나폴레옹을 포함해 총 세 명이었으나 사실상 나폴레옹이 유일한 통령임은 나머지 두 통령도, 프랑스 국민도, 나아가 유럽 각국도 잘 알고 있었다. 우리는 통령이라는 말로 번역하지만 그 말은 원래 '콘술consul'이다. 그런데 콘술이라면 로마 공화정 시대에 있었던 집정관이 아닌가? 실제로 통령정부 치하의 프랑스는 여러모로 로마 공화정 말기와 비슷했다. 콘술만이 아니라 원로원(상원)도 있었다. 자연히 로마의 콘술이었던 카이사르가 생각나지 않을 수 없는 상황이다. 하지만 로마의 콘술이었던 카이사르는 황제를 꿈꾸다가 실패했으나 나폴레옹은 끝내 그 꿈을 이루었다.

황제가 되기 위한 단계로 카이사르가 종신 독재관을 거쳤듯이, 1802년 나폴레옹은 헌법을 개정해 종신 통령이 되었다(그와 함께 그는 영국과 아미앵 조약을 맺어 휴전을 이루었다). 그리고 2년 뒤에는 마침내 꿈에 그리던 제위에 올랐다. 원로원의 승인만 강요하면 되었던 카이사르와 달리, 나폴레옹은 국민투표를 거쳐야 했다. 그러나 프랑스 국민들은 옥타비아누스에게 아우구스투스라는 존칭을 바쳤던 로마 원로원처럼 국민투표에서 새 황제에게 전폭적인 지지를 보냈다. 기원전 1세기 로마 원로원은 공화정의 경험이 풍부했고 19세기 벽두의 프랑스 국민들은 혁명기에 잠시 공화정의 맛만 보았을 뿐이지만, 2000년을 사이에 두고 로마와 프랑스는 '영웅의 출현'을 필요로 하는 똑같은 상황에 처했던 것이다.

이제 프랑스는 샤를마뉴 시대의 프랑크 제국에 이어 역사상 두 번째로 제국이 되었다. 하지만 제국이라면 반드시 필요한 게 중앙집권과 식민지인데, 이 점에서 프랑크와 프랑스는 정반대였다. 옛 프랑크는 300여 곳의 속주를 거느렸으나 중앙집권력이 약했고, 19세기의 프랑스는 강력한 중앙집권을 이루었으나 휘하의 식민지가 없었다.

'신참' 황제로서 나폴레옹은 한동안 내치에 주력했다. 혁명 중에 재산을 모두 빼앗겨 알거지가 된 가톨릭 사제들과는 국가가 봉급을 주는 제도를 도입해 화해에 성공했고, 교육제도와 금융제도를 혁신해 유럽의 다른 나라들과 엇비슷하게 수준을 맞추었다. 무엇보다 큰 업적은 법전의 편찬이다. 1804년 그가 직접 지휘해 편찬하도록 한 나폴레옹 법전은 이후 프랑스 법전의 '원본'이 되었으며, 오늘날까지도 골조가 살아남아 전해지고 있다.

그러나 진정한 제국이라면 식민지가 있어야 했고 식민지를 획득하려면 바깥으로 나가야 했다. 이집트 작전에 실패한 뒤 프랑스의 외부 영토는 북이탈리아밖에 없었는데,* 그것만 가지고 제국으로 자칭한다면 남부끄러운 일이었다. 그렇잖아도 대외 진출을 염

● 제위에 오를 때 나폴레옹은 이탈리아의 왕을 겸한다고 선언했다. 물론 당시 북이탈리아는 프랑스가 장악하고 있었으니 그럴 만도 했지만, 그가 굳이 그렇게 선언한 이유는 추측하기 어렵지 않다. 그는 가깝게는 아직 명패를 내리지 않고 있는 신성 로마 제국을, 멀게는 샤를마뉴의 프랑크 제국을 염두에 두었을 것이다. 북이탈리아의 롬바르디아는 10세기에 오토 1세가 신성 로마 제국을 세울 때부터 왕을 자칭한 지역이었으며, 샤를마뉴도 마찬가지였다. 롬바르디아가 이렇게 유럽의 '황제'와 상징적인 연관을 가지는 이유는 샤를마뉴의 아버지 피핀이 이곳을 정복해 교황령으로 바친 데서 비롯되었다(1권 332쪽 참조). 상당히 멀어 보이는 서양의 근대와 중세 초기는 이렇게 연결된다.

두에 둔 판에 바깥에서 계기가 생겨났다. 영국이 먼저 아미앵 조약을 깨고 선공으로 나온 것이다. 곧이어 1805년에는 영국을 중심으로 3차 대프랑스 동맹이 결성되었다. 또다시 프랑스는 영국, 오스트리아, 러시아, 스웨덴 등 유럽 열강을 맞아 전쟁을 벌여야 했다.

이전의 동맹들이 그렇듯이, 동맹의 핵심은 언제나 영국이었다. 영국은 루이 14세의 강력한 팽창정책에도 제동을 걸었고, 18세기 두 차례의 왕위 계승 전쟁에서도, 또 신대륙에서도 늘 프랑스에 패배의 쓴잔을 안겨주었다. 프랑스로서는 영국이 최대의 라이벌이자 걸림돌이었다. 나폴레옹은 영국을 제압하지 않고서는 유럽을 제패할 수 없다고 판단했다. 이집트를 원정한 목적도 영국의 힘을 약화시키려는 데 있지 않았던가? 하지만 그 형세 판단은 옳았으나 나폴레옹은 루이 14세와 똑같은 오류를 저지르고 만다.

전통적으로 프랑스는 육군에 관한 한 영국을 능가했다. 그러나 알다시피 영국은 섬나라이므로 해군력이 뒷받침되지 않으면 이길 수 없었다. 루이 14세가 영국에 덜미를 잡힌 것도 영국 해군에게 패했기 때문이다. 그로부터 100년이 지난 나폴레옹 시대에 영국 해군은 더욱 강해졌다. 18세기 내내 프랑스 해군은 전 세계 식민지에서 벌어진 영국 해군과의 싸움에서 거의 재미를 보지 못하고 있었다. 물론 나폴레옹도 그 점을 모르지 않았다. 하지만 그는 여섯 시간만 영국 해협을 장악한다면 런던을 접수할 수 있으리라고 판단했다. 아닌 게 아니라 영국은 프랑스군의 영국 침략을 경계해 영국 해협에 함대를 집중시켜 봉쇄하는 중이었다. 여섯 시간만 그 봉쇄를 뚫어준다면…….

그러나 당시 영국 해군에는 넬슨Horatio Nelson(1758~1805)이라는 뛰어난 제독이 있었다. 이집트 원정 때도 발목을 잡았던 나폴레옹의 천적 넬슨은 1805년 10월 트라팔가르 해전에서 대승을 거둠으로써 프랑스에, 그리고 그 자신에게도 최후의 타격을 가했다. 영국 해군의 봉쇄를 뚫으려던 프랑스 해군은 참패를 당하고 다시는 영국 진출을 시도하지 못하게 되었으며, 넬슨은 그 전투에서 전사했던 것이다.

비록 해상권은 영국에 넘겨주었어도 대륙에서는 프랑스군의 적수가 없었다. 1805년 11월 프랑스는 보헤미아에서 러시아와 오스트리아의 동맹군을 격파하고 다음 달에는 아우스터리츠 전투에서 대승을 거두어 대륙의 동맹군에 결정적인 타격을 가했다. 여기서 완전히 제압당한 오스트리아는 일부 영토를 프랑스에 양도하고 동맹에서도 빠졌다. 그러나 나폴레옹은 오스트리아로부터 한 가지를 더 빼앗고자 했다. 그것은 바로 '제국'이라는 명패였다(황제는 두 명일 수 없으니까). 1806년 나폴레옹은 남독일의 16개 영방국가를 오스트리아로부터 떼어내 독립시켰다. 제후국을 잃은 제국은 더 이상 제국일 수 없다. 이제 오스트리아는 일개 왕국으로 전락했다. 마침내 최후의 황제 프란츠 2세가 제위를 포기함으로써 1000년 가까이 존속한 신성 로마 제국은 완전히 해체되었다.●

오스트리아가 무너지자 졸지에 프랑스와 국경을 접하게 된 프로이센도 발등에 불이 떨어졌다. 프로이센은 동맹국이 아니었으나 프랑스가 그다음 목표로 프로이센을 택하리라는 것은 불을 보듯 뻔했다. 최선의 수비는 공격이라는 생각에 프로이센은 선공을 가했

● 16세기 중반 카를 5세가 동생과 아들에게 각각 오스트리아와 에스파냐를 물려주면서 사실상 신성 로마 제국은 해체된 것이나 다름없었다. 뒤이어 30년 전쟁에서 합스부르크 왕가가 몰락한 이후 신성 로마 제국은 오스트리아 제국으로 바뀌어 제국의 명패만 보존해왔다. 세습령이었던 오스트리아 이외에 남독일의 가톨릭 영방국가들을 제후국으로 거느리기는 했으나 정치적 영향력은 거의 없었다. 나폴레옹은 그런 느슨한 연관마저 끊어버린 것이다.

지만 막강한 프로이센군도 승세를 탄 프랑스의 진격을 막을 수는 없었다. 1806년 프로이센은 예나와 아우어슈테트에서 프랑스에 대패한 뒤 이듬해 굴욕적인 틸지트 조약을 맺고 오스트리아처럼 영토의 일부를 프랑스에 양도했다.

마침내 나폴레옹의 꿈이 실현되었다. 그는 프랑스의 황제를 넘어 서유럽의 황제가 되었다(물론 '대륙'으로만 제한되었지만). 이제 서유럽 세계는 한가운데 프랑스가 자리 잡고 오스트리아, 프로이센, 러시아, 에스파냐 등 사방의 국가들은 모두 프랑스의 위성국가가 되어버렸다. 유일하게 남은 저항 세력인 영국에 대해 나폴레옹은 1806년 베를린 칙령을 내려 영국과의 모든 교역을 금하는 '대륙 봉쇄'를 실시하는 것으로 만족할 수밖에 없었다. 이를테면 경제 전쟁인 셈인데, 그러나 영국보다 오히려 대륙 국가들이 더 심한 고통을 당하는 바람에 실효를 거두지는 못했다.

유럽 민족주의의 태동

나폴레옹의 시대가 계속되었더라면 혹시 유럽에서도 강력한 중심을 갖춘 동양식 제국이 성립되지 않았을까? 그러나 유럽의 역사에서는 한 나라가 패권을 장악하는 '비정상적인 상태'를 오래 용인하지 않는다.

나폴레옹의 몰락은 사실 자초한 측면이 있었다. 1807년 제국의 서쪽 변방에 있는 포르투갈이 봉쇄령을 어기고 영국과 통상을 재개하자 나폴레옹은 단호히 응징해야겠다고 마음먹었다. 그냥 응징으로 그쳤으면 좋았을 텐데, 리스본을 점령한 프랑스군은 내친 김에 에스파냐까지 제압했다. 나폴레옹은 아예 자기 형을 에스파냐 왕으로 갖다 앉혔다.

그런 그의 오만은 예상치 못한 강력한 저항에 부딪혔다. 성난 에스파냐 민중이 봉기를 일으킨 것이다.● 하지만 아직도 나폴레옹은 상황을 제대로 판단하지 못하고 군대를 보내 무력으로 진압하고자 했다. 정면 대결에서는 승산이 없으므로 에스파냐 민중은 전국 각지에서 자발적으로 소규모 부대를 조직해 프랑스군을 괴롭히는 전술로 대응했다(이때 생긴 말이 바로 '게릴라'라는 용어다). 전세는 엉뚱하게도 정규군이 게릴라군에 밀리는 형세로 전개되었다.

● 왕위 계승 전쟁으로 부르봉 왕조가 들어서면서 프랑스 왕실과 한 집안을 이룬 이래로 에스파냐는 프랑스와 좋은 관계를 유지했다. 두 나라의 관계는 프랑스 혁명기에 잠시 적대적으로 바뀌었으나 혁명이 쇠퇴하고 다시 관계를 회복했으며, 에스파냐는 일찌감치 나폴레옹을 지지하고 나섰다. 그러나 그것은 에스파냐의 왕실만의 생각이었고, 국민은 달랐다. 이미 유럽 세계는 각국민국가로 분립되었고, 각국마다 이해관계가 다른 상황이었는데, 군주들은 시대에 뒤처진 사고로 일관했다. 지금까지 우리는 유럽 역사를 살펴보면서 편의상 나라 이름을 주어로 사용했으나, 이 무렵부터는 엄밀히 말해 해당 나라의 지배층을 가리키는 용어로 이해해야 할 것이다.

이 사태가 미처 정리되기도 전에 다음에는 동쪽 변방의 러시아가 프랑스의 지배를 거부하고 나섰다. 결국 이것이 나폴레옹의 명맥을 끊었다. 1812년 나폴레옹은 70만 명의 대군으로 러시아 원정에 나섰다. 그러나 러시아는 전투를 피하고 후퇴하면서 적의 수중에 넘어갈 만한 모든 물자를 파괴하는 초토화 작전으로 맞섰다. 예나 지금이나 러시아는 넓은 나라, 프랑스군이 모스크바에 입성할 즈음에는 이미 겨울이 닥쳤다. 더 이상의 진군이 불가능하다고 판단한 나폴레옹은 할 수 없이 철군을 명했는데, 러시아군은 이때를 기다렸다는 듯이 프랑스군의 후방을 덮쳤다.

살아남은 프랑스군은 출발 당시의 겨우 4분의 1로 줄어 있었다. 러시아는 또 한 번 중요한 고비에서 역사의 흐름을 바꾸었다. 러시아 원정의 대실패는 나폴레옹에게 결정적이었다. 이듬해 프

탄압의 대가 나폴레옹은 에스파냐에서 일어난 민중 봉기를 과소평가했으나 그것은 결국 나폴레옹 시대의 종말을 알리는 서곡이 되었다. 위쪽은 에스파냐의 민중 봉기를 폭력적으로 진압하는 장면을 그린 기록화이고, 아래쪽은 에스파냐의 화가 고야가 그 사건을 그림으로 고발한 〈1808년 5월 3일〉이다.

랑스는 라이프치히 전투에서 유럽 각국 연합군에 대패했고, 결국 나폴레옹은 실각했다. 1815년 그는 유배지인 엘바 섬에서 극적으로 탈출해 재기를 도모했으나 워털루 전투에서 영국의 웰링턴 Wellington(1769~1852)에게 패하면서 완전히 몰락했다.

나폴레옹의 패배와 몰락보다 더 중요한 것은 그가 남긴 영향이다. 프랑스 내에서는 프랑스 혁명의 성과가 공화국의 이념에서 후퇴해 제정의 성립으로 이어졌으나, 묘하게도 나머지 유럽 국가들에서는 나폴레옹으로 인해 오히려 혁명의 건강한 이념이 전파되는 결과를 낳았다. 프랑스의 치하에서 잠깐이나마 비참과 굴욕을 맛본 유럽 각국은 (에스파냐에서 보듯이) 자연스럽게 민족주의를 성장시켰고, 이것은 17세기부터 형성되기 시작한 근대 국민국가 운동을 마무리하는 역할을 했다.*

이제 유럽 세계를 들끓게 한 전란의 시대는 일단락되었다. 짧게는 18세기 초 에스파냐 왕위 계승 전쟁부터, 길게는 17세기 초 30년 전쟁부터 시작된 유럽의 진통은 나폴레옹 전쟁으로 끝났다. 이 200년간의 진통은 유럽의 정치적 지형을 크게 바꾸어, 그전까지 그런대로 중세적 통합성을 유지하고 있던 유럽 세계를 수많은 국가로 나누어놓았다. 그 결과가 오늘날의 유럽이다.

그 과정이 하필 전쟁이라는 폭력적이고 혼란스런 형태로 전개될 수밖에 없었던 이유는, 그전까지 유럽 세계에 별다른 전쟁이 없었다는 것으로 설명할 수 있다. 국가(영토 국가)의 개념이 명확하지 않고 교황이 조정자의 역할을 맡았던 시대에는, 다른 문명권

* 나폴레옹의 정복이 유럽 각국의 민족주의를 일깨운 '직접적' 증거는 여러 면에서 찾을 수 있다. 그것이 아니었더라면 프로이센 국민의 자각을 외친 피히테의 강연('독일 국민에게 고함')도, 에스파냐에서 저질러진 프랑스의 만행을 고발한 고야의 그림(〈1808년 5월 2일〉, 〈1808년 5월 3일〉)도, 러시아에서 프랑스군의 참패를 웅장하게 그려낸 차이코프스키의 음악(〈1812년 서곡〉)도 없었을 것이다.

과의 전쟁(예컨대 십자군 전쟁)은 있었어도 유럽 문명권 내부의 전쟁은 없었다(백년전쟁이 예외지만 이것은 영국과 프랑스의 특수한 영토 분쟁에 불과했다). 간단히 말하면 교회가 무너지면서 유럽 세계의 통합성이 함께 무너졌고, 그에 따라 각국은 전쟁의 형태로 각자의 역사를 진행시켜나갈 수밖에 없었던 것이다.

물론 이후의 유럽 역사에서 전쟁이 사라진 것은 아니다. 앞으로 보겠지만 오히려 전쟁은 더욱 치열해진다. 그러나 200년간의 진통을 겪은 유럽 세계는 종전과 다른 역사를 전개하게 된다. 중세 이후 내내 혼란스러웠던 분열상은 각국이 국민국가를 이루면서 끝났고, 유럽 세계 내에서는 모든 구획이 확정되었다. 그렇다면 다음은 바깥을 향해 진출하는 단계다. 그전까지 산발적으로 전개된 세계 무대로의 진출은 19세기부터 집중적이고도 목적의식적인 국가 행동으로 탈바꿈한다. 바야흐로 제국주의적 세계 진출의 시대가 개막되었다.

7부

열매 2

유럽 세계는 영토 분할이 끝나자 자연히 시선을 바깥으로 향한다. 영국을 비롯해 갓 태어난 유럽의 국민국가들은 활발히 세계 정복에 나선다. 그러나 빵은 제한되어 있고 입은 많다. 뒤늦게 국민국가를 이루고 식민지 경쟁에 뛰어든 독일은 자신의 몫이 거의 남아 있지 않음을 깨닫게 된다. 그렇다면 남의 것을 빼앗는 수밖에 없다. 아프리카 분할이 완료된 20세기 초반에 독일은 영토 재편을 획책하는데, 그것은 인류 역사상 최대 규모의 전쟁인 제1차 세계대전이다. 전쟁의 와중에 또 하나의 '구체제'인 러시아가 제국의 명패를 버리고 최초의 사회주의 국가로 탈바꿈한다. 제1차 세계대전은 전혀 문제를 해결하지 못한다. 시민사회의 역사가 짧은 독일과 이탈리아는 파시즘이라는 신무기로 무장하고 다시 유럽의 질서에 도전한다. 이렇게 해서 벌어진 제2차 세계대전은 17세기 초 30년 전쟁으로 시작된 '전쟁을 통한 질서 재편'의 종결판이 된다.

31장

각개약진의 시대

밖으로 나갈 수밖에 없는 이유

17세기 초 30년 전쟁 이래 나폴레옹 전쟁에 이르기까지 200년에 걸친 전란의 시대는 유럽인들에게 큰 고통을 안겨주었지만, 동시에 오늘날의 유럽 세계를 탄생시키는 과정이기도 했다. 진통 없이 새 생명을 얻을 수 없듯이, 유럽이 중세의 오랜 틀을 깨고 진정한 '르네상스'를 이루기 위해서는 그만큼의 희생이 필요했다. 어느 나라, 어느 민족의 역사에도 고통과 고난이 없지는 않았지만, 그 시기 유럽의 진통은 유례없이 길고 고통스러웠다.•

어쨌든 유럽인들은 고통의 대가를 얻었다.

• 근대 이후 유럽 세계를 휩쓴 전란의 시발점은 16세기 초 종교개혁으로 잡을 수도 있고, 17세기 초 30년 전쟁으로 잡을 수도 있다(후자의 입장을 택할 경우, 16세기의 전란은 종교전쟁이 되고 17세기부터 영토 전쟁으로 분류된다). 이 전란의 최종 마무리는 19세기 초의 나폴레옹 전쟁이 아니라 20세기 중반의 제2차 세계대전이다. 하지만 이 350년 혹은 450년에 달하는 전란기는 나폴레옹 전쟁을 전후로 성격이 달라지기 때문에 19세기 초를 반환점으로 볼 수 있다.

오랜 힘겨루기 끝에 유럽 각국은 일국적으로는 국민국가를 이루었고, 국제적으로는 나름대로 서열을 지었으며, 서로 싸워봤자 득이 될 게 전혀 없다는 사실을 깨달았다.

안에서의 다툼이 일단락되었으니 다음 행보가 바깥을 향하는 것은 자연스럽다. 18세기까지도 유럽 세계의 대외 진출은 꾸준히 지속되었지만 19세기부터는 전보다 규모도 커지고 참가국의 수도 늘었다. 그러나 무엇보다 큰 차이는 이때부터 대외 진출이 제국주의적 침략의 양상을 띠게 되었다는 점이다.

유럽이 밖으로 나가게 된 데는 정치적 요인만 작용한 게 아니었다. 통합적이던 유럽 세계의 정치가 각국별로 분해되면서 자본주의라는 새로운 경제체제가 싹텄음은 앞에서 본 바 있다. 전란의 시대 동안 국민국가들이 형성되는 것과 동시에 각국에는 국민경제가 발달했다. 유럽은 이제 정치적으로도, 경제적으로도 각국별로 분권화된 것이다. 유럽 각국은 각자 자국의 경제력을 키우기 위해 현실의 전쟁에 못지않은 경제 전쟁에 돌입했으며, 앞다퉈 자본주의를 도입하고 육성하기 시작했다. 그 성과가 산업혁명이다.

산업혁명의 불씨가 처음 피어난 곳은 영국이다. 1688년 명예혁명으로 정치권력이 왕에게서 의회로 옮겨온 것은 곧 신흥 부르주아지가 권력을 장악했다는 것을 뜻했다. 사실 18세기에 영국이 유럽의 패권을 놓고 프랑스와 겨룬 전쟁에서 승리할 수 있었던 것은 그런 정치적 변화의 덕분이었다. 법적·정치적 자유와 권력을 얻은 데다 국제적으로도 패권을 장악한 영국 부르주아지는 본격적으로 자본주의적 경제 발전을 주도하기 시작했다.

자본주의는 인류 역사상 처음으로 이윤의 극대화를 모토로 내걸고 효율성만을 극단적으로 추구하는 제도다. 이 효율성은 두 가

세대교체 빛이 있으면 그늘도 있게 마련이다. 공장을 이용한 대량생산 방식은 모두에게 이익을 가져다줄 것 같았지만 그 때문에 전통적인 집 안 수공업은 사양화될 수밖에 없었다. 그림은 산업혁명의 여파로 가동이 중지된 집 안 수공업장이다. 전통적인 방식으로도 질 좋은 물건을 만들 수는 있겠지만 자본주의의 큰 특징은 바로 질이 아니라 양이 지배하는 시대라는 점이다.

지로 나뉜다. 첫째, 생산기술의 발전이다. 이와 관련해 당시 영국에서는 숱한 발명이 이루어졌는데, 여기서는 방적기 하나만 예로 들어보자. 1764년 하그리브스는 제니 방적기를 발명했고, 5년 뒤 아크라이트는 그것을 개선해 수력방적기를 개발했으며, 다시 10년 뒤 크롬프턴은 그것을 뮬 방적기로 개량했고, 1769년 카트라이트가 역직기를 발명했다. 불과 20년 만에 면화에서 실을 뽑아 옷감을 만드는 공정이 비약적으로 발전했고, 생산력은 열 배 이상으로 증대했다. 더구나 그 원료인 면화는 18세기 초부터 영국의 동인도회사가 인도에서 들여오기 시작한 것이었으니, 생산기술의 변화 속도가 얼마나 빨랐는지 실감할 수 있다.

둘째, 생산 제도의 측면이다. 자본주의 이전까지 상품이란 주로 소비와 사용을 목적으로 했고, 상품의 생산도 소비에 종속되어 있었다. 쉽게 말해 누가 의자를 필요로 하면 목수는 그것을 만들어 파는 식이었다. 그러나 자본주의가 발달하면서 생산의 개념은 처음부터 판매를 겨냥한 생산으로 바뀌었다. 목수는 이제 누가 주문하지 않아도 의자를 미리 만들어 시장에 내놓는다.* 결국에는 누군가 그 의자를 구매해서 소비(사용)하겠지만, 소비를 위한 생산과 시장을 위한 생산은 근본적으로 다르다. 무엇보다 시장에 상품을 내놓으려면 대량생산이 필요하기 때문이다. 이 대량생산의 필요성이 분업이라는 획기적인 생산방식을 낳았고, 자본주의적 기업이라는 획기적인 생산 단위를 만들어냈다.

생산기술의 발전은 대다수 사람들에게 이익을 주지만 생산 제도의 변화는 그렇지 않다. 효율성이라는 지고의 목표 아래 모든 노동력이 편제되면 자본과 상품의 소유주, 즉 자본가는 대만족이지만 노동력의 소유자, 즉 노동자는 불만이다. 노동자는 자신이 직접 노동력을 투입해 상품을 생산하면서도 자기 노동력의 산물을 소유하지는 못한다. 생산은 사회적이고 집단적으로 이루어지는데 반해, 생산물의 소유는 사적이고 개인적이다. 이러한 사회적 생산과 사적 소유의 모순은 자본주의의 초창기부터 문제로 떠올랐다. 19세기에 사회주의 이념이 발생하는 것은 바로 여기에 뿌리를 두고 있다.

그러나 산업혁명으로 자본주의가 한창이던 19세기 초 영국에

* 이 점은 예술품에도 적용된다. 앞에서 본 것처럼(61~62쪽 참조), 르네상스 시대에 이탈리아 화가와 조각가, 건축가 들은 교회나 귀족의 주문을 받아 작품을 제작했다. 그러나 자본주의적 생산의 개념이 예술에도 도입되면서 예술가들은 미리 작품을 제작한 다음 시장에 내놓게 되었다(그 덕분에 예술가들은 전보다 더 '내적인 동기'에서 작품 활동을 할 수 있게 되었다. 물론 '팔리는 작가'에 한하지만). 이 새로운 방식은 19세기에 화랑과 화상이라는 자본주의적 미술 시장을 낳았고, 이후에는 거꾸로 시장이 예술가들을 지배하는 현상을 유발했다.

산업화와 그 그늘 하그리브스의 제니 방적기(아래쪽)는 방적 기술을 획기적으로 발달시켜 영국의 산업혁명을 선도했다. 그러나 급속한 산업혁명은 화려한 산업화의 빛만큼 깊고 어두운 그늘을 만들었다. 런던에 산업 노동자들이 거주하는 대규모 빈민촌(위쪽)이 생겨난 것이다. 앞서의 인클로저 운동에서와 같이 역사에서 진보란 무엇인가를 생각하게 하는 대목이다.

더 시급하고 중요한 문제는 따로 있었다. 그것은 바로 시장의 문제였다. 생산은 비약적으로 성장하는데 시장은 한계가 있다. 영국의 자본가들은 대량생산된 상품을 구매해줄 소비 인구가 필요했다. 생산력이 비약적으로 발전한 만큼 국내의 인구만으로는 구매를 전부 충당할 수 없었고, 유럽 각국은 저마다 보호관세와 무역 장벽을 높이 세워 영국의 경제 침략에 대항하고 있었다.

해외 식민지의 새로운 '용도'가 발견된 것은 그때였다. 그전까지 식민지는 주로 물품의 수입처라는 의미가 강했다. 예를 들어 영국은 인도 식민지를 향료와 차 같은 소비품과 면화를 비롯한 공업 원료를 공급하는 용도로 이용했다. 그러나 시장에 눈뜨고 보니 인도라는 식민지가 전혀 다르게 보였다. 차와 향료, 면화를 생산하는 인도 농민들에게 영국의 공업 상품을 판매하면 어떨까? 나아가 인도만이 아니라 모든 해외 식민지를 시장으로 이용한다면 어떨까?

산업혁명이 자본주의 발전에 지대한 공헌을 한 것은 분명한 사실이지만 진짜 혁명적인 것은 산업혁명보다도 그런 발상의 전환이었다. 이제 해외 식민지는 원료 공급지만이 아니라 해외시장으로도 이용할 수 있다. 나아가 식민지 개척은 국내의 정치적·경제적 모순을 완화하고 해소하는 통로도 될 수 있다. 이런 영국의 발상은 금세 다른 나라들로 확산되었다.

새로운 진출의 이유와 방식이 생겨났다. 마침 오랜 전란기가 끝났으니 유럽 각국은 바깥으로의 진출이 더욱더 절실했다. 하지만 그러기 위해서는 먼저 유럽 내에 새로운 전후 질서를 수립해야 했다. 전란의 시대가 길었던 만큼 그 마무리도 쉽지 않아 이 기간은 예상외로 19세기 중반까지 끌게 된다.

200년 만의 외교

나폴레옹 전쟁을 끝낸 1814년 9월 오스트리아의 수도 빈에서는 새로운 국제 질서를 모색하기 위한 회의가 열렸다. 실로 오랜만의 외교 테이블이었다. 1648년의 베스트팔렌 조약 이래로 이렇게 대규모의 국제회의는 처음이었니까. 그때와 마찬가지로 큰 전쟁이 끝났으니 당연히 논공행상이 있어야 했다. 전후 질서와 논공행상, 그것이 빈 회의의 주된 목적이었다.

그러나 19세기 초 유럽의 상황은 베스트팔렌 조약이 체결되었던 17세기 중반과 크게 달라져 있었다. 영토 국가의 초창기였던 170년 전에는 일찍 영토의 중요성을 깨우친 나라들이 패전국들의 영토를 적당히 나누어 먹는 식으로 쉽게 합의를 볼 수 있었으나, 이제는 영토 문제라면 유럽의 어느 나라나 눈에 불을 켜고 달려드는 판이었으므로 논공행상이 결코 쉽지 않았다.

빈 회의에는 유럽의 거의 모든 나라 대표가 모였지만 실제로는 오스트리아, 프로이센, 영국, 러시아의 네 나라가 주도하는 분위기였다. 특히 의장을 맡은 사람은 오스트리아의 재상 메테르니히Metternich(1773~1859)였는데, 당대 유럽에서 가장 보수적인 나라의 수도에서 회의가 열리고 그 나라 대표가 의장을 맡았다는 사실 자체가 이미 이 회의의 기본 성격을 드러내고 있었다. 즉 회의는 처음부터 프랑스 혁명 이전의 질서로 돌아가자는 보수적 성격을 띠고 있었던 것이다.

하지만 과거로 돌아가자는 것도 말이 쉽지 실제로는 어려운 문제였다. 난관에 부딪힐 때마다 메테르니히는 연회와 무도회를 열고 막후 협상을 통해 타개하려 했지만(이 때문에 "회의는 춤춘다."라는 비난도 들어야 했다), 회의는 계속 공전하면서 좀처럼 결론을 내지 못했다. 여기에 나폴레옹이 엘바 섬에서 탈출해 잠시 돌아오는 사건까지 겹쳐 회의는 예상보다 훨씬 늦어진 1815년 6월에야 어렵사리 합의를 이룰 수 있었다.

기본적인 합의 내용은 프랑스를 통제하고 강대국들 간에 힘의 균형을 이루어 어느 한 나라가 패권을 차지하도록 놔두지 않는다

춤추는 회의 메테르니히가 주도한 빈 회의는 그야말로 알맹이가 '빈 회의'였다. 그림에서처럼 회의는 사교장을 방불케 할 만큼 파티와 무도회가 이어지는 흥청망청한 분위기였다. 회의에 참석한 유럽의 군주와 재상 들은 서로 친목을 다지면서 '좋았던 옛날'로 되돌아가고자 했다.

는 것이었다. 이를 위해 프랑스, 프로이센, 오스트리아의 틈바구니에 있는 스위스는 아예 영세중립국으로 만들었고, 나폴레옹이 오스트리아에서 빼앗은 북이탈리아와 벨기에는 각각 오스트리아와 네덜란드에 돌려주었다. 이로써 북이탈리아는 다시 예전과 같은 외국 지배의 상태로 되돌아갔고, 16세기 이래 공화국이던 네덜란드는 살림을 늘려 네덜란드 왕국으로 바뀌었다. 또 나폴레옹에게 결정적인 패배를 안긴 러시아는 그 대가로 폴란드를 얻었으나 패권주의를 인정하지 않겠다는 방침에 따라 일단 폴란드 왕국을 별도로 세우고 러시아의 관할에 맡겼다(그러나 폴란드의 왕위를 러시아 황제가 겸했으므로 폴란드는 아직 독립한 게 아니었다).

가장 크게 변화한 것은 독일이다. 아무리 회의의 모토가 '좋았던 옛날로 돌아가자'는 것이라 해도 나폴레옹이 문을 닫은 신성 로마 제국까지 부활시킬 수는 없는 노릇이었다. 어차피 독일 지역에는 북부에 프로이센, 남부에 오스트리아라는 중심이 있으므로, 회의에서는 이 두 나라를 축으로 많은 소국가를 어느 정도 교통정리하기로 했다. 마침 18세기까지 독일 지역에 300여 개나 난립한 영방국가들은 나폴레옹 전쟁 기간에 서로 이합집산을 이룬 결과 10분의 1로 줄어들어 있어 통합도 어렵지 않았다. 그래서 회의는 35개 영방국가와 4개 자유시를 승인하고 그들과 오스트리아, 프로이센을 한데 묶어 새로 '독일연방'을 구성하도록 했다. 비록 느슨한 연방체이긴 하지만 이제 비로소 '독일'이라는 이름을 붙일 수 있을 만한 단일한 정치적 관계가 형성된 것이다.•

또 한 가지 회의의 성과물은 4국동맹이다. 회의를 주도한 오스트리아, 영국, 러시아, 프로이센은 서로 속셈이 다르고 경쟁관계에 있었지만, 적어도 다시는 프랑스 같은 특출한 강대국이 등장하지 않도록 해야 한다는 데 의견이 일치했다. 그래서 그들은 자기들끼리 향후 유럽의 국제 질서를 주도하기로 합의하고 4국동맹을 맺었다(이렇게 단독의 패권을 부정하는 대신 복수의 리더십을 인정하는 것은 유럽 세계의 역사적 전통이다). 이 동맹은 나폴레옹이 완전히 실각한 뒤 프랑스까지 끌어들여 5국동맹으로 확대되었으며, 빈 회의 이후 해마다 정기적인 모임을 가졌다. 비록 동맹은 다섯 나라 간의 입장과 이해관계가 달라 강력한 결집체를 이루지도 못하고 큰 효과를 거두지도 못했지만, 강대국들이 국제 관계를 주도하는 유럽식

• 승전국의 하나였던 프로이센은 프랑스와 다투던 라인 강 유역의 중부와 작센을 얻어 가장 남는 장사를 했다. 비록 전통에서 밀려 오스트리아에 독일연방의 맹주 자리를 내주기는 했으나 이후 프로이센을 중심으로 독일이 뭉치게 될 조짐은 이 무렵부터 가시화되기 시작한다. 만약 빈 회의를 주도한 오스트리아가 이탈리아에 신경을 끊고 그 대신 신성 로마 제국과 합스부르크의 전통적인 영향력 하에 있었던 남독일에 더 욕심을 부렸다면, 오늘날 독일보다 오스트리아가 더 강대국이 되었을지도 모른다.

외교의 전범이 되었다.•

그러나 빈 회의가 낳은 빈 체제는 처음부터 치명적인 약점을 안고 있었다. 프랑스 혁명 이전으로 돌아가려면 최소한 혁명 이전의 상태에 모두가 만족해야 하고, 혁명 이후의 변화가 무시할 수 있을 만큼 적어야 한다. 하지만 일부 지배층을 제외하면 각국의 국민 대다수가 역사의 시계추를 되돌리는 데 반대했다. 또한 프랑스 혁명에서 나폴레옹 전쟁까지의 기간은 겨우 20여 년이었지만 그사이의 변화는 어느 시기보다도 컸다. 특히 국가의 주권이 왕의 것이 아니라 국민의 것이라는 자유주의 사상은 이미 입헌군주제와 공화제의 경험을 가지고 있는 영국과 프랑스에서 지배적 이념으로 자리 잡았으므로 빈 체제의 복고주의는 리더 격인 나라들에서조차 일관되게 통용되지 않았다. 따라서 5국동맹 내에서도 영국·프랑스의 서유럽과 오스트리아·프로이센·러시아의 동유럽은 견해 차이가 심했다. 특히 새로이 연방으로 묶인 독일 지역에서는 자유주의 시민 세력이 성장하면서 보수적인 지배층과 갈등을 빚는 사태가 잇달았다.

전후의 리더로 떠오른 영국은 독일 지역이야 어차피 관할권이 아니니까 메테르니히의 주도 아래 독일 자유주의 운동이 가혹하게 진압되는 과정을 지켜보기만 했다. 그러나 메테르니히가 옛 가톨릭권이자 보수의 한 축을 이룬 에스파냐와 포르투갈, 나폴리의 자유주의 운동까지 진압하려 들자 영국은 내정간섭이라면서 반

• 어떤 의미에서 이것은 각국 내부에서는 사라진 중세적 신분제가 국제 관계로 확장된 것이라고도 할 수 있다. 실제로 러시아는 4국동맹에 앞서 봉건 영주식의 서열화로 국제적 안정을 취하자는 신성동맹을 주장했다. 억지춘향 격이기는 하지만 여기에 유럽의 군주들이 참여한 것을 보면 아직도 중세적 전통이 근절되지 않았음을 알 수 있다. 그렇다면 겉으로는 민주적인 듯해도 실상은 강대국들이 장악하고 있는 오늘날의 국제연합이나, 강대국들의 모임임을 공식적으로 표방하고 있는 G-X(G-7, G-20) 같은 오늘날의 국제기구들 역시 멀리 보면 중세적 신분제의 연장이라고 할 수 있지 않을까?

대의 뜻을 나타냈다. 소극적 반대인 탓에 그 지역에서도 메테르니히의 무력 진압이 성공했지만, 뒤이어 라틴아메리카에서 독립의 물결이 일자 영국의 태도는 적극적으로 바뀌었다.

미국의 독립을 가까이에서 목격한 라틴아메리카의 민중들은 식민지 미국이 '세계 최강의 본국'과 싸워 승리한 데서 큰 자극을 받았다. 게다가 프랑스 혁명의 이념은 유럽의 대서양 상선들을 타고 멀리 이곳까지 전해졌다. 유럽에서는 자유주의로 불리는 이념이지만 아직 국가조차 성립되지 않은 라틴아메리카에서는 자유주의가 곧장 독립과 건국의 이념으로 이어졌다. 사실 영국은 이미 국력으로는 세계 최강이면서도 유럽 대륙에 관한 한 맹주 격인 오스트리아에 양보하고 있었을 뿐이다. 하지만 신대륙에 관한 문제에서는 더 이상 양보할 필요도 없고 그럴 입장도 아니었다.

이렇게 해서 미국의 독립을 막기 위해 싸웠던 영국이 라틴아메리카의 독립을 적극 지원하는 묘한 사태가 발생했다. 이미 라틴아메리카의 '본국'인 에스파냐는 오래전에 종이호랑이로 전락했고, 메테르니히가 라틴아메리카에까지 무력간섭에 나서기에는 힘이 부쳤다. 게다가 신대륙의 맹주로 등장한 미국은 1823년 먼로 선언으로 신대륙과 유럽 간에 분명한 선을 그음으로써 라틴아메리카의 독립을 간접 지원했다(먼로 대통령은 유럽 열강이 아메리카에 개입하려는 것을 미국에 대한 적대 행위로 간주하겠다고 으름장을 놓았다). 그 덕분에 아르헨티나(1816)를 필두로 칠레(1818), 콜롬비아(1819), 멕시코(1820), 브라질(1820), 페루(1821), 볼리비아(1825) 등 라틴아메리카의 주요 국가들이 이 무렵에 생겨났다.••

사실 독립의 물결은 멀리 가야만 볼 수 있는 게 아니었다. 비록

우리는 모두 그리스인　　낭만주의 시대를 맞아 그리스의 독립전쟁에는 유럽의 낭만주의 지식인들이 큰 관심을 보였다. 그림은 프랑스의 화가 들라크루아가 그린 〈키오스 섬의 학살〉이다. 키오스는 에게 해의 섬으로 그리스 시인 호메로스의 출생지이기도 하다. 이곳이 이교도 투르크의 지배하에 있다는 게 유럽인들에게는 무척 자존심 상하는 일이었을 것이다.

●● 계속해서 1830년에는 콜롬비아에서 베네수엘라와 에콰도르가 분립되었고, 1838년에는 과테말라에서 코스타리카까지 이르는 중앙아메리카 국가들이 멕시코에서 독립했다. 오늘날 중남미 국가들은 거의 대부분 19세기 초반 20년 동안에 우후죽순처럼 생겨난 나라들이다. 이렇게 신생국이 대거 독립한 시대는 20세기 제2차 세계대전 이후에나 다시 보게 된다.

신생국은 아니지만 동유럽의 발칸 반도에서도 오랜 식민지 시대를 청산하려는 움직임이 거세게 일었다. 15세기 이후 동유럽의 주인 노릇을 한 오스만튀르크는 나폴레옹 전쟁에서 대프랑스 동맹에도 참여했지만, 서유럽 국가들은 이제 늙고 병든 튀르크를 더 이상 두려워하지도 않았고, 따라서 새삼 이교도 국가와 행동을 같이할 이유도 없었다. 그런 상황이었으니, 300년 가까이 튀르크의 지배를 받아온 그리스에서 독립운동이 일어나자 서유럽 국가들이 어디를 지원할 것인지는 처음부터 명백했다. 흥미로운 것은 메테르니히의 태도다. 이제까지 유럽의 국제 문제에 사사건건 개입해 온 그가 그리스에 관해서는 간섭하지 않겠다는 자세를 취한 것이다. 자유주의를 극도로 혐오한 그는 심지어 이교도가 점령하고 있는 유럽의 일부가 유럽 문명권으로 되돌아오려는 것까지도 환영하지 않았다.

하지만 유럽의 자유주의자들은 정반대였다. 그도 그럴 것이 그들의 이념적 뿌리는, 가까이는 르네상스이고 멀리는 그리스의 고전 문명이 아니던가? 특히 당시 유럽을 휩쓸던 낭만주의 계열의 지식인들은 일제히 그리스의 독립을 지원하고 나섰고, 심지어 개인적으로 그리스 독립운동에 참여하기도 했다. 영국의 시인 셸리 Percy Shelly(1792~1822)가 "우리는 모두 그리스인"이라고 외친 것이라든가, 그의 친구이자 시인인 바이런George Byron(1788~1824)이 다리 장애에도 불구하고 그리스로 달려간 것은 오로지 그리스가 유럽 문명의 뿌리라는 생각 때문이었다.

물론 실제로 그리스의 독립에 도움이 된 것은 그들이 아니었다. 동방정교의 적통이자 '제3의 로마'로 자처하던 러시아는 이교도를 물리치기 위해 새로운 십자군 전쟁을 부르짖었고, 종교로 포장한 러시아의 태도 이면에서 지중해 진출의 의도를 읽은 영국과 프랑스는 러시아를 견제하기 위해 튀르크에 대한 합동 공격에 나섰다. 결국 1829년 오스만 제국은 그리스의 독립을 승인할 수밖에 없었다. 이후 19세기 내내 제국은 발칸에 대한 영향력을 점차 잃으면서 약소국으로 전락하게 된다.

다시 온 혁명의 시대

라틴아메리카와 그리스의 독립은 빈 체제에 큰 타격을 주었지만 아직은 변방의 사건들이었으므로 빈 체제를 끝장내지는 못했다. 그러나 변방의 바람은 곧이어 중심에도 밀어닥쳤다. 그 무대는 또 다시 프랑스다.

나폴레옹이 몰락한 뒤 프랑스에는 부르봉 왕조가 복귀했다. 처형된 루이 16세의 동생으로 왕위에 오른 루이 18세(1755~1824, 재위 1814~1824)는 새로 헌법을 제정해 프랑스의 주권은 국왕에게 있음을 천명했다. 그러나 혁명은 무너졌어도 혁명이 이룬 변화는 망각되지 않았다. 새 헌법은 개인의 권리와 평등권, 재산권 등 혁명의 이념을 반영하지 않을 수 없었고, 무엇보다 의회를 구성하지 않을 수 없었다. 루이 자신은 개인적으로 현명한 왕이었고 정치적으로 중립을 취하려 했으나, 혁명의 시기에 가진 것을 몽땅 잃은 기억이 있는 귀족들은 더욱 보수적으로 돌아 '국왕보다 더 심한 왕당파'가 되어 있었다(실패한 혁명은 반동화를 부르는 법이다). 그래도 루이의 치세에는 그런대로 안정으로 향하는 듯하던 정세가 결정적으로 방향을 튼 것은 그의 동생으로 왕당파의 우두머리인 샤를 10세(1757~1836, 재위 1824~1830)가 즉위하면서부터였다.

즉위 초기에 신문의 검열제를 폐지하는 등 잠시 자유주의 정책을 취한 샤를은 얼마 안 가 본색을 드러내고 반동 노선으로 선회했다. 1827년 의회 선거에서 자유주의 세력이 승리한 것은 그에게 시대와 대세의 감각을 일깨워주기는커녕 오히려 앙시앵 레짐의 좋았던 옛날을 회고하게 만들었다. 시대착오적인 환상에서 헤어나지 못한 그는 1830년 5월 의회를 해산했는데, 이것이 커다란

민중을 이끄는 자유의 여신 프랑스 7월 혁명을 묘사한 들라크루아의 〈민중을 이끄는 자유의 여신—1830년 7월 28일〉이다. 시민들의 봉기를 자유의 여신이 이끌고 있다. 앞서 그리스 독립전쟁에서는 서양의 자민족 중심주의를 드러내 보였던 그가 프랑스의 시민혁명에 대해서는 대단히 진보적인 관점을 보이는 게 흥미롭다.

실수였다. 7월의 새 의회 선거에서 자유주의자들은 더 세력이 커져 의회의 과반수를 차지하게 된 것이다. 선거를 치를수록 자유주의 세력은 확대되기만 했다. 그런 추세를 읽지 못한 샤를은 칙령을 내려 또 의회를 해산하고 출판물 검열제를 재도입하는 한편 의회 선거를 다시 치르겠다고 선언했다. 이것은 타오르는 불길에 기름을 끼얹은 마지막 실수였다. 7월 칙령은 자유주의 세력의 '총동원령'이나 다름없었다. 자유주의 언론인과 지식인, 학생, 소시민 들은 국왕의 비상계엄령에 맞서 7월 27일 일제히 봉기했다.

제2의 프랑스 혁명일까? 그러나 그건 아니다. 우선 샤를의 '새로운 구체제'는 불과 사흘을 버티지 못했다. 7월 30일 자유주의 정치인들은 부르봉 왕조의 문을 닫았다.* 결과도 프랑스 혁명과는 거리가 있었다. 정권을 타도한 세력은 하층 부르주아지가 주장하는 공화정 대신 자유주의 왕족이었던 루이 필리프Louis Philippe(1773~1850, 재위 1830~1848)를 내세워 왕정을 계속하기로 결정한 것이다.

* 프랑스에서 사라진 부르봉 왕조는 이후 에스파냐에만 남게 되었다. 에스파냐의 부르봉 왕조는 약간의 우여곡절은 있었으나 대체로 1931년 프랑코의 공화정 독재가 성립할 때까지 존속했고, 1975년 공화정이 폐지되고 입헌군주제로 바뀌면서 다시 에스파냐 왕실이 되어 오늘날까지 이어지고 있다. 공교롭게도 중세 이후 유럽 최대의 왕실이었던 합스부르크와 부르봉은 각각 오스트리아와 프랑스에서 일어나 성장했다가 결국은 에스파냐로 와서 몰락하는 같은 길을 걸었다.

루이 필리프는 '시민왕'을 자처할 정도로 자유주의 이념을 신봉하고 있었으나, 대부르주아지의 지원을 받은 탓에 그들의 입김을 떨쳐버릴 수 없었고, 또 그렇게 하려 하지도 않았다. 따라서 새로 들어선 왕정 체제는 온건한 자유주의와 급진적인 공화주의의 이념을 적절히 반영한 어정쩡한 상태였다. 그런 점에서 7월 혁명은 프랑스 혁명과 근본적으로 달랐으나 한 가지 닮은 점은 있었다. 프랑스 내에서보다 바깥에 더 큰 영향을 준 혁명이라는 점이다.

혁명의 덕을 본 것은 오히려 이웃의 벨기에였다. 오스트리아의 영토였다가 빈 회의에서 강제로 네덜란드 영토가 된 벨기에는 종교도 가톨릭이고 언어도 프랑스어로 네덜란드와 다를뿐더러 네덜란드 왕인 빌렘 1세의 차별 정책에 불만을 품고 있던 참이었다. 프랑스 7월 혁명의 영향으로 벨기에인들은 브뤼셀에서 봉기를 일으켜 네덜란드를 타도하고 독립을 쟁취했다.**

** 그러나 벨기에만 성공했을 뿐 7월 혁명의 영향으로 이탈리아, 독일, 폴란드에서 일어난 혁명은 모두 실패했다. 자국의 자유주의 세력이 크게 성장하지 못했던 탓이다. 그 점에서는 벨기에도 마찬가지였지만 벨기에는 영국과 프랑스로부터 지원을 받았다. 특히 영국은 이 무렵부터 유럽만이 아니라 세계 각지의 '운명을 결정하는 힘'을 가지고 있었다.

벨기에에 혁명을 '수출'했으면서도 막상

프랑스는 혁명의 성과를 맛보지 못했다. 특히 혁명을 지지한 프랑스의 기층 민중은 피 흘린 대가를 아무 데서도 얻지 못했다. 그들로서는 힘이 부족한 탓이라고 여길 수밖에 없었다. 그러나 그것은 곧 그들이 힘을 갖추게 되면 또 다른 혁명도 가능하다는 뜻이다. 그 힘은 정치적 힘을 뜻하는 게 아니다. 정치적 힘이라면 이미 프랑스 혁명에서 공화제를 이루어낸 것으로 입증되었으니까. 이제 필요한 것은 경제적 힘이다.

그 힘은 2월 혁명 이후부터 급속도로 증대하기 시작했다. 영국에서 일어난 산업혁명의 바람이 바다를 건너 유럽 대륙으로 불어온 것이다. 전통적인 농업국이었던 프랑스의 산업 구조는 빠르게 변했다. 1836년에는 프랑스에도 철도가 생겼고, 파리의 인구는 어느새 100만 명 이상으로 늘었다. 공업화와 도시화가 급격히 진전되면서 자본주의의 생래적인 사회문제도 금세 널리 퍼졌다. 같은 과정을 수십 년 전에 겪은 영국은 오래전에 사실상 공화제나 다를 바 없는 입헌군주제를 취했으므로 문제가 정치적으로 터져 나오는 것을 억제할 수 있었으나, 아직 공화제의 옷으로 갈아입지 못한 프랑스에서는 사회문제가 즉각 정치 문제로 변했다.

엎친 데 덮친 격으로 1846~1847년에는 대규모의 흉작과 기근까지 겹쳤다. 공업국으로 발돋움하는 중이었지만 아직도 프랑스는 농업국이었으므로 농민의 궁핍화는 곧장 구매력 감소로 이어졌고, 이로 인한 공업의 위축은 곧바로 노동자의 실업으로 이어졌다. 1848년 2월 22일, 파리의 노동자들은 '불법 집회'를 열었다. 상황은 18년 전보다 더욱 혁명적이었고, 혁명 자체의 규모도 7월 혁명에 비할 바가 아니었다. 그 불법 집회가 2월 혁명으로 확대되는 데는 며칠이면 충분했다. 이틀 뒤인 2월 24일 노동자들은 파리

혁명의 시대 18년 전의 7월 혁명이 실패로 돌아가자 1848년의 2월 혁명은 더욱 급진적인 형태로 전개되었다. 그사이 프랑스의 산업 노동자층은 한결 두터워졌고, 사회구조의 변화를 정치적으로 수용하라는 요구는 더욱 거세졌다. 그림은 광장에서 군대와 민중이 충돌하는 장면이다. 이 혁명으로 프랑스 민중은 공화정을 이루었으나 나폴레옹의 환상은 지우지 못했다.

시청을 점거했고, 곧이어 베르사유 궁전으로 향했다. 스무 살 때인 55년 전 국왕 루이 16세가 처형되는 것을 목격한 바 있는 루이 필리프—당시 그의 아버지도 단두대에 올랐다—는 재빨리 왕위를 손자에게 물려주고 영국으로 도망쳤다.

그러나 그의 권력을 승계한 것은 그의 손자가 아니라 임시정부였다. 새로 구성된 임시정부는 곧바로 의회를 새로 구성했다. 전에도 의회야 여러 차례 있었지만 이번 의회는 아주 특별했다. 프랑스 사상 처음으로, 유럽 사상 처음으로, 아니 세계 역사상 처음으로 모든 성인 남자가 투표에 참여하는 의회 선거가 실시된 것이다.* 그 덕분에 25만 명이던 유권자 수는 순식간에 900만 명으로 늘어났다.

그러나 4월에 실시된 의회 선거에서는 여전히 자유주의 세력이 압승을 거두었고, 파리의 노동자들은 18년 전 7월 혁명의 전례가 있는지라 또다시 지긋지긋한 왕정이 복귀하지 않을까 우려했다. 그래서 노동자들은 5월에 의회를 기습하고, 6월에는 대규모 봉기를 일으켰다(당시 노동자들은 놀랍게도 '폴란드 해방'을 구호로 내걸었는데, 구호에 불과하기는 했지만 마르크스 이전에 이미 프롤레타리아 국제주의의 움직임이 있었음을 말해준다). 이 봉기는 진압되었지만 이제 자유주의 의회는 노동자들의 우려를 확실히 불식시켜야 할 의무를 느꼈다. 그해 11월 공화정 헌법이 새로 제정되었고, 프랑스는 50년 만에 다시 공화국으로 되돌아왔다.

* 그전까지 프랑스의 의회 선거에서는 일정한 재산을 소유해야만 유권자의 자격이 주어졌다(루이 필리프 시대에는 200프랑의 세금을 내야만 가능했다). 프랑스 혁명기에 로베스피에르의 자코뱅은 처음으로 보통선거 제도를 입안한 적이 있었으나 사정상 실시가 보류된 바 있었으므로 보통선거는 이것이 사상 초유의 일이었다. 그러나 여기서도 여성은 제외되었다. 여성의 참정권은 세계 최초인 뉴질랜드(1893)를 제외하면 대부분 20세기에 인정되었다. 20세기 초반 스칸디나비아 나라들에 이어 제1차 세계대전이 끝나고 서유럽에 여성 참정권이 인정되었고, 프랑스의 경우에는 1944년에야 여성이 남성과 똑같은 참정권을 가지게 되었다.

프랑스 혁명기의 공화정은 난생처음 접하는 탓에 최고 지도자를 선거로 뽑을 겨를이 없었지만 이번에는 달랐다. 새 헌법에 따라 사상 처음으로 대통령 선거가 치러졌다. 그런데 그 결과는 놀라웠다. 나폴레옹의 조카인 루이 나폴레옹Louis Napoléon(1808~1873)이 압도적인 표차로 당선된 것이다. 비록 왕당파의 강력한 지원을 등에 업었다고는 하지만, 프랑스 국민들(물론 성인 남성들)의 '나폴레옹 향수'는 대단했다.

하지만 마음속에만 남겼어야 할 향수를 투표로 실현시킨 대가는 참혹했다. 20대 젊은 시절부터 큰아버지를 모방해 위대한 프랑스 제국을 추구한 루이 나폴레옹은 1851년에 헌법상 임기 4년에 단임으로 되어 있어 집권 연장이 불가능해지자 쿠데타를 일으켜 의회를 해산해버렸다. 그는 자신의 행위를 국민투표에 부쳤고, 프랑스 국민들은 다시 그에게 몰표를 주었다. 더 이상 거리낄 게 없어진 그는 이듬해 나폴레옹 3세(1808~1873, 재위 1852~1870)로서 프랑스의 황제가 되었다.

두 나폴레옹의 행보가 어쩌면 그리도 똑같을까? 혁명으로 기존 정권이 붕괴한다. 그 틈을 타서 인기를 바탕으로 집권한다. 그 권력을 이용해 종신 집권자가 된다. 같은 이름의 큰아버지와 조카는 50년 간격으로 또다시 프랑스를 과거로 퇴행시키고 자신은 제위에 올랐다. 혁명으로 시작했다가 온전한 공화제를 이루는 데 실패하고 제국으로 타락해버린 프랑스 혁명의 완벽한 축소판이다. 그렇다면 결과도 다르지 않을 것이다.

공산주의 이념의 탄생

1789년의 프랑스 혁명이 그랬듯이, 또 1830년의 7월 혁명이 그랬듯이, 1848년 2월 혁명도 프랑스보다는 인접한 이웃들에 큰 영향을 주었다. 이번에 혁명이 수출된 곳은 독일이다.

빈 체제가 들어선 이래 오스트리아가 힘에도 부치는 유럽 세계의 조정자 노릇을 하고 있는 동안, 프로이센은 착실히 영토와 세력을 확장해 남독일까지 아우르면서 명실상부한 독일의 중심이 되어가고 있었다.• 프로이센은 빈 회의가 가져다준 느슨한 정치적 연계를 진일보시키는 작업의 일환으로 1834년에 관세동맹을 체결했는데, 여기에 오스트리아가 배제된 것은 이미 독일의 주인이 바뀌었음을 말해준다. 그러나 이 무렵부터 독일연방에는 프랑스와 똑같은 변화가 닥치고 있었다. 바로 산업혁명의 물결이었다. 프랑스에서도 마찬가지였듯이, 독일의 부르주아지 역시 경제적 힘은 쥐고 있으면서도 그에 맞는 정치적 새 옷(공화제)은 입지 못하고 있었다.

프랑스에서 2월 혁명이 발발한 지 한 달도 지나지 않은 3월 초, 독일연방의 두 중심인 빈과 베를린에서도 봉기가 터졌다. 빈의 자유주의 지식인과 학생, 소시민, 노동자 들은 정부를 상대로 의회 소집을 요구했고, 군대가 진압에 나서자 3월 13일부터 무장투쟁으로 맞섰다. 파리에서와 마찬가지로 여기서도 며칠을 가지 못하고 오스트리아 정부는 민중의 힘 앞에 굴복했다. 황제 페르디난트는 빈 체제의 산파이자 보수의 상징인 메테르니히를 해임하고 헌법의 제정을 약속했다. 빈의 소식은 민중 집회가 며칠째 열리고 있던 베를린으로 금세 전해지면서 프로이센의 왕 프리드리히 빌헬름 4세Friedrich Wilhelm IV(1795~1861, 재위 1840~1861)의 저항 의지를 꺾어놓았다. 결국 그도 헌법 제정과 의회 소집을 약속하는 것으로 사태를 진정시켜야 했다.

● 남독일은 원래 신성 로마 제국의 제후국이었으므로 전통적으로 프로이센보다는 오스트리아에 더 가까웠다. 흥미로운 것은 오스트리아가 독일 지역보다 중부 유럽의 헝가리와 보헤미아에 더 애착을 보였다는 점이다. 당시 유럽 세계의 변화를 조금이라도 읽는다면 주된 '투자 지역'은 그쪽이 아니라 북쪽의 독일이라는 것을 쉽게 알 수 있었을 텐데, 오스트리아는 왜 그랬을까? 그 이유는 종교적인 데 있었을 것이다. 신교로 개종한 북독일에 가까운 지역보다는 가톨릭으로 남아 있는 보헤미아와 헝가리가 오스트리아로서는 더 중요한 지역이었을 것이다. 낡은 종교 문제를 여전히 외교의 초점으로 삼은 데서 오스트리아가 왜 보수의 총본산이었는지 알 수 있다. 결국 오스트리아는 인종과 언어가 다른 헝가리와 보헤미아를 계속 끌어안는 바람에 19세기 내내 다민족 국가의 질곡에서 헤어나지 못하게 된다.

사태의 진행은 비슷했어도 독일의 경우는 프랑스와 크게 다른 점이 있었다. 우선 독일의 부르주아지와 자유주의 세력은 프랑스에 비해 힘이 약하고 경험도 부족했다. 게다가 독일은 프랑스처럼

부유한 국가와 가난한 국민 산업혁명 초기에는 영국이라는 국가만 부유해졌을 뿐 영국의 국민들은 심한 빈곤에 시달렸다. 《자본론》에는 여섯 살짜리 아이가 하루 16시간이나 노동했다는 이야기가 나온다. 그림은 굶주린 아이들이 돼지 여물통을 뒤지는 장면이다.

강력한 중앙집권력을 갖춘 단일한 국가가 아니라 아직까지 느슨한 연방 체제에 머물러 있었다. 이 두 가지 약점 때문에 3월 혁명은 프랑스의 2월 혁명에 뒤지지 않는 규모였음에도 불구하고 별다른 성과를 내지 못하고 말았다. 우선 경험 부족의 독일 자유주의 세력은 혁명이 성공했다고 섣불리 판단했다. 또 연방 체제였기 때문에 그들은 독일의 통일을 목표로 할 수밖에 없었다. 일단 그들의 목표는 달성되었다. 프리드리히는 프로이센이 독일의 통일에 앞장서겠다고 다짐했고, 5월에는 각 연방 대표가 프랑크푸르트에 모여 독일 역사상 첫 의회인 국민의회를 구성했다. 그러나 혁명의 일차적 성공 뒤에는 반혁명이 온다는 역사적 경험을 독일의 자유주의자들은 모르고 있었다.

6월에 파리에서 일어난 봉기가 패배한 것은 독일 영방군주들에게 한숨 돌릴 여유를 주었다. 그다음 10월에 오스트리아에서 2차 봉기가 실패로 돌아간 것은 반혁명 세력에게 이제 이길 수 있다는 자신감을 불어넣었다. 프랑크푸르트 국민의회는 일정대로 이듬해 3월에 통일헌법을 마련하고 프로이센 국왕 프리드리히를 황제로 격상시켰으나, 사태를 파악한 프리드리히는 영악하게도 의회를 인정할 수 없으니 제위도 받을 수 없다고 거절했다(그는 로마 교황도 아니고 오스트리아 황제도 아닌 '일개 의회' 따위가 황제를 임명하는 자격을 가질 수는 없다고 여겼을지도 모른다. 그 제관을 받는다면 의회에 굴복하는 게 되니까). 이것을 신호탄으로 영방군주들은 혁명 시기에 자유주의 세력에게 내주었던 양보를 일제히 철회했다. 마침내 12월 국민의회가 해산됨으로써 독일 사상 첫 시민혁명은 무산되고 말았다.•

그러나 독일의 3월 혁명은 전혀 예상치 못한, 그리고 장차 중요성을 더해갈 한 가지 성과를 낳았다. 혁명적 분위기가 무르익고 있던 1848년 2월, 파리에서는 40쪽도 안 되는 조그만 책자 한 권이 출간되었다. 마르크스와 엥겔스Friedrich Engels(1820~1895)라는 두 독일 청년이 함께 작성한 《공산당 선언Manifest der Kommunistischen Partei》이라는 책자였다. 바로 전해에 결성된 공산주의자 동맹이라는 정치조직의 강령이었는데, 아직 사람들에게 잘 알려지지 않은 조직이었으므로 당시에는 큰 주목을 받지 못했다. 이 책자의 첫머리에 등장하는 유명한 문구, 즉 "유럽에는 하나의 유령이 떠돌고 있다, 공산주의라는 유령이." 라는 부분은 바로 1848년의 혁명을 뜻한다.

1843년 프로이센 정부의 출판 검열을 피해 파리로 온 마르크스는 당시 파리에 망명 중인 혁명적 지식인들과 교류하면서(당시 파리는 전 유럽의 정치적 망명자들이 모여드는 곳이었다) 평생의 동료가 될 엥겔스를 만났다. 그러나 두 사람은 그 시대 지식인들의 화두인 자유주의 시민혁명과는 다른 혁명의 필요성을 절감한다. 그것은 바로 노동계급이 주도하는 사회주의혁명이다. 두 사람은 산업

• 나중에 보겠지만 19세기 후반부터 독일과 이탈리아는 시민혁명의 단계를 거치지 못했다는 점 때문에 유럽의 국제 질서를 뒤흔드는 '시비꾼' 역할을 하게 된다(20세기 들어 두 나라에 파시즘이 들어서는 것 역시 시민혁명의 부재와 무관하지 않다). 하지만 실상 유럽에서도 시민혁명을 제대로 겪은 나라는 영국과 프랑스뿐이다. 그런데도 독일과 이탈리아의 시민혁명만이 유독 문제시되는 이유는 두 나라가 가진 힘 때문이다. 예를 들어 에스파냐나 네덜란드, 스칸디나비아 나라들에 시민혁명이 없었다는 것과 독일과 이탈리아가 그랬다는 것은 다른 문제니까.

혁명의 단계 2월 혁명이 발발하기 직전 파리에서는 엥겔스(왼쪽)와 마르크스(오른쪽)가 《공산당 선언》이라는 책자를 발표했다. "유럽에는 하나의 유령이 떠돌고 있다, 공산주의라는 유령이."라는 말로 시작하는 《공산당 선언》은 당시 유럽 세계를 휩쓴 혁명적 분위기를 반영한다. 그러나 그들의 판단과는 달리 아직 유럽의 혁명은 사회주의·공산주의를 지향하지 않았고, 자유주의와 공화정을 목표로 하고 있었다.

혁명으로 노동자들이 수에서나 힘에서나 사회와 역사를 이끌어가는 동력임이 명백해진 상황에서 혁명을 주도하는 것도 당연히 노동자들이어야 한다고 믿었다.

독일에서 3월 혁명이 일어나자 마르크스는 독일이야말로 역사상 최초의 사회주의혁명이 일어날 최적의 무대라고 여기고 독일로 돌아가 〈신라인 신문〉을 발간했다. 그러나 사회주의혁명은커녕 자유주의 시민혁명조차 실패로 돌아가자 그는 다시 파리로 망명했고, 여기서도 프로이센 정부의 집요한 공작으로 추방되자 엥겔스가 있는 런던으로 간 뒤 다시는 조국 땅을 밟지 못했다. 런던에서 그는 최초의 사회주의 정치조직인 국제노동자협회(제1인터

내셔널)를 창립하고 시민혁명의 단계를 뛰어넘는 사회주의·공산주의 혁명의 이론과 노선을 확립하기 위해 노력했다. 그러나 그의 더 큰 업적은 《자본론Das Kapital》이다. 1867년에 1권이 간행되고 그의 사후에 엥겔스가 그의 노트를 정리해 2권과 3권이 간행되었는데, 이 책은 자본주의가 발생하고 발달한 현장인 영국에서 자본주의 체제의 운동 법칙을 탁월하게 분석함으로써 오늘날까지 자본주의에 관한 가장 권위 있는 이론서로 남아 있다.

그러나 마르크스 자신은 몰랐지만, 그는 학문적 성과 이외에도 장차 20세기 세계 역사에서 가장 큰 사건으로 자라나게 될 씨앗을 뿌려놓았다. 그가 살아 있던 시절에 이미 그의 사상과 이론을 추종하는 혁명 세력은 스스로를 마르크스주의자라고 불렀는데(마르크스는 그것을 환영하지 않았다), 그들 중 러시아의 마르크스주의자들은 20세기 벽두에 최초의 사회주의 공화국을 수립하게 된다.

변방의 성장: 러시아

러시아 지식인들이 새로운 이념인 사회주의 사상을 특히 환영한 데는 그럴 만한 사정이 있었다. 유럽 각국이 활발하게 국민국가 체제를 완성해가던 19세기 초반에도 러시아는 여전히 유럽의 후진국을 면치 못했다. 무엇보다 제국이라는 낡은 체제•에다 여전히 중세적 신분제가 존속하고 있었다(농노제가 그 대표적인 예다). 워낙 덩치가 큰 덕분에 나폴레

• 나폴레옹의 프랑스 제국이 무너진 뒤 유럽 세계에서 제국은 오스만과 러시아 둘뿐이었는데, 공교롭게도 둘 다 후진국이었다. 이제 제국은 시대착오적이고 낡은 체제임이 명백해졌다. 이 점은 제국 체제가 수천 년간 존속해온 동양에서도 마찬가지였다. 중국의 청 제국은 18세기 말부터 급격히 쇠퇴하기 시작했고, 급기야 19세기 초반부터는 서양 세력의 본격적인 침탈을 받게 되었다.

옹의 공격을 막아냈고 빈 체제에서도 주도적인 역할을 할 수 있었지만, 종교에서도 이질적이고 정치체제도 낯선 러시아를 동류로 여기는 서유럽 국가는 오스트리아를 제외하면 거의 없었다.

그러나 유럽을 뒤흔든 자유주의의 물결은 러시아에도 흘러들었다. 사실 자유주의 세력의 무장봉기라면 프랑스보다 러시아가 먼저다. 1825년 12월 차르 알렉산드르 1세가 죽은 뒤 정치적 혼란을 틈타 귀족 출신의 청년 장교들과 그들이 지휘하는 사병 3000명이 반란을 일으켰던 것이다. 이들을 데카브리스트Dekabrist('데카브리'는 12월을 가리키는 러시아어다)라고 불렀는데, 이들은 농노제를 폐지하고 입헌군주제를 도입하는 것은 물론 황족과 지주 들을 대우하는 문제까지도 논의할 만큼 러시아의 근대화를 위한 포괄적인 개혁안을 내놓았으나, 형보다 훨씬 반동적인 알렉산드르의 동생 니콜라이 1세Nikolai I(1796~1855, 재위 1825~1855)에 의해 가혹하게 진압되었다.

러시아 역사상 차리즘에 최초로 반기를 든 사건인 만큼 데카브리스트 반란은 러시아 지식인(인텔리겐치아)들에게 한 가지 커다란 고민거리를 안겼다. 러시아에서 자유주의 개혁, 즉 시민혁명이 가능한가? 러시아에는 서유럽에서 볼 수 없는 혹독한 전제 체제가 있는 반면 서유럽에서 볼 수 있는 시민 세력이 없다. 그렇다면 러시아의 혁명은 서유럽과 다를 수밖에 없고 또 달라야 하지 않을까? 러시아에서는 뭔가 새로운 혁명이 필요하다. 그 답은 바로 사회주의혁명이다. 서유럽 국가에서 자유주의 혁명이 성공하면 반드시 사회주의적 요구가 튀어나온다. 어차피 러시아에는 자유주의 혁명을 주도할 세력이 없다면 그냥 중간 단계를 생략하고 곧바로 최종 목표인 사회주의혁명으로 가도 되지 않을까?

반역의 러시아　자유주의 장교들이 일으킨 데카브리스트 반란은 수백 년간 지속된 차리즘에 대한 최초의 도전이었다. 데카브리스트들은 치밀한 계획을 바탕으로 거사했으나 봉기는 실패였다. 이 사건을 계기로 러시아의 인텔리겐치아는 시민혁명의 단계를 뛰어넘는 더욱 근본적인 혁명을 준비하기 시작한다.

그런데 데카브리스트 반란으로 각성한 것은 지식인들만이 아니었다. 문제는 똑같았어도 차르 정부의 답안은 인텔리겐치아와 정반대였다. 니콜라이는 자유주의마저도 용납하지 않을 생각이었다. 차르 정부의 탄압이 강화되자 자유주의와 관련된 모든 사상과 활동이 불법화되었고(물론 사회주의는 말할 것도 없다) 인텔리겐치아들은 지하로 숨을 수밖에 없었다. 지하의 비밀 조직을 색출하고 처형하는 일은 차르의 수족인 비밀경찰이 맡았다. 16세기 후반 이반 4세가 발동을 건 러시아 차리즘은 니콜라이의 대에 이르러 최고조에 달했다.

물론 니콜라이도 러시아가 후진국이라는 것은 잘 알고 있었다.

작가의 스케치　러시아 작가 푸슈킨이 데카브리스트의 봉기를 일으켰다가 처형된 청년 장교들을 그린 그림이다. 당시 스물여섯 살의 푸슈킨은 정치시를 쓴 죄로 정부의 탄압을 받아 유배 생활을 하던 중이었다. 그는 일찍부터 문학적 재질을 보였으나 유배 생활 중에 러시아 역사를 공부해 재질과 의식을 겸비한 작가로 성장했다.

다만 그 원인을 러시아 내부의 탓으로 돌리는 데는 찬성할 수 없었을 뿐이다(그렇다면 차르 체제 자체가 문제될 테니까). 그래서 그는 문제의 해결책을 대외 팽창에서 찾았다. 1853년 그가 오스만 제국에 선전포고를 한 것은 바로 그 때문이다.

전쟁의 빌미는 프랑스의 나폴레옹 3세가 제공했다. 1852년 그는 튀르크에 압력을 가해 성지 예루살렘의 관리를 동방정교가 아닌 가톨릭 사제에게 맡기도록 했다. 15세기 이반 3세 이래로 동방정교의 수장을 자처해온 러시아 차르로서는 참을 수 없는 일이었다. 더욱이 그게 프랑스의 농간이었으니 니콜라이로서는 더더욱 두고 볼 수 없었다. 일단 오스만 측에 철회를 요구했다가 보기 좋게 거절당하고 체면만 구긴 뒤 니콜라이는 전쟁으로 문제를 매듭짓기로 했다. 종교 문제 이외에 러시아의 흑해 진출이 걸려 있었고, 또 전쟁의 무대가 흑해의 크림 반도였으므로, 이 전쟁을 크림 전쟁이라고 부른다.•

니콜라이는 사실 튀르크쯤은 쉽게 제압할 수 있으리라 믿었다. 그러나 그가 미처 생각지 못한, 혹은 간과한 문제가 하나 있었다. 바로 영국이었다. 프랑스야 전쟁의 빌미를 제공한 만큼 어떤 식으로든 전쟁에 개입하겠

• 18세기 초 북방전쟁에서 승리한 이래 러시아는 발트 해를 장악하고 있었는데 왜 흑해로 또 진출하려 했을까? 발트 해의 패자가 되었어도 러시아의 부동항 문제는 해결되지 않았기 때문이다. 오히려 러시아에 대한 서유럽 국가들의 경계심은 더욱 고조되었다. 지도를 보아도 확연히 드러나지만 러시아가 발트 해에 부동항을 얻는다 해도 어차피 영국이 버티고 있는 북해를 통과하지 않으면 세계로 진출할 수 없었다. 결국 러시아에 발트 해는 반쪽짜리 부동항이었던 셈이다.

지만 영국은 프랑스와 적대 관계에 있는 만큼 상관하지 않으리라. 이게 니콜라이의 판단이었으나 그의 기대 섞인 예상과 달리 두 나라는 즉각 참전했고, 더욱이 언제 적대적이었냐는 듯이 서로 손을 잡고 러시아에 맞섰다.

이리하여 30년 전 그리스 독립을 위해 싸운 세 나라가 이제는 편을 갈라 튀르크의 영토에서 서로 싸우게 되었다(튀르크는 전장만 제공했을 뿐 전쟁의 뒷전으로 밀려났다). 어차피 붙은 전쟁이니, 니콜라이는 30년 전에 미처 뜻을 펴지 못한 흑해 진출을 이루겠다는 각오였고, 영국과 프랑스는 수백 년간 유럽인들의 눈엣가시로 남아 있는 튀르크를 응징하는 한편 러시아의 남진을 가로막는다는 의도로 전쟁에 임했다.

나폴레옹 전쟁 이래 처음으로 유럽 국가들끼리 맞붙은 크림 전쟁은 어떤 의미에서 수십 년 동안 각개약진을 통해 쌓은 유럽 열강의 힘을 점검하는 기회이기도 했다. 그러나 군사적으로 볼 때 크림 전쟁은 최악의 전쟁이었다. 영국과 프랑스 동맹군은 선박으로 병사들을 직접 흑해의 세바스토폴 항구에 상륙시키려 했지만 수심이 너무 얕은 쪽으로 접근하는 바람에 처음부터 작전의 차질을 빚었다. 러시아나 동맹군 측이나 제대로 된 전략을 구사하지 못했고, 보급망도 극도로 엉성했다. 이런 상황에서 3년이나 지속된 전쟁은 엄청난 인명 피해를 가져왔다.••

●● 크림 전쟁은 군사적으로 최악의 전쟁이나 다른 한편으로 '천사의 전쟁'이라 할 수도 있다. 나이팅게일이 간호사로 활동했기 때문이다. 크림 전쟁에서는 전투로 죽은 병사보다 질병으로 죽은 병사가 더 많았다. 나이팅게일은 38명의 간호사들을 이끌고 전장으로 달려가 헌신적인 간호 활동을 펼쳤는데, 그녀의 영향은 이후 군대 의료단의 혁신과 더불어 간호학의 체계적인 발달로 이어졌다. 아울러 전 세계 어린이 위인전에 빠지지 않는 한 인물로 자리 잡은 것도 크림 전쟁의 성과(?)랄까? 또한 스위스의 앙리 뒤낭도 전쟁의 참상과 나이팅게일의 활동에 깊은 인상을 받고 이후 국제적십자사를 창설하게 되었다. 크림 전쟁이 중요한 이유는 러시아의 남하가 저지되었다는 것보다 오히려 그런 요소들인지도 모른다.

후진적 체제에서 벗어나지 못한 러시아가

현대전의 시작　전쟁사적으로 볼 때 크림 전쟁은 최초의 현대전으로 불린다. 사진은 대포와 박격포가 동원된 세바스토폴 전투다. 무기가 발달함으로써 바야흐로 국제 전쟁은 대규모 살육전의 양상으로 바뀌기 시작했다. 따라서 이 전쟁에서 나이팅게일이 전선의 천사로 활약한 것도 우연이 아니다. 그러나 전쟁이 빚은 참극의 절정은 다음 세기에서야 모습을 드러낸다.

서유럽의 두 강국을 상대하기란 애초에 불가능했다. 최악의 전쟁에서 패배한 러시아는 더욱 최악의 상태에 빠졌다. 1856년 파리 조약으로 러시아는 흑해의 중립을 약속하고 더 이상 남하를 기도할 수 없게 되었다. 내부 모순이 산적해 있는 러시아로서는 대외 진출을 통해 그 모순을 밖으로 분출하지 못하면 안에서 곪아터지는 길밖에 없었다.

전쟁 직후 죽은 니콜라이(패전에 좌절해 자살했다는 설도 있다)에 이어 차르가 된 알렉산드르 2세Aleksandr II(1818~1881, 재위 1855~1881)는 아버지에 비해 훨씬 '계몽된 군주'였다. 최소한 그는 내부의 문제를 바깥으로 옮기려 한 니콜라이의 정책을 계승하지는 않았다. 1861년 그는 오랜 숙제인 농노제를 폐지하고, 근대식 의회인 젬스트보zemstvo를 설립하고, 행정·사법·군사 제도에 관해 대대적인 개혁에 나섰다.

그러나 이제 자유주의적 수술로는 중병을 앓고 있는 러시아를 되살릴 수 없다고 판단한 러시아의 인텔리겐치아들은 차르가 주도하는 개혁을 전혀 믿지 않았다. 러시아에 필요한 것은 개혁이 아니라 혁명인데, 차르가 할 수 있는 최대한의 양보는 개혁이었다. 차르 체제가 전복되지 않는다면 모든 노력이 소용없다고 판단한 인텔리겐치아들은 1881년 마침내 알렉산드르를 암살하는 데 성공했다. 이 때문에 러시아에는 다시금 강도 높은 차리즘이 들어섰으나 이제 그 차리즘이 종말을 고할 시기는 멀지 않았다.

변방의 성장: 미국

러시아의 알렉산드르가 농노 해방령을 내린 1861년에 멀리 대서양 서쪽에서도 노예해방 문제가 첨예한 정치적 문제로 제기되었다. 노예해방을 내세우는 북부 출신의 링컨Abraham Lincoln(1809~1865)이 미국의 대통령으로 선출된 것이다.

18세기 후반 영국의 지배에서 독립한 뒤 미국의 역사는 마치 유럽의 근대사를 압축해놓은 것 같은 진행을 보인다. 독립을 이룬 미국은 이제 유럽 각국과 동등한 선상에서 근대국가로 출발할 수 있게 되었다. 이런 점에서, 미국의 독립전쟁은 유럽 각국이 근대국가로 전환하는 계기를 제공한 종교전쟁과 같은 역사적 위상을 가진다. 하지만 유럽에서 종교전쟁은 각개약진을 위한 출발점을 제공했을 뿐이고 본격적인 국민국가를 수립하기 위해서는 나폴레옹 전쟁이 필요했듯이, 미국도 근대적인 국민국가로 발돋움하기 위해서는 또 한 차례 진통이 필요했다. 그것이 바로 남북전쟁Civil War이다. 미국은 독립전쟁과 남북전쟁을 통해 불과 한 세기 만에 유럽 각국이 거친 역사 과정을 따라잡고, 어느 유럽 국가에도 못지않은 제국주의 열강의 하나로 우뚝 서게 된다.

영국의 굴레에서 벗어난 뒤 미국의 앞길은 탄탄대로였다. 유럽 대륙보다 훨씬 넓은 땅(독립 당시의 13개 주만 해도 서유럽과 맞먹는 면적이다)에다 국경을 맞대고 있는 나라도 없어 모든 게 마음대로였다. 북아메리카 원주민의 소부족 문화로는 유럽인들의 조직적인 공략을 당해낼 수 없었으므로 서쪽은 그야말로 무주공산이나 다름없었다.

19세기 초반부터 미국은 적극적으로 영토 확장에 나섰다. 다만 그 방법은 비열한 데가 있었다. 유럽 강대국이 소유한 땅은 매입하고, 신생국 멕시코나 원주민들의 땅은 강탈하는 것이었으니까. 이를테면 루이지애나, 플로리다, 알래스카는 각각 프랑스, 에스파냐, 러시아에서 사들였고,● 텍사스, 캘리포니아 등 서부의 주들은 멕시코, 북아메리카 원주민들과 전쟁을 벌여 빼앗았다.

문제는 새로 얻은 땅에 어떻게 사람들을 이주시킬 것이냐인데, 이것도 유리한 조건이 형성되면서 자연스럽게 해결되었다. 미국이 독립하면서 유럽 각국에서의 이민자가 크게 늘어난 것이다. 새로 이주한 사람들은 기존의 토지 소유주와 경쟁하지 않기 위해 '말뚝만 박으면 내 땅'인 서부로 떠났다. 독립한 지 70년 만에 미국의 인구는 여덟 배로 늘어 3000

● 특히 알래스카를 매입한 것은 큰 논란을 불렀다. 1867년 미국의 국무장관 슈어드는 720만 달러의 헐값에 러시아로부터 알래스카를 매입했는데, 당시에는 쓸모없는 땅이라고 여겼고 심지어 미국 언론은 알래스카 매입을 '슈어드의 바보짓(Seward's folly)'이라고 부르며 비난했다(훗날 그 용어는 관용구가 되었다). 그러나 불과 20년 뒤 알래스카에서 금이 발견되었고, 나중에는 석유와 천연가스, 각종 광물 자원도 발견되었다. 지금은 오히려 알래스카를 팔아넘긴 게 '러시아의 바보짓'이라고 알려져 있다.

만 명을 넘어섰다. 또 19세기 초반 캘리포니아에서 대규모 금광들이 잇달아 발견된 것도 서부 개척을 부추겼다. 1849년에 금광을 찾아 서부로 몰려든 '포티나이너스49ers' 덕분에 드디어 19세기 중반 미국의 서부 경계선은 태평양에 이르게 되었다.

49ers 서부에는 노다지가 있다! 미국 정부에서는 그렇잖아도 서부 개척을 장려해야 할 판인데, 굳이 애쓸 필요가 없었다. 그림은 샌프란시스코의 개천가에서 사금을 줍고 있는 사람들의 모습이다. 이들은 20세기 중반에 인기를 끈 미국 서부영화의 등장인물이 되었고, 오늘날에는 샌프란시스코 프로 축구팀의 이름(포티나이너스)이 되었다.

때마침 유럽에서 불어닥친 산업혁명의 영향으로 미국은 영토만이 아니라 공업도 크게 발달했다. 미국의 철도와 운하, 각종 공업은 단기간에 크게 성장했다. 막상 산업혁명의 주역인 영국은 혜택과 더불어 노동조건의 악화라는 심각한 부작용을 겪었으나 미국에서는 거의 그 혜택만 누렸다. 후발 주자의 이득이었을까? 그러나 그것만은 아니다. 풍부한 노동력이 없으면 산업혁명은 성공할 수 없다. 북부의 산업 노동력은 유럽 이주민들이 충당했지만, 남부의 넓은 평야를 경작하려면 막대한 노동력이 필요했다. 이 노동 수요를 충당해준 것은 바로 아프리카에서 잡아온 흑인 노예였다. 이들은 남부의 대농장에서 식량 생산과 면화 재배에 투입되었는데, 이것은 직간접적으로 북부의 공업 발달에 중요한 역할을 했다.

흑인 노예들을 제외한다면 당시 모든 게 풍요로운 미국에서 불만을 품은 사람은 극소수였으리라. 그러나 북부와 남부의 협력 관계는 오래가지 못했다. 양측의 사회체제는 갈수록 차이가 심해졌다. 북부는 서유럽식 자본주의를 취했고, 남부는 아래쪽의 라틴아

메리카처럼 노예제를 바탕으로 한 대농장 중심 체제였다.●

● 이런 차이는 오늘날 미국의 주 이름에도 흔적을 남겼다. 네바다·콜로라도·뉴멕시코·플로리다 등 남부의 주들은 라틴 계통의 이름이고, 펜실베이니아·뉴욕·버지니아 등 북부의 주들은 영어권 이름이다. 참고로, 그 밖의 주 이름들은 북아메리카 원주민어에서 나온 것들이 많다(오리건·다코타·와이오밍·미네소타·미시간 등).

북부와 남부의 차이가 심화되면서 양측은 사사건건 대립했다. 새로 개척된 서부의 땅을 놓고도 북부는 조그만 구획으로 나누어 이주민들에게 분배하는 정책을 취했는데, 이것은 남부 대농장 소유주의 반발을 샀다. 새로 생긴 서부의 주마다 두 명의 상원의원이 배정되었으므로 남부는 정치적으로 계속 밀리게 되었기 때문이다. 관세 문제에서도 양측의 이해관계가 대립했다. 북부는 국내 공업의 보호를 위해 관세를 높이려 했으나 남부는 면화를 유럽으로 수출하기 위해 낮은 관세를 주장했다.

두 나라로 갈라선다면 모를까, 더 이상 한 나라로 아우르기가 어려워졌다. 적어도 남부는 드러내놓고 말은 못해도 차라리 갈라서기를 원했다. 미국이 생겨난 이후 최대의 위기, 그러나 남부에 비해 인구도 두 배인 데다(더욱이 남부 인구의 3분의 1 이상은 노예였다) 철도, 광산은 물론 산업체의 90퍼센트를 소유하고 있는 북부는 남부의 분립을 용납하려 하지 않았다. 여기에 나폴레옹 전쟁 이후 유럽에서 성장한 인도주의라는 외피가 씌워지면서 북부는 남부에 노예제를 폐지하라고 요구하고 나섰다.

그러나 400만 명의 노예를 거느린 남부에서는 노예가 없으면 당장 모든 게 마비될 형편이었다. 그런대로 북부의 요구를 버텨내던 남부에 드디어 더 이상 견딜 수 없는 상황이 닥쳤다. 노예제에 반대하는 공화당의 링컨이 대통령에 당선된 것이다. 이제 북부의 요구는 인도주의처럼 비공식적인 게 아니라 정식 국가 정책으로

노예무역　노예를 거꾸로 매달고 값을 흥정하는 모습이다. 수세기 동안 서유럽 국가들이 아프리카에서 신대륙으로 수송한 노예의 수는 최대 4000만 명에 달했다. 신대륙에 도착한 노예들은 병에 걸리거나 기후와 환경에 적응하지 못해 무려 3분의 1이 사망했다. '품목'으로 보나 과정으로 보나 노예무역은 가장 참혹한 무역이었다.

구현될 것이다.

사실 링컨은 노예 문제를 과격하게 해결하려는 입장이 아니었고, 다만 '장기적으로' 노예제는 폐지되어야 하지 않겠느냐는 정도의 온건파였다. 그에게는 노예제보다 연방제가 깨지는 것, 즉 미국이 둘로 갈라서는 게 더 큰 걱정거리였다. 그럴 만큼 남부의 반발은 거셌다. 과연 링컨의 바람과는 반대로 일찍부터 분립을 준비하고 있던 남부는 즉각 홀로서기에 나섰다. 1862년 남부의 7개 주는 연방을 탈퇴해 독자적으로 아메리카 연방을 구성했고, 헌법도 별도로 제정했으며, 대통령으로 제퍼슨 데이비스를 선출했다.** 이제 미국은 두 개의 국호·헌법·대통령이 존재하는 두 개의 나라로 나뉘었다. 이 상태가 오래 지속되었더라면 실제로 그렇게 되었을지도 모른다. 그러나 구석에 몰렸다고 생각한 남부가 먼저 도발했다. 1861년 남군이 섬터에 주둔하던 북군의 요새를 공격함으로써 남북전쟁이 시작된 것이다.

양측의 전력으로 보면 이 전쟁의 승부는 보나 마나 뻔했다. 모든 면에서 압도적인 우위에 있는 북부는 남부의 도발을 오히려 환영했다. 그러나 뚜껑을 열어보니 전황은 예상외로 만만치 않았다. 미리 전쟁을 준비해 온 남부는 리Robert Lee를 총사령관으로 삼아 조직적인 작전을 전개했다. 반면 북부는 애초부터 남부를 얕잡아본 데다 수시로 총사령관이 바뀌는 등 지리멸렬했다. 처음에 단기전으로 끝낼 생각이었던 북부는 그제야 전쟁이 장기화되리라는 판단을 내렸다.

2년 가까이 균형을 이루던 형세가 변화하기 시작한 것은 1863년이었다. 그해 1월 링컨은 일방적으로 노예해방을 선언했다. 그렇다고 남부의 노예들이 즉각 환영의 봉기라도 일으키지는 않았으나 그것은 상징적인 조치에 불과한 게 아니었다. 그동안 미국의 내전을 가만히 지켜보던 유럽의 여론이 전쟁의 '선악'을 판단하고 방향을 잡게 되었기 때문이다. 이로써 남부가 내심으로 바라던 영국의 개입은 불가능해졌다.

또한 이 무렵부터 북부는 자신의 장점을 충분히 깨닫게 되었다.

●● 미국의 헌법은 독립 당시 제정된 것이 현재까지도 유지되고 있다(공화국 앞에 번호를 매겨 구분하는 프랑스나 한국과 달리 미국은 여전히 제1공화국인 셈이다). 시대에 따라 변화된 사항은 '수정헌법'이라는 명칭으로 추가된다. 그래서 독립 당시 정해진 주(州)의 탈퇴권이 지금도 유효하다. 예를 들어 텍사스 주가 연방에서 탈퇴해 독립하려면 연방정부의 동의나 허가를 구하지 않고 주민 투표로도 합법적으로 가능하다. 다만 주들은 그 권리를 행사하지 않을 따름이다. 남북전쟁 무렵 남부는 바로 헌법에 보장된 탈퇴권을 행사하려 한 것이었으므로 북부가 법적으로 그것을 막을 도리는 없었다. 그렇게 보면 전쟁은 남부가 시작했어도 북부가 연방을 깨지 않기 위해 도발한 것이나 다름없었다. 만약 전쟁에서 남부가 승리했더라면 연방이 분해되고 미국이 여러 나라로 분립했을지도 모른다. 그랬다면 세계사 전체로 볼 때 훗날 더 좋은 결과를 낳을 수도 있었을 것이다.

순수한 내전 미국의 남북전쟁은 미국이 유럽과 같은 근대적 국민국가를 이루기 위해 반드시 겪어야 할 홍역이나 다름없었다. 유럽에서였다면 당연히 여러 나라가 개입되는 국제전이 되었겠지만, 당시 유럽 세계는 대서양 건너편의 사건까지 개입할 만한 여력이 없었다. 그 덕분에 남북전쟁은 '순수한 내전'으로 전개되었으며, 영어로도 그냥 Civil War(내전)라고 불린다. 그림은 북군과 남군 15만 명이 교전을 벌여 2만 8000명의 사상자를 낸 최대의 격전 게티즈버그 전투다.

그것은 바로 해군력이었다. 북부는 모든 전력에서 앞서 있었으나 그중에서도 해군은 절대적 우위였다. 남부에는 해군이라 할 만한 것이 아예 없었기 때문이다. 북부의 함선들이 남부의 해안을 완전히 봉쇄함에 따라 남부는 면화 수출로가 막혀버렸다. 더욱이 남부의 수도인 리치먼드가 해안에서 수십 킬로미터밖에 떨어져 있지 않았으므로, 제해권을 빼앗긴 것은 전략적으로도 남부에 치명적이었다.

걸핏하면 여론에 밀려 갈아치우던 북군 총사령관도 붙박이가 생겨났다. 북부의 그랜트Ulysses Grant는 1863년 7월 게티즈버그 전투에서 승리를 거둠으로써 북부의 승리를 사실상 결정지었다. 남부는 2년 가까이 더 버티다가 1865년에 마침내 항복했다.

링컨은 전쟁이 끝난 직후 암살당하지 않았더라면 오늘날 그렇게 위대한 대통령으로 남지 못했을 것이다. 그는 실상 노예해방에 그다지 투철한 신념을 지닌 인물이 아닐뿐더러 정치적 리더십도 그리 강력하지 못했다. 설령 그가 살아남아 계속 집권했다 해도, 그가 이야기한 '국민의, 국민에 의한, 국민을 위한 정부'에서 흑인과 여성은 그 '국민'에 포함되지 않았을 가능성이 크다. 해방된 흑인과 여성이 선거권과 시민권을 가지려면 상당한 기간이 더 필요했다(한 가지 재미있는 것은 이때부터 남부는 미국 민주당의 아성이 되었다는 사실이다. 오늘날 공화당에 비해 인종 문제에서 다소 진보적인 입장을 취하는 민주당은 원래 노예제의 남부를 기반으로 출범했다).

전쟁이 가져온 상처는 컸으나, 이주와 독립 당시부터 모두가 고향을 떠나온 똑같은 처지에서 모든 문제를 민주적으로 해결해온 '미국인'들의 전통은 충분히 그 상처를 치유할 수 있었다. 국민국가의 성립을 위해 불가피한 진통이었다는 점에서 본다면 사실 미국의 남북전쟁은 유럽을 얼룩지게 만든 나폴레옹 전쟁에 비해 '성공적인 전쟁'이었다. 이렇게 해서 최종적인 진통을 겪은 뒤 미국은 이후 최단기간에 유럽 열강에 못지않은 강대국의 반열에 오른다. 이제 세계 최강의 자리에 오르는 것은 시간문제다.•

● 남북전쟁 이후 유럽에서는 안정과 번영을 구가하는 미국으로 가는 이민자가 급증했다. 전쟁 전인 1845년 아일랜드의 감자 기근으로 아일랜드계가 대거 미국으로 이주한 데 이어, 전후에는 유럽 각지에서 독일계, 이탈리아계, 폴란드계, 유대계 등 수많은 유럽인이 청운의 꿈을 안고 미국으로 이주했다. 이들이 미국의 번영에 기여한 덕분에 훗날 미국은 '기회의 땅(land of opportunity)', '인종의 도가니(melting pot)' 같은 별명을 얻었다.

32장

완성된 유럽 세계

드러나지 않은 제국

빈 체제 하에서 유럽의 낡은 중심인 오스트리아가 무너지는 동안, 프랑스와 독일이 시민혁명의 혼돈을 겪고 있는 동안, 러시아와 미국이 명암을 달리하면서도 각기 세계열강의 대열에 끼려 애쓸 무렵, 유달리 잠잠한 나라가 하나 있었다. 바로 영국이었다. 17세기에 일찌감치 시민혁명의 홍역을 치른 영국은 18세기에 여러 차례 벌어진 프랑스와의 맞대결에서 승리한 뒤 가장 먼저 산업혁명의 불꽃을 피워 올리고, 19세기부터는 복잡한 대륙의 정세와 어느 정도 거리를 둔 채 고독한 질주를 계속하고 있었다.•• 비록 미국의 독립을 허용했지만 그것은 정치적으로나 경제적으로나 영국에 큰 타격을 입히지는 않았다.

사실 미국을 잃은 것은 차라리 영국의 세계 진출을 위해서는 잘

●● 만약 섬이라는 조건이 아니었다면 17세기 영국의 시민혁명이 성공할 수 있었을까, 18세기 초 막강한 프랑스를 물리칠 수 있었을까, 에스파냐에 뒤이어 전 세계에 식민지들을 거느릴 수 있었을까? 영국은 대륙의 끝자락에 붙은 상당한 크기의 섬이라는 지리적 조건의 덕을 톡톡히 보았다. 그런 점에서 영국과 유사한 것은 동양의 일본이다. 일본 역시 대륙에 가까우면서도 큰 섬이라는 지리적으로 유리한 조건이 있었기에, 고대국가의 성립기인 7~9세기에 중국 당의 선진 문물을 취사선택할 수 있었고, 13세기 세계 제국 몽골의 침략을 막아냈으며, 16세기에는 중국에 도전장을 던졌고, 이후 에도시대를 맞아 번영기를 구가했으며, 나아가 19세기에는 동양 최초이자 유일한 제국주의 열강으로 발돋움했다(물론 그 때문에 주변 나라들은 고통을 겪었지만).

된 일인지도 모른다. 신대륙을 포기할 수밖에 없게 되자 영국은 이후 동양으로 발길을 돌려 인도 식민지를 확고히 다지고 중국에까지 경제적 침략의 손길을 뻗치게 되었기 때문이다. 중국과의 무역에서 처음에 심각한 역조에 시달리던 영국은 아편이라는 '신상품'을 개발하면서 중국 시장을 장악한 다음 청 정부의 반발을 역이용해 군사적으로도 중국을 제압하게 된다. 이것이 1840년의 아편전쟁이다. 본격적인 제국주의 시대는 아직 30년을 더 기다려야 하지만, 이미 동양에서는 '서세동점西勢東漸'이라고 부르는 서구 열강의 제국주의적 침략이 전개되고 있었다.

물론 영국에도 국내 문제가 없었던 것은 아니다. 다만 대륙에서만큼 격렬하게 표출되지 않았고, 또 대륙에서 상대적으로 고립되어 있는 만큼 다른 나라에서 영향을 받는 것도, 영향을 주는 것도 적었을 뿐이다. 문제가 있으면 대립이 생기고, 대립이 생기면 분쟁이 벌어진다. 나폴레옹 전쟁이 끝나면서부터 영국에도 정치 세력들 간의 대립과 마찰이 생겨났다. 그러나 영국에서의 대립은 대륙에 비해 훨씬 온건하고 자연스러웠다. 물론 그 이유는 17세기에 맞아둔 '예방주사'의 덕분이었다. 시민혁명을 겪고 입헌군주제와 의회주의가 확립되어 있었던 영국은 대륙에서처럼 왕과 의회가 사사건건 충돌하는 사태를 겪을 필요가 없었던 것이다.

대륙에서는 의회의 소집이 여전히 가장 큰 쟁점이었지만, 영국

서세동점의 시대　1842년 영국 전함 콘월리스 선상에서 난징 조약이 체결되는 장면이다. 이 조약은 동아시아 최초의 불평등조약으로서 장차 서양의 제국주의 열강이 동양을 어떻게 다룰지를 보여주는 실례이자 전범이 된다. 홍콩이 영국에 할양된 것도 이 조약에서 결정된 내용인데, 그게 150년이나 지나 1997년 7월 1일에야 중국에 반환될 줄은 당시 영국도 중국도 몰랐을 것이다.

에서의 정치적 대립은 오히려 의회를 무대로 이루어졌다. 대립의 양측은 젠트리라고 불리는 지주 계급과 산업혁명으로 힘을 얻은 부르주아지였다. 양측의 1차전은 선거법을 두고 벌어졌다.

산업혁명이 진행되면서 영국 사회는 단기간에 큰 변화를 겪었다. 1780년에 약 1300만 명이던 인구는 50년 뒤인 1831년에는 2400만 명으로 거의 두 배가 되었으며, 특히 도시화가 진척되면서 도시 인구가 눈에 띄게 증가했다. 그러나 의회 선거법은 이러한 변화를 전혀 수용하지 않고 있었는데, 여기서 터무니없는 문제가 생겨났다. 예를 들어 유권자가 349명인 버킹엄 선거구나 4772명인 리즈 선거구나 선출하는 의원의 수는 서로 같았는가 하면, 심지어 산업화에 따른 인구 이동으로 유권자가 격감해 거의 선거구의 구실도 못하는 지역(이것을 부패선거구라고 불렀다)에서도 버젓

이 대표를 선출했다. 당연히 선거법은 일찍부터 개정 대상이었지만 휘그당과 토리당 간의 당리당략 때문에 질질 끌어오던 터였다. 휘그당은 부르주아지를 지지 기반으로 한 반면, 토리당은 지주들을 기반으로 삼고 있었던 것이다. 어느 측이 현상 유지를 꾀했는지는 자명하다.

하지만 1832년 토리당도 더 이상 선거법 개정에 반대만 할 수 없는 상황에 이르렀다. 개정 결과 50개가 넘는 부패선거구는 신흥 공업도시로 옮겨졌고, 유권자 자격(재산 소유)을 완화해 유권자 수가 크게 늘어났다. 이것을 계기로 양당은 아예 자신의 색깔을 당명에 명확히 드러내기로 마음먹었다. 부르주아지의 휘그당은 자유당이 되었고, 지주의 토리당은 보수당이 되었다.

1차전을 승리한 자유주의 세력은 10여 년 뒤에 벌어진 2차전에서도 전통의 지주 세력을 밀어붙였다. 이번의 쟁점은 곡물법이었다. 곡물법의 역사는 무려 12세기까지 거슬러 올라가는데, 기본 골격은 외국으로부터의 곡물 수입을 제한하는 것으로 지주들의 이익을 보호하려는 데 목적이 있었다.* 수백 년간 곡물법은 영국의 경제를 대륙으로부터 보호하는 데 크게 기여했지만, 이제는 사정이 달라졌다. 영국의 경제가 대륙의 경제를 능가하는 수준에 올랐기 때문이다.

곡물법은 영국 내의 곡가를 항상 높은 수준으로 유지했다. 이것은 지주에게 큰 이득이었지만 산업 부르주아지에게는 이중적으로 불리한 요소였다. 곡가가 높으면 노동자의 임금을 낮출 수 없으므로 그 자체로 이윤이 적어질 뿐 아니라 임금 부담으로 공업

* 곡물법도 역시 영국이 대륙에서 지리적으로 분리된 섬이기에 가능한 법이었다. 대륙의 국가라면 아무리 보호관세를 엄격히 적용한다 해도 민간의 유통을 근원적으로 막을 수는 없다. 그러나 영국처럼 섬이라면 물자를 유통하는 데 선박을 이용할 수밖에 없으므로, 국가가 마음만 먹는다면 수출입의 통제를 얼마든지 할 수 있었던 것이다.

제품의 가격이 상승하므로 국내 판매와 수출에서 타격을 입게 되기 때문이다. 더구나 산업혁명 기간에 영국은 곡물 수출국에서 곡물 수입국으로 바뀐 탓에 기존의 곡물법을 계속 유지하다가는 국내 산업이 몽땅 거덜이 날 판이었다.

지주들의 이익은 단기적이고, 부르주아지의 이익은 장기적이었다. 그러므로 계급의 이해관계는 달라도 영국이라는 나라 자체가 취할 노선은 분명했다. 결국 1846년 곡물법이 폐지되면서 부르주아지는 2차전도 승리로 장식했다.•• 유혈 충돌이 아니라 선거에서 연거푸 이긴 것이므로 영국은 대륙에서처럼 피를 흘리지 않고 자유주의의 기치를 드높이 올릴 수 있게 되었다.

그러나 아직 영국의 문제는 한 가지가 더 남아 있었다. 영국의 계급은 지주와 부르주아지의 둘만 있지 않았다. 산업혁명이 키워낸 계급은 부르주아지만이 아니었다. 이미 영국은 완전한 자본주의 체제에 돌입했으므로 자본계급의 성장에 따라 노동계급도 성장했던 것이다. 대륙에서도 자유주의의 문제 이외에 사회주의가 새로운 문제로 대두되었듯이, 지주와 부르주아지의 대립을 비교적 쉽게 해결한 영국에서는 새로이 노동계급의 문제가 떠올랐다.

노동자들은 이미 1832년 선거법 개정부터 불만이었다. 유권자의 자격이 확대되어도 재산이 없는 사람들에게는 전혀 선거권이 주어지지 않았던 것이다. 무산자야말로 노동자의 다른 이름이 아

•• 곡물법을 두고 당시 영국의 경제학자들 간에는 논쟁이 치열했다. 그 대표적인 예가 리카도(David Ricardo, 1772~1823)와 맬서스(Thomas Malthus, 1766~1834)의 논쟁이다. 리카도는 산업 부르주아지의 입장에서 곡물법에 반대했고, 맬서스는 지주의 입장에서 곡물법을 유지해야 한다고 주장했다. 이 논쟁을 통해 두 사람은 초기 경제학의 발전에 크게 기여했는데, 흥미로운 것은 그들을 각각 계승한 경제학이 오늘날까지도 경제학의 두 가지 큰 흐름을 형성하고 있다는 점이다. 리카도의 이론은 마르크스로 이어지면서 오늘날의 정치경제학적 전통을 낳았고, 맬서스의 이론은 한동안 잠자고 있다가 케인스(John Maynard Keynes, 1883~1946)가 부활시키면서 오늘날의 주류 경제학을 낳았다.

혁명을 겪은 나라　차티스트 노동자들이 런던 케닝턴 광장에 모여 있는 모습이다. 대륙은 피를 부르는 혁명의 물결에 휩싸여 있었으나, 영국은 200년 전에 시민혁명의 '예방주사'를 맞아놓은 덕분에 노동자들의 행동마저 그리 급진적으로 표출되지 않았다. 영국의 근대사를 타협과 합의의 역사라고 부르는 이유를 말해준다.

니던가? 그래서 노동자들은 독자적으로 정치적 권리를 쟁취하기 위해 1839년 무려 128만 명의 서명으로 의회에 보통선거권을 요구하는 국민청원을 보냈다. 당시 그들이 제출한 청원 문서는 인민헌장People's Charter이었으므로 여기서 차티스트 운동이라는 이름이 나왔다(charter의 라틴어는 카르타carta인데, 13세기의 마그나카르타는 영어로 Great Charter가 된다).

그러나 그 시도는 보기 좋게 실패했다. 정작으로 부르주아지의 힘을 늘려준 것은 노동자들인데, 막상 권력을 얻은 부르주아지는 더 이상 참정권을 확대하는 것에 반대하고 나섰으니 노동자들로서는 기가 찰 노릇이었다. 3년 뒤인 1842년에는 서명 인원을 거의 세 배로 늘려 다시 국민청원을 했으나 결과는 마찬가지였다.

희한한 것은 그래도 노동자들은 혁명적으로 나아가지 않고 의회 청원에만 의지했다는 점이다. 1848년 500만 명이 넘는 서명을 얻어 다시 국민청원에 나섰다가 실패한 이후 차티스트 운동은 점차 약화되었다. 대륙과 달리 사태가 이 정도로 무마되는 것은 지극히 '영국적인' 특징이다. 그만큼 당시 영국에 제도로서의 민주주의가 확고히 안착했다는 증거다.

지주와 부르주아지의 대결에서도 그랬듯이, 부르주아지와 노동자의 대결에서도 역시 대립과 충돌보다는 타협과 합의가 앞섰다.* 차티스트 운동은 비록 실패했지만 그 이념은 단계적으로 꾸준히 '제도권' 내에 수용되었다. 이후 선거권은 점차 확대되어 19세기 말에는 마침내 노동자들의 선거권이 보장되었고, 20세기 벽두인 1906년에는 자유당의 간판을 내리고 부르주아지와 노동계급을 함께 대변할 것을 표방하는 노동당이 성립했다. 그와 더불어 영국에서는 의회와 내각이 앞장서서 자유주의 개혁을 실시하는, 대륙에서는 유례를 찾아볼 수 없는 과정이 전개되었다.

차티스트 운동을 끝으로 국내 문제를 일단락지은 뒤부터 영국은 본격적인 세계 진출의 길로 나서게 된다. 그전까지도 영국의 자본주의는 먹이를 쫓는 하이에나처럼 시장을 찾아 끊임없이 돌아다니고 있었으나, 이

* 17세기 명예혁명 이후 영국인들은 마치 피를 보지 않기로 합의한 듯하다. 그래서 흔히 영국 근대사를 타협과 합의의 정치로 부른다. 하지만 그것은 영국인들이 원래 평화로운 민족이기 때문은 아니다. 가장 큰 요인은 일찌감치 의회민주주의가 자리를 잡았다는 데 있다. 가장 급진적이어야 할 노동자들의 움직임이 의회 청원의 정도로 표출되었다는 것 자체가 이미 그동안 쌓인 의회민주주의의 두께를 보여주는 사실이다. 그러나 차티스트 운동이 실패한 데는 당시 영국의 자본주의가 절정에 달해 있었다는 점도 무시할 수 없을 것이다. 실제로 19세기 초반 자본주의의 큰 그늘을 이루었던 영국 노동자들의 열악한 노동조건과 생활은 중반부터 크게 개선되기 시작했다. 신자유주의의 용어로 말하면 낙수효과(trickle-down effect)에 해당하는데, 물론 선진 자본주의였기에 가능한 현상이다.

제부터는 제국주의라는 새로운 옷으로 갈아입고 전 세계를 대상으로 식민지 개척에 나선 것이다. 이 무렵의 왕이 빅토리아 여왕 Victoria(1819~1901, 재위 1837~1901)이었기에 이 시기를 흔히 빅토리아 시대라고 부르지만, 왕이 아니라 의회와 내각이 그 시기를 이끌었으므로 그냥 상징적인 이름이라 해야 할 것이다(물론 '승리'라는 뜻의 여왕 이름이 영국의 성공을 상징하는 의미는 있겠다).

대륙의 서열 짓기

대내 안정과 대외 팽창이 순조롭게 연결된 영국과 달리 대륙에서는 여전히 진통이 계속되었다. 독일과 프랑스는 똑같이 1848년의 혁명을 겪었다. 두 나라는 혁명이 실패했으나 그로 인해 지배층이 자유주의 개혁의 숙제를 떠안게 된 것도 똑같았다. 그러나 그 뒤의 사정은 서로 판이하게 달라진다. 그 이후 100년 동안, 나아가 오늘날까지 이어지는 독일과 프랑스의 특성은 바로 그 무렵에 뚜렷이 나타난다. 단적으로 말해 두 나라의 차이는 자유주의 세력의 차이에서 비롯되었다.

원래부터 힘이 약한 독일의 자유주의 세력은 혁명이 실패하자 곧바로 몰락했고, 자유주의 개혁의 총대는 자연스럽게 프로이센 정부가 매게 되었다. 프리드리히 빌헬름 4세는 프랑크푸르트 국민의회가 바치는 제관을 거절했지만, 두 가지 조건 중 하나만 충족되었어도 덥석 받지 않았을까 싶다. 즉 거기서 자유주의라는 포장지만 떼어내거나 프랑크푸르트 의회가 아닌 독일 전체의 의회(물론 그런 것은 존재하지 않았지만)가 제안하는 제위라면 그로서도 거부할 이유가 없었을 것이다. 의회 자체가 자유주의의 산물이므로 앞의 조건은 어쩔 수 없다 해도 뒤의 조건은 가능하다. 독일을 한 국가로 통일하면 되니까. 그러나 오스트리아의 간섭으로 그는 결국 독일의 통일을 보지 못하고 죽었다.

그의 동생으로 프로이센 왕위에 오른 빌헬름 1세Wilhelm I (1797~1888, 재위 1861~1888)는 처음부터 형의 숙원인 통일을 이루기 위해 힘을 집중했다. 군인 기질이 농후한 그는 무력을 근간으로 통일을 이루려 했다. 자연히 군사력 증강이 최우선 과제로 대두되었고, 그에 따른 경비가 많이 필요했다. 그러나 3월 혁명으로 탄생한 프로이센 의회는 여전히 왕권을 견제하려 했다. 게다가 1850년대의 경제 활황으로 자유주의 세력의 입김은 더욱 커지고 있었다. 의회의 반대에 맞닥뜨린 빌헬름은 교묘한 해결책을 고안했다. 왕의 독재는 피한다. 그 대신 왕과 뜻을 같이하는 내각을 구성한다. 이게 그의 방책이었다. 그런 의도에서 1862년에 총리로 임명된 비스마르크Bismarck(1815~1898)는 빌헬름보다 한술 더 뜨는 보수적이고 호전적인 인물이었다. 오죽하면 별명이 철혈재상이었을까?

19세기 유럽의 민족주의는 당시로서는 진보적인 이념이었으며, 주로 자유주의 정치가들이 그 이념을 받아들였다. 그런 점에서 비스마르크는 좀 묘하다. 보수주의를 정치적 신조로 가지고 있으면서도 현실 정치에서는 민족주의를 추종했기 때문이다. 그는 젊은 시절 러시아와 프랑스의 대사를 지내면서 유럽 각국의 민족주의적 분위기를 접한 뒤 프로이센을 중심으로 하는 독일의 통일이 반드시 필요하다는 점을 실감하고 있었다.

보수주의와 민족주의가 결합하면 배타적·호전적 민족주의가 된다.* 유럽의 정치적 후진국 독일을 가장 빨리 발전시키는 길은 군사 대국으로 성장하는 길이라고 믿은 비스마르크의 이념이 바로 그것이었다(물론 그렇지 않았다면 빌헬름이 그를 등용하지도 않았겠지만). 총리가 되어 전권을 장악한 그의 앞에는 안팎의 장애물이 있었다. 독일이 유럽 열강과 어깨를 나란히 하려면 우선 통일을 이루어야 한다. 그런데 독일의 통일을 저해하는 세력은 바로 프랑스와 오스트리아다(바깥의 장애물). 이들을 물리치려면 강력한 군대가 필요하다. 그런데 군대 증강을 반대하는 세력은 바로 프로이센의 의회다(안의 장애물). 이런 형세 판단에서 그는 행동 지침을 만든다.

* 근대국가를 먼저 이룬 게 영국과 프랑스인 만큼 이런 민족주의를 뜻하는 말은 영어와 프랑스어에 모두 있는데, 둘 다 19세기에 생겼다. "We don't want to fight but by Jingo if we do(우리는 싸우고 싶지 않지만 싸워야 한다면 결단코 싸우겠다)!"는 말에서 영어의 징고이즘(jingoism)이 나왔고, 나폴레옹을 신처럼 숭배한 프랑스 병사 쇼뱅의 이름에서 프랑스어의 쇼비니즘(chauvinism)이 나왔다. 둘 다 호전적 민족주의를 가리키는 용어다. 애국심은 좋은 것이고 민족주의는 나쁜 것이지만 실은 한 끗 차이이다. 그래서 현대 독일의 어느 정치인은 양자를 이렇게 구분했다. "애국심은 자기 나라를 사랑하는 것이고, 민족주의는 남의 나라를 경멸하는 것이다."

우선 안의 장애물, 이건 일단 무시한다. 프로이센의 자유주의자들은 급진적인 언행을 일삼으면서도 혁명으로 나아가지는 않으리라는 게 비스마르크의 판단이었고, 그것은 옳았다. 그래서 그는 의회의 반대를 무릅쓰고 군제 개혁을 강행했다. 우선 병사들을 장기 복무시키고 직업군인의 비율을 늘렸다. 그리고 장비를 대폭 강화하고 군사훈련을 철저히 하는 한편 병영 생활을 통해 엄격한 기강과 복종의 정신을 함양했다(이후에 유행하는 '독일 병정'이라는 말은 바로 여기서 나왔다). 이런 과정을 통해 100년 전 프리드리히 2세 시절 강력한 군대의 전통을 가지고 있었던 프로이센군의 위용이 금세 되살아났다.

군사력에 어느 정도 자신감이 생기자 비스마르크는 프랑스에

19세기의 독일 병정　덴마크를 공격하는 프로이센군의 모습이다. 100년 전 프리드리히 대왕이 갈고 닦은 프로이센군은 비스마르크 시대의 2차 연마를 통해 유럽 최고의 육군으로 자라났다. 시민혁명의 부재와 강력한 군대라는 부조화는 20세기까지도 독일을 덩치만 크고 인지는 덜 발달한 청소년처럼 불균형한 국가로 만들었다.

비해 상대적으로 약한 오스트리아를 먼저 공략하기로 했다. 그런데 그 방법이 좀 묘했다. 1864년 프로이센은 덴마크가 홀슈타인(독일 북부, 덴마크 접경지대에 있던 지역의 옛 명칭)을 제멋대로 합병하자 오스트리아와 동맹을 맺고 덴마크를 제압했다. 오스트리아는 아직 자신이 프로이센의 진정한 과녁인 줄을 모르고 있었다. 그런 다음 비스마르크는 러시아와 프랑스, 이탈리아로부터 차례로 중립을 약속받은 뒤 1866년 오스트리아를 공격해 사도바에서 대승을 거두었다. 외교와 전쟁의 절묘한 조합이었다. 이로써 오스트리아는 프로이센 중심의 독일 통일에 대해 아무런 발언권도 행사하지 못하게 되었다.

그러고 나서야 비스마르크는 4년간 무시해온 의회에 출두해 추후 승인을 요구했다. 자유주의자들은 뭐라 말하고 싶었지만 눈앞의 성과에 할 말이 없었다(비스마르크가 의회와 정면 대결을 벌인 것을 '철혈정책'이라고 하는데, 철혈재상이라는 별명은 여기서 나왔다). 프로이센에서는 이제 의회만이 아니라 전 국민이 비스마르크를 지지하게 되었다. 이로써 안의 장애물은 완벽하게 제거되었다. 남은 것은 바깥의 대적, 프랑스다.

한편 프랑스의 상황은 프로이센과 정반대였다. 프로이센에서와 달리 혁명적인 프랑스의 자유주의자들은 막강한 정치적 힘을 과시했다. 루이 나폴레옹이 황제 나폴레옹 3세가 되면서 프랑스는 제정으로 바뀌었으나 자유주의자들의 입김이 워낙 강해 황제는 거의 입헌군주나 다름없는 처지였다. 프로이센의 진출을 경계한 나폴레옹 3세는 프로이센처럼 군제 개혁을 하려 했으나 의회의 반대에 부딪혀 진전을 보지 못했다(바로 이 점이 독일과 프랑스의 차이다). 프랑스의 군대는 돈으로 징용을 면제받는 제도가 있을 정도였으니, 의무 장기병제를 도입한 프로이센과는 비교도 되지 않았다. 더구나 군대는 안정과 번영을 바라는 프랑스 부르주아지에게서 공공연한 멸시까지 당하는 판이었다.

전쟁의 꼬투리는 외부에서 발생했다. 1870년 에스파냐에서는 혁명으로 공석이 된 왕위에 프로이센 왕가인 호엔촐레른 가문의 왕자를 앉히려 했다. 안 그래도 프로이센을 경계하고 있던 나폴레옹 3세가 강력히 반대했는데(18세기 초 에스파냐 왕위 계승과는 정반대의 상황이다), 사건은 여기서 꼬여버렸다. 기회를 잡았다고 여긴 비스마르크는 엠스 온천장에서 휴양 중이던 프로이센 황제에게 프랑스 대사가 결례를 했다고 대대적인 선전을 했고, 자존심이 잔뜩 상한 프로이센 국민은 프랑스에 대한 노골적인 적개심을 드러냈다. 화가 난 나폴레옹 3세는 앞뒤를 재지 못하고 1870년 7월에

항복하는 황제　프로이센의 빌헬름 1세(왼쪽)에게 항복하는 나폴레옹 3세(오른쪽)의 모습이다. 그림에서는 제법 여유가 있어 보이지만, 나폴레옹은 먼저 선전포고까지 하고서도 적에게 포로로 잡히는 굴욕을 당해야 했다(당시 빌헬름은 일흔셋, 나폴레옹은 예순둘의 노인이었다). 이후 그는 프랑스가 프로이센에 패전한 뒤 영국으로 망명해 재기를 노렸으나 끝내 꿈을 이루지 못하고 망명지에서 죽었다.

먼저 선전포고를 했다. 이리하여 역사에 프랑스-프로이센 전쟁이라고 알려진 전쟁이 시작되었다(보통 전쟁의 명칭은 먼저 공격한 측을 앞에 붙이므로 프랑스가 앞에 있지만 실은 프로이센이 도발한 전쟁이다).

프랑스로서는 의회가 지지하지 않는 전쟁을 황제가 독단으로 결정한 셈이 되었고, 프로이센으로서는 '군관민 일체'가 전쟁을 바라고 있는 가운데 먼저 선전포고를 당했다는 명분까지 얻었다. 승부는 여기서 이미 결정되어 있었고, 비스마르크는 승리를 확신하고 있었다. 선전포고를 했다는 게 무색하게도 개전 직후부터 프랑스는 연패를 거듭했다. 오히려 프랑스군은 프랑스 영내에 있는 메스에서 프로이센군에 포위되었다. 이를 구하러 나폴레옹 3세가

제국의 탄생　독일이라는 이름은 무척 익숙하지만 땅 이름이 아니라 나라 이름이 된 것은 1871년의 일이다. 지도는 신생 제국 독일의 영토인데, 프로이센이 중심이었던 탓에 남독일까지 아우르지 못한 것을 보여준다.

직접 군대를 이끌고 달려갔으나 구하기는커녕 스당에서 적군의 포로가 되어 항복하고 말았는데, 선전포고를 한 지 두 달도 지나지 않은 시점이었다.

황제가 항복했다는 비보가 파리에 전해지자 프랑스 측은 그제야 비로소 전쟁 준비를 시작했다. 프랑스 의회는 서둘러 제정의 종식을 선언했고, 새로 구성된 임시정부는 역사상 세 번째 공화정을 선포했다. 그러나 이미 전황은 기울어졌고, 프랑스로서는 공격전이 아니라 '항전'을 벌이는 처지였다. 이미 프랑스군의 주력을 격파한 프로이센군은 거침없이 전진했다. 10월까지 메스와 스트라스부르 등 프랑스 동부 지역 요새는 전부 프로이센에 함락되었고, 곧이어 수도 파리도 포위되었다.

조국이 위기에 처했다는 구호가 다시 등장한 것은 바로 이때였다. 프랑스 혁명기 외국의 간섭을 막아낸 프랑스 국민들은 임시정부가 프로이센과 굴욕적인 강화를 맺는 방향으로 노선을 바꾸자 거세게 반발했다. 특히 프로이센군에 포위된 파리의 시민들은 임시정부를 부정하고 자체 정부를 구성하기로 했다. 그 결과로 유명한 파리 코뮌Paris Commune이 성립되었다.

그러나 프랑스는 정부와 의회, 국민의 움직임 모두가 프로이센보다 한 박자씩 늦었다. 정부는 미리 군대를 증강하지 못했고, 의회는 개전 후까지도 전쟁을 반대했으며, 국민들은 뒤늦게 애국심을 발휘했다. 임시정부마저도 적으로 내몬 상황에서(임시정부는 베르사유 궁전으로 가서 새로 베르사유 정부를 구성했다) 파리 시민들은 1871년 3월 28일 파리 코뮌을 이루고 2개월간 버텼지만 결국 베르사유의 정부군에 의해 무참히 진압되고 말았다.•

전쟁의 승리로 프로이센은 프랑스로부터 50억 프랑의 막대한 배상금을 받았고 알자스-로렌 지방을 얻었다. 그러나 그보다 더 큰 수확은 마침내 독일의 통일을 이루었다는 사실이다. 프로이센의 실력을 목격한 독일 내의 영방국가들은 제 발로 프로이센이

• 비록 존속 기간은 짧았으나 파리 코뮌은 역사상 처음으로 노동자를 비롯한 소시민층이 자체 정부를 구성한 의의를 지닌다. 엄중한 상황에서도 코뮌 정부는 노동자의 권익을 보호하고 빈곤 시민들의 생활 향상을 위한 각종 개혁 조치를 쏟아냈다. 마르크스가 파리 코뮌을 이상적인 사회주의 공화국으로 규정한 이래 마르크스주의자들은 코뮌의 역사적 경험을 20세기 러시아 혁명에 선행하는 최초의 프롤레타리아 독재로 높이 평가했다. 그러나 역사적 의의와 달리 파리 코뮌은 참담하게 진압되었다. 5월 21일 베르사유 정부군은 파리 진입을 감행해 5월 28일까지 코뮌 치하의 파리 시민 약 3만 명을 학살했다. 이것을 '피의 일주일'이라고 부른다.

영도하는 독일제국에 합류했다. 프로이센은 발전적으로 해체되었고, 프로이센 왕 빌헬름 1세는 총리 하나 잘 둔 덕분에 1871년 독일제국의 초대 황제로 등극할 수 있었다. 그것도 적지의 한복판인 베르사유 궁전에서.

통일에 몸 바친 두 사람

프랑스-프로이센 전쟁으로 독일이 통일을 이루면서 대륙 중심부의 국제 질서는 다시금 안정을 찾았다. 프랑스는 패전의 충격으로, 또 독일은 '신생국'에 따르게 마련인 혼란으로 내부가 불안정했지만, 적어도 전쟁으로 비화할 만한 국제적 분쟁거리는 사라졌다. 이제 교통정리가 필요한 곳은 르네상스 이후 내내 몰락의 길을 걸으면서 서유럽의 중심에서 변방으로 전락한 이탈리아다.

빈 회의의 결과로 오스트리아의 지배가 복귀하면서 이탈리아는 예전처럼 다시 오스트리아의 세력권인 북이탈리아와 시칠리아 왕국이 들어서 있는 남이탈리아로 나뉘었다(중부에는 여전히 교황령이 있었으나 교황의 권력과 더불어 추락해 약간의 영토만 남아 있을 뿐 현실적인 영향력은 없는 상태였다). 그러나 전통적으로 외국의 지배를 받은 데다 자치도시로 분립된 북이탈리아나 에스파냐 왕실의 간섭을 받았던 시칠리아나 이탈리아의 주인이 되기에는 힘이 부쳤다. 이런 상황에서 새로운 구심점으로 떠오른 것은 지중해의 섬 사르데냐였다.

프랑스와 독일을 휩쓴 1848년 혁명의 소용돌이가 채 가시지 않은 1849년에 사르데냐의 왕위에 오른 비토리오 에마누엘레 2세

Vittorio Emanuele II(1820~1878, 재위 1843~1861)는 사르데냐가 이탈리아 통일의 중심이 되어야 한다고 생각했다. 그의 첫 번째 치적은 성직자의 특권을 제한하는 법적 조치였는데, 여기서 보듯이 그는 처음부터 자유주의 개혁의 기치를 높이 들고 이탈리아 자유주의자들의 구심점을 표방하고 나섰다. 당연히 오스트리아의 비위를 거스를 수밖에 없었으나, 다행히도 오스트리아는 3월 혁명의 수습에 여념이 없는 상황이었다. 사르데냐로서는 힘을 배양할 절호의 기회였다.

이탈리아 최초의 국왕　에마누엘레는 카보우르와 가리발디라는 두 건국 영웅 덕분에 로마 시대 이후 이탈리아 역사상 최초의 국왕이 되는 영예를 누렸다. 게르만 계통의 다른 민족들이 로마의 유산을 물려받아 각기 나라를 세운 것에 비하면 1000년이나 늦은 시점이다.

에마누엘레의 두 번째 치적은 카보우르Camillo Benso Cavour(1810~1861)를 총리로 기용한 것이다. 귀족 출신의 자유주의자에다 외국에 체재한 경험이 많고 군대와 언론인 경력까지 골고루 갖춘 카보우르는 약소국의 처지에서 통일의 중심으로 발돋움하려는 사르데냐에는 절실하게 필요한 인물이었다. 그는 무엇보다 우선 사르데냐의 국력을 키우는 게 급선무라고 보고, 농업과 공업을 진흥시키는 한편 자유 무역 체제를 정착시키고 군대를 육성했다.

군대의 쓰임새는 곧 생겨났다. 때마침 크림 전쟁이 터진 것이다. 사르데냐의 국력으로는 크림 전쟁에 참전하는 게 무리였으나, 사르데냐를 유럽의 국제사회에 널리 알리는 게 중요하다고 판단한 카보우르는 의회의 반대를 무릅쓰고 군대를 흑해로 파견했다. 그 덕분에 그는 승전국 자격으로 파리 강화회의에 참석해 이탈리아의 상황을 국제적으로 홍보할 기회를 얻었다.

그러나 카보우르의 모든 작업은 터를 닦기 위한 것일 뿐이었다. 무엇을 위한 터일까? 물론 이탈리아의 통일이다. 카보우르의 정책은 이탈리아 자유주의 세력의 지지를 얻었고, 군대 육성은 장차 통일 전쟁을 위해 반드시 필요했으며, 크림 전쟁에 참전한 것은 오스트리아에 반대하는 프랑스를 우방으로 삼는 성과를 올렸다. 이것을 밑천으로 카보우르는 1859년에 나폴레옹 3세와 밀약을 맺고 오스트리아를 상대로 통일 전쟁을 시작했다. 프랑스군의 지원으로 사르데냐군은 마침내 오스트리아를 물리치고 롬바르디아를 획득할 수 있었다. 하지만 지나친 복은 화를 부르는 법, 사르데냐의 세력이 커지는 것에 경계심을 품은 나폴레옹 3세는 사르데냐를 배신하고 오스트리아와 단독 휴전을 맺었다.

다 된 밥에 프랑스가 재를 뿌린 탓에 카보우르는 일단 총리직을 사임했다. 그러나 사태의 해결책은 그가 뿌려놓은 씨앗에서 자라났다. 나폴레옹의 배신은 오히려 이탈리아 자유주의 세력을 총궐기시키는 결과를 가져왔던 것이다. 카보우르는 재빨리 다시 내각을 구성하고, 니스와 사부아를 프랑스에 내주는 조건으로 중부 이탈리아까지 획득했다(오늘날 이탈리아와 프랑스의 경계선이 결정된 것은 바로 이 순간이다).

이제 남은 부분은 남부의 시칠리아 왕국으로서, 원래 이 지역은 워낙 오래전부터 이탈리아와 분리된 역사를 가진 탓에 사르데냐가 영향력을 행사하기는 어려운 곳이었다(로마 시대 이후로 남이탈리아와 시칠리아는 중·북부 이탈리아와 별개의 역사를 꾸려왔다.(1권 420쪽의 주 참조). 그러나 시대는 인물을 낳는다. 여기서 또 한 명의 영웅 가리발디Giuseppe Garibaldi(1807~1882)가 등장한다. 젊은 시절

1830년의 해방 전쟁에도 참전한 바 있는 그는 1000명의 의용군으로 편성된 붉은 셔츠단Camicie rosse을 이끌고 시칠리아와 나폴리를 점령해 사르데냐의 에마누엘레 왕에게 바쳤다. 가리발디는 원래 공화주의자였으나 이탈리아 통일이라는 대의를 위해 개인적 신념을 버렸던 것이다(이미 유럽은 민족주의가 그 어느 것보다 우선시되는 상황이었다).•

카보우르와 가리발디의 문무에 걸친 완벽한 합작으로 마침내 1861년 이탈리아 왕국이 세워졌고, 에마누엘레는 초대 왕위에 올랐다. 로마가 멸망한 이후부터 근대 초기에 이르기까지 유럽 문명의 중심지였던 이탈리아에 비로소 처음으로 나라다운 나라가 세워진 것이다. 이렇게 어렵사리 그려진 용의 그림에 눈을 찍어준 것은 프랑스였다. 가톨릭의 심장인 로마만큼은 어떻게든 사수하려던 프랑스가 1870년 프로이센과의 전쟁에서 패배하고 철수함으로써 이탈리아 왕국은 피렌체에 있던 수도를 로마로 옮길 수 있게 된 것이다. 이것으로 이탈리아는 로마 제국 이후 1500년 만에 다시 반도 전체를 통일했다.

• 원래 가리발디는 사르데냐가 주도하는 통일 운동에 반대했고, 외세에 의존하려 한 카보우르의 정책에도 반대했다. 그래서 그는 나폴리를 정복한 다음 로마까지 점령해 제헌의회를 소집하고자 했다. 그러나 이를 알아차린 카보우르는 재빨리 사르데냐군을 남하시켜 가리발디군을 막았다(그는 가리발디가 로마를 침공할 경우 프랑스가 거세게 반발하리라고 판단했던 것이다). 자칫하면 통일도 이루기 전에 내전이 일어날지도 모르는 상황에서 가리발디는 자신의 뜻을 꺾고 카보우르와 통합했다.

33장

제국 없는 제국주의

폭풍 전야의 유럽

독일과 이탈리아가 통일을 이룸으로써 유럽의 판도는 다 짜였다. 이는 다시 말해 유럽 내에서는 이제 영토 분쟁의 여지가 완전히 사라졌다는 뜻이다. 그럼 1870년대의 시점에서 유럽 각국의 위상을 간단히 정리해두는 게 좋겠다. 이 무렵이면 이미 오늘날 유럽의 구도가 거의 다 드러나 있다.

우선 영국은 경제적으로나 군사적으로나 명실상부한 유럽 최강국이자 세계 최강국이 되었다. 그런데 흥미로운 것은 리더의 지위에 올랐으면서도 영국은 유럽의 국제 질서에 대한 조정자의 역할을 하지 않으려 했다는 점이다. 영국은 19세기 후반 대륙에서 어지러이 펼쳐지는 외교전—비스마르크가 항상 그 중심에 있었기에 이것을 비스마르크 체제라고 부른다—에 전혀 개입하지 않았다. 그도 그럴 것이, 당시 영국은 일인자의 고유한 장점을 마음껏 누리고 있었다. 이합집산, 합종연횡 따위는 남의 도움이 절실한 처지에 있는 나라에나 필요한 것이지 영국으로서는 필요가 없었다. 영국의 그런 도도한 위치를 '영광의 고립splendid isolation'이라고 부른다. 하지만 영국은 유럽 어느 나라와도 맺지 않은 동맹을 1902년 아시아의 신흥 제국주의 국가인 일본과 맺었다. 일본과의 동맹이 필요했다기보다는 일본을 파트너로 정해 유럽의 이해관계에서 먼 동아시아를 맡긴다는 의도였을 것이다.

독일과 이탈리아, 에스파냐에서 공화정을 수립하려는 시도가 모조리 실패로 돌아가면서 프랑스는 유럽에서 유일한 공화국으로 남게 되었다.• 대륙 전통의 대명사인 프랑스가 유일한 공화국이라는 사실은 역사의 아이러니라 할 수 있겠지만, 거꾸로 보면 역사적으로나 지리적으로나 유럽 문명의 중심이라는 위치에 있었기에 그런 결과가 생겨났을 것이다(그만큼 외국의 간섭을 많이 받았고, 또 그만큼 변동이 잦을 수밖에 없었으니까). 어쨌든 프랑스는 20세기 초까지 공화정에 따르는 여러 가지 문제로 계속 몸살을 앓아야 했다. 당시 프랑스는 가장 보수적인 가톨릭에서부터 가장 진보적인 사회주의에 이르기까지 각종 이념의 홍수 속에서 좀처럼 안정을 이루지 못했다. 하지만 프랑스가 공화국이라는 사실은 20세기 들어 유럽 여러 나라가 공화정을 택하는 전례가 된다.

독일과 이탈리아는 프랑스와 더불어 역사적으로 유럽 문명의

• 전통의 프랑스가 공화국이라는 것은 유럽의 지식인들에게도 아주 흥미로운 사실이었다. 예를 들어 19세기 말부터 20세기 초까지 논리실증주의라는 철학 사조를 이룬 철학자들은 "프랑스 왕은 대머리다."라는 문장을 예문으로 삼아 논리를 따지기도 했다. 프랑스에는 왕이 없다. 따라서 이 문장은 전제부터 잘못이므로 틀린 문장이라는 이야기다. 프랑스가 전통의 강국이 아니었다면, 혹은 공화국이 아니었다면, 혹은 프랑스 외에 공화정을 택한 나라가 또 있었다면 이런 예문은 생기지 않았을 터이다.

박람회의 계절　산업혁명의 성과는 박람회로 대중 앞에 나타났다. 위쪽은 1851년 세계 최초로 열린 런던 박람회의 모습이고, 아래쪽은 그에 뒤질세라 4년 뒤에 프랑스가 개최한 파리 박람회의 모습이다. 당시로서는 최첨단의 공업 제품들, 오늘날 자동차 전시회에 비견되는 각종 마차, 심지어 카누까지 전시된 것이 보인다.

심장이었으면서도 뒤늦게 통일 국가를 이룸으로써 장차 커다란 문제로 자라날 씨앗을 품게 되었다. 곧이어 보겠지만, 19세기 초부터 영국과 프랑스는 물론 네덜란드와 신흥국인 미국까지 해외 식민지 개척에 열을 올리고 있는 상황에서 뒤늦게 이 부문의 경쟁에 뛰어든 독일과 이탈리아는 자연히 '판을 깨려는' 시도를 하지 않을 수 없었다. 이 시도는 20세기 들어 대규모 전쟁으로 터져 나오게 된다. 게다가 두 나라는 다른 나라들에 비해 시민사회의 전통과 역사가 짧기 때문에 쉽게 군국주의화할 가능성이 있었는데, 이는 20세기에 파시즘이라는 형태로 표출된다.

스칸디나비아 3국(덴마크·스웨덴·노르웨이)은 어떤 의미에서 유럽의 오지이기 때문에 행복했던 나라들이다. 17세기 이후 이 나라들은 서유럽 역사에서 한몫을 담당하기 위해 애써왔으나 힘이 부쳐 계속 실패했다. 하지만 그들로서는 오히려 그게 다행이었다. 서유럽 국가들의 별다른 간섭을 받지 않으면서 그들에게서 선진 문명을 수입하고 독자적인 역사를 전개할 수 있었기 때문이다. 비록 18세기부터 러시아에 발트 해의 제해권을 빼앗기고 나폴레옹 전쟁 때는 프랑스에 점령당하는 등 약소국의 아픔은 있었으나, 서유럽이 시민혁명의 몸살을 앓던 19세기에 스칸디나비아 3국은 착실히 국력을 키워 장차 20세기에 복지국가의 모델로 떠오를 준비를 갖추었다. 다만 노르웨이는 그중에서도 더 약소국이어서 18세기까지는 덴마크, 19세기에는 스웨덴의 지배를 받다가 1905년에야 독립을 이루게 된다.

네덜란드와 벨기에는 영토의 규모에 비해 세계사적인 족적을 많이 남긴 나라들이다. 강대국들의 틈에 끼어 있어 유럽 무대에서는 별다른 역할을 하지 못한 이 나라들은 19세기 중반부터 영국

자유주의와 그 적들　문예사조로 볼 때 낭만주의와 사실주의는 자유주의와 밀접한 진보적인 사조였다. 그림은 프랑스의 사실주의 화가 쿠르베의 작품 〈화가의 아틀리에〉다. 한가운데 화폭 앞에 앉아 있는 쿠르베 자신을 기준으로 오른쪽의 인물들은 그의 사상적 친구들이고, 왼쪽은 그의 적이자 시대의 적 들이다. 오른쪽 끝에서 책을 읽는 사람은 시인 보들레르, 의자에 앉아 있는 사람은 소설가 샹플뢰리이며, 서 있는 사람들 중에는 사회주의자 프루동이 있다. 왼쪽 끝의 의자에 앉은 사람은 나폴레옹 3세를 상징하는 인물이다.

과 더불어 해외 식민지 경쟁을 주도했다. 네덜란드야 원래 해외 진출에서 영국보다도 선배였으나, 1830년 프랑스 7월 혁명의 영향으로 뒤늦게 독립을 이룬 벨기에는 네덜란드와 나누어가진 플랑드르 전통의 저력에다 중립국의 신분을 십분 활용해 단기간에 식민지 개척에서 빛나는 성과를 올리게 된다. 오늘날 두 나라와 함께 베네룩스 3국을 이루는 룩셈부르크는 빈 회의에서 대공국으로 격상되었으나 독일 연방에 속하다가 19세기 중반에 독립을 이루었고, 프랑스와 프로이센의 완충지대인 탓으로 중립을 보장받았다.

애국적 만화　1870년 무렵 프랑스의 어느 만화가가 그린 시사만평이다. 유럽의 지도를 이용해 당시의 국제 정세를 풍자하고 있다. 프로이센이 프랑스를 향해 탐욕스럽게 돌진하는데, 영국과 에스파냐, 이탈리아 등 서유럽 국가들은 못 본 체 외면하고 있다. 그 밖에 전통적인 곰으로 묘사되어 있는 러시아, 클레오파트라로 그려진 이집트, 이교도의 티가 물씬 풍기는 오스만 제국 등의 모습이 흥미롭다.

19세기 중반 자유주의의 물결은 가톨릭의 총본산인 에스파냐도 뒤흔들었다. 에스파냐의 여왕 이사벨 2세(1830~1904, 재위 1833~1868)는 자유주의를 탄압하는 반동적인 정책으로 일관하다가 1868년에 혁명으로 쫓겨났다(앞에서 본 것처럼 이 왕위 계승 문제가 프랑스-프로이센 전쟁의 계기가 되었다). 권력을 장악한 자유주의자들이 이듬해 공화국 헌법을 제정함으로써 에스파냐에도 역사상 최초의 공화정이 들어섰다. 그러나 군대가 실력자로 대두되면서 1874년에는 다시 왕정복고가 이루어졌고, 이후 정정 불안으로 에스파냐는 내내 유럽의 후진국 신세를 면하지 못하게 된다.

1866년 프로이센에 패배한 오스트리아는 즉각 그 후유증에 시달려야 했다. 오스트리아에 복속되어 있던 헝가리에서 거센 독립운동이 일어난 것이다(유럽 각국이 국민국가 체제를 갖춘 마당에서 다민족 국가의 엉성한 체제를 유지했으니 당연한 일이다). 다급해진 오스트리아는 타협안을 내놓았다. 헝가리의 독립을 인정하되 서로 헤어질 게 아니라 동등한 자격으로 제국을 이루자는 것이다. 그 결과 1867년 오스트리아-헝가리라는 이중제국이 탄생했는데, 이 기묘한 제국은 20세기 초 제1차 세계대전의 도화선에 불을 붙이게 된다.

러시아는 크림 전쟁에서 패함으로써 유럽 지역에서 해외 진출의 창구를 찾으려는 노력을 완전히 포기하게 되었다. 그래서 이후 러시아는 유럽의 정정에 계속 관심을 기울이는 한편 동북아시아 지역으로 시선을 돌리게 된다. 원래 러시아는 18세기 말부터 이 지역으로 진출하려고 다각도로 모색해왔는데(일본의 개항을 처음 시도한 나라는 미국이 아니라 러시아다), 이제는 사활이 걸린 문제가 되어버렸다. 이 무렵 중국과 한반도의 근대사에 러시아가 중요한 역할로 등장하는 것은 이 때문이다. 그러나 차르 정부가 해외 사업에 한창 열을 올리고 있는 동안 러시아 내에서는 급진적 사회주의 운동이 점점 커지고 있었다.

어느 정도 안정을 찾은 서유럽에 비해 동유럽 발칸 지역의 정세는 대단히 복잡했다. 그리스가 독립한 이후 오스만 제국은 계속 세력이 약화되었고, 그에 따라 발칸에는 여러 개의 작은 나라들이 생겨났다. 원래부터 발칸 지역에는 민족적 구성이 다양했는데(로마 제국 후기 게르만의 여러 민족이 발흥하던 무렵부터니까 무척 오랜 역사다), 수백 년간 힘의 중심이던 오스만이 소아시아로 물러가면서 저마다 제 몫 찾기에 나선 것이다. 1875년 이들은 힘을 합쳐 아

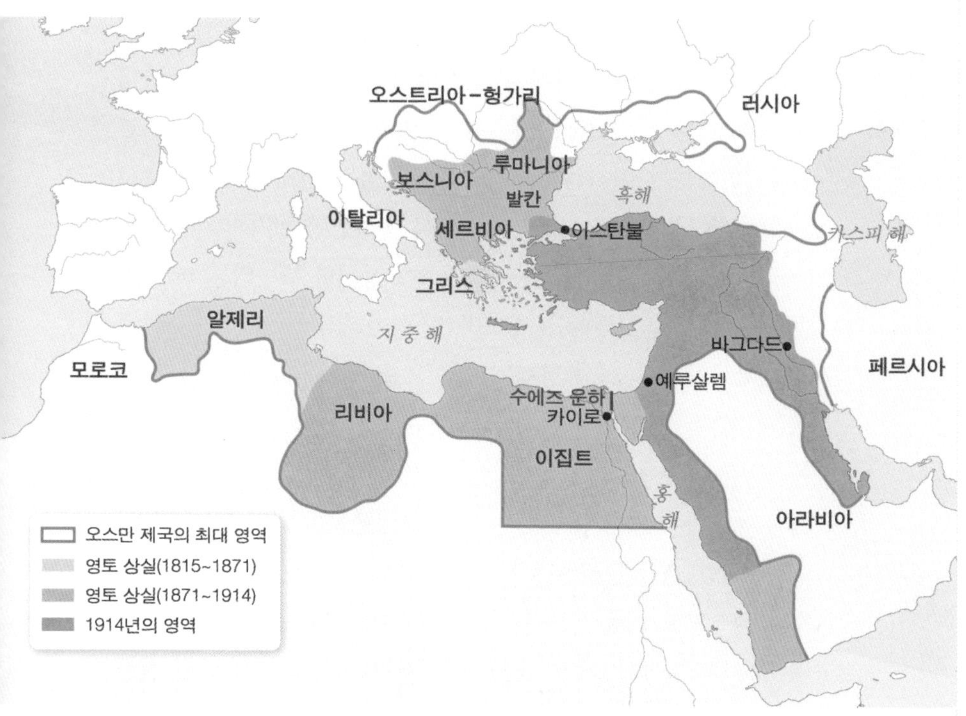

좋았던 옛날　비잔티움 제국을 정복한 15세기에 오스만튀르크는 세계 최강이었다. 그러나 고인 물이 썩듯이 제국은 변화하는 시대에 적응하지 못했다. 19세기 초에 동유럽을 잃고 그 뒤에는 아프리카마저 잃어 20세기 초에 이르면 지금의 터키와 비슷해진 모습을 보여준다.

직 영향력을 발휘하고 있는 오스만을 쫓아버리기로 결정했다. 여기에 보스로 추대된 러시아가 참전하면서 러시아-튀르크 전쟁이 벌어졌다. 이 전쟁에서 패한 오스만은 산스테파노 조약을 맺고 유럽에서 아예 짐을 싸게 되었으며, 발칸의 여러 민족은 오랜 이교도 지배를 끝내고 독립을 쟁취했다.

그래도 좁은 지역에 여러 나라가 들어선 만큼 발칸의 정세는 여전히 혼란스러웠다. 19세기 후반 서유럽 세계에서 독립국으로 승인한 나라는 그리스·루마니아·불가리아·세르비아·몬테네그로였으나 그 밖에도 발칸에는 보스니아·헤르체고비나·크로아티아 등이 사실상 독립국을 이루고 있었다. 흥미로운 것은 오스트리아-헝가리가 이 지역에 계속 영향력을 행사하려고 노력했다는 점이다. 오스트리아는 프로이센이 독일을 통일하기 이전부터 늘 '동쪽'에 관심이 컸는데, 독일제국이 성립한 뒤부터는 더욱 이곳에 매달렸다. 그러나 오스트리아-헝가리의 개입 때문에 가뜩이나 복잡한 이 지역의 정세는 더욱 복잡해졌고, 결국에는 20세기 초 제1차 세계대전이 발발하는 무대가 된다.

미국은 서유럽 문명권이면서도 지리적으로 떨어져 있어 큰 혜택을 누렸다. 영국이 섬이라는 조건을 이용하여 최강국으로 부상할 수 있었다면, 미국은 그런 조건에다 영국이라는 문명의 '창문'도 있었으므로 더욱 독자적인 발전을 이루기가 수월했다. 남북전쟁으로 내실을 다지기 이전부터 미국은 태평양 쪽으로 해외 진출을 서둘렀는데, 그 성과가 바로 1854년 일본의 개항이다(하지만 미국보다 일본에 득이 되었다). 이후에도 미국은 하와이를 포함해 태평양 지역의 조그만 섬들을 하나씩 접수했고, 한반도에도 여러 차례 손을 내밀었다. 미국에 가장 큰 타격을 받은 나라는 에스파냐다. 19세기 초반 라틴아메리카 식민지를 몽땅 잃은 데다 유럽에서도 강국들에 밀려나면서 몰락해가던 에스파냐는 1895년과 1896년 쿠바와 필리핀에서 독립전쟁이 일어나자 이를 막기 위해 군대를 파견했다가 독립을 지원하고 나선 미국에 참패했다.● 이 미국-에스파냐 전쟁은 유럽 문명의

● 쿠바와 필리핀은 독립전쟁에서 큰 대조를 보였다. 쿠바군은 미군과 함께 열심히 싸워 적지 않은 전과를 올린 데 반해, 필리핀군은 전쟁에 별로 공헌한 게 없었다. 그 탓일까? 쿠바는 미국의 텃밭에 있으면서도 전후 독립국이 되었고, 필리핀은 에스파냐의 식민지에서 미국의 식민지로 바뀌었다. 식민지인들의 주체적 독립 투쟁은 그래서 중요하다.

신세대가 구세대와 힘겨루기를 벌여 승리함으로써 시대가 바뀌었음을 확실히 보여주는 상징적인 의미가 있다.

세계 지배에 나선 제국주의

유럽의 판도가 정해지고 유럽에서 더 이상 영토 분쟁의 여지가 없어졌다는 것은, 바꾸어 말하면 이제부터 유럽 국가들이 유럽 이외의 다른 지역에서 영토를 놓고 다투리라는 것을 예고한다. 아닌 게 아니라 이미 그전부터 해외 식민지 개척에 분주했던 유럽 각국은 유럽의 국제 질서가 잡히자 1870년대부터 곧바로 식민지 쟁탈전에 돌입했다. 그러나 이 '새로운 전쟁'에 유럽의 모든 나라가 참여할 수 있었던 것은 아니다. 우선 오스트리아-헝가리는 항구가 없는 지리적 여건상 해외 진출이 불가능할뿐더러 전통적으로 공을 들인 곳이 동유럽이었으므로 해외 진출에 나설 의지도 약했다. 또 러시아는 유럽에서 항구를 얻겠다는 생각을 포기했고, 스칸디나비아와 에스파냐 역시 해외 진출에 나설 힘이 부족했다. 그렇다면 자연히 서유럽 국가들만 남게 되는데, 이들이 제국주의 열강의 핵심을 이루었다.

바깥으로 시선을 돌리게 된 열강의 눈에 가장 먼저 띈 곳은 아프리카였다. 대항해시대의 항로 개척으로 아프리카를 처음 알게 된 이후 유럽은 아프리카를 노예 공급처로만 이용해왔다.** 노예무역의 거점인 앙골라는 16세기부터 포르투갈의 식민지였으나 그 당시에도, 또 이후에도 포르투갈은 더 이상 식민지를 확대하려 하지 않았다. 아프리카를 영토적인 관점에서 보지 않았기 때문이

전쟁 또는 살육　본격적인 제국주의 시대를 맞아 유럽 열강은 아프리카를 새로운 눈으로 바라보기 시작했다. 아프리카는 단순한 노예 공급지를 넘어 방대한 자본주의 시장이 될 수 있었다. 그림은 남아프리카에서 자행된 제국주의 학살의 장면이다. 유럽의 아프리카 정복이 대부분 이런 식이었다.

●● 노예무역이 절정에 달했던 18세기에는 아프리카의 노예가 신대륙으로 가서 면화를 생산하면, 그 면화(원료)를 영국이 수입해 면직물(완제품)을 만든 다음, 그것을 아프리카에 수출해 다시 노예와 교환하는 방식이 성행했다. 사람을 '무역 상품'으로 포함시키는 이런 행위를 무역이라 할 수 있는지 의심스럽지만 어쨌든 그것을 삼각무역이라 부르는데, 노예무역 가운데 가장 악질인 형태다. 콜럼버스의 시대 이후 수백 년간 노예무역으로 아프리카에서 신대륙에 팔려간 노예의 수는 1500~4000만 명에 달한다. 편차가 큰 이유는 정확한 조사가 어려울 정도로 마구잡이였기 때문이다.

다. 그러나 영토의 중요성이 명백해진 19세기 중반부터 아프리카는 무역의 대상이 아니라 지배와 정복의 대상으로 바뀌었다. 게다가 이슬람권의 맹주로서 북아프리카를 관할하고 있던 오스만 제국이 약화된 것은 유럽 열강의 아프리카 진출에 좋은 조건이 되었다.

아프리카의 새 '용도'에 가장 먼저 눈을 뜬 것은 영국이었다. 영국은 19세기 초부터 아프리카의 내륙 탐험에 착수한 덕분에 이미 아프리카에 관한 상당한 지식을 축적하고 있었다. 그러나 19세기 중반까지는 영토적 욕심보다 그저 호기심 정도에 불과했으며, 그런 탓에 아프리카에 관한 연구도 주로 민간의 차원에서 종교적 목적으로 진행된 것이 대부분이었다(아프리카 탐험으로 유명한 영국 선교사 리빙스턴이 그 예다). 오히려 아프리카에 전진기지를 먼저 구축한 나라는 프랑스였다. 1830년 프랑스는 지중해의 해적을 소탕해 마르세유를 통한 지중해 무역을 활성화할 목적으로 알제리를 점령했다. 북아프리카는 8세기 이래로 이슬람 문명권이었으므로* 프랑스로서는 이 지역에 오랜만에 그리스도교 문명권을 '수복'한 셈이다(나폴레옹이 이집트를 정복한 적이 있었지만 그 기간은 불과 3년 동안이었다).

프랑스 역시 영국처럼 아프리카를 영토화하겠다는 생각은 없었다. 그러나 지중해 무역에 대한 프랑스의 욕심은 한 가지 기발한 발상을 낳았다. 1832년 이집트에 근무하던 프랑스 외교관 레셉스는 지중해와 인도양을 잇는 수에즈 운하를 구상했다. 20여 년 뒤 그는 외교관을 그만둔 다음 1858년 수에즈 운하 회사를 설립하고 자신의 꿈을 실현하는 작업에 들어가 마침내 1869년 운하를 완공하게 된다.

그와 비슷한 무렵 아프리카의 남쪽 끝에서 아프리카의 새로운 가치가 발견되었다. 대항해시대에 발견된 남아프리카 지역에는 17세기부터 네덜란드가 건설한 케이프 식민지가 있었다. 당시 네덜란드의 신교도들은 종교 분쟁을 피해 이곳으로 이주해왔다. 이

* 아프리카는 사하라 사막 이북(북아프리카)과 이남(중·남아프리카)으로 나뉜다. 사하라가 있어 지리적으로도 확연히 구분되지만 북아프리카는 역사적으로나 인종과 문화적으로나 나머지 아프리카 지역과 크게 다르다. 북아프리카는 고대 오리엔트 시대에 페니키아인들이 여러 식민시를 세웠고(카르타고가 그 예다), 로마 시대에는 로마 제국의 정식 영토였으며, 이후에는 이슬람 문명권이 들어섰다. 15세기부터 북아프리카 동부는 오스만 제국의 영향권이었으나 대체로 거의 독립적인 여러 왕국으로 나뉘어 있었다.

아시아와 아프리카의 구분 수에즈 운하가 건설된 결과 서유럽에서 인도까지 이르는 뱃길은 무려 1만 킬로미터 이상 단축되었고, 아라비아 상인들의 대상 무역이 위축되었으며, 아시아와 아프리카를 지도상으로 분명히 구분할 수 있게 되었다. 이 그림은 1869년 11월 17일 세계 각국의 국가원수들이 참석한 가운데 치러진 수에즈 운하의 개통식 장면이다.

들을 보어Boer인이라 부르는데, 말하자면 이슬람이 북아프리카를 지배하기 시작한 8세기 이후 최초로 아프리카에 살기 시작한 백인들인 셈이다. 비록 네덜란드의 식민지이긴 했으나 이들은 농사를 짓고 살았으므로 본국과 지속적인 연관을 유지하려 하지 않았다. 따라서 19세기 초 영국이 인도 무역을 위해 케이프 식민지를 접수하겠다고 나섰을 때 동포라는 의식이 별로 없었던 보어인들은 내륙으로 더 들어가 트란스발 공화국과 오렌지 자유국이라는 두 개의 나라를 세우고 살았다.

그러나 1870년대에 이곳은 갑자기 말 그대로 '귀해졌다.' 귀금속과 보석, 즉 금과 다이아몬드가 발견된 것이다. 그렇잖아도 아프리카를 새로운 눈으로 보기 시작하던 영국은 즉각 케이프 식민지의 주둔 병력을 증강시켰다. 머잖아 '원주민 백인'과의 충돌이 불가피해졌다. 이리하여 발발한 보어 전쟁에서 보어인들은 1880년의 1차전에서는 그럭저럭 영국의 공격을 막아냈으나 1899년에 재개된 2차전에서 패배했다. 3년 뒤에는 보어인의 국가가 영국에 합병되어 남아프리카 공화국이 수립되었다. 아프리카에서 비빌 언덕을 잃은 네덜란드는 아프리카를 포기하고 동남아시아 식민지 경영에만 주력했다.

제국주의자의 전형　남아프리카 케이프 식민지의 총독을 지낸 세실 로즈다. 그는 열일곱 살의 어린 나이에 대학에 가는 대신 남아프리카로 가서 다이아몬드 광산으로 큰돈을 벌었고, 그 재력을 바탕으로 식민지 정계에 진출해 총리까지 지냈다. 여러모로 제국주의 시대의 전형적인 제국주의자였다.

한편 영국의 아프리카 진출에 긴장한 프랑스는 알제리 기지의 영토화를 서둘렀다. 알제리 남쪽은 사하라 사막이므로 프랑스가 아프리카 영토를 개척하려면 동서 방향밖에 없었다. 1883년 알제리 동쪽의 튀니지가 프랑스령이 되었고, 뒤이어 알제리 서남부에는 방대한 프랑스령 서아프리카가 들어섰다. 이에 맞서 영국은 나이지리아를 점령하고 중부 아프리카에서 프랑스의 남하를 막았다. 서로의 식민지가 가까워지자 양측은 어떤 식으로든 부딪힐 수밖에 없었다.

먼저 시비를 건 쪽은 영국이었다. 영국은 1875년 이집트 왕실이 재정난으로 수에즈 운하의 주식을 내놓자 이를 재빨리 사들였다. 어차피 운하를 가장 많이 이용하는 나라는 영국이었으므로 여기까지는 프랑스도 별로 불만이 없었다. 그러나 그 사건을 계기로 이집트에서 외세 배척 운동이 일어나고 영국이 이를 진압한다는 구실로 이집트를 식민지로 만들어버리자, 이윽고 프랑스도 더 이상 가만히 있을 수 없게 되었다.

서쪽에서 동쪽으로 북아프리카를 관통해온 프랑스의 횡단 정책과 남쪽에서 북쪽으로 진출해온 영국의 종단 정책이 충돌했다. 1898년 군대를 동원한 양측은 이집트 남부의 파쇼다에서 맞섰다. 자칫하면 100여 년 전 북아메리카 대회전이 재현될 판이었다. 그러나 전쟁에 부담을 느낀 프랑스는 결정적인 순간에 꼬리를 내리고 물러났다(급박한 사태가 전쟁으로 비화하지 않은 이유는 유럽 대륙에서의 마찰이 아니었기 때문이다. 어차피 식민지는 아직도 쌔고 쌨으니까).

문제는 독일과 이탈리아였다. 두 나라는 남보다 한참 늦게 통일을 이룬 것도 문제지만 통일을 이룬 뒤에야 비로소 본격적인 자본주의 발전기에 접어들었다는 게 더 큰 문제였다. 비스마르크는 아직도 해외 식민지의 필요성을 실감하지 못하고 있었다. 열강의 일원이라는 체면상 아프리카 진출에 참여해 동아프리카의 일부를 차지했지만, 식민지 확장에 그다지 적극적이지는 않았다. 또한 이탈리아는 프랑스에 밀려 북아프리카를 포기하고 1896년 에티오피아를 침략했다가 전투에 능한 에티오피아 전사들에 무참히 패배해 열강의 체면을 구겼다. 열강의 땅따먹기 게임이 숨 막히게 진행된 결과, 1910년 무렵까지 아프리카는 미국에서 해방된 노예들이 세운 라이베리아와 에티오피아를 제외하고는 모든 지역이 열강에 의해 분할되기에 이르렀다.●

● 그 밖에 열강은 아시아에서도 치열한 경합을 벌였다. 인도는 18세기부터 영국의 식민지였고, 인도차이나는 프랑스, 인도네시아의 섬들은 네덜란드, 필리핀은 미국이 차지했다. 이에 비해 그전에 상당한 정도의 문명이 존재했던 동아시아는 외세의 침탈을 당했을지언정 식민지로 전락하지는 않았다. 아시아에서 유일하게 열강의 침략을 받지 않은 곳은 서아시아인데, 이는 물론 오스만 제국의 영토였기 때문이다.

태풍의 눈이 된 독일

제국주의 열강의 아프리카 쟁탈전을 보면 자연스럽게 떠오르는 의문이 있다. 그들은 어떻게 정복지를 식민지로 만들었을까? 유럽이 해외 진출을 처음 시작했던 15세기에 에스파냐와 포르투갈은 토르데시야스 조약을 맺어 타협을 이루었고 그 타협을 주재한 사람은 로마 교황이었다(28~29쪽 참조). 이제 그런 주재자가 사라진 상황에서 열강은 어떻게 서로의 식민지를 승인하고 타협을 이루었을까? 더구나 유럽 열강은 아프리카에서는 전쟁을 불사했으면서도 묘하게도 그 다툼을 유럽으로 연장하지는 않았다. 다시 말해 모처럼 짜놓은 유럽의 판도를 깨지는 않은 것이다. 전쟁과 타협이 어우러지는 이런 고도의 국제 질서를 유지하는 축은 무엇이었을까?

사실 비스마르크가 식민지 개척에 열성을 보이지 않은 이유는 또 한 가지가 있었다. 그것은 그가 몹시 바빴다는 점이다. 그는 프랑스를 고립시키기 위한 외교에 마치 정신병자처럼 매달렸다. 심지어 그는 프랑스가 얌전히 북아프리카에 몰두하는 게 고마워 눈물이 날 지경이었다. 아프리카 분할이 진행되면서 열강이 서로 큰 충돌을 벌이지 않고 타협을 이룰 수 있었던 배경에는 각국의 이해관계를 절충하는 복잡한 외교 활동이 있었으며, 그것의 총지휘자는 비스마르크였다.

당시 프랑스와 독일, 두 나라의 관계는 마치 복수전을 꿈꾸는 패자와 더 이상 싸우기 싫다며 버티는 승자의 관계와 비슷했다. 1871년 프로이센에 패하고 본의 아니게 프로이센 왕국을 독일제국으로 만들어주는 데 일등공신이 된 프랑스는 이후 여러 차례 독일에 대한 복수를 꿈꾸었으나 비스마르크는 좀처럼 도전을 받아주지 않았다. 전쟁을 부를 만한 상황에서 전쟁을 피하려면 피 흘리지 않는 다른 전쟁으로 대체할 수밖에 없다. 요즘 같으면 스포츠가 대신하겠지만, 19세기 후반의 비스마르크는 유럽 전체를 무대로 스포츠에 못지않은 흥미로운 대체 전쟁을 벌였다. 그것은 바로 외교전이었다.

비스마르크가 가장 두려워한 것은 프랑스였다. 비록 전쟁에서는 이겼으나 영원한 승자는 없는 법, 게다가 프랑스는 전통에 빛나는 강국이었다. 그래서 비스마르크는 1873년에 오스트리아, 러시아와 함께 동맹을 맺어 프랑스를 고립시키려 했다(마침 세 나라는 모두 제국이었으므로 그것을 삼제동맹이라 부른다). 그러나 오스트리아는 태생(민족과 언어)도 같았고 이해관계를 같이할 수 있었지만 러시아는 프랑스가 접근하려는 것을 차단하기 위해 동맹에 끌어들인 것이었으므로 분란의 여지가 있었다. 과연 1878년 산스테파노 조약의 후속 조치로 체결된 베를린 조약에서 러시아는 불만을 품고 동맹을 탈퇴하려 했다(전쟁에서 피 흘린 것은 러시아였는데 팔짱 끼고 있던 오스트리아가 발칸을 지배하려 들었으니 당연한 일이다).

비스마르크의 활약이 펼쳐지는 것은 이때부터다. 그는 혼자 동분서주하면서 러시아와 오스트리아를 어르고 달래, 만약 어느 지역에서든 전쟁이 벌어질 경우 세 나라끼리는 최소한 중립을 유지하자는 약속을 성사시켰다. 게다가 아프리카에서 프랑스에 밀려난 이탈리아가 볼멘 목소리로 호소해오자 비스마르크는 1882년 오스트리아, 이탈리아와 함께 삼국동맹을 새로 맺었다. 프랑스의 적은 독일의 친구, 이 간단한 원칙을 그는 최대의 철칙으로 삼았던 것이다.

강경에 밀린 철혈　19세기 후반 유럽 국제 정세의 열쇠는 독일제국이 쥐고 있었고, 독일제국의 열쇠는 빌헬름 2세(왼쪽)와 비스마르크(오른쪽)가 쥐고 있었다. 신생 독일제국의 국력을 증진시키려는 의도는 두 사람이 똑같았으나, 그 방법은 정반대였다. 비스마르크는 전쟁을 피하고 외교에 주력한 반면, 빌헬름은 해외 식민지 분할에 독일이 적극 참여해야 한다고 판단했다. 결국 노회한 철혈재상이 패기의 강경 황제에게 밀려났고, 이것으로 유럽의 판도는 서서히 전쟁의 조짐을 품게 된다. 그 결과는 바로 제1차 세계대전이다.

어쨌든 1871년 이후 20년 동안 아프리카에서 유럽 각국이 치열한 경쟁을 벌이면서도 유럽에서는 작은 전쟁 한 번 일어나지 않았던 것은 거의 전적으로 비스마르크의 덕분이었다. 그러나 그렇게 노력하고 그렇게 노련했던 그도 젊은 패기를 당해낼 수는 없었다. 1888년 스물아홉 살에 독일 황제가 된 빌헬름 2세(1859~1941, 재위 1888~1918)는 할아버지인 빌헬름 1세와 달리 비스마르크에 의지하려 하지 않았다. 그도 그럴 것이, 그는 비스마르크처럼 프랑스 공포증에 걸리지도 않은 데다 독일을 강대국으로 키우려면 해외 식민지 경쟁에 적극 뛰어들어야 한다고 믿었던 것이다.

빌헬름의 생각은 기본적으로 옳았으나 문제는 역시 프랑스였다. 황제의 신임을 잃은 비스마르크가 실각하자 프랑스는 러시아에 접근했고, 비스마르크만 믿은 러시아도 프랑스에 접근했다. 결국 젊은 빌헬름의 장점은 늙은 비스마르크의 단점이었고, 빌헬름의 단점은 비스마르크의 장점이었던 셈이다.

독일의 급작스런 태도 변화는 유럽 세계에 큰 파문을 던졌다. 프랑스에 이어 그동안 고립을 유지해오던 영국마저도 자극을 받았을 정도다. 사실 영국은 세계 분할에서 프랑스까지는 파트너로 인정해도 독일에 대해서는 경계심을 품고 있었다. 두 나라가 누비기에도 아프리카는 이미 비좁아진 판인데 여기에 독일까지 뛰어든다면 '입'이 너무 많아질 가능성이 있었다. 더욱이 아프리카는 이미 분할이 완료되어 있었으므로 더 이상의 분할은 곧 재분할이 될 것이고, 재분할은 곧 전쟁을 뜻할 터였다.

파쇼다 사건으로 관계를 호전시킨 영국과 프랑스는 1904년 영국-프랑스 협상을 타결함으로써 더욱 가까워졌다. 협상의 내용은 영국의 이집트 지배를 허락하는 대신 프랑스는 모로코를 차지한다는 것이었는데, 누가 봐도 독일을 배제하려는 의도가 분명했다(마침 빌헬름은 당시 모로코를 노리고 있었다). 게다가 영국은 3년 뒤 러시아와도 협상을 성립시켜 계속 독일을 따돌렸다. 10여 년에 걸쳐 프랑스와 러시아, 영국과 프랑스, 영국과 러시아의 동맹이 차례로 맺어짐으로써, 원래는 서로 앙숙이던 영국과 프랑스, 러시아가 역사상 처음으로 삼국협상이라는 동맹 체제를 구축하게 되었다.• 목표는 바로 얼마 전에 형

• 영국-러시아의 우호는 나폴레옹 전쟁 이후 처음이고, 프랑스-러시아의 동맹은 18세기 중반 7년 전쟁 이후 처음이다. 심지어 영국과 프랑스가 공식적으로 우호 관계를 맺은 것은 역사상 처음이다. 사실 영국은 백년전쟁 이래 프랑스와 계속 크고 작은 다툼을 벌였지만, 경쟁 관계였을 뿐 근본적으로 적대적인 관계는 아니었다. 역사적으로 영국은 앙주 왕조시대, 더 멀리는 정복왕 윌리엄 시대부터 프랑스와 불가분한 관계를 이루어왔다(실제로 16세기까지 영국 왕실에서는 프랑스어를 사용했다. 그 시대에 셰익스피어가 유명해진 것은 그가 영어의 발전에 크게 공헌했기 때문이다). 영국에 있어 프랑스는 미워도 낯익은 나라였다. 그러나 영국에 있어 독일은 이질적이었고, 또 그만큼 위협적인 상대였다.

삼두 체제　균형을 위한 최소한의 정족수는 셋이다. 솥의 발이 세 개여야 설 수 있다는 정립(鼎立)의 원리는 동양의 역사적 경험만이 아니라 보편적인 진리다. 그림은 비스마르크의 '작품'인 삼국동맹의 삼두, 즉 독일, 오스트리아, 이탈리아의 세 황제를 보여준다. 제국의 시대가 역사의 뒤안길로 물러나는 시기에 세 황제가 모였으니 수구의 대명사라 하지 않을 수 없다.

성된 독일-오스트리아-이탈리아의 삼국동맹에 대항하려는 것이었다.

유럽에 특별한 강대국을 두지 말자는 빈 체제의 구도는 19세기 내내 대체로 지켜졌으며, 비스마르크 체제는 그 가장 탁월한 계승이었다. 그러나 20세기 초반이 되면서 그 구도는 절반만 유지된다. 절대적인 강국은 없었으나 이제는 유럽 전체가 두 편으로 갈리게 된 것이다. 한편은 시민혁명을 통해 시민사회의 전통을 쌓은 선진 제국주의 국가들이 주도하고, 다른 한편은 그런 역사와 전통이 부족하고 식민지 분할에서 불만이 많은 후발 제국주의 국가들이다. 조만간 이 이질적인 두 집단이 불협화음을 낼 것은 뻔했다. 결국 전쟁이 없었던 비스마르크 체제는 폭풍 전야의 침묵이었던 것이다.

34장

큰 전쟁과 큰 혁명

최초의 세계대전

빌헬름 2세는 초조했다. 아프리카에서 독일은 아무리 애를 써도 영국과 프랑스가 쳐놓은 두터운 그물을 뚫고 들어가지 못했다. 심지어 그는 오스만에까지 접근했다. 오스만의 수도인 이스탄불과 멀리 바그다드를 잇는 철도 부설권을 따내 바그다드에서 베를린까지 연결하려는 계획이었다. 이스탄불의 옛 명칭은 비잔티움이었으므로 이른바 베를린-비잔티움-바그다드의 3B 정책이었으나, 이것은 케이프(남아프리카)-카이로(이집트)-캘커타(인도)를 잇는 영국의 더 넓은 3C 정책에 가로막혔다.* 그러나 빌헬름은 영국과 프랑스를 상대로 전쟁을 벌일 자신은 없었다. 객관적인 전력상 삼국동맹은 삼국협상을 이길 수 없었다.

독일에 못지않게 초조한 나라는 오스트리아였다. 오스트리아로서는 차라리 "독일의 미래는 해상에 있다."라고 외칠 수 있는 빌헬름이 부러울 따름이었다. 오스트리아에는 바다로 나갈 항구 하나 없었던 것이다. 그래서 오스트리아는 발칸에 더욱 집착했다. 당시 유럽 세계에서 가장 취약한 지역인 발칸을 영토화하면 지중해로 향하는 항구도 얻게 되리라. 이런 생각에서 1908년 오스트리아는 발칸의 보스니아와 헤르체고비나를 일방적으로 합병해버렸다. 아프리카와 아시아 식민지에만 온통 관심이 쏠려 있던 열강은 그 사실을 그냥 넘겼으나, 당시 발칸의 최강국으로 부상하고 있던 세르비아는 격분했다. 애초부터 보스니아와 헤르체고비나를 탐내고 있던 세르비아 정부는 물론 이거니와(당시 세르비아는 발칸에 슬라브족의 통일국가를 이루려는 '대세르비아주의'를 전개하고 있었다) 세르비아 국민들이 발칸을 향한 오스트리아의 야욕을 알아차렸다.

● 아프리카 분할이 거의 완료된 시점에 뒤늦게 식민지 경쟁에 뛰어든 탓에 독일은 굶주린 이리처럼 저돌적이었다. 태평양의 작은 섬들마저 허겁지겁 먹어치운 데서도 알 수 있지만, 독일의 허기가 더 극명하게 드러난 것은 중국에서였다. 독일은 중국을 아예 영토 분할하자고 제안했던 것이다. 그러나 아프리카처럼 문명의 수준이 낮은 것도 아니고 유럽에서 거리도 먼 데다 수천 년의 제국사를 가지고 있는 중국을 직접 지배한다는 것은 불가능했다. 그래서 열강은 독일의 주장을 반대했으며, 당시 외세 배척 운동이 한창이던 중국 민중은 그 때문에 독일을 더욱 증오하게 되었다. 1899년 의화단 운동이 산둥에서 가장 먼저 일어난 이유도 바로 독일이 러시아 대신 산둥에 진출해 있었기 때문이다(《종횡무진 동양사》, 375쪽 참조).

1914년 6월 28일, 보스니아의 수도 사라예보의 거리에서 대낮에 한 발의 총성이 울렸다. 오스트리아를 반대하는 비밀조직(흑수단)의 회원인 프린치프라는 세르비아 청년이 군대 시찰을 위해 사라예보에 온 오스트리아의 페르디난트 황태자 부부를 암살한 것이다. 청년은 현장에서 체포되었지만 사태는 쉽게 가라앉지 않았다. 세르비아는 우발적인 사고라고 발뺌했으나 오스트리아는 그 발표를 믿지 않았다. 그도 그럴 것이 흑수단은 바로 세르비아 정부에서 조직한 비밀 테러 단체였기 때문이다.

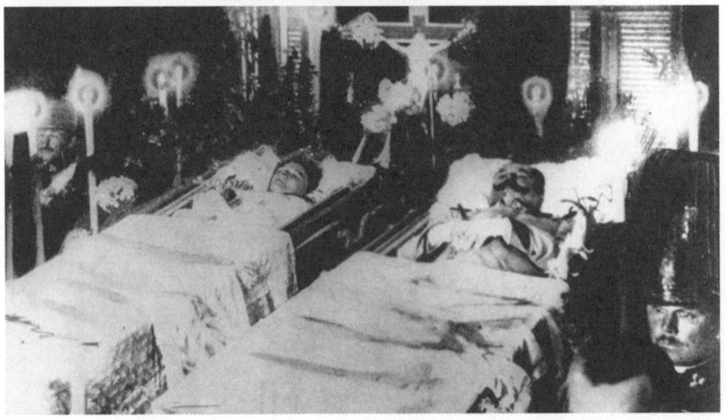

사라예보의 총성　모든 역사적 대사건이 그렇듯이, 발단은 작은 사건에서 비롯되었다. 이 사진들은 사라예보 사건을 시간순으로 열거하고 있다. 맨 위는 사라예보에 도착한 오스트리아 황태자 부부이고, 가운데는 황태자 부부를 암살한 프린치프가 체포되는 장면이며, 아래는 입관된 황태자 부부다. 제1차 세계대전의 원인은 복합적이지만 계기는 바로 이 사건이었다.

비록 황태자가 죽었지만 이 사건은 오스트리아에 큰 손실이 아니었다. 왕조시대 같으면 왕위 계승이 걸린 문제지만 이제는 정치적 구실로만 이용될 뿐이다. 오히려 이 기회를 잘만 이용하면 세르비아의 야심을 꺾고 발칸을 쉽게 장악할 수도 있다. 그래서 사건이 벌어진 이후 한 달 동안 오스트리아와 세르비아 양측은 서로 외교 통로를 동원하면서 비교적 점잖게 사태를 이끌었다. 그러나 양측의 앙금은 가라앉지 않았고, 오스트리아는 외교 카드로 더 이상 게임을 진행할 수 없다고 판단했다. 7월 말부터 사태는 순식간에 걷잡을 수 없게 변했다.

드디어 7월 28일, 오스트리아는 세르비아에 선전포고를 했다. 오스트리아가 그저 세르비아와의 전쟁만을 염두에 두었다면 그것은 순진한 생각이었다. 그 소식은 곧바로 유럽 전체에 일파만파로 퍼져나갔다. 우선 가뜩이나 발칸의 이해관계에 촉각을 곤두세우고 있던 러시아가 즉각 비상 태세에 들어갔다. 삼국동맹과 삼국협상이 순발력을 보인 것은 이때였다. 8월 1일, 독일은 러시아에 선전포고를 했고, 같은 날 프랑스도 동원령을 내렸다. 이틀 뒤 독일군은 프랑스로 진격을 개시했으며, 그다음 날에는 영국이 독일에 선전포고를 했다.• 7월 28일부터 8월 4일까지 불과 일주일 만에 삼국동맹과 삼국협상에 속한 여섯 나라 중 이탈리아를 제외한 모두가 전쟁을 선언하고 나선 것이다.

19세기 초 나폴레옹 전쟁 이래 다시 유럽은 대규모 국제전의 무대가 되었다. 그러나 이번 전쟁은 나폴레옹 전쟁보다 훨씬 규모가 크고 치열할 게 뻔했다. 나폴레옹 전쟁 이

• 원래 영국과 프랑스의 협상은 아프리카 식민지 분할만을 다루고 있었으므로 군사 조항이 없었다. 그래서 영국은 독일이 중립국인 벨기에를 침공했다는 이유로 참전을 선언했지만, 독일이 프랑스를 공격하려면 벨기에를 거쳐야 했으므로 사실상 그것은 참전의 구실에 불과했다.

진짜 화약고　서양의 역사가들은 제1차 세계대전을 앞둔 시점에서 발칸 반도를 화약고라고 불렀지만, 그것은 전쟁의 주요 이해관계가 서유럽 세계에 내재해 있었음을 다소나마 은폐하려는 의도에 불과하다. 진짜 화약고는 사진에서 당당한 자세로 걷고 있는 빌헬름 2세(앞 열 맨 왼쪽)였다. 그는 뒤늦게 뛰어든 식민지 쟁탈전에서 기존 열강의 '지분'을 빼앗기 위해 전쟁이라도 불사할 각오였다. 사진에서 빌헬름과 나란히 걷고 있는 인물들은 그의 여섯 아들인데, 불행히도 그들은 어느 누구도 아버지의 제위를 물려받지 못했다. 빌헬름 2세로 독일은 제국의 역사를 끝장내게 되니까.

후 산업혁명이 유럽에 퍼지면서 유럽 각국의 공업은 크게 발달했고, 그 성과의 하나로 군사 무기가 개발되었다(그래서 1853년의 크림 전쟁을 최초의 현대전이라고 부른다). 게다가 나폴레옹 전쟁은 프랑스 한 나라를 유럽 각국이 방어하는 전쟁이었지만, 이번 전쟁은 유럽의 열강, 그것도 전 세계를 분할 지배하고 있는 국가들이 두 패로 나뉘어 벌이는 총력전이었다. 결국 이 전쟁은 인류 역사상 처음으로 벌어지는 세계대전이 된다. 물론 20여 년 뒤 또 한 차례의 세계대전을 겪을 줄은 아무도 몰랐겠지만.

신구 열강의 대결

전선은 예상한 것처럼 영국을 중심으로 한 연합국과 독일을 중심으로 한 동맹국으로 갈렸다. 그러나 개전 초기부터 삼국협상과 삼국동맹은 한편으로는 명분을 쌓기 위해, 다른 한편으로는 세력을 늘리기 위해 각자 중립국들을 '영입'하려는 활발한 외교전을 병행했다. 그 결과로 일본이 연합국 측으로('체질상'으로 일본은 동맹국에 속해야 하지만 영일동맹 때문에 본색을 숨겼다), 오스만 제국이 동맹국 측으로 참전했고, 이듬해인 1915년에는 이탈리아가 삼국동맹을 배반하고 연합국으로 참전했으며,• 발칸에서도 불가리아는 동맹국에, 루마니아와 그리스는 연합국에 가담하면서 전쟁은 명실상부한 세계대전으로 변모했다.

전쟁은 오스트리아가 일으켰으나 삼국동맹의 리더는 독일이었으므로 처음부터 동맹국 세력은 독일이 이끌었다. 애초에 독일의 전략은 속전속결이었다. 그럴 수밖에 없는 것이, 독일은 서쪽의 프랑스와 동쪽의 러시아를 모두 상대해야 했을 뿐 아니라, 독일로서는 이번 전쟁이 방어전이 아닌 공격전이었기 때문이다. 그래서 독일은 전력을 분산시키지 않고, 먼저 프랑스를 제압한 다음 동쪽으로 이동해 러시아를 상대하기로 했다. 그러나 러시아의 진격이 예상외로 빨랐다는 사실이 독일의 전략 수행에 중요한 차질을 빚었다(다시 한 번 러시아는 승부처에서 중요한 역할을 했다). 독일은 서부

• 이탈리아는 삼국동맹 소속이지만 삼국협상과 삼국동맹의 여섯 나라 가운데 국력에서나 군사력에서 가장 약했으므로 어느 쪽으로 가도 별 의미는 없었다. 그러나 전쟁과 더불어 전개된 어지러운 외교전에서 이탈리아의 거취가 가지는 외교적 가치는 컸다. 동맹국 측은 이탈리아에 오스트리아 남부 이탈리아 접경지대에 있는 남티롤과 트리에스테를 주겠다고 제의했으나 연합국 측은 그것 이외에 달마치야까지 얹어주겠다고 제의했다. 당연히 이탈리아는 연합국 측의 제의를 받아들였다. 결과적으로 연합국이 승리한 것을 감안한다면 이탈리아는 줄을 아주 잘 선 셈이다.

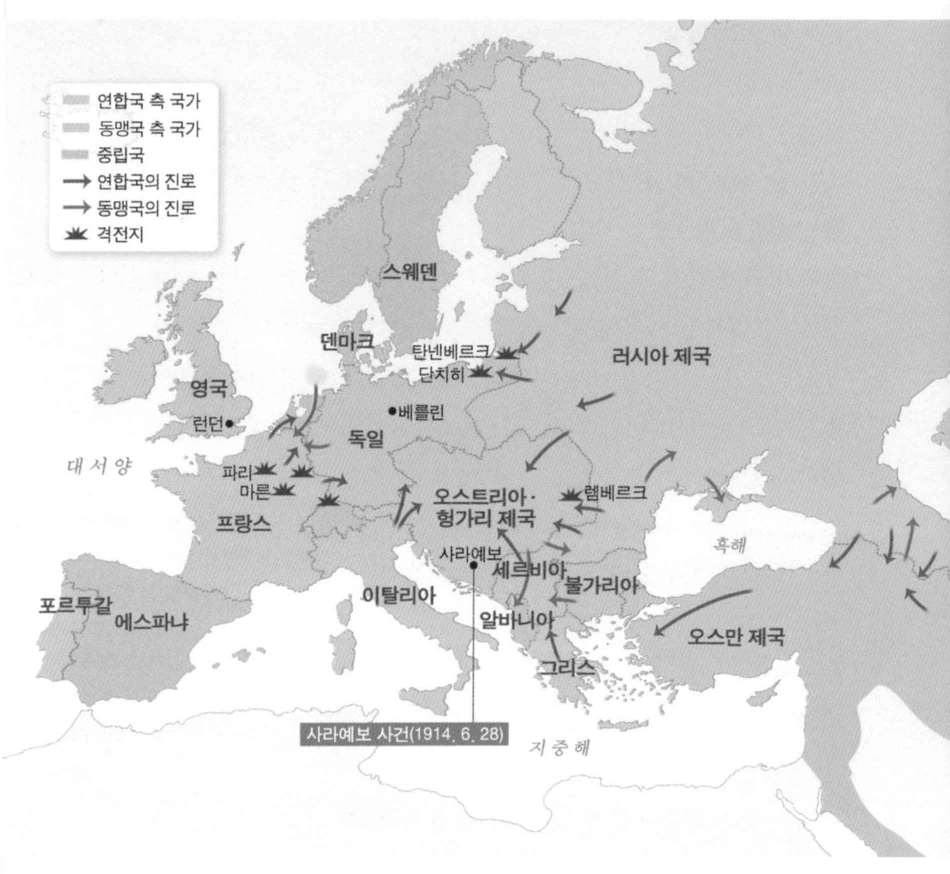

대륙 전체가 전선으로　17세기 이후 수백 년 동안 유럽 세계에는 전란이 끊이지 않았다. 그 집대성이 바로 제1차 세계대전이다. 제1차 세계대전의 전황을 보여주는 이 지도에서는 역사상 처음으로 유럽 전역이 얽힌 세계대전의 면모를 여실히 볼 수 있다.

전선에서 영국과 프랑스의 연합군과 싸우면서 병력의 일부를 빼돌려 동부전선에서 러시아군을 맞지 않을 수 없었다. 이로써 속전속결 구도는 깨어지고 전쟁은 장기전으로 바뀌었다.

이제까지 역사상 어느 전쟁도 이렇게 장기전으로 전개된 경우

전 국민의 전쟁　이전까지의 전쟁은 군대가 싸우는 것이었다. 그러나 19세기부터의 국제전은 참전국의 군대만이 아니라 전 국민이 참여하는 양상으로 바뀌었다. 따라서 후방에서는 무엇보다 국민들을 대상으로 한 선전선동이 중요했다. 위의 사진들은 그 정점인 제1차 세계대전에서 국민들의 참여를 독려하는 영국, 독일, 미국의 포스터다.

는 없었다.* 장기전은 단기전과 달리 총력전일 수밖에 없다. 그전까지는 아무리 규모가 큰 전쟁이라 해도 군사력으로만 승부했지 전 국민이 동원되는 총력전을 펼치지는 않았다. 이는 그만큼 이번 전쟁이 각국의 사활이 걸린 전쟁이라는 측면도 있지만, 이미 각국의 지배층만이 아니라 국민들까지도 근대적인 국민국가의 개념을 확실히 숙지하고 있다는 이야기도 된다. 실제로 참전국들의 정부는 각자 자신의 국민들을 향해 애국심과 자발적 동원을 적극적으로 선전하고 호소했다. 나폴레옹 전쟁과 프랑스–프로이센 전쟁에서 싹을 보인 '국민전'의 양상이 제1차 세계대전에서는 처음부터 명확히 드러난 것이다.**

장기전이 되자 새삼스럽게 중요해진 것은 보급로였다. 특히 해

● 기간으로만 보면 4년에 불과하므로 오히려 짧은 편이다. 그러나 백년전쟁이나 30년 전쟁 같은 과거의 전쟁들은 그 기간 내내 싸운 게 아니었고, 전면전도 아니었다. 제1차 세계대전은 전쟁 기간 내내 전선이 존재했고 전투가 끊임없이 지속되었다는 점에서 역사상 최초의 장기전이었다.

외 식민지로부터 필요한 군수물자를 수송해 올 수 있는 해상 보급로가 중요했다. 장기전의 양상으로 1917년까지 전선이 교착되면서 팽팽하게 맞서던 전황이 깨지게 된 계기는 바로 바다에서 발생한다.

독일 해군은 전통에 빛나는 영국 해군의 상대가 되지 못했다. 제해권을 빼앗긴 독일은 물자 수송은커녕 그동안 획득한 해외 식민지마저 차츰 잃기 시작했다. 궁지에 몰리자 독일은 비상 카드를 빼어들었는데, 이게 패착이 되고 말았다. 독일이 개발한 신무기인 잠수함 U보트는 북해를 장악한 영국 해군만이 아니라 민간 상선들에까지 무차별적으로 공격했으며, 나아가 중립국의 상선과 여객선마저도 침몰시키는 만행을 저질렀다. 가뜩이나 동맹국 측에 불리한 세계 여론은 이것을 계기로 결정적으로 동맹국에 등을 돌렸다. 그게 여론만이면 좋겠는데, 악화된 여론은 예상치 못한 '거인'을 불러들였다. 그 전까지 군수품 수출로 재미를 보면서 중립을 지키고 있던 미국이 1917년 4월에 참전을 선언한 것이다. 그해 10월 러시아에서 사회주의혁명이 일어나 이듬해 초 러시아는 독일과 브레스트-리토프스크 조약으로 단독 강화를 맺고 철수를 선언했다. 결과적으로 러시아와 미국이 맞교대한 셈인데, 연합국 측으로서는 소총을 버리고 대포를 얻은 셈이었다.

미국의 육군이 유럽 전선에 투입되면서 독일은 육상전에서도 연합국에 밀리기 시작했다. 그러자 승패의 윤곽이 금세 뚜렷해졌다. 원래 동맹국 측은 독일의 힘에 거의 전적으로 의존하고 있었다. 오스트리아는 독일군의 지원을 받지 못하고 독자적으로 전개

●● 그 점을 보여주는 한 가지 예로, 이탈리아 총리는 참전을 선언하면서 "조국의 신성한 이기주의에 뿌리를 둔 것"이라고 말했다. 이 말은 좋게 보면 국민전을 주창한 것이지만 나쁘게 보면 그렇잖아도 국민들이 품고 있는 징고이즘과 쇼비니즘을 더욱 조장한 것이다.

한 전투에서는 거의 이긴 적이 없을 정도였다. 사실 미군은 유럽에 상륙하기도 전에 힘을 발휘했다.

1918년 봄 곧 미군이 파견된다는 소식에 초조해진 독일은 그전에 전황을 유리하게 조성하기 위해 프랑스 북부의 솜 강에서 총공세를 벌였다. 작전은 대성공을 거두어 독일은 개전 이후 최대의 영토를 획득했다. 그러나 무리한 공격은 곧바로 큰 후유증을 불렀다. 적진 깊숙이 들어간 탓에 전선이 너무 길어졌고, 병력의 피로도가 극에 달했다. 그런 판에 미군이 매달 30만씩 파병되자 독일은 더 이상 견딜 수 없었다. 여름이 되자 역전은 도저히 불가능한 형세였다.

종전 역시 개전에서처럼 발칸에서 시작되었다. 9월에는 불가리아가, 10월에는 오스만이 항복했으며, 이렇게 발칸 전선이 붕괴하자 더 이상 버틸 힘이 없어진 오스트리아도 11월 초에 항복했다. 그 일주일 뒤인 11월 11일 독일은 동맹국의 우두머리답게 휴전 조약을 맺는 형식으로 항복했다.

다시 온 수습의 계절

19세기 후반부터 제1차 세계대전 직전에 이르기까지 유럽의 세계 분할이 완료되면서 제국주의 세계 질서가 일단 완성되었다. 어지러운 유럽의 국제 정세는 대립하는 두 개의 축으로 단순화되었다. 남은 것은 전쟁이든 외교든 양측의 이해관계를 정산하는 절차였다. 여기서 현실의 역사는 전쟁을 택한 것이다. 그런 점에서 보면 제1차 세계대전은 양대 제국주의 세력이 맞붙은 전형적인 제국주의 전쟁이었으며, 제국주의 질서의 완료이자 새로운 재편을 향한 진통이었다. 이 전쟁에서 기득권층은 신흥 세력을 누르고 전후 질서를 재편하는 권한을 갖게 된 것이다.

17세기 초 30년 전쟁이 끝난 뒤 참전국들은 베스트팔렌 조약으로 전후 질서를 수립했고, 18세기 초 에스파냐 왕위 계승 전쟁이 끝난 뒤에는 위트레흐트 조약으로 사태를 수습했으며, 19세기 초 나폴레옹 전쟁이 끝난 뒤에는 빈 체제가 교통정리 역할을 맡았다. 이렇게 세기 초마다 터진 대형 국제전에서 유럽 각국은 전쟁이 끝난 뒤 늘 국제회의를 열어 국제조약을 맺고 전후 질서를 수립했다. 20세기 초 제1차 세계대전이 끝난 뒤에도 전후 처리를 위해 연합국 수뇌들이 1919년 파리에 모였는데, 여기서 생겨난 새로운 질서를 베르사유 체제라고 부른다.

역사상 최초의 총력전이자 국민전이었고, 25개의 참전국으로 전쟁의 규모도 사상 최대였다. 게다가 잠수함, 비행기, 비행선, 탱크, 독가스 등 각종 신무기도 선보였다. 무엇보다 전사자가 무려 1000만 명에 달한 재앙의 전쟁이었다. 그러나 전후 처리는 의외로 쉬웠다. 그 이유는 참전국들이 확연히 두 패로 나뉘었고 승패가 명확히 판가름 났기 때문이다.

수습의 과제는 두 가지였다. 하나는 선진 제국주의 국가와 후발 제국주의 국가를 확고히 구분하는 것이었다. 다시 말해 이제부터 전 세계가 영국, 프랑스, 미국의 주도로 운영될 것임을 천명하는 것이었다. 이제 세계는 소수의 '지배 국가'들과 다수의 '피지배 국가'들로 나뉘게 되었다. 또 다른 하나는 패전국들을 포함한 피지배 국가들을 처리하는 것이었다.

우선 독일은 모든 해외 식민지가 몰수되었고, 무기 생산도 금지

신무기 박람회 제1차 세계대전은 각종 신무기의 경연장과도 같았다. 독일은 잠수함과 비행선을 무기화했고 독가스를 신무기로 선보였다. 또 영국은 탱크를 실전에 처음 투입했다. 특히 비행기는 제1차 세계대전을 계기로 비약적인 발전을 이루었다(개전 초기 비행기는 정찰용으로만 사용되었으나 후기에는 전투기도 출현했다). 왼쪽은 독일의 독가스에 대비하여 방독면을 쓰고 있는 프랑스군의 모습이고, 오른쪽은 해골로 발견된 독일군 병사의 모습이다.

되었으며, 1320억 마르크라는 막대한 배상금을 물어야 했다(이로 인해 독일에서는 엄청난 인플레이션이 발생했는데, 이는 20여 년 후 독일이 다시 새로운 질서를 요구하고 나서는 계기가 된다). 또 오스트리아-헝가리의 기형적인 제국은 생겨난 지 50년 만에 해체되었다. 오스트리아와 헝가리로 분립된 것은 예상할 수 있는 일이지만, 이 과정에서 또 하나의 나라가 탄생했다. 민족적으로 이질적이면서도 수백 년 동안 합스부르크와 오스트리아 제국에 속해 있었던 보헤미아가 체코슬로바키아로 독립한 것이다. 원래 오스트리아는 영토와 민족에서 독일계·헝가리계·슬라브계로 나뉘어 있었으니, 패전한 다음에야 비로소 다민족 국가의 '멍에'를 벗은 셈이다. 그러나 오스트리아와 더불어 전쟁의 계기를 제공한 세르비아는 두둑한 보너스를 챙겨 승전국과 패전국의 차이를 여실히 보여주었다. 바라던 대로 보스니아와 헤르체고비나는 물론 크로아티아까지 통합해서 발전적 해체를 이루어 새로 유고슬라비아라는 연방국가를 탄생시킨 것이다.*

● 오늘날의 유럽 세계를 기준으로 볼 때, 17세기 30년 전쟁으로 서유럽 국가들의 면모가 처음 드러났고, 19세기 나폴레옹 전쟁으로 서유럽 각국의 경계선이 확정되었다면, 20세기의 제1차 세계대전은 동유럽 국가들의 경계를 확정했다고 할 수 있다. 어떤 의미에서 그 수백 년의 시차는 서유럽과 동유럽의 격차를 나타내는 듯하다.

독일, 오스트리아와 함께 동맹국의 주요 세력이던 오스만 제국은 원래 연합국들에 의해 분할될 예정이었다. 그러나 케말 파샤Kemal Pasha(1881~1938)가 이끄는 공화주의자들이 반정부군을 구성하더니 유명무실해진 제국을 대신해 연합국의 간섭에 거세게 저항했다. 분할 계획은 그저 계획일 뿐 어차피 이교도 세계인 소아시아를 영토적으로 지배할 자신이 없던 연합국은 결국 그들을 승인하기로 결정했다. 1923년 케말 파샤는 연합국 측과 로잔 조약을 맺고 새로 터키 공화국을 수립했다. 이로써 한때 동유럽을 호령하며 서유럽 세계까지 위협했던 오스만 제국은 600여 년의 역사를 뒤로하고 문을 닫았다.

승전국도, 패전국도 아닌 나라들은 새로운 국제 질서에 따라 교통정리만 해주면 되었다. 그에 필요한 신호등은 윌슨 미국 대통령이 제시했다. 그것이 곧 민족자결주의, 즉 각 민족이 스스로 국가를 형성하고 정부를 선택할 수 있다는 원칙이다. 원래 윌슨은 주로 유럽 지역을 염두에 두고 그런 제안을 한 것이었고 베르사유 체제의 승전국들도 그렇게 이해했으나, 전 세계의 식민지·종속국 민족들, 특히 동아시아 지역의 민족들은 그렇게 생각하지 않았다. 1919년 한반도의 3·1운동과 중국의 5·4운동은 바로 윌슨의 민족자결주의를 바탕으로 일어났다.**

미국의 역할 전쟁의 종반에 참전하게 된 미국은 러시아가 맡은 역할 이상을 해냈다. 미국의 참전은 교착 상태에 있던 전황을 순식간에 연합국 측의 우위로 만들었다. 사진은 프랑스에 처음으로 상륙한 미군이 도열하고 있는 장면이다. 전쟁 중반까지 막대한 경제적 이득을 얻었고 종전 이후에는 막강한 정치력까지 얻었으니, 미국으로서는 여러모로 '유익한' 전쟁이었을 것이다.

한편 연합국의 핵심이었다가 전쟁이 거의 끝나갈 즈음 배신한 러시아는 '괘씸죄'로 찍혀 패전국이 아니었음에도 패전국보다도 더 심한 제재를 받았다. 패전국이 아니니 전쟁의 책임을 물을 수는 없는 일, 그래서 연합국 측은 '역사적인 책임'을 묻기로 했다. 무려 200년의 역사를 거슬러 올라가 18세기 초 북방전쟁으로 러시아가 얻은 발트 해 연안 지역을 독립시켜버린 것이다. 그에 따라 에스토니아·라트비아·리투아니아의 발트 3국이 신생국으로 탄생했으며, 폴란드와 핀란드가 독

●● 만약 일본이 패전국이었다면 한반도도 당연히 이때 독립을 이루었을 것이다. 하지만 일본은 (전쟁이 유럽에서만 벌어졌음에도) 승전국의 신분이었고, 승전국의 식민지는 베르사유 체제에서도 건드리지 않았다. 사실 한반도가 일본에 병합된 1910년은 세계적으로 열강이 식민지 정복을 거의 완료하던 시점이었으므로 세계 여론에 비친 한반도는 그저 열강에 먹힌 또 하나의 식민지일 뿐 별다른 주목 대상이 아니었다. 그러나 제국주의 시대에 우리처럼 인구가 무려 2000만 명에 달하는 식민지는 없었다고 보면 당시 세계 여론은 무심하기 짝이 없었다.

립을 얻었다. 폴란드인들은 100여 년 만에 독립을 얻은 기쁨도 기쁨이려니와 18세기 말 폴란드 분할(189쪽 참조)에 참여한 독일(프로이센)·오스트리아·러시아가 모두 단죄를 받았으니 더욱 기뻤을 것이다.

한 가지 당시 연합국이 미처 주의를 기울이지 못한 점은 동양의 후발 제국주의 국가인 일본의 진출이었다. 일본은 처음부터 전쟁에 참전하면 어떠한 형태로든 이득을 얻을 수 있다고 확신했다. 어차피 기본 전장은 유럽이니까 일본으로서는 밑져야 본전이었다. 일본은 1902년 영일동맹을 근거로 참전했으나 유럽 전선에 참여하기는커녕 전쟁 기간 동안 아시아에서 제 몫을 부지런히 챙겼다. 명분은 독일 식민지인 태평양의 작은 섬들을 접수하여 독일의 힘을 약화시킨다는 것이었다. 그러나 일본은 여기서 더 나아가 애초에 목표로 삼은 중국으로 진출하고자 했다. 마침 산둥 반도는 독일의 조차 지역이었으므로 구실도 좋았다. 일본은 잽싸게 만주에 주둔 중이던 군대를 산둥 반도도 이동시켜 독일군의 요새를 격파하고 중국 침략의 든든한 교두보를 마련했다.

혁명의 러시아

1918년 4월 러시아가 전선에서 발을 뺀 데는 그럴 만한 이유가 있었다. 또 전후 연합국이 러시아에 거의 전범처럼 취급하고 특히 가혹하게 나온 데도 그럴 만한 이유가 있었다. 두 가지 이유는 사실 하나였다. 1917년 10월 러시아는 사회주의혁명을 통해 그전까지의 체제와는 전혀 다른 사회주의 공화국을 이루었기 때문이다.

연합국의 일원이었던 것은 예전의 러시아 제국이고, 전선에서 철수한 것은 새로 생긴 소비에트 사회주의 공화국 연방, 즉 소련이니 이렇게 본다면 러시아는 '배신자'도 아닌 셈이었다.

국가의 위상으로 따진다면 러시아는 전쟁에서 연합국이 아니라 동맹국 측이어야 했다. 러시아 제국은 영국과 프랑스처럼 선진 제국주의 국가도 아니고 서유럽 국가도 아닌, 후발 제국주의 국가에다 슬라브족의 전형적인 동유럽 국가였으니까(게다가 아프리카에 식민지도 없었다). 그랬기에 러시아는 그 이전까지 수백 년 동안 영국, 프랑스와 항상 거리를 두었고 더 가까운 독일, 오스트리아와 교류한 것이다. 따라서 삼국협상으로 서유럽 세계와 동맹을 맺는 '부자연스런' 방향으로 나아간 것은 순전히 차르 정부의 독단적인 판단이었다.

19세기 말 러시아에서는 이미 새로운 정치 세력이 성장하고 있었다. 차르 니콜라이 2세(1868~1918, 재위 1894~1917)는 전대로부터 이어지던 차리즘으로 국내 정치를 탄압했으나, 서구에서 탄생한 마르크스주의는 러시아에서 오히려 더욱 성장했고, 1898년에는 정식 정당까지 구성하기에 이르렀다. 당시의 이름은 사회민주노동당이었지만 사실상 최초의 공산당이라 보아도 무방하다. 《공산당 선언》이 나온 지 50년 만에 드디어 공산주의 이념이 현실의 정당으로 탄생한 것이다. 차르 정부에 의해 곧 불법화되기는 했지만 러시아 공산당은 계속 존속하면서 세력을 키웠으며, 유럽의 공산주의 조직들과 연계해 사회주의혁명을 준비했다.

물론 니콜라이가 러시아의 문제를 몰랐거나 도외시한 것은 아니다. 다만 그는 하루빨리 러시아를 명실상부한 열강의 반열에 올리는 게 가장 급선무라고 보았고, 이를 위해서는 차리즘 전제에

흔들리는 차리즘 차리즘이라는 혹독한 전제 체제가 수백 년 동안 지속된 탓일까? 서유럽의 지식인들과 달리 러시아의 인텔리겐치아는 자유주의를 넘어선 것을 원했다. 사진은 피의 일요일 사태 이후 황제에게 헌법 제정을 요구하고 나선 혁명적 민중의 모습이다(오른편에 한 사람이 들고 있는 것은 니콜라이의 초상이다). 그러나 이를 끝으로 러시아 민중은 더 이상 차르에게 자유주의 개혁을 요구하지 않게 된다. 따라서 니콜라이가 이 요구를 거부한 것은 제국을 유지할 마지막 기회를 놓친 셈이 되었다.

● 사실 일본의 승리는 아슬아슬했다. 전투에서는 연전연승을 거두었으나 아직 토대가 취약한 일본의 국력으로는 전쟁이 장기화될 경우 감당할 수 없었다. 썩어도 준치라고, 러시아는 두드려 맞으면서도 쉽게 쓰러지지 않았다. 일본은 거의 전 국민이 생업을 중단한 채 전시 체제에 동원된 데다 흉작까지 겹치고 전쟁 비용이 고갈되어 사실상 전쟁 수행 능력이 없었다. 그런 상황에서 '피의 일요일'은 결국 일본에 행운을 가져다주었다. 하지만 우리 민족에게는 불행이었다. 한반도를 놓고 러시아와 각축을 벌이던 일본은 러일전쟁에서 승리하자마자 한반도를 합병했다.

의존해서라도 국내의 정치 안정이 필요하다고 생각했던 것이다. 그러나 그는 국내외의 상황 변화를 제대로 인식하지 못하고 있었다. 1904년 만주와 한반도의 지배권을 놓고 일본의 도전으로 발발한 러일전쟁에서 러시아가 이길 수 있다고 판단한 것은 국제 정세에 무지했기 때문이다.

일본은 이미 아시아의 작은 나라가 아니었다. 만주에서 육군이 연패하고 황해에서 해군이 궤멸당하는 지경에까지 간 뒤에야 차르 정부는 정신을 차렸다. 그러나 그것도 잠깐, 바로 그때 '피의 일요일' 사태가 터졌다. 1905년 1월 22일(러시아력으로는 1월 9일) 페테르부르크에서는 15만 명의 수많은 군중이 차르에게 진정서를 제출하기 위해 운집했다. 멀리 동북아시아에서 전쟁을 벌이고 있는 판에 수도 한복판에서 일어난 그런 소요 사태를 차르 정부가 반가워할 리는 없었다. 친위대는 궁전으로 행진하는 시위대를 향해 발포했고, 수백 명의 시위 군중이 사망했다. 이 소식이 전국으로 퍼져 이후 수개월 동안 전국 각지에서 노동자들의 파업 시위가 벌어졌다. 나라 밖보다 안이 급해진 니콜라이는 일본에 만주와 한반도의 지배권을 양도하는 굴욕적인 강화를 맺고● 국민들에게는 의회의 창설을 약속해 간신히 사태를 무마했다.

그런데 위기를 넘기자 차르는 다시 반동으로 돌아섰다. 시대의 추세를 전혀 무시할 수 없으므로 의회를 구성하고 농업 개혁을 하는 등 일련의 정치적·사회적 개혁 조치를 시행했으나, 문제는 혁명 세력이 여전히 건재하다는 사실이었다. 차르 정부의 혹독한 탄압 속에서도 사회민주노동당은 오히려 단단해졌다. 1912년의 당 대회에서는 볼셰비키 급진파가 확실히 당을 장악하면서 레닌V. I. Lenin(1870~1924)이라는 뛰어난 정치 감각과 카리스마를 갖춘 리더를 탄생시켰다.

늙은 공룡의 자만 10년 전 청일전쟁에서 중국을 무릎 꿇린 일본이었지만 러일전쟁을 일으킬 당시 국제 여론은 일본이 이기기 힘든 전쟁이라고 판단했다. 그런 탓에 유럽에서 '명예로운 고립'을 유지하면서 유일하게 아시아의 일본과 동맹(영일동맹)을 맺은 영국도 일본을 군사적으로 돕지는 않았다. 그림은 러일전쟁 당시 러시아가 일본을 얼마나 우습게 여겼는지 보여주는 러시아 측 만화다.

이런 상황에서 터진 제1차 세계대전은 차르 정부에 크나큰 고통이었다. 발칸에서 오스트리아-헝가리만 저지하면 될 줄 알았던 정부는 전쟁이 장기화되자 걷잡을 수 없이 무너졌다. 재정은 곤두박질쳤고, 전쟁 동원령으로 식량마저 부족해진 민중은 분노했다. 전쟁의 터널이 아직 끝을 보이지 않고 있던 1917년 2월에 마침내 그 분노가 밖으로 터져 나왔다. 페트로그라드(제1차 세계대전 중에 페테르부르크는 페트로그라드로 이름이 바뀌었다)의 노동자들이 시위를 일으켰다. 이번에도 12년 전처럼 군대는 시위대를 향해 발포했으나 이제는 군대마저도 한 몸이 아니었다. 군대의 발포는 오히려 다른 병사들의 분노를 불러 '무장한 시위대'를 만들어냈다.

불과 한 달 만에 시위는 혁명으로 발전했다. 이것이 2월 혁명이다. 그제야 사태의 심각성을 깨달은 니콜라이는 제위를 동생 미하일 대공에게 물려주려 했으나 미하일도 쥐약을 먹을 만큼 바보는 아니었다. 결국 로마노프 왕조가 300년 만에 문을 닫았다. 더 중요한 것은 제국이 사라지고 공화국이 새로 탄생했다는 사실이다.* 그것도 서유럽처럼 자연스러운 과정이 아니라 인위적인 과정을 통해.

● 1910년대는 '제국이 소멸하는 시대'였다. 1911년에는 신해혁명으로 중국의 청 제국이 무너졌다. 진시황이 중국을 통일한 기원전 221년 이래 2000여 년에 달하는 중국의 제국사가 끝난 것이다. 러시아에 이어 제1차 세계대전의 종전을 계기로 패전국 독일, 오스트리아-헝가리, 오스만의 세 제국도 제국의 명패를 내렸다. 시대에 걸맞지 않은 제국 체제는 공교롭게도 모두 1910년대에 역사 무대에서 완전히 사라졌다.

최초의 사회주의 권력

차르가 물러나자 일단 러시아의 정권은 의회에 넘겨졌다. 의회는 서둘러 임시정부를 구성해 사태를 수습하고자 했다. 그러나 러시아 민중은 이번 혁명을 12년 전처럼 불발로 끝내려 하지 않았다. 혁명을 완성하려면 혁명정부가 필요하다. 그들은 노동자, 농민, 병사가 함께 참여하는 소비에트('평의회')라는 새로운 권력체를 만들었다. 의회가 구성한 임시정부와 민중이 구성한 소비에트 정부가 공존하게 된 것이다.

1905년의 상황과 달라진 것은 소비에트가 생긴 것만이 아니다. 혁명적 대중 외에 볼셰비키라는 혁명의 지도 세력이 존재하고 있었다. 제1차 세계대전이 발발한 이후 스위스에 망명해 있던 볼셰비키의 지도자 레닌은 1917년 4월에 러시아로 귀국하면서 '4월 테제'를 통해 "모든 권력을 소비에트로!"라고 외쳤다. 이것은 임시정부를 인정하지 않겠다는 자세였으나, 이미 볼셰비키와 동맹을

귀국하는 망명자들　1917년 4월 레닌은 32명의 볼셰비키 망명가들과 함께 열차를 타고 적국인 독일을 경유해서 러시아로 귀국했다. 사진은 페트로그라드에 도착해 군중의 환영을 받는 레닌의 모습이다. 독일 정부는 그들에게 독일을 통과하는 동안 열차에서 내리면 안 된다는 조건을 붙였는데, 그래서 그 열차를 봉인열차라고 부른다. 독일은 물론 사회주의를 혐오했지만 러시아로 귀국하겠다는 레닌의 요청을 들어주는 게 전쟁에서 유리하다고 판단했다. 그 당시 레닌은 독일 정부에 러시아가 전쟁에서 발을 빼겠다는 언질을 주었을 것이다.

맺은 사회주의자들 중 상당수가 임시정부에 참여하고 있는 상황에서 그의 주장은 다분히 모험적인 것이었다.

승산이 없는데 승부수를 던지는 바보는 없다. 레닌은 임시정부와의 힘겨루기에서 충분히 이길 수 있다고 믿었다. 그의 '믿는 도끼'는 바로 전쟁을 중단한다는 것이었다. 러시아 국민 중 어느 누구도 더 이상 러시아가 전쟁을 지속하기를 바라지 않았다. 그러나 임시정부는 그것을 잘 알면서도 러시아의 국제적 지위를 높이려면 전쟁을 계속해야 한다고 생각했다. 사실 국가 간의 약속은 그때나 지금이나 대단히 중요한 것이므로 임시정부의 노선은 명분에서 앞섰다. 하지만 혁명적 상황에서 대의명분이란 쓰레기나 다름없다.

6월에는 또다시 페트로그라드에서 수십만 명의 군중이 모여 러시아의 전쟁 중단을 소리 높여 외쳤고, 7월에는 병사들마저 무장 시위에 나섰다. 그러나 볼셰비키는 이 기회를 통해 임시정부를 타도하려다 사전에 발각되어 실족했다. 임시정부에게는 그게 마지막 기회였다. 그때 볼셰비키와 레닌을 제압했으면 사회주의혁명은 없었으리라. 하지만 대외적으로는 전쟁에, 대내적으로는 혁명적 분위기에 온통 신경을 빼앗긴 임시정부는 볼셰비키를 과소평가했다. 오히려 임시정부 최고사령관인 코르닐로프는 정부 수반인 케렌스키를 무시하고 군사독재를 실시하려 들었다. 결국 코르닐로프의 조급함은 또 한 차례의, 그리고 마지막이 될 혁명을 불렀다.

8월 말, 코르닐로프는 휘하 군대에게 수도 진격을 명령했다. 임시정부마저도 무시한 반란 행위였다. 볼셰비키는 이제 합법적인 자격으로 반란군을 막았다.* 코르닐로프가 체포됨으로써 볼셰비키는 임시정부를 제치고 권력을 장악했다. 10월 23일, 껍데기만 남은 임시정부는 뒤늦게 볼셰비키를 공격하는 데 나섰으나 볼셰비키는 간단히 맞받아쳐 손쉽게 임시정부를 타도했다. 이것이 러시아에 역사상 최초의 사회주의 정권을 성립시킨 10월 혁명이다.

● 볼셰비키는 이미 적군(赤軍)이라는 자체 군대를 갖추고 있었다. 레닌의 오른팔이자 뛰어난 이론가였던 트로츠키(Leon Trotsky, 1879~1940)는 1917년 4월에 노동자·농민 출신의 병사들로 적군을 편성했다. 혁명이 성공한 뒤 적군은 러시아의 정규군이 된다.

이듬해 3월에 레닌은 볼셰비키당을 러시아 공산당이라는 이름으로 바꾸고 수도를 모스크바로 옮겨 새 헌법을 제정했다. 그런 다음 그는 혁명 전부터 주장하고 약속한 대로 독일과 브레스트-리토프스크 조약을 맺고 러시아 단독으로 강화를 이루었다. 굴욕적인 강화의 대가는 참담했다. 러시아는 독일에 핀란드와 발트 해 연안, 우크라이나를 내줘야 했다(전후 베르사유 체제는 러시아가 그 영토를 포기한 것을 추인했다고 할 수 있다). 그러나 그 출혈은 새로 탄생한 사회주의 정권이 안정을 찾기 위해 필요한 것이기도 했다.••

●● 레닌은 스위스에 체류할 때 독일과 밀약을 맺고, 자신이 집권하면 전선에서 발을 빼겠다고 약속했을 가능성이 있다. 그 결과가 브레스트-리토프스크 조약일 것이다. 실제로 1917년 4월 그는 독일 정부가 제공한 봉인열차(중간에 아무 역에도 서지 않는 직행열차)를 타고 페트로그라드로 왔는데, 밀약이 없었다면 가능했을까? 만약 그랬다면 그의 행동은 비난받아 마땅하다. 비록 소비에트 사회주의 공화국 연방이 과거의 러시아 제국과 다르다 해도 기존의 국제적 약속을 어긴 것은 옳지 않기 때문이다. 그것은 말하자면 지금 일본이 제2차 세계대전의 전범국인 일본제국과 다르다는 이유로 과거의 잘못을 덮으려는 것과 같다.

레닌으로서는 전쟁이 너무 일찍 끝난 게 불만이었을지도 모른다. 러시아가 전선에서 발을 뺀 지 몇 개월 만에 제1차 세계대전이 끝나버린 것이다. 종전 자체는 괜찮았지만 문제는 연합국 측에서 러시아를 배신자로 규정하고 응징에 나섰다는 점이다. 게다가 서유럽 모든 정부에서 혐오하는 사회주의 정권이 러시아에 들어섰기에 연합국들은 더욱 분노했다(자유주의 공화국이라면 그냥 넘어갔을 것이다). 연합국들의 기세에 힘입어 러시아 내에서도 소비에트 정부에 반대하는 무장봉기가 곳곳에서 일어났다. 소비에트 정부는 1920년까지 이들을 상대로 힘든 싸움을 치러 마침내 정권을 안정시키는 데 성공했다(당시 러시아에 진출한 연합국 군대들 가운데 가장 늦게까지 남아 있던 군대는 바로 일본군이었다. 그러나 그때까지 국제전에서 한 차례도 패한 적이 없던 일본군은 대소간섭전쟁에서 처음으로 패배하고 비참하게 철수한다).

35장

불안의 과도기

평화의 모순

중세 이래 몇 차례 있었던 대규모 국제전에서도 늘 그랬듯이, 유럽 세계의 전쟁은 상대방을 지도상에서 지워버리는 것을 지향하지 않았다. 어느 정도 승부의 윤곽이 뚜렷해지면 전쟁을 끝맺고 타협과 협상을 벌였으며, 그 결과로 조약을 맺어 새로운 질서를 수립했다. 그런 점에서는 제1차 세계대전도 예외가 아니었다. 패전국이라고 해서 나라가 사라지지는 않았으니까. 그러나 제1차 세계대전은 모두에게 너무 큰 상처였고, 두 번 다시 기억하고 싶지 않은 비극이었다. 그래서 유럽 열강과 미국은 베르사유 체제를 통해 전 세계를 아우르는 국제기구를 탄생시킨다. 바로 국제연맹이다.

하지만 17세기 이래 세기마다 한 차례씩 대규모 국제전이 있었는데 왜 하필 20세기에 와서야 비로소 그런 기구를 만들 필요성을 느꼈을까? 그 이유는 알기 쉽다. 20세기에 와서야 비로소 세계 분할이 끝났기 때문이다. 유럽은 지구상의 모든 구석을 속속들이 알게 되었고, 속속들이 분할했다. 따라서 열강은 이제 더 이상의 분쟁이 필요 없다고 판단한 것이다. 중세 이후 처음에는 종교를 두고(30년 전쟁), 그다음에는 유럽의 영토를 두고(에스파냐-오스트리아 왕위 계승 전쟁, 나폴레옹 전쟁), 또 그다음에는 해외 식민지를 두고(제1차 세계대전) 벌인 기나긴 월드 시리즈는 끝났다. 이제부터는 분쟁이 아니라 조정으로 문제를 해결해야 한다. 이게 국제연맹을 신설한 열강의 생각이었다.•

그러나 사실 그 생각은 자가당착이요 자기모순이다. 지배자의 눈으로 보면 세상만사가 아무 문제도 없다. 그냥 이렇게 살면 모두가 행복하리라고 막연하게 여긴다. "내 팔자에 무슨 난리야?"라는 말이 있지만, 정말 그렇다. 없는 놈의 팔자라면 차라리 난리라도 나야 한다. 그래야 질서가 뒤집어질 테니까. 제1차 세계대전의 승전국들은 바로 그 '없는 놈'의 팔자를 계산에 넣지 않았다(아니면 알고도 모른 체했거나). 내 집이 크면 남의 집이 작다. 세계의 끝을 알지 못하던 시대, 세계의 상당 부분이 무주공산이던 옛날이라면 혹시 모를까, 이제 지구상 모든 구석이 알려졌으니 작은 집에 사는 없는 놈은 팔자를 고치려면 난리라도 피워야 했다.

특히 있는 놈이었다가 졸지에 없는 놈이 된 독일이 그런 처지였다. 1918년 11월 전쟁이 끝나는 것과 동시에 독일에서는 공화

• 중세 이래 유럽은 내내 분권화를 향한 역사를 전개해왔으므로 더더욱 그런 조정 기구가 필요했을 것이다. 국제연맹은 중세 질서의 기반이었던 느슨한 통합성을 잃지 않으려는 노력의 일환이다. 제국적 중앙집권 질서는 근대 유럽에 어울리지 않았으나 최소한의 통합성은 필요했다. 그런 점에서 보면 국제연맹은 중세의 로마 교황과 같은 위상이라고 볼 수 있다. 그러나 국제연맹은 아직 정답이 아니었고, 중세적 질서로 돌아가려면 또 한 차례 시련을 겪어야 했다.

제 혁명이 일어나 빌헬름 2세가 쫓겨났다. 독일 통일의 결실인 독일제국은 50년을 다 채우지 못하고 종말을 맞았다. 이듬해 1월 그 혁명을 주도한 바이마르에서는 독일연방 국민의회가 소집되었고, 다음 달에는 드디어 독일 역사상 최초의 공화국인 바이마르 공화국이 탄생했다. 어찌 보면 1848년에 생겼어야 할 공화국이 무려 70년이나 지각한 셈이다(게다가 그때 공화국이 성립되었더라면 세계대전도 없었을 것이다).

극단적 좌파를 배제하고 온건 좌파의 사회민주당이 집권한 새 공화국은 개혁 의지가 충만했다. 정부는 보통선거제를 도입했고, 노동자의 각종 권리를 보장했으며, 대외적으로는 베르사유 조약을 받아들여 유럽의 국제사회 속에서 신생국 독일의 좌표를 정하려 노력했다. 그러나 문제는 정치가 아니라 경제였다. 독일이 패전국이 아니라 승전국이었어도 1320억 마르크의 천문학적인 배상금은 갚지 못할 금액이었다.

공화국 정부는 어쩔 수 없이 '돈을 찍어' 해결하는 최악의 방법을 선택했다(그때까지 유럽 열강과 미국은 독일의 신생 공화국을 지원해야 문제를 해결할 수 있다는 생각을 하지 못했다. 그러나 당시의 경험으로 제2차 세계대전 후 연합국은 패전국 독일에 대한 경제적 지원을 아끼지 않게 된다). 그에 따라 물가는 하늘 높은 줄 모르고 치솟았다. 전쟁 전에 달러당 4.2마르크였던 환율은 배상금을 갚기 시작한 1922년 말에 무려 달러당 7000마르크로 올랐고, 그 이듬해에는 달러당 수조 마르크라는 믿지 못할 지경에까지 이르렀다.

늪에 빠진 공화국을 건져준 것은 미국이었다. 통화개혁이라는 또 하나의 극단적인 처방으로 겨우겨우 버티던 독일에 미국은 절묘한 타개책을 제시했다. 미국이 차관으로 독일의 경제 복구를 도

파시즘의 조건　오늘날 서양 역사가들은 제2차 세계대전을 히틀러라는 한 명의 광인이 일으킨 '엄청난 불장난'으로 규정하고 싶어 한다. 그러나 나치 깃발이 집집마다 걸려 있는 이 사진에서 보듯이, 파시즘은 결코 몇몇 파시스트들이 선동해서 성립한 체제가 아니다. 독일과 이탈리아, 에스파냐에서 파시즘이 자리 잡을 수 있었던 이유는 엄연히 '파시즘화된 대중'이 있었기 때문이며, 그런 점에서 일국적으로 보면 파시즘 체제는 대단히 효과적이고 '성공적'인 정치 실험이었다.

와주면 독일은 그렇게 해서 번 돈으로 영국과 프랑스에 배상금을 갚아나간다는 계획이었다. 미국은 유럽 경제를 살려야 했고, 유럽 경제가 살려면 독일이 살아나야 했으니, 어느 누구도 불만을 품을 수 없는 방책이었다.

이리하여 가까스로 한숨 돌린 공화국은 다시 개혁의 고삐를 틀어쥐었는데, 문제는 또 있었다. 독일 국민들은 외국과 연이어 굴욕적인 평화조약을 맺고 경제적으로 종속화되는 정부를 더 이상 신임하지 않으려 했다. 게다가 정부의 성격이 중도좌파인 만큼 좌파와 우파의 반대가 극심했다. 바이마르 정부는 점차 국민들에게서, 또 정치 세력에게서 인기를 잃어갔다. 그때 등장한 인물이 바로 히틀러Adolf Hitler(1889~1945)였다.

제1차 세계대전에서 독일군에 복무한 경험으로 히틀러는 전후에도 계속 군대에 남아 있다가 1919년 독일노동당에 입당하면서 정치 활동을 시작했다. 이듬해 독일노동당은 국가사회주의독일노동자당Nationa-Sozialistische Deutsche Arbeiter-Partei으로 당명을 바꾸었는데, 이것을 줄인 말이 바로 나치Nazi다. 명칭에서 보듯이, 나치는 원래 사회주의 정당으로 출범했지만, 군 시절에도 히틀러의 주 임무는 군대 내의 공산주의자를 색출하는 데 있었으니 그런 아이러니도 없다. 어쨌든 선동적인 연설로 순식간에 독일 국민들의 인기를 얻은 그는 베르사유 조약의 폐기를 주장함으로써 바이마르 공화국의 아픈 데를 찔렀다.

그러나 세계 경제가 계속 호황을 유지했더라면 히틀러의 집권은 쉽지 않았을 것이다. 1929년 미국에서 터진 대공황의 물결이 유럽을 덮치면서 공화국의 지지율은 곤두박질쳤고, 1932년 선거에서 나치는 독일 제1당으로 부상했다. 이듬해 1월 히틀러는 드디어 독일 총리로 임명되었다. 다시 유럽 세계에서 태풍의 눈으로 떠오르기 시작한 독일은 '독일식 문제 해결'을 주장했다. 그것은 바로 또 한 차례의 세계대전이다.

암흑의 목요일

19세기에 미국은 지리적인 조건을 십분 활용해, 유럽의 복잡한 정세에는 관여하지 않으면서 산업혁명과 선진 문물을 받아들일 수 있었다(19세기 후반부터 산업혁명은 오히려 영국보다 미국이 주도했다). 말하자면 단물만 빼먹은 셈이다. 그 당분은 미국을 급속도로 살찌

웠고, 뒤늦게 나선 식민지 경쟁에서도 미국은 유럽 열강에 결코 뒤지지 않는 성과를 올렸다. 1867년에는 재정난에 빠진 러시아 황실로부터 헐값으로 알래스카를 사들였을 뿐 아니라* 태평양의 섬들을 차례로 손에 넣었고, 유럽의 후진국으로 전락한 에스파냐를 두들겨 필리핀을 빼앗았다. 제1차 세계대전은 그렇잖아도 한창 뻗어나던 미국의 경제에 금상첨화와 같은 역할을 했다. 미국은 전쟁 중반까지 중립을 지키면서 군수품 보급을 도맡아 톡톡히 재미를 보았던 것이다(그런 점에서 전쟁 말기의 참전은 미국의 '애프터서비스'가 아니었을까?).

* 264쪽의 주 참조. 그런데 20세기 초에 알래스카와 비슷한 운명을 겪을 뻔한 지역이 있었다. 1911년 신해혁명으로 생겨난 중화민국의 임시대총통 쑨원(孫文, 1866~1925)은 혁명정부의 자금을 마련하기 위해 만주를 일본에 팔아넘길 구상을 하고 일본의 가쓰라 총리와 접촉한 일이 있었다. 결국 성사되지 못했지만 나중에 만주에서도 대규모 유전들이 발견되었으니 자칫하면 오늘날 중국인들은 땅을 치고 후회해야 했을 것이다. 영토란 그래서 중요하다.

이어진 1920년대는 그야말로 황금기였다. 유럽의 전후 복구에는 막대한 자금이 필요했고, 미국에는 자금이 남아돌았다. 미국은 유럽 각국에 빌려준 돈으로 일약 세계 최대의 채권국이 되었다. 유럽은 전승국들까지도 전쟁이 남긴 심각한 후유증에 시달려야 했지만 미국에 유럽의 상황은 오히려 번영의 호조건이 된 것이다. 미국은 베르사유 체제에도 열심히 참여하지 않을 정도로(미국 의회는 윌슨의 조약 비준을 거절했고, 그 때문에 미국은 국제연맹에도 가입하지 못했다) 세계 정치에서는 아직 소극적인 자세였으나 세계 경제에서는 이미 확고한 중심으로 떠올랐다.

하지만 독주에는 제동이 걸리게 마련이다. 소비가 없다면 생산도 지속될 수 없다. 아직 드러나지 않은 미국 경제의 큰 문제는 과잉생산이라는 점이었다. 자본 과잉에다 생산 과잉, 세계 전체가 가난해졌는데 미국만이 부자라는 것은 결국 수요의 부족을 낳을 테고, 그 결과는 세계의 단독 자본가이자 생산자인 미국에 부메랑처럼 되돌아올 터였다. 그러나 그 문제점이 드러나는 과정은 아무도 예상하지 못했을 만큼 너무도 순간적이었다.

1929년 10월 24일, 뉴욕 증권가인 월스트리트에서는 불과 몇 시간 만에 주가가 사상 최대로 폭락했다. 사상 최초의 대공황이 시작된 이날은 목요일이었기에 '암흑의 목요일 Black Thursday'이라고 부른다.

절망의 하루　요즘처럼 증권시장을 조작하기 위한 '작전'이 있었던 것도 아니다. 자본과 생산의 과잉이 누적된 결과 어느 평범한 목요일 미국의 증권시장은 순식간에 얼어붙었다. 사진은 대공황이 발생한 날, 1929년 10월 24일 월스트리트의 모습이다. 하루 동안 이곳에서만도 11건의 자살 사건이 있었다고 한다.

대공황의 물결은 몇 개월 만에 전 미국을 초토화시켰다. 직격탄을 맞은 금융업을 비롯해 돈줄이 끊겨버린 공업이 무너졌고, 심지어 농산물 가격의 폭락으로 농업도 공황의 파괴력을 고스란히 받아야 했다. 기업은 도산했고, 노동자는 실업자가 되었으며, 농민은 농사를 지을수록 손해만 보았다. 1933년 대통령에 취임한 루스벨트Franklin Roosevelt(1882~1945)는 수요를 늘리는 것만이 공황을 근본적으로 해결할 수 있다고 믿었다. 그래서 탄생한 게 뉴딜 정책New Deal이다.

국가가 잉여 농산물을 직접 구매해 농산물의 가격을 안정시키고, 실업자들을 댐 건설 같은 대규모 국책 사업에 고용한다. 또한 방대한 규모의 사회보장제도를 도입해 빈민들을 구제하는 한편 국가 지출을 증대시킨다. 이것이 뉴딜의 기본 내용이었는데, 골자는 과잉된 자본과 생산을 수요 증대로 상쇄하려는 것이었다. 실제로 이 정책은 공황 타개에 큰 효과를 발휘했으며, 이후 자유방

임형 자본주의 대신 국가 개입형 자본주의로 궤도를 수정하는 큰 변화를 낳았다.

그러나 유럽은 미국과 사정이 달랐다. 대공황의 직접적 피해는 미국에 닥쳤으나 감기만 걸려도 중병으로 전화될 정도로 취약한 유럽의 경제는 대공황의 간접적 피해만으로도 엄청난 충격을 받았다. 다만 유럽은 진원지인 미국처럼 급격하게 붕괴를 맞이하지 않았다는 게 다행이라면 다행이었다. 1932년부터 유럽에 불어닥친 대공황의 충격파는 유럽 각국의 경제와 정치를 뒤흔들었다. 실업자가 늘어나면서 영국과 프랑스 정부에는 좌익 세력의 요구와 진출이 활발해졌다. 독일 좌익 세력의 '독특한' 취향은 히틀러를 총리로 만들어주었지만.

뉴딜은 공황의 치료약은 되었으나 예방약은 되지 못했다. 미국에서는 국가가 가장 큰 경제 주체로 나섰고, 영국에서도 19세기 이래 유지되어온 자유무역주의 대신 다시 보호관세의 장벽이 세워졌으나, 수백 년 전 중상주의를 연상시키는 국가 개입형 자본주의는 공황을 낳은 과잉생산의 문제를 근본적으로 해결할 수 없었다. 과잉생산은 마치 체내에 쌓인 노폐물처럼 적절히 배설해주어야 했다. 이것이 곧이어 터져 나오는 제2차 세계대전의 경제적 배경을 이룬다. 전쟁과 무기 산업만큼 대량으로 수요를 촉발해주는 것은 없으니까.

파시즘이라는 신무기

독일에서 히틀러가 나치에 입당하던 1919년에 이탈리아에서도 새로운 정당과 새로운 지도자가 전 국민의 인기를 모으며 화려하게 등장했다. 파시스트당의 무솔리니Benito Mussolini(1883~1945)였다. 사회주의 운동을 한 무솔리니는 파시즘fascism이라는 새로운 이념을 공식적으로 표방하면서 모든 이탈리아 국민의 결속을 주장했는데, 파시즘이란 '결속'을 뜻하는 이탈리아어 파쇼fascio에서 나왔으니 전혀 이상할 것은 없었다.•

무솔리니가 '뭉쳐야 한다'고 부르짖은 데는 그만한 이유가 있었다. 이탈리아는 제1차 세계대전에서 승전국이었음에도 불구하고 그에 마땅한 전리품을 얻지 못했다. 비록 양다리를 걸치다가 뒤늦게 참전했고 전쟁에서도 별다른 기여를 하지 못했으나, 그것은 남들이 보기에 그런 것뿐이고, 나름대로 최선을 다한 이탈리아 국민들은 불만이었다. 더구나 참전의 미끼였던 달마치야가 신생국 유고슬라비아에 넘어가자 국민들은 불만을 넘어 분통을 터뜨렸다. 약소국의 운명을 새삼 실감하게 된 이탈리아 국민들에게 무솔리니의 '파쇼'는 가슴 깊이 파고드는 구호일 수밖에 없었다.

파시스트당이 인기를 얻을수록 국왕의 인기는 그에 반비례해 추락했다. 국민들은 국왕 에마누엘레 3세에게 당신이 그토록 참전을 주장했는데 대체 지금 얻은 게 무엇이냐고 따지면서 대규모 시위를 벌여 책임을 추궁한 것이다. 결국 1922년 에마누엘레는 무솔리니에게 전권을 위임했다. 이제 이탈리아는 허수아비 왕을 제치고 무솔리니가 사실상의 왕으로 군림하는 기묘한 왕국이 되었다.

• 오늘날 파시즘의 원흉으로 꼽히는 히틀러와 무솔리니가 사회주의와 직간접적으로 관련이 있다는 사실은 흥미롭다. 게다가 소련식 사회주의가 전체주의적 면모를 보였기 때문에 파시즘과 사회주의가 거의 같은 것으로 알고 있는 사람들도 많이 있다. 그러나 실상 사회주의의 이념과 원리는 민주주의에 뿌리를 두고 있으므로 파시즘과는 거리가 멀 뿐 아니라 서로 대척적이다(실제로 파시즘은 사회주의를 철저히 억압했고, 사회주의는 반파시즘 운동에 앞장섰다).

뭉치면 산다 지금은 파쇼라는 말을 좋은 의미로 들을 사람이 없겠지만, 1920년대의 파쇼는 이탈리아 국민들에게 구세주와 같은 말이었다. 파쇼는 원래 '뭉치자'는 뜻이니, 어려운 살림살이에 그 구호에 반대할 국민은 없었을 것이다. 사진은 1922년 로마로 들어오는 파시스트들이다(앞줄에 걷고 있는 사람들 중 한가운데 인물이 무솔리니다).

'결속'의 위력은 대단했다. 무엇이든 국민의 이름으로 집행하면 정당하지 않은 게 없었다. 무솔리니는 파시스트당 이외에 모든 정당을 법으로 금지했고, 대외적으로는 실추된 이탈리아의 명예 회복을 위해 적극적인 팽창정책을 밀고 나갔다. 국가는 모든 것의 위에 존재하는 초법적인 기구였으며, 국가를 조종하는 주체는 무솔리니의 파시스트당이었다.

이 점에서는 독일도 결코 이탈리아에 못지않았다. 1933년 총리로 취임한 히틀러는 곧 의회를 해산하고 게슈타포라는 비밀경찰을 창설했으며, 나치만이 독일에서 유일한 정당이라고 선언하고 일당 독재체제를 갖추었다. 이듬해에 이름만 남은 바이마르 공화국의 대통령 힌덴부르크가 사망하자 히틀러는 총통까지 겸하면서 공화국 체제를 폐지해버렸다. 서유럽의 공화주의 지식인들이 큰 기대를 걸었던 독일 역사상 가장 건강한 정권, 바이마르 공화국은 이로써 10여 년 만에 깃발을 내렸다.

공화국이 사라졌으니 이제 독일을 무엇이라고 불러야 할까? 이 점에 대해서도 히틀러는 명쾌했다. 그는 독일을 '제3제국'이라고 불렀기 때문이다. 굳이 제국이라면 제1차 세계대전으로 문을 닫은 독일제국에 이어 두 번째일 텐데 왜 세 번째라고 했을까? 그는 역사적 근거를 들었다. 19세기 후반 비스마르크가 세운 독일제국은 첫 번째가 아니다. 중세의 신성 로마 제국이 있기 때문이다. 놀랍게도 히틀러는 자신이 신성 로마 제국의 적통을 이었다고 주장한 것이다. 명칭은 총통이었지만 그는 황제를 꿈꾸지 않았을까? 그것도 역사와 전통에 빛나는 로마 황제를.

그래도 거기까지는 특별히 탓할 게 없고 굳이 미화하자면 독일식 민족주의의 발흥이라고 볼 수도 있다. 그러나 히틀러는 거기서 그치지 않고 광기로 나아갔다. 찬란한 역사를 가진 독일이 이 지경으로 몰락한 것을 설명하려면 뭔가 희생양이 필요하다. 그는 그것을 바로 유대인에게서 찾았다. 순수한 게르만족의 혈통이 유대인으로 인해 타락하게 되었으므로 유대인을 제거하면 독일의 옛 영화를 되찾을 수 있다는 게 그의 주장이다. 터무니없는 논리였으나 독일 국민들의 상당수는 그의 광기에 동조했다.● 대중 선동에서 중요한 것은 진리를 말하는 게 아니라 구체적

● 이렇게 이탈리아와 독일의 파시즘은 대중적인 기반을 충분히 가지고 있었다. 그런 점에서 파시즘은 흔히 말하는 독재와 다른 점이 있다. 독재는 국민의 지지 기반이 없어도 독재자가 군대 등을 이용해 유지하는 강압적 체제지만, 파시즘은 '파시즘화된' 대다수 혹은 상당수의 국민들이 열렬히 지지하는 체제다. 이렇게 보면 1970년대 박정희의 유신독재를 파시즘이라고 규정할 수 있는지는 약간 모호해진다. 1972년 11월 유신 헌법이 국민투표에서 93퍼센트의 찬성을 얻어 통과되었다는 점에서 보면 유신 체제는 파시즘이다. 그러나 계엄령을 내리고, 국회를 해산하고, 정치 활동을 금지하고, 언론을 탄압한 가운데 국민투표가 강행되었다는 점에서 보면 유신 체제는 독재다.

이고 가시적인 적을 보여주는 데 있기 때문이다.

파시즘이 이탈리아와 독일에서 뿌리를 내릴 수 있었던 데는 역사적인 이유가 있다. 두 나라의 공통점을 찾아보면 쉽게 알 수 있다. 첫째, 두 나라는 서유럽 국가들에 비해 뒤늦은 19세기 후반에야 국가 통일과 국민국가를 이루었다. 물론 그보다 더 늦게 국민국가를 형성한 나라들도 있다. 하지만 두 나라처럼 오랫동안 서양 역사의 주류였으면서도 통일과 국가 형성이 늦은 곳은 없었다(이탈리아와 독일의 국민들이 파시즘에 적극 동조한 것은 그런 역사적 두께에서 생겨난 국민적 기대감이 당시 두 나라가 처한 현실에 비해 훨씬 높았던 탓이다). 둘째, 그렇게 스타트가 늦은 탓에 두 나라는 다른 열강과의 식민지 쟁탈전에서 뒤처졌다. 국내의 자본주의는 발전하는데 이를 소화할 해외 식민지가 부족한 것은 가장 현실적인 문제였다(독일의 경우 이것은 제1차 세계대전을 부른 직접적인 원인이 되었다). 셋째, 시민사회의 전통이 없었다. 국가가 파시즘으로 치달으면 시민사회가 제동을 거는 게 서유럽 국가들의 메커니즘이다. 시민혁명의 경험으로 시민사회의 전통이 형성되어 있던 영국과 프랑스라면 설사 제1차 세계대전에서 패전국이 되었다 하더라도 파시즘이 자리 잡기는 어려웠을 것이다.

거꾸로 말하면 파시즘은 이탈리아와 독일이 후발 제국주의의 약점을 신속하게 극복하기 위해, 또 시민사회의 전통이 없다는 결함을 국가 체제의 힘으로 보완하기 위해 채택한 '신무기'라고 할 수 있다. 무기는 모름지기 실전에 투입해야 하는 법, 파시즘으로 무장한 두 나라는 결국 제1차 세계대전 이후 평화를 모색하던 전후 질서를 단순히 '과도기'로 만들어버리고 또 한 차례의 대형 국제전을 일으키게 된다.

36장

최후의 국제전

'전범'들의 등장

애초부터 큰 힘을 쓰지 못한 베르사유 체제는 대공황을 겪으면서 아예 주저앉아버렸다. 그러나 베르사유 체제로 타격을 받은 나라들은 오스트리아와 동유럽 신생국들만 빼고는 1930년대부터 일제히 약진하기 시작했다.

독일과 이탈리아는 파시즘 체제로 국내를 안정시킨 뒤 단기간에 상당한 경제 발전을 이루었다. 그런가 하면 파시즘과 대척적인 사회주의도 눈부신 성공을 거두었다. 소련은 신생국답지 않은 노련한 국가 운영을 선보였다. 1921년부터 신경제정책NEP을 도입한 소련은 과감히 자본주의적 요소를 배합하고 공업을 육성시켰으며, 농업의 집단화로 농업 생산력에서도 큰 성과를 이루었다. 레닌의 사후 피비린내 나는 권력투쟁에서 트로츠키를 누르고 승리한 스탈린Iosif Stalin(1879~1953)은, 비록 정치적인 면에서는 반대파를 모두 숙청하는 무자비한 철권통치로 일관했으나 경제 발전으로 소련을 강대국의 대열로 끌어올린 덕분에 대내적으로 확고한 절대 권력을 구축했다(파시즘과 독재는 후진국을 속성으로 성장시키는 묘약이라도 되는 걸까?).

또 하나 빼놓을 수 없는 것은 일본의 성장이다. 대공황의 여파로 경제난에 봉착한 일본은 만주를 '생명선'으로 여기고 1931년 만주사변을 일으켜 만주 지배에 나섰다. 국제연맹에서 강력히 항의하자 일본은 1933년 미련 없이 국제연맹을 탈퇴해버렸다(어차피 서구적인 국제 질서는 일본에 낯선 것이었다). 19세기 후반 동양 유일의 제국주의 국가로 발돋움하면서 일본이 품은 1차 목표는 두 가지, 한반도와 만주의 정복이었다. 이제 일본은 그 꿈을 이루었다. 2차이자 최종 목표는 중국 대륙을 정복해 이른바 '대동아공영권'의 주인공이 되는 것이다. 그 꿈의 실현도 머지않아 보였다. 적어도 아시아에 관한 한 일본의 상대는 없으니까.

일본이 베르사유 조약의 최대 성과라 할 국제연맹의 체면을 여지없이 구겨버리는 것을 본 히틀러는 일본의 '성공적인 선례'를 본받아 군축회의와 국제연맹에서 탈퇴하고, 1935년에는 베르사유 조약의 군비 제한 조항을 일방적으로 파기할 것을 선언했다. 이제 독일은 패전국의 멍에에서 완전히 벗어나 자체 무장을 갖출 수 있게 되었다. 또한 독일의 움직임을 본받아 무솔리니도 1935년에 오래전부터 숙원으로 삼았던 에티오피아 침략에 나섰다(1896년 에티오피아를 침략했다가 예상 밖의 패배로 실추된 명예를 회복하려는 것이었는데, 에티오피아를 정복한 무솔리니는 엉뚱하게도 이것으로 '신로마 제국'이 성립되었다고 선언했다). 국제연맹은 일본에 이어 이

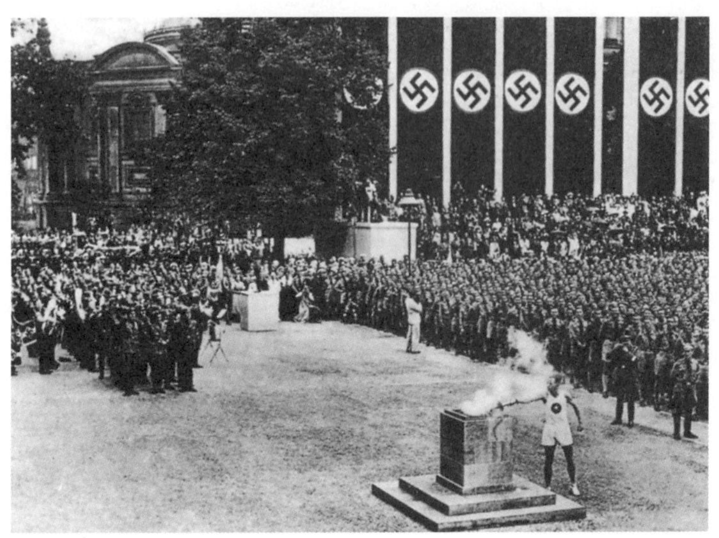

베를린 올림픽　스포츠와 독재정치가 밀접한 것은 잘 알려져 있다. 1936년 히틀러는 베를린 올림픽을 개최하여 나치 국가의 대외적 위상을 높이고자 했다. 사진은 개회식에서 성화가 점화되는 장면인데, 뒤편으로 나치 깃발들이 나부끼는 것이 이 올림픽의 성격을 보여준다. 이 대회의 마라톤에 손기정이 또 하나의 파시즘 국가인 일본 대표로 참가하여 금메달을 땄다.

탈리아를 침략국이라 규정하고 비난했지만 공허한 메아리일 뿐이었다. 이렇게 해서 장차 제2차 세계대전의 주범이 될 나라들은 각자 한 차례씩 예고편을 선보였다.

그러나 독일과 이탈리아는 합동으로 또 한 편의 대형 예고편을 제작했다. 촬영 연도는 1936년, 로케이션 장소는 에스파냐였다.

파시즘의 힘

19세기 말 미국에 필리핀과 쿠바를 빼앗긴 뒤 에스파냐에 남은 식민지는 지브롤터 해협 너머 모로코의 해안 지대와 대서양의 몇몇 섬들뿐이었다. 비록 '해가 지지 않는 나라'라는 별명은 이미 오래전에 영국에 넘겨주었지만, 어느새 유럽의 최후진국이 되어버린 에스파냐를 보면 언제 그런 영광이 있었던가 싶을 정도였다. 17세기부터 보수와 수구의 대명사가 된 가톨릭은 여전히 에스파냐를 총본산으로 삼고 있었고, 19세기 후반의 '공화국 실험'을 진압하면서 실력자로 나선 군부는 가톨릭과 결탁해 에스파냐의 부패를 총지휘하고 있었다. 게다가 에스파냐는 전통적으로 지방색이 강한 탓에 제대로 된 국민국가의 모습조차 취하기 어려웠다(에스파냐 특유의 지역 분리주의는 오늘날까지도 이어지고 있다).

나라가 힘을 잃으면 국민이 일찍 자각한다는 역설적인 현상은 에스파냐에서도 예외가 아니었다. 뒤늦게 산업화가 이루어지면서 에스파냐에도 노동계급이 성장했다. 이들은 여러 차례에 걸쳐 입헌군주제와 의회민주주의, 정치와 교회의 분리 등을 요구하고 나섰는데(이런 요구가 아직까지 제기된다는 것 자체가 에스파냐의 후진성을 말해준다), 그때마다 수구 세력(왕당파와 교회)은 군대를 동원해 진압하곤 했다. 이 과정에서 자연히 수구 세력과 군부는 공생 관계가 되었고, 이에 맞서 지식인과 상인을 대표하는 공화주의자와 노동계급을 대표하는 사회주의자 들도 연대의 움직임을 보였다. 그 연대의 결과로 탄생한 것이 1936년의 인민전선 정부다.●

그러나 새 공화국 정부는 반대 세력이 강한 데다 이질적인 요소들이 힘을 합쳐 이룬 만큼 진로가 순탄치 않았다. 가장 강력하지

● 공화주의자와 사회주의자가 통합을 이룬 것은 역사상 처음 있는 일이었다. 혁명의 도가니였던 1848년의 프랑스에서도, 1917년의 러시아에서도 공화주의자(자유주의자)와 사회주의자는 공동의 적(제정, 차리즘)을 두고 있으면서도 한 몸으로 행동하지는 못했다. 에스파냐에서 그것이 가능했던 이유는 그만큼 파시즘의 위협이 노골적이었기 때문일 것이다.

국제화된 파시즘 파시즘 세력은 한 나라 내에서만 '결속'하는 데 그치지 않았다. 에스파냐의 신참 파시즘을 보호하기 위해 독일과 이탈리아의 선배 파시즘들은 적극적인 노력을 아끼지 않았다. 사진은 에스파냐 파시즘의 주역인 프랑코(가운데)다. 그는 가장 후배 파시스트지만 제2차 세계대전으로 선배 파시스트들이 몰락하는 상황에서도 살아남아 1975년 죽을 때까지 에스파냐의 권좌에 있었다.

만 다른 세력들이 단결하는 바람에 야당 신분이 된 우익 세력은 집요하게 저항했으며, 곳곳에서 테러도 서슴지 않았다. 더구나 인민전선 정부보다 더욱 급진화되어 있는 노동자와 농민 들은 정부의 토지개혁안에 만족하지 못했다. 이런 판에 과거의 군부독재자였던 리베라의 아들이 창당한 팔랑헤당은 아예 노골적으로 이탈리아식 파시즘을 주창하고 나섰다.

몇 개월간 극도의 혼돈이 휩쓴 끝에 이윽고 올 게 왔다. 1936년 7월에 군부 지도자 프랑코Francisco Franco(1892~1975)는 은밀히 반정부 음모를 계획하다가 카나리아 제도에서 '공식적인' 쿠데타를 선언했다. 그러자 미리 준비하고 있던 국내의 왕당파와 군부, 교회 세력이 일제히 반란을 일으켰다. 더 중요한 것은 그들과 '이념상의 친척들'인 독일과 이탈리아도 즉시 쿠데타를 지지하고 나섰다는 점이다(유럽 파시즘 세력은 이미 국제화되어 있었다). 이리하여 제2차 세계대전의 최종 예고편인 에스파냐 내전이 시작되었다.

프랑코는 단기전으로 쿠데타를 성공시킬 수 있다고 믿었으나, 무력하고 불안하게만 보이던 인민전선 정부는 막상 위기에 처하자 예상외로 만만치 않았다. 사실 맨 먼저 쿠데타에 대응한 것은 인민전선 정부가 아니라 노동자와 시민 들이었다. 이들은 마드리드와 바르셀로나의 무기고와 총포점을 습격해 무장하고 국내에서 일어난 반란군과 맞서 싸웠다. 이들의 활약으로 국내의 파시즘 세력은 어렵지 않게 진압되었다. 그러나 문제는 모로코에 주둔해 있는 프랑코의 반란군의 본산이었다.

해군이 반란군을 지지하지 않는 바람에 지브롤터 해협을 건너지 못하고 발만 동동 구르던 프랑코에게 구원의 손길이 다가왔다. 초록은 동색이라고, 독일과 이탈리아가 비행기를 모로코로 보낸 것이다. 게다가 독일과 이탈리아는 반란군에 경제원조와 더불어 각각 1만과 7만 명의 지원 병력까지 파견했다. 여기에 포르투갈마저 반란군을 지지하면서 독일과 이탈리아의 병력 수송을 도왔다. 이들의 개입으로 전세가 순식간에 역전되었다.

독일과 이탈리아가 개입한 이상 에스파냐 내전은 내전이 아니라 국제전이 되었다. 그런데 묘한 것은, 파시스트 반란군은 같은 색깔인 파시스트 국가들의 지원을 받은 반면 공화주의의 정부군은 다른 공화국들의 지원을 받지 못했다는 점이다. 영국은 처음부터 불간섭 정책을 취했고, 마침 에스파냐와 같은 시기에 인민전선 정부가 들어선 프랑스도 처음에는 에스파냐 인민전선 정부를 지원하려다가 영국의 압력으로 불간섭을 선언했다. 유럽의 양대 중심이 이런 태도였으니 자연히 다른 나라들도 침묵을 지킬 수밖에 없었다.*

1936년 8월 에스파냐 본토에 상륙한 프랑코군은 순식간에 에스파냐 전 지역을 손에 넣고 수도인 마드리드를 포위했다. 그러나 마드리드와 바르셀로나에서는 정부군과 시민들의 항전이 만만치 않았고, 각 지방에서도 인민전선 정부와 연대한 세력들의 테러와 저

● 에스파냐 내전에 대해 유럽 각국의 정부는 불간섭으로 일관했으나 민간에서는 그렇지 않았다. 미국의 어니스트 헤밍웨이, 프랑스의 앙드레 말로, 영국의 조지 오웰 등 수많은 작가와 지식인, 노동자, 사회주의자들이 개인 자격으로 에스파냐에 들어가 에스파냐 공화정을 지키기 위해 싸웠다(헤밍웨이의 《누구를 위하여 종은 울리나》, 말로의 《희망》, 오웰의 《카탈루냐 찬가》는 모두 이 참전 경험을 소설로 쓴 것이다). 3만 명이 넘은 것으로 추산되는 이들 의용군은 공식적인 국제여단(International Brigades)으로 조직되기도 했다.

공화국을 사수하라 독일과 이탈리아의 파시즘 정부를 제외하고 유럽 각국의 정부는 에스파냐 내전에 관여하기를 꺼렸으나, 유럽의 지식인들은 개인 자격으로 인민정부를 수호하기 위한 전쟁에 앞다투어 참가했다. 사진은 프랑코군에 맞서 싸우겠다고 선언하는 여성들의 모습이다. 헤밍웨이의 소설을 영화화한 〈누구를 위하여 종은 울리나〉에서 마리아(잉그리드 버그만)의 모델이 바로 이들이었을 것이다.

항이 끊이지 않았다. 프랑코는 유리한 전황에서도 쉽사리 전쟁을 끝내지 못했다(정부의 연대 관계가 복잡한 만큼 연대 세력의 성격도 다양했다. 예를 들어 북부의 바스크 같은 지방은 정부가 자치를 약속했기 때문에 정부 측으로 참전했고,• 무정부주의 세력 중에는 꼭 공화국 정부를 지킨다기보다 혁명의 기회로 여기거나 프랑코에 반대하기 때문에 반란군과 싸우는 이들도 적지 않았다).

마드리드와 바르셀로나의 시민들은 쿠데타군에 포위된 가운데서도 2년 이상이나 버텼다. 그러나 장기전이 될수록 전황은 불리해질 수밖에 없었다. 반란군은 목표도 하나고 성격도 파시즘이라는 하나의 이념으로 묶인 통일체를 내내 유지할 수 있었으나 공화국 측은 처음부터 구성 요소가 다양한 탓에 전쟁이 길어지면서 내분이 발생했다. 그나마 뒤처지는 전력을 어느 정도 보완해준 통일성에 균열이 생기자 공화국 정부는 무너지고 말았다. 1939년 1월에 바르셀로나가 함락되고, 3월에는 마드리드마저 함락되면서, 결국 에스파냐 민중의 정부는 국제 파시즘 앞에 무릎을 꿇었다. 그제야 비로소 유럽의 '공화국' 정부들은 이것이 곧 다가올 국제 파시즘의 위협을 예고하는 것임을 깨달았다.

에스파냐 내전은 국제 파시즘 세력에게 파

• 바스크는 에스파냐의 대표적인 이질적 지역이다. 에스파냐와 프랑스의 접경에 위치하고 있는데, 토착 인구가 100만 명에 달한다. 바스크족은 중세에도 그리스도교로 개종하지 않았고 근대까지도 독특한 전통 문화와 언어를 유지했다(바스크어는 헝가리어, 핀란드어와 더불어 유럽에서 인도·유럽어에 속하지 않는 드문 언어다). 도시화, 산업화가 진척되면서 지금은 지방색이 상당히 퇴색했으나 여전히 바스크 분리주의가 남아 있다.

시즘의 정치적 실험장이자 신무기의 실험장이기도 했다. 1937년 4월 26일 바스크의 게르니카라는 한적한 마을에 독일 공군 콘돌 부대의 전폭기들이 사격 연습을 하듯 폭탄을 퍼부어 주민 2000명과 가축들이 몰사하는 참극이 벌어졌다. 물론 당시 바스크는 프랑코군의 공격 목표이기도 했으나 어처구니없는 사실은 게르니카 폭격이 바로 독일이 개발한 신무기를 실험하는 차원에서 벌어졌다는 점이다.

당시 독일군 총사령관인 괴링은 개전 초부터 이 신무기 실험을 계획하고 있었다. 이 조그만 마을에 각종 포탄과 소이탄, 심지어 어뢰까지 사용된 것은 바로 그 때문이었다. 곧이어 벌어질 수백만 유대인 학살의 예고편일까? 그래서 유럽의 이질적인 요소인 바스크족을 의도적으로 겨냥한 것은 아닐까?

준비된 전쟁

국제 파시즘의 위협은 생각보다 빨리 모습을 드러냈다. 에스파냐에 파시즘 정권을 세운 것으로 자신감을 얻은 '파시즘의 총수' 히틀러는 더 이상 일정을 늦출 필요가 없다고 판단했다. 불과 20여 년 전, 제1차 세계대전에서 작성된 모든 기록을 깨고 전쟁에 관한 새로운 신기록들을 세우게 될 제2차 세계대전의 서막은 이렇게 올랐다.

같은 세계대전이지만 제2차 세계대전은 제1차 세계대전과 성격이 달랐다. 제1차 세계대전은 후발 제국주의 국가들이 선진 제국주의 국가들에 도전한 것이고 '정상적인 힘의 대결'로 기존의 판도를 깨려 한 것이지만 제2차 세계대전은 파시즘이라는 비정상적인 수단을 동원해 국제 역학의 변화를 꾀한 것이었다. 파시즘이 주도했기 때문에 제2차 세계대전은 출발점부터 제1차 세계대전과 달랐다. 전형적인 제국주의 전쟁인 제1차 세계대전은 비록 전쟁의 객관적 조건은 숙성해 있었으나 아주 우연한 계기로, 즉 어떤 의미에서는 '자연스럽게' 발생한 반면, 파시즘을 '의식적으로' 수용한 제2차 세계대전의 도발국들은 계획적이고도 치밀하게 전쟁을 준비한 끝에 도발했다. 따라서 제1차 세계대전의 방아쇠가 된 사라예보 사건 같은 것은 필요도 없었다.

1937년 말, 히틀러는 군 수뇌부를 모아놓고 오스트리아와 체코슬로바키아를 합병하겠다는 계획을 밝혔다. 그에 따르면, 그 이유는 아직 취약한 독일의 군대를 강화하기 위해서이며, 또 군대를 강화하는 이유는 '독일의 생존권'을 위해서다. 그러나 말하는 그도, 듣는 참모들도 생존권 따위를 염두에 두지는 않았다. 이듬해 3월에 히틀러는 계획대로 오스트리아를 합병했다.

이제 제1차 세계대전의 패전국들이 다시 뭉쳤다. 제1차 세계대전의 이교도 동맹국인 튀르크는 빠졌으나 당시 연합국이던 아시아의 또 다른 이교도 파시즘 국가 일본이 그 자리를 메웠고, 게다가 '무늬만 연합국'이던 이탈리아까지 가세했다. 오히려 전력은 제1차 세계대전 때보다 훨씬 강해진 셈이다. 적어도 이번에는 독일 혼자서 전쟁을 감당하지는 않을 터였다.

히틀러는 두 번째 약속도 지켰다. 체코슬로바키아에 위협을 가해 해체시키고 보헤미아와 모라비아를 병합한 것이다. 이미 에스파냐 내전에서 또다시 밀려오는 대규모 국제전의 어두운 그림자를 감지한 유럽의 지식인들은 일찍부터 여러 차례 경고를 보냈으

비운의 폴란드 중국과 일본 사이에 낀 우리나라의 역사가 그랬듯이, 폴란드도 독일과 러시아의 등살에 온전한 역사를 꾸리지 못했다. 18세기 말 세 차례에 걸쳐 분할되어 사라져버린 나라를 20세기 초에야 간신히 복구한 폴란드인들은 다시 독일과 소련 때문에 망국의 설움을 겪어야 했다. 사진은 독일 기갑부대가 폴란드를 향해 진격하는 장면이다.

나, 당시 세계 정치의 우두머리인 영국은 평화 유지(원래 평화란 기득권자의 구호가 아니던가?)만을 부르짖으며 독일의 움직임에 제재를 가하지 못하고 있었다. 세계 경제의 우두머리가 된 미국 역시 대공황의 대책에 부심하고 있던 터라 굳이 유럽의 변화에 관심을 보이려 하지 않았다.

그러는 동안 히틀러의 행보는 갈수록 빨라졌다. 1939년 5월에는 파시즘 형제인 이탈리아와 군사동맹을 맺어 추축을 완성하고(베를린과 로마가 같은 경도상에 위치했기에 '추축'이라는 말이 생겨났다), 8월 23일에는 소련과 불가침조약을 맺었다. 소련의 중립을 약속받았다는 것은 곧 독일과 소련의 사이에 있는 폴란드를 점령하겠다는 뜻이다. 과연 독일은 불과 며칠 뒤인 9월 1일 전격적으로 폴란드를 침공했다. 노골적인 군대의 이동을 보고서야 비로소 이틀 뒤 영국과 프랑스가 독일에 선전포고했다. 이로써 제2차 세계대전이 공식적으로 시작되었다.

독일군이 개전 2주일 만에 폴란드 주력군을 격파하자 동쪽의 소련도 러시아 민족을 보호한다는 구실로 폴란드를 공격했다(또다시 파시즘과 사회주의가 야합했다). 급기야 9월 말에는 두 나라가 폴란드를 분할하기에 이르렀다. 이로써 폴란드 국민은 나라 잃은 설움에서 해방된 지 겨우 20년 만에 또다시 나라를 잃었다. 그것도 역사적으로 폴란드 분할의 원흉인 독일과 소련에 의해.

이후 한동안 독일은 더 이상의 행동을 취하지 않았기에 폴란드의 희생만으로 전쟁은 그치는가 싶었다.• 적어도 독일은 아직 선전포고를 한 영국, 프랑스와는 맞붙지 않은 상태였다. 오히려 소련이 내친 김에 발트 3국을 점령하고 핀란드와 이듬해 봄까지 악전고투를 벌이느라 세계의 이목을 집중시켰을 뿐이다.

하지만 소련은 아직 국제 질서 재편의 주역이 아니었다. 겨우내 침묵하던 독일은 1940년 4월 느닷없이 중립국인 덴마크와 노르웨이를 공격하고 나서면서 이를 저지하는 영국, 프랑스군과 처음으로 충돌했다. 첫 접전은 독일의 완승이었다. 독일은 어렵지 않게 덴마크와 노르웨이를 손에 넣었다. 이로 인해 영국에서는 줄기차게 평화만을 외친 체임벌린 내각이 사퇴하고 독일에 대해 강경한 처칠Winston Churchill(1874~1965)을 중심으로 하는 거국적 연

• 이 때문에 제2차 세계대전이 시작한 시기를 더 늦게 잡는 견해도 있다. 이를테면 연합국 대 추축국이라는 구도가 분명히 드러나는 1941년 12월을 제2차 세계대전의 시작이라고 보는 견해다. 연표 작성자가 아니라면 전쟁이 정확히 언제 시작되었는지는 그리 중요하지 않은 문제지만, 그래도 공식적으로 선전포고가 이루어진 시기를 출발점으로 잡는 게 원칙일 것이다.

립 내각이 들어섰다. 히틀러와 처칠, 이제야 비로소 전쟁의 적수가 제대로 맞붙게 된 것이다.

변수는 미국

처칠 내각이 성립한 바로 그날(1940년 5월 10일) 독일은 서부전선에서 본격적인 작전을 개시했다. 공군과의 긴밀한 공조 체제로 작전을 수행하는 독일의 막강한 기계화 부대는 손쉽게 벨기에와 네덜란드를 장악하고 프랑스 국경에 다가섰다. 그러나 코앞에까지 접근한 독일군을 두고도 영국과 프랑스는 아직 정신을 차리지 못하고 있었다.

프랑스가 믿은 것은 육군장관 앙드레 마지노의 건의에 따라 1938년에 완공한 마지노선이었다. 독일과의 접경지대를 따라 두꺼운 콘크리트로 벽을 만들고 중화력을 구비하고 공기 조절 장치와 주거 시설, 휴게 시설, 보급 창고까지 갖춘 마지노선, 그러나 이 완벽한 요새에 대한 독일의 대응 방식은 지극히 단순하고도 효과적이었다. 강하면 피하라. 독일군은 마지노선을 굳이 정면 돌파하려 하지 않고 벨기에 쪽으로 우회해버렸다. 마지노선을 지키던 프랑스군은 닭 쫓던 개꼴이 되었다.

독일의 우회 작전은 영국군과 프랑스군을 단절시키는 부수 효과를 낳았다. 독일군이 밀려오자 벨기에에 고립된 영국군은 서둘러 본토로 철수했고, 프랑스 영내로 진군한 독일은 6월 14일 마침내 파리를 점령했다. 이로써 프랑스 영토의 3분의 2가 독일로 강제 편입되었으며, 나머지 지역은 '자유지대'라는 이름으로 페탱

Henri Philippe Pétain(1856~1951)이 이끄는 비시 괴뢰정권의 지배 아래 놓이게 되었다.• 에스파냐의 프랑코 파시즘 정권에 이어 독일의 프랑스 점령으로 영국을 제외한 서유럽 전역이 국제 파시즘의 세력 하에 들어간 것이다(남유럽은 이탈리아의 담당이었다). 전쟁이 시작된 지 불과 9개월 만의 일이었으니 150년 전 나폴레옹의 유럽 정복보다도 빠른 기록이었다.

그러나 문제는 영국이다. 서유럽을 손에 넣었어도 영국이 존재하는 한 유럽의 패권은 없다. 루이 14세의 시대나 나폴레옹의 시대나 늘 그랬고, 히틀러의 시대도 마찬가지였다. 그 점을 익히 알고 있던 히틀러는 프랑스를 정복한 즉시 영국과 타협을 모색했다. 사실 그는 폴란드를 침공했을 때부터 영국과는 정면 대결을 피하고 강화를 이루려 했으나 거절당한 바 있었다. 하지만 이번에는 강경파인 처칠이 버티고 있었으니 다시 거절당한 것은 당연했다. 결국 히틀러는 1940년 7월 영국 본토를 공격하기로 노선을 바꾸고 제공권 장악을 위해 영국의 공군기지와 전투기들에 대한 공습에 나섰다. 9월에는 런던 시내를 폭격하기 시작했다. 같은 달에 독일과 이탈리아, 일본은 삼국동맹을 체결했다. 전 세계 파시즘은 한 몸이 되었고, 전쟁은 바야흐로 점입가경으로 접어들었다.

영국을 최대, 최후의 적수로 본 독일의 판단은 옳았다. 다만 그 판단이 실제의 성과를 거두지 못했을 뿐이다. 영국은 과연 만만치 않은 상대였다. 독일 공군은 런던만이 아니라 영국 주요 도시들에까지 무차별 공습을 했으나 좀처럼 승세를 탈 수 없었다. 작전의 변화가 필요한 시점에서 독일은 전선을 더욱 넓히기로 결정

• 페탱은 제1차 세계대전에서 프랑스의 전쟁 영웅이었다. 그러나 그것은 흘러간 과거의 명예였고, 그는 이미 여든넷의 '쓸모없는 늙은이'였을 뿐이다. 괴뢰정권의 수반이 되는, 더욱 쓸모없는 짓을 한 대가로 그는 종전 후 프랑스 정부에 의해 종신금고형을 선고받고 아흔다섯 살로 죽을 때까지 감옥에서 쓸쓸히 만년을 보내야 했다.

했다. 나폴레옹도 영국 공격에 실패하자 대륙 전체의 정복에 나서 대륙봉쇄령을 내리지 않았던가? 히틀러는 영국에 대한 공세를 늦추지 않으면서 다른 한편으로 대륙의 완전한 정복을 꾀했다. 그것은 유일하게 파시즘의 지배에서 벗어나 있는 소련을 공격하는 것이었다.** 나폴레옹의 꿈을 실현한다? 그러나 그것은 나폴레옹의 결과까지 답습한 셈이 되었다.

1941년 6월, 독일은 118개 보병사단과 15개 기계화사단, 19개 전차사단, 300만 명의 병력, 3600대의 전차, 2700대의 항공기를 동원해 소련에 대한 대대적인 공격에 나섰다. 옛날에 나폴레옹이 그랬듯이, 히틀러도 3~4개월이면 능히 소련의 주력군을 격파하고 자원 지대 우크라이나를 손에 넣을 수 있으리라고 여겼다. 개전 초기 파죽지세로 모스크바까지 밀고 나간 것도 나폴레옹 전쟁과 똑같았다. 그러나 좋은 측면의 모방은 여기까지였다. 나폴레옹이 그랬듯이, 독일군은 초겨울 무렵인 10월에 모스크바 공략을 개시했다. 소련 역시 옛 러시아처럼 후퇴 전략으로 대응했다. 혹독한 추위를 견디지 못한 독일군이 더 이상 진군하지 못하자 소련군은 12월부터 반격에 나섰다. 역사의 시계추는 가혹하게 되풀이되었다.

모든 것을 속전속결로 끝낸다는 독일의 의도는 여기서 비로소 꺾였고, 제2차 세계대전의 클라이맥스는 여기서 시작되었다. 이때부터 유럽의 전세는 장기전의 양상을 띠게 되었다. 그러던 중 1941년 12월 7일에 일본이 하와이의 진주만을 기습하면서 태평

●● 아직까지 전쟁에 참전하지 않고 있는 나라들 가운데 국제 파시즘에 대한 장애 세력은 소련 이외에 또 한 나라가 있었다. 바로 미국이었다. 그러나 히틀러는 미국에 관해서는 일단 걱정하지 않았다. 미국은 일본이 처리할 몫이었기 때문이다. 사실 히틀러가 소련 공격에 나선 이유는 유럽 전선에서 소련을 맡아줌으로써 아시아에서 일본의 부담을 줄여준다는 의미도 있었다. 파시즘적 형제애라고 할까?

실수의 되풀이 히틀러는 실제로 의도했는지 어쨌는지는 모르지만 130년 전 나폴레옹의 전철을 그대로 밟았다. 영국을 제외한 대륙을 모조리 장악한 것도 그랬고, 영국 본토의 공격에 실패한 것도 그랬다. 마지막 닮은꼴은 소련을 공격하기로 결정한 것이었다. 나폴레옹이 그랬듯이, 히틀러도 소련을 힘으로 제압하는 것은 어렵지 않다고 봤으나 문제는 또다시 동장군이었다. 사진은 러시아의 설원을 힘겹게 행군하는 독일군의 모습이다.

양전쟁을 도발했다. 태평양전쟁의 발발로 인해 그때까지 연합국 측에 군수품만 공급하던 미국도 본격적으로 참전하지 않을 수 없게 되었다. 제1차 세계대전에서 독일이 미국 상선을 공격해 미국의 참전을 유발했다면, 제2차 세계대전에서 일본은 아예 미군 기지를 폭격해 미국을 전선으로 끌어냈다. 전선은 자연스럽게 아시아에서 미국과 일본이 맞서고, 유럽과 아프리카에서는 영국과 소련이 독일과 이탈리아에 맞서는 형국이 되었다.

진주만 기습부터 1942년 봄까지 몇 개월간은 추축국의 세력이 절정에 달한 시기였다. 그러나 원래 공격자는 속전속결이 유리한 법이므로 장기전이 되면서 불리해지는 쪽은 그들이었다. 더욱이 제1차 세계대전도 그랬지만 개전 초기에는 참전하지 않았던 미국을 전쟁에 불러들인 것은, 장기전으로 갈수록 승산이 희박해진다는 것을 뜻했다.

과연 역전의 계기는 태평양에서 먼저 생겨났다. 1942년 2월에 영국 동북아시아군의 항복을 받아 제해권을 장악하고, 필리핀과 인도네시아, 미얀마를 손에 넣을 때까지 일본의 활약은 눈부셨다. 이로써 그들이 구호로 내세운 '대동아공영권'은 달성된 듯했다. 그러나 미국이 정신을 차리면서 전황은 서서히 달라지기 시작했다. 5월 남태평양의 코랄 해전에서 일본군은 개전 후 첫 패배를 맛보았고, 다음 달에는 미드웨이에서 미국에 결정적인 패배를 당하면서 해군의 주력을 상실했다.

파시스트의 최후 파시즘이 대중에게 불어넣은 환상은 파시즘이 힘을 잃으면서 깨졌다. 파시즘이 패하는 것을 본 대중은 간사하게도(?) 파시즘에 대한 혹독한 탄압으로 돌아섰다. 사진은 무솔리니와 그의 애인이 유격대의 손에 의해 총살되어 거꾸로 매달린 장면이다.

역전의 바통은 아프리카에서 이어받았다. '사막의 여우' 로멜의 탁월한 전술에 밀리던 영국군은 10월부터 반격에 나섰으며, 11월에는 아이젠하워가 이끄는 미군이 북아프리카에 상륙하면서 전세를 뒤집었다. 동부전선에서도 독일군은 전선의 교착을 깨기 위해 다시금 대규모 공세를 취했다가 소련군의 반격을 받아 1943년 초에 30만 명의 병력이 궤멸당하는 패배를 맛보았다. 같은 달 태평양의 솔로몬 제도에서는 미군이 격전 끝에 과달카날을 점령함으로써 태평양전쟁의 주도권을 완전히 장악했다. 제2차 세계대전의 승부는 이 시점에 사실상 결정되었다.

1944년 6월에 미군과 영국군은 노르망디 상륙작전을 성공시켜 프랑스로 진격했다. 이어 8월에는 파리 시민들의 투쟁으로 프랑스가 독일의 손아귀에서 해방되었다.* 또 7월에 태평양에서는 미군이 사이판을 점령하고 일본 본토에 대한 폭격에 나섰다. 1945년 초부터 승리를 확신하게 된 연합국 측은 전후 처리에 관해 협상을 시작했다.

나머지는 마무리에 불과했다. 3월에 연합군은 독일의 영내로 진격했다. 4월에는 무솔리니가 스위스로 도망치려다 이탈리아 유격대의 손에 피살되었고, 소련군이 베를린에 진입하자 히틀러가 자살했다. 그 일주일 뒤인 5월 7일 독일이 항복했다. 끝까지 저항하던 일본은 8월에 두 차례의 원자폭탄 공격을 받은 끝에 항복했다.

• 프랑스는 본토를 독일에 점령당했지만, 영국에 망명한 드골 정부가 연합국 측으로 참전했고, 조국의 해방도 스스로의 손으로 이루었다. 만약 그러지 못했다면 아무리 프랑스가 유럽에서 대접받는 국가였다 하더라도 종전 후 별로 발언권을 가지지 못했을 것이다. 이 점에서 일본의 식민지였던 우리와는 달랐다. 1930년대 전성기를 맞았던 우리 민족의 항일 무장투쟁은 태평양전쟁이 터지자 더욱 투쟁의 고삐를 죄어야 할 상황에서 오히려 크게 위축되었다. 게다가 일본의 강압으로 징병까지 당한 탓에 종전 후 연합국 측은 한동안 한반도를 피해자로 보지 않고 일본의 협력자로 여겼다.

항구적인 국제 질서의 수립

20여 년 전 제1차 세계대전이 끝났을 때 유럽 세계는 사상 처음 겪은 엄청난 전쟁의 규모에 경악했다. 또 그런 만큼 이것으로 전쟁은 끝인 줄 알았다. 이보다 더 큰 전쟁은 없으리라고 믿었다. 그런데 그렇지 않았다. 한 번만으로 족할 줄 알았던 세계대전은 겨우 20년 뒤에, 그것도 더욱 큰 규모로 터져 나왔다(사망자의 수만 해도 제1차 세계대전의 두 배가 넘었다). 그제야 세계는 얼마든지 더 큰 전쟁도 가능하다는 사실을 실감했다. 또 그럴 경우 세계는 공멸하리라는 것도 실감했다.

유럽인들은 중세에 대규모 전쟁이 없었던 이유를 새삼 생각해 보았다(십자군 전쟁이야 오래 질질 끌었을 뿐이지 대전쟁이라고 할 수는 없다). 중세가 끝나고 근대에 들어온 뒤부터 대형 국제전들이 연이어 벌어지게 된 이유를 곰곰이 곱씹어보았다.

최소한의 통합성이 없으면 전쟁은 필연적이다. 300년 전에 홉스라는 철학자가 말하지 않았던가? 법과 제도에 묶이지 않은 '자연 상태'에서는 '만인의 만인에 대한 투쟁'만 있을 뿐이라고. 그는 한 나라 내의 개인과 사회를 말한 것이지만 그 말을 국제적으로 연장하면 국가가 곧 개인이 된다. '국가의 국가에 대한 투쟁.'

중세에는 교회와 교황이 그런 투쟁을 조정하는 '법과 제도'의 역할을 했다. 전쟁이 끝나자마자 연합국 측은 중세의 교황과 같은 역할을 해줄 기구를 만들었다. 그것이 1945년 10월에 결성된 국제연합이다. 제1차 세계대전 후에 생긴 국제연맹의 결정적인 단점은 강제력이 없다는 것이었으므로 국제연합은 그 점을 보강하기로 했다. 참가국들의 군사력을 동원해 국제연합군을 편성할 수 있도록 한 것이다. 국제연합 사무국은 교황청이었고, 국제연합군은 교황군이었다. '교황령'은 뉴욕의 39층짜리 빌딩으로 축소되었지만.

대규모 국제전은 많은 신생국을 만든다. 17세기부터 세기마다 한두 차례씩 터진 유럽의 국제전이 모두 그랬고, 20세기 초의 제1차 세계대전도 그랬다. 제2차 세계대전은 사상 최대의 신생국들을 낳았다. 우선 독일의 지배하에 있던 지역은 모두 이전 상태로 되돌아갔다. 엉겁결에 독일에 합병된 오스트리아는 다시 분리되어 중립국이 되었으며, 이탈리아가 점령했던 동유럽의 국가들도 전부 다시 독립했다. 아시아에서도 일본이 점령했던 한반도가 독

소련의 포스터　종전이 가까울 무렵 소련에서 나온 전쟁 포스터다. 미국과 영국, 소련이 합심하여 히틀러의 목을 죄고 있다. 물론 소련은 어엿한 승전국의 신분이지만, 개전 초기 폴란드 분할과 핀란드 공략에 적극적으로 나섰던 것을 감안하면, 국제 파시즘에 일관되게 반대했다고 보기도 어렵고 또 전쟁을 내내 주도한 영국이나 결정적인 승리를 가져다준 미국과 같은 위상이라고 보기도 어려웠다. 그러므로 이 포스터는 장차 소련이 전후 질서 재편의 주역이 되겠다는 각오를 말해주는 것이기도 하다. 결국 영국이 무너짐으로써 소련의 의도는 맞아떨어졌다.

립했고, 인도차이나와 인도네시아가 다시 옛 주인인 프랑스와 네덜란드에 귀속되었다가 결국에는 독립을 이루었다. 그러나 제1차 세계대전 때처럼 승전국이 전쟁 중에 차지한 지역은 독립시키지 못하는 관례가 여전히 통용되었다. 그 때문에 소련이 집어삼킨 발트 3국은 독립하지 못했다(이 나라들은 소련이 해체된 뒤 1991년에야 독립하게 된다). 다만 절반만 먹은 폴란드는 소련도 다시 토해내야 했다. 여기서 다른 연합국들은 새로운 긴장을 느꼈다.

그 긴장은 곧 현실로 드러났다. 잠시 국제 파시즘이 지배한 동유럽 국가들은 불행하게도 전통적인 지배층이 대부분 파시즘과 결탁하고 있었다. 독립을 이루면서 국내의 반파시즘 세력이 지배층을 쫓아내고 집권했는데, 그 중심은 사회주의자들이었다. 전후에도 여전히 약소국의 신세인 탓에 서유럽 국가들의 관심을 끌지 못한 그 나라들은 전후 새로운 희망으로 떠오른 소련으로 붙었다(물론 소련도 적극적으로 손짓을 보냈다).* 다른 연합국들은 긴장을 넘어 새로운 위기를 느꼈다.

그러나 서유럽 세계도 변화의 물결에서 예외가 되지는 않았다. 전쟁의 조짐이 역력했던 1930년대 후반에도 영국은 내내 전쟁을 망설였다. 전쟁을 수행하기에는 국내 경제가 여의치 않았던 탓이 크지만, 역사적으로 영국이 대륙의 사태에 개입하기를 꺼려왔다는 것도 한 가지 이유였다. 하지만 전후에 영국은 그런 부담을 덜 수 있게 되었다. 유럽의 리더 자리와 함께 세계의 리더 자리를 미국에 내주었기 때문이다. 가뜩이나 좋지 않은 영국 경제는 엄청난 규모의 전쟁으로 인해, 전쟁에서 승리했음에도 불구하고 대륙 경제와 함께 몰락해버렸다.

영국이 남긴 빈자리는 대서양을 건너 미국으로 갔다. 제1차 세계대전을 계기로 미국은 세계 경제의 중심으로 떠오른 데 이어 제2차 세계대전이 끝난 뒤에는 세계 정치의 중심이라는 지위까지 획득했다(현대의 '교황청'이 미국에 설치된 것은 우연이 아니다). 씨앗에서 뿌리, 줄기, 개화, 결실로 이어지면서 내내 서쪽으로 향했던 유럽 문명은 이제 다시 한 걸음, 그리고 최종적으로 서진했다.

소련의 동유럽 진출로 연합국들이 느낀 위기는 미국으로 넘어갔다. 이제 새로운 세계 질서의 두 축이 된 미국과 소련은 처음부

● 제2차 세계대전에서 동유럽 국가들의 지배 세력이 파시즘에 붙은 이유는 이 지역이 전통적으로 오스트리아의 관할 구역이었기 때문이다. 근대 이후 오스트리아는 항상 동유럽을 노렸고, 동유럽의 지배층도 오스트리아와 자주 야합했다. 15세기에 비잔티움 제국이 붕괴한 이후 동유럽은 늘 여러 약소국으로 나뉘어 분열과 갈등을 거듭했다. 이런 상황이었기에 오스트리아가 늘 동유럽을 넘본 것이며, 제2차 세계대전 후 동유럽 세계가 일제히 공산화된 이유도 그런 역사적 배경에서 찾을 수 있다.

터 대립을 빚으면서 관계를 시작했다. 예전 같았으면, 아니 최소한 10년 전의 상황이었어도 전쟁의 조짐은 뚜렷했을 것이다. 그러나 이제 일체의 여백이 없이 모든 지역이 꽉 짜인 유럽 세계는 세계의 중심이 아니었고, 따라서 분쟁의 초점이 아니었다. 이후 20세기 말까지 이르는 50여 년 동안 3차 대전을 막은 것은 바로 그 점이었다.

긴 호흡에서 볼 때 제2차 세계대전은 17세기 30년 전쟁으로 분립하기 시작한 서유럽 세계의 질서를 완성한 전쟁이었다. 30년 전쟁으로 서유럽은 하나로 통합되어 있던 그전까지의 종교적 질서를 깨고 각개약진에 나섰고, 에스파냐-오스트리아 왕위 계승 전쟁과 나폴레옹 전쟁을 거치면서 국민국가적 질서를 수립했다. 이후 서유럽 세계는 제국주의 질서로 세계 분할을 완료했고, 식민지를 재편하는 과정에서 제1차 세계대전을 겪었다. 여기서 패배한 후발 제국주의가 국제 파시즘 세력을 이루면서 다시금 대회전을 벌인 것이 제2차 세계대전이었다. 그러나 그 치열한 전쟁들을 거치면서 만들어낸 최종적인 전리품은 서유럽이 아닌 다른 대륙, 다른 세계로 넘어갔다. 연합국의 3대 승전국인 영국·미국·소련 가운데 영국의 운명만 서유럽과 함께 몰락했다는 점은 나머지 두 나라, 미국과 소련이 전후 질서의 주인공으로 떠올랐다는 사실을 시사한다.

37장

유럽을 벗어난 유럽 문명

전혀 다른 전후 처리

제2차 세계대전이 수백 년간 유럽 세계를 뒤흔든 전쟁들의 종착역이라는 점은 종전 직후부터 드러났다. 무엇보다 전후 처리가 전과는 크게 달라졌다. 17세기 초의 30년 전쟁부터 20세기 초의 제1차 세계대전에 이르기까지 3세기 동안 서유럽 각국은 치열한 영토 전쟁을 벌인 뒤 매번 그 결과를 조약으로 수렴하고 새 체제를 수립하는 방식으로 역사를 전개해왔다. 30년 전쟁은 베스트팔렌 조약을, 에스파냐 왕위 계승 전쟁은 위트레흐트 조약을, 오스트리아 왕위 계승 전쟁은 엑스라샤펠 조약을, 7년 전쟁은 후베르투스부르크 조약을, 나폴레옹 전쟁은 빈 회의를, 제1차 세계대전은 베르사유 조약을 낳았고, 이 조약들에 따라 새로운 국제 질서가 성립되는 게 유럽 근대사의 기본 공식이었다.

그런데 제2차 세계대전은 처음으로 그 공식에서 벗어난다. 연합국들은 우선 국제연합을 결성하고 이 '현대의 교황청'의 이름으로 전후 처리를 시작했다. 하지만 과거처럼 각국 정상들이 한자리에 모여 국제조약으로 모든 사안을 일괄 타결한 게 아니라 각각의 현안을 별도로 처리하는 방식을 취했다. 장사꾼에 비유하면 물건들을 도매금으로 넘기는 게 아니라 하나씩 제 가치를 매겨 실수요자에게 파는 식이다.

그만큼 국제 문제를 처리하는 방식이 정교해진 걸까? 좋게 보면 그렇게 말할 수도 있겠지만 여기에는 다른 이유가 있다. 제2차 세계대전의 승전국들은 전과 달리 새로운 세계 체제를 구상할 필요가 없었다. 전쟁 중에 이미 그 윤곽이 확실히 드러났기 때문이다. 총론이 결정되었으니 전후 처리는 각론에 따르면 되었다.

과거에는 대규모 국제전이 끝나도 늘 다음 전쟁이 '예약'되어 있다는 분위기가 지배적이었다. 한 차례의 전쟁만으로 완전히 해소될 수 없을 만큼 모순이 켜켜이 쌓인 탓이었다. 때로는 승전국들이 그 점을 지나치게 의식해 조약을 체결하는 과정에서 무리수를 두는 바람에 새로운 국제전이 앞당겨지는 경우도 있었다(오스트리아 왕위 계승 전쟁을 마무리하는 엑스라샤펠 조약에서 프로이센의 슐레지엔 점유를 인정하는 바람에 7년 전쟁을 부른 것이 그 예다).

그러나 제2차 세계대전이 종전으로 치달을 무렵 연합국들은 이제야말로 근대 유럽의 역사를 얼룩지게 만든 지긋지긋한 전쟁이 최종적으로 끝났다는 확신을 가질 수 있었다.* 유럽 세계가 전쟁의 소용돌이에 휘말려 있던 수백 년 동안 지구상의 모든 지역이 알려지고 임자가 정해졌으므로 더 이상 다툼이 발생할 소지가 사라진 것이다. 전 세계의 퍼즐 조각들이 다 맞추어졌으니 이제 퍼즐 놀이는 끝났다. 앞으로는 적어도 유럽 세계 내에서는 전쟁이 없을 것이며, 다른 지역에서 전쟁이 일어난다 해도 지금까지와 같은 대규모 국제전은 아닐 것이다. 적어도 유럽에서 그런 전쟁은 이제 없다.

각개격파의 처리 방식은 그런 확신에서 나왔다. 세계대전도 두 번째 치르는 셈이었으므로 나름대로 노련해진 연합국 측은 패전국에 대해서도 무조건 과중한 징계를 가하고 알아서 기라는 무책임한 처리 방식을 피했다. 일단 독일이 파시즘 같은 '신무기'를 또다시 개발하는 일이 없도록 하기 위해 독일을 공동 관리하기로 결정했고, 독일의 하수인이던 오스트리아를 중립화시켰다.

● 사실 베르사유 체제에서 제1차 세계대전의 전후 처리를 더 정교하게 진행했더라면 제2차 세계대전은 일어나지 않았거나 훨씬 작은 규모로 일어났을 것이다. 제1차 세계대전이 종전된 뒤 연합국 측이 패전국들을 '거칠게' 다룬 이유는 그 전쟁으로 국제전이 끝났다고 착각했기 때문이다. 실제로 제1차 세계대전 직전에 세계의 영토 분할이 완료되었으므로 그런 생각도 이해할 수 없는 것은 아니다. 하지만 지나친 낙관에서 마무리 처리가 미숙했던 것—예를 들면 국제연맹의 엉성한 구조—은 결국 유럽 역사의 '부산물'에 불과한 파시즘을 지나치게 키웠고, 또 다른 세계대전을 불렀다.

패전국들에 점령된 나라들의 경우에도 예전 같으면 새로 정해진 국제 질서에 따라 일괄적으로 처리했겠지만 이제는 각국이 처한 상황과 처지에 따라 다양한 처방이 취해졌다(한반도를 포함한 11개 국가에 신탁통치를 결정한 게 그런 예다. 한반도는 오히려 그 조치 때문에 극심한 홍역을 치렀지만). 독일의 주권을 회복시켜주고 오스트리아를 영세중립국으로 만든 시기가 전후 10년이 지난 1950년대 중반이라는 사실은 전후 처리에 임하는 연합국들이 그만큼 신중한 절차를 취했고 나름대로 여러 가지 변수를 고려했다는 것을 말해준다.

그러나 현실이 변화하는 속도는 그들이 대처하는 속도를 앞질렀다. 장차 등장할 새 국제 질서가 전 지구적 체제 대립의 형태를 취하리라는 것은 이미 전쟁 중에 감지되었으나 그것이 냉전 체제로 현실화된 시기는 예상보다 훨씬 더 빨랐다. 그 변화의 속도를 집약적으로 보여주는 사례는 패전국과 식민지에서 하나씩 찾을 수 있는데, 공교롭게도 둘 다 분단이라는 현상으로 나타난다.

패전국의 사례는 말할 것도 없이 독일이다. 20세기 양차 세계대전의 주역인 만큼 연합국이 독일을 온전히 놔두지 않으리라는 것은 분명했다. 하지만 그 응징이 분단의 형태를 취하리라는 것, 그리고 그 분단이 그토록 신속하고도 강력하게 이루어지리라는 것은 종전이 되기 전에 죽은 루스벨트는 물론이고 처칠과 스탈린조차 예상하지 못했다.

루스벨트는 죽기 2개월 전인 1945년 2월에 처칠, 스탈린과 함께 크림 반도의 얄타에서 종전 후 독일을 처리하는 문제를 논의했다. 여기서 미국과 영국, 프랑스, 소련의 4개국이 독일을 분할 통치하고 전범들을 재판하며 독일의 재무장을 금지한다는 방침이 정해졌다. 그로부터 5개월 뒤 유럽에서 전쟁이 끝나고 아시아의 일본만 저항하고 있을 때 미국과 영국, 소련 3개국 정상—루스벨트만 트루먼으로 바뀌었다—은 베를린 인근의 포츠담에 다시 모여 얄타 회담에서 정해진 4개국 공동 관리의 방침을 확인하고 구체화했다. 하지만 말이 4개국이지 색깔로 보면 미국과 영국, 프랑스가 한편이고 소련이 다른 한편이라는 것은 누가 보아도 명백했다. 결국 독일의 국토와 베를린은 이 양대 세력에 의해 동서로 양분되었다. 1949년 5월 서독에서 먼저 단독으로 헌법을 제정하고 9월에 정부를 수립했으며, 여기에 자극을 받은 동독이 그다음 달인 10월에 독일민주공화국의 수립을 선포했다.

식민지의 분단은 패전국의 분단과 비슷하지만 시기는 오히려 1

전후를 대비하자　전쟁이 아직 끝나지 않은 상황에서 전후 처리를 시작한 것도 제2차 세계대전의 특징이다. 그만큼 전쟁에 임하는 당사자들이 노련해졌다고 할까? 사진은 1945년 2월 연합국 정상들이 얄타에 모여 전후 처리를 논의하는 모습이다. 왼쪽부터 영국의 처칠, 미국의 루스벨트, 소련의 스탈린이다.

년이 이르다(그만큼 패전국을 처리할 때보다 정성을 들이지 않았다는 의미도 된다). 1945년 8월 15일에 일본이 항복하자마자 곧바로 한반도 남부에는 미군이, 북부에는 소련군이 진주해 사실상의 분단 체제가 시작되었다. 독일의 경우처럼 한반도에서도 분단 직후까지는 교통과 물자 이동이 자유로웠다. 그러나 1948년 5월 남한에서 먼저 단독으로 총선거를 실시하고 헌법 제정과 대한민국의 정부 수립을 선언하자 북한도 그해 9월에 조선민주주의인민공화국을 수립함으로써 완전한 분단이 이루어진다. 한반도에서 냉전 체제가 이렇게 빨리 모습을 드러낼 줄은 그것을 결정한 연합국 정상들도 예측하지 못했을 것이다.

냉전의 상징　독일은 전후에 서독과 동독으로 분립했어도 민간의 통행은 계속 이루어졌다. 특히 베를린은 서독과 동독이 분점했으므로 자유로운 왕래가 활발했다. 그러나 1961년 베를린 장벽이 세워진 이후 이 장벽이 무너진 1990년까지 30년 동안 독일은 '완전한 분단국가'로 존속했다. 사진은 장벽이 세워지는 장면(위쪽)과 철거되는 장면(아래쪽)이다.

포츠담 회담에서 소련은 발칸을 독점하려는 의지를 분명히 드러냈지만 동유럽에 대한 욕심은 이미 그전의 얄타 회담에서 내비치고 있었다. 그 점을 잘 보여주는 게 폴란드의 사례다. 당시 루스벨트와 처칠은 런던에 있는 폴란드 망명정부를 지원했으나 스탈린은 폴란드 현지에 있는 폴란드 인민해방위원회를 지지했다. 그때는 아직 전시였으므로 그냥 견해 차이로 남았으나 종전이 가시화되면서 그 구도는 기정사실이 되었다. 독일까지 동서로 분할 점령한 판이었으니 독일과 소련의 사이에 위치한 폴란드가 어느 측의 지배를 받을 것인지는 불을 보듯 뻔했다.•

이런 변화를 신호탄으로 냉전은 바야흐로 새 시대의 구호로 자리 잡았다. 이제 유럽 전체가 얽힌 세계대전은 두 번 다시 없을지 몰라도 냉전의 보이지 않는 전선은 어느 때보다도 확고하게, 그리고 광범위하게 형성되었다. 전쟁이 아닌 체제 간의 '경쟁'이지만 전 세계를 무대로 하는 만큼 어떤 의미에서 그것은 종래의 전쟁보다 더욱 치열했다. '냉전과 열전 사이'는 없었다.

• 사회주의는 원래 파시즘과 상극이다. 하지만 극과 극은 통하는 걸까? 레닌에서부터 사회주의의 이념과 이론에서 이탈한 현실 사회주의는 파시즘과 묘한 친화력을 보였다. 1인 권력 구조, 국가 지상주의, 선전과 선동으로 대중을 호도하는 전체주의적 성격에서 두 체제는 닮았다. 제2차 세계대전 초기 스탈린이 히틀러와 독소불가침조약을 맺고 폴란드 분할에 함께 나선 것은 그 유사성의 표현이다.

체제 모순이 낳은 대리전

첫째, 앞으로 유럽 세계에는 국제전이 없을 것이다. 둘째, 전 세계적으로 자유주의-자본주의 진영과 사회주의-공산주의 진영의 두 체제가 치열한 경쟁을 시작했다. 이 두 가지 사실을 조합하면

답은 하나다. 즉 이제부터는 유럽 지역이 아닌 곳에서 유럽 세계의 체제 모순이 대리전 혹은 국지전의 양상으로 표출될 것이다.

그렇게 보면 한국전쟁은 세계사적 필연성의 소산이다. 당한 우리의 입장에서 보면 하필 한반도에서 그런 전쟁이 터졌다는 게 억울하지만, 냉정하게 따져보면 당시 체제 대립을 국지전으로 표출할 만한 '마당'은 한반도 이외에 없었다. 우선 유럽은 제외해야 했고, 아메리카와 아프리카도 소련의 입김이 작용하지 않았으므로 열외다. 남은 곳은 서아시아와 동북아시아인데, 실은 서아시아도 유력한 후보였다. 서아시아와 중앙아시아는 19세기에 영국과 러시아가 이른바 '그레이트 게임Great Game'• 을 치열하게 벌인 현장인 데다 특별한 지역적 구심점이 없어 대리전의 무대가 되기에 좋았다. 하지만 이 지역은 너무 넓어 전쟁이 벌어지면 금세 국제전으로 전화되기 쉬우므로 최선의 무대는 아니었다.

• 중앙아시아의 주도권을 둘러싸고 벌어진 영국과 러시아의 경쟁과 대결을 체스 경기에 비유한 용어다. 두 나라가 직접 대결하기보다는 마치 체스판처럼 병력을 이동시키며 상대의 길목을 가로막는 양상을 취하는 것을 보고 영국 동인도회사의 정보장교가 '그레이트 게임'이라는 이름을 붙였다. 러시아는 부동항을 찾아 계속 남하하려 했고 영국은 동서 방향으로 움직이며 그것을 차단하려 했는데, 동북아시아에서 벌어진 러일전쟁은 그레이트 게임의 연장이자 최종 결말이라고 볼 수 있다.

그렇다면 후보로 남는 곳은 동북아시아다. 여기서 일단 일본은 제2차 세계대전의 패전국이므로 자격 미달이다. 중국은 좋은 후보지만 서아시아 지역처럼 자칫 전쟁이 대규모화될 위험이 있을 뿐 아니라 종전 직후 마오쩌둥의 공산당 세력이 패권을 장악하면서 국지전의 대상국이라기보다는 주관국의 자격을 갖춘다. 결국 국지전의 유일한 후보지는 한반도밖에 남지 않게 되는 것이다.••

1950년 6월에 시작된 한국전쟁은 3년이나 지속되었으나 실제로 치열한 국면은 개전 후 10개월까지였다. 이 기간에는 전황이

엎치락뒤치락했다. 초기에는 북한군이 남한을 거의 점령했다가 인천상륙작전으로 전황이 역전되었고, 다시 중국군이 투입되면서 긴 교착상태로 접어들었다. 1951년 4월에 주전론자인 맥아더가 해임된 이후에는 전선의 이동이 없는 진지전의 양상으로 전개되었는데, 말하자면 국지전(세계적 규모의 전쟁이 아니라는 의미에서) 속의 국지전이었던 셈이다. 결국 그해 후반부터 휴전이 논의되기 시작했고, 전선과 협상 테이블 양쪽에서 지리멸렬한 공방전이 2년 가까이 이어지다가 1953년 7월에야 정식으로 휴전 협상이 체결되었다.

휴전이라면 무승부라는 이야기다. 차라리 승부가 났으면 좋았을 텐데, 두 세계 체제가 첫 번째 힘겨루기에서 무승부를 이루었으므로 체제 모순은 해소되지 않고 더욱 증폭된다. 예전 같으면 어느 측이든 끝장을 보자고 나섰으리라. 하지만 그것이 불가능하다는 점을 잘 알기에 이후 냉전 체제의 양측은 공갈포로만 일관한다. 말하자면 두 터프가이가 실제로 한판 붙기는 서로 겁나니까 헬스클럽에서 하드트레이닝으로 근육만 잔뜩 키우는 격이다. 이것이 1950년대의 군비 경쟁으로 나타났다. 사실 냉전이 실제 대규모 전쟁으로 이어질 가능성은 거의 없었다.

장군과 대통령 한국전쟁이 한창이던 1950년 10월 맥아더와 트루먼이 웨이크 섬에서 만났다. 9월에 인천상륙작전이 성공함으로써 전세가 역전되었고 그 작전을 주도한 맥아더의 주가도 정점에 달한 시기였다. 두 사람은 여기서 38선을 돌파하는 문제를 논의했다고 한다. 전쟁에 소극적이던 대통령은 장군의 제안을 수용했을 것이다.

●● 물론 연합국의 어느 누구도 의식적으로 이 과정을 계획하거나 주도한 것은 아니다(만약 계획자가 있다면 한반도 분단의 '주범'이라고 단정할 수 있겠지만). 한국전쟁은 미국과 소련을 보스로 하는 두 세계 체제가 제3의 지역에서 일합을 겨룬 것이지만, 그렇다고 해서 미국이나 소련이 처음부터 특정한 구도나 음모를 가지고 일관적인 수순을 밟아나가 전쟁의 국면으로 이끈 것은 아니다. 역사의 각 장면은 대부분 의식적인 행위의 소산이지만 그 결과로 나타나는 역사적 흐름은 어느 누구의 의도와도 무관한 경우가 많다.

군사와 경제 전후 서양 세계의 단독 리더로 떠오른 미국은 자신이 살기 위해서라도 유럽 지역을 부흥시키기 위해 주도적인 역할을 할 수밖에 없었다. 그 방침은 두 가지, 군사적으로 냉전을 대비하는 것과 경제 안정이었다. 왼쪽은 전자에 해당하는 북대서양조약기구의 포스터이고, 오른쪽은 후자에 해당하는 마셜 플랜의 포스터다.

싸우지 않고서 상대방을 제압하려면 덩치를 키우는 방법밖에 없다. 양 진영은 각자 똘마니들을 끌어들여 세 불리기에 매진한다. 미국과 유럽은 이미 한국전쟁이 발발하기 직전인 1949년에 영국, 프랑스, 이탈리아, 네덜란드 등 서유럽 주요 국가와 캐나다를 동원해 북대서양조약기구NATO를 결성했다. 한국전쟁이 끝난 뒤에는 아시아 지역에도 그런 장치가 필요하다는 판단에서 1954년 동남아시아조약기구SEATO를 결성했다. 이에 맞서 소련은 1947년에 동유럽 국가들과 프랑스, 이탈리아 공산당을 회원으로 받아들여 코민포름을 결성했으며, 1955년에는 바르샤바조약기구WTO를 조직해 본격적인 냉전 준비에 박차를 가했다.

우두머리의 임무는 뭐니 뭐니 해도 조직을 관리하는 데 있고 이를 위해서는 똘마니들을 먹여 살리는 게 가장 중요하다. 서유럽은 문명적으로 북아메리카에 유럽 문명을 이식한 모태 문명권이지만 세계대전을 치르면서 빈털터리가 되었으니 애오라지 미국만 바라볼 수밖에 없다. 전 세계에서 유일하게 세계대전을 통해 더 부자가 된 미국은 우두머리답게 지갑을 화끈하게 열어 유럽 세계를 지원했다. 정식 명칭은 유럽 부흥 계획, 비공식적으로는 마셜 플랜Marshall Plan이다. 미국의 국무장관 조지 마셜George Marshall의 제안으로 1948년에 시작된 이 계획에 따라 미국은 유럽에 4년 동안 120억 달러를 지원했다. 이 종잣돈으로 유럽은 산업과 농업을 안정시키고 재정난을 극복하고 무역을 회복시켰다. 이른바 '라인 강의 기적'은 독일인의 근검 정신으로만 이루어진 게 아니다.•

적의 우두머리가 돈을 마구 뿌린다는 소식에 아연 긴장한 또 다른 우두머리 소련도 제 똘마니들을 부지런히 챙기지 않을 수 없었다. 마셜 플랜이 발효되자마자 곧바로 1949년 1월 소련은 경제상호원조회의Communist Economic Conference(코메콘)라는 기구를 조직해 사회주의 경제블록화를 시도했다. 하지만 소련은 미국과 달리 호주머니가 넉넉지 않다는 게 문제였다. 부족한 돈은 이념으로 메워라! 소련은 이른바 프롤레타리아 국제주의에 입각해 '사회주의 국가는 모두 한 형제'라는 구호 아래 국제적 분업화를 시도했다. 하지만 아무리 형제라도 소금 장수와 우산 장수의 이해관계는 다른 법이다. 원치 않는 분업 체제에 속하게 된 국가들은 입이 잔뜩 부

● 마셜 플랜의 직접적인 대상은 아니지만 한국전쟁 이후 전 국토가 피폐해진 남한도 미국의 전폭적인 경제원조를 받았다. 다만 미국의 전략적 육성 지역이 아닌 탓에 유럽처럼 체계적인 경제원조가 이루어지지 못하고 주로 미국의 잉여 농산물을 무상으로 제공받는 식이었다. 그래도 잉여 농산물의 유통과 배급을 밑천으로 삼아 오늘날에까지 이르는 재벌 기업들이 성장했고, 이 기업들의 자금으로 정치 활동이 이루어졌다. 미국의 무책임한 경제원조가 한국의 천민자본주의와 정경유착을 빚은 셈이다.

가장 강경한 독자 노선 역사상 최대의 전쟁으로 전 세계가 피폐해졌으나 미국은 자기 세력을 착실히 꾸린 반면 소련은 그럴 만한 여유가 없었다. 동유럽마저 팽개친 형편이었으니 아시아의 북한은 말할 것도 없었다. 이런 상황에서 북한은 동유럽보다 더 강력한 '독자적 사회주의' 노선을 천명했는데, 사진은 이 이념을 웅변하는 주체사상탑이다.

었다. 게다가 사회주의 형제들 간에도 빈부의 차이가 있어, 가난한 폴란드는 공평한 부의 분배를 기대하면서 경제블록과 분업화에 찬성했지만 헝가리나 루마니아처럼 사회적 인프라와 자체 시장이 충분한 나라는 악평등화도 사회주의냐고 볼멘소리를 했다.

특히 전쟁으로 산업의 기간 시설이 초토화된 북한은 그 블록에마저 속하지 못해 극심한 경제난에 허덕였다. 우두머리가 외면하면 굳이 똘마니로 남아 있을 필요가 없다. 자연히 자력갱생이 모토가 된다. 그 일환으로 소련에서 수입한 콤바인을 분해한 뒤 재조립해 보니 기계가 거꾸로 갔다는 이야기는 잘 알려진 일화다. 화가 치민 북한의 지도부는 세상에 믿을 놈 없다면서 "우리식대로 살아가자."라고 외친다. 이것을 이념적으로 그럴듯하게 포장하고 지배자의 우상화로 정권을 안정시키기 위해 만든 게 바로 주체사상이다(이념 체계로 보면 조잡하기 짝이 없는 주체사상이 의외로 북한 인민들에게서 자발적인 충성을 유도해낸 데는 전후 고립무원이던 북한의 처지가 큰 몫을 했다). 한국전쟁 직후 소련의 경제원조가 충실했더라면 주체사상이 북한 사회에 그렇듯 강력하게 뿌리내리지는 못했을 것이다.

다원화를 향한 추세

냉전 체제는 과도적일 수밖에 없었다. 30년 전쟁 이후 유럽의 역사, 나아가 전 세계 역사의 큰 흐름은 다원화를 지향하고 있었다. 한 차례의 국제전이 끝나면 신흥국들이 우후죽순처럼 생겨나는 전통을 가진 유럽 세계는 말할 것도 없거니와, 수천 년의 중앙집권적 제국사를 전개해온 중국 사회에서도 근대에 접어들어 사회계층의 분화가 뚜렷했다. 제2차 세계대전 후의 냉전 체제는 다원화의 무의식적 흐름을 의식적으로 단순화시키려는 노력이었으나 이런 상태가 영구히 지속될 수는 없었다.

우선 체제는 양대 진영으로 단순해졌어도 국가의 수는 급증했다. 전체가 유럽의 식민지였던 아프리카에서는 리비아(1951)가 이탈리아로부터, 수단(1956)이 영국으로부터, 콩고(1960)와 알제리(1962)가 프랑스로부터 독립했다. 아시아에서는 한국(1945)이 일본으로부터, 인도네시아(1945)가 네덜란드로부터 독립했고, 인도와 파키스탄이 분립했으며(1947), 베트남(1954)이 우여곡절 끝에 프랑스로부터 독립했다(베트남은 그때 분단국가가 되었다가 1975년에 통일되었다). 그 밖에 서아시아에서 레바논(1945)과 시리아(1946), 요르단(1949)이 독립했고, 1948년에는 말썽 많은 이스라엘이 건국되었다.

세계적으로 다원화의 추세가 역력한 가운데 시대착오적인 냉전 체제는 생존을 위해 몸부림을 쳤다. 한 도시가 동서로 나뉘어 있던 독일의 베를린에는 1961년 도심 한가운데 장벽이 설치되고 이동과 왕래가 금지되었다. 그 이듬해에는 소련이 쿠바에 미사일 기지를 설치하면서 미국과 소련의 긴장이 전후 최고조에 달했다. 하

추악한 전쟁　인류 역사에는 전쟁이 중요한 역할을 했지만 '무의미한 전쟁'도 많았다. 그 대표적인 사례가 바로 베트남 전쟁이다. 이 전쟁은 '추악한 전쟁'으로도 악명이 높다. 왼쪽은 부상한 동료 병사를 옮기는 미군이고, 오른쪽은 전쟁으로 폐허가 된 베트남의 모습이다.

지만 그것은 역사적 필연성을 거스르는 냉전 체제의 회광반조에 불과했다. 쿠바 미사일 위기는 케네디의 용기 있는 대처에 소련이 꼬리를 내리는 것으로 끝났지만 설령 케네디가 폼을 잡지 않았다 해도 당시 세계 언론이 겁낸 제3차 세계대전 따위는 일어나지 않았을 것이다.

자연스러운 다원화의 흐름을 인위적인 구조로 얽어매려는 냉전 체제의 마지막 시도는 베트남 전쟁이었다. 소련은 동유럽을 건사하기에도 벅차 베트남 사태에 개입하지 않았는데도, 반대편 우두머리인 미국은 베트남인들이 스스로 정한 사회주의 노선을 저지하려 애썼다. 그러나 260만 명의 병력(아울러 30여만 명의 한국 용병)과 1200만 톤의 폭탄, 3500억 달러의 천문학적 비용을 투입하고 통킹 만 사건을 조작하는 비열한 짓까지 서슴지 않았음에도 불구하고 미국은 끝내 패배했다. 물론 베트남인들의 강력한 투쟁이 승리를 일궈낸 것은 부인할 수 없지만, 더 넓게 보면 미국의 패권주의적 의도가 역사의 흐름에 역행했기에 실패한 것이라고 할 수 있다.

묘한 것은 냉전 체제를 이루는 두 진영의 움직임이 서로 어긋나는 것처럼 보였다는 점이다. 사회주의-공산주의 진영에서는 냉전 시대를 거치며 다원화의 논리가 점차 관철되는 추세를 보였다. 소련이 아무리 국제주의 원칙과 인위적 블록 체제로 결속을 다지려 해도 우두머리가 제 역할을 하지 못하는 한 대오의 이탈은 막을 수 없었다. 유고슬라비아의 티토는 1947년에 코민포름의 결성을 적극적으로 지지하고 그 본부도 베오그라드에 유치했으나, 금세 180도 태도를 바꾸어 바로 이듬해에 코민포름을 탈퇴하고(실은 축출이지만) 독자적 사회주의 노선을 걷기 시작했다. 1956년에는 폴란드와 헝가리에서 대대적인 반소비에트 대중 시위가 일어나는 바람에 소련이 직접 개입해 정권을 교체하는 사태에까지 이르렀다.

반면 유럽에서는 언뜻 그와 정반대로 보이는 변화가 나타났다. 냉전 시대 초기인 1950년 프랑스의 외무장관 로베르 쉬망Robert Schuman은 프랑스와 서독의 철강과 석탄을 공동으로 관리하자고 제안했다. 그는 혹시 독일이 다시 전쟁을 일으킬지 모른다는 우려에서 제안한 것이었으나 그의 제안은 2년 뒤 서유럽 여러 나라가 가입한 유럽석탄철강공동체ECSC로 현실화되었다. 당시에는 석탄과 철강의 무역 장벽이 사라지고 생산과 판매가 공동으로 이루어지게 된 것이 직접적인 성과였지만, 장기적으로 보면 그것은 유럽 세계가 경제블록화되는 첫 단추였다. 그런 배경에서 1959년에는 유럽공동시장EEC이 성립되었고, 이것이 1967년에 유럽공동체EC로 발전했으며, 1992년에는 현재까지 이어지는 유럽연합EU이 탄생했다.

다원화의 추세를 막으려 해도 막지 못한 사회주의 진영과 오히려 의식적으로 블록화를 시도한 자본주의 진영, 이 정반대의 변화는 어떤 의미일까? 하지만 알고 보면 정반대가 아니다. 통합을 지향한 서유럽의 노력은 인위적인 게 아니었다. 우선 그것은 정치적 통합과 무관했다. 처음부터 군사적·경제적 측면으로 제한되었고, 이후에도 (사회주의 블록화와 달리) 이념적·정치적 통합으로 나아가려는 조짐은 전혀 보이지 않았다. 즉 유럽 통합은 시대와 정황의 필요에 따라 자연스럽게 제기된 것일 뿐 특정한 집단이나 지배 이념에 의해 '위로부터' 하달된 게 아니었다. 더구나 통합이 진행되는 과정에서도 유럽 각국의 이해관계는 수시로 대립했고, 반목과 엇박자를 빚는 경우도 빈번했다.

그런 사정은 유럽 중세의 역사를 상기시킨다. 종교적으로는 통합되어 있었으나 세속적으로는 나라마다, 도시마다 분립한 시대가 바로 중세였다. 수백 년간 진통을 앓은 뒤 유럽은 결국 제2차 세계대전으로 중세적 질서를 되찾은 것이다. 유럽의 뿌리는 중세에 있었다. 유럽연합은 각국이 다원적으로 움직이는 가운데 최소한의 통합성을 부여하는 역할이다. 그런 점에서 유럽연합(나아가 국제연합)의 성립은 바로 중세 유럽에서 국제 질서의 구심점이었던 교황의 부활에 해당한다.

현실 사회주의의 몰락

1917년 레닌이 위로부터의 혁명을 통해 정치권력을 장악하고 사회주의 국가를 건설한 것은 사회주의의 실현인 동시에 변질이었다. 사회주의 이론을 구성한 마르크스에 따르면 사회주의는 분명히 자본주의 사회의 '태내에서' 생겨나야 했다. 다시 말해 자본주의가 충분히 성숙한 사회에서 그 생산력을 감당하지 못해 자본주의가 자동 붕괴하고 자연스럽게 사회주의 생산양식으로 이행해야 했다. 그 계기가 사회혁명의 형태를 취할 수는 있지만 경제에 뿌리를 두고 있기 때문에 인위적인 혁명이 될 수 없었다.•

선진 자본주의 국가가 아닌 러시아에서 (경제적이 아닌) 정치적인 과정을 거쳐 현실 사회주의가 탄생한 것은 두 가지 문제를 낳았다. 첫째, 자본주의 제도를 통한 경제 발전이 생략되었기 때문에 사회주의적 분배의 평등을 구현할 경제적 역량이 모자랐다. 둘째, 러시아는 혁명 직전까지도 중앙집권적 제국 체제였으므로 자본주의의 정치적 표현인 의회민주주의와 시민사회의 역사적 과정이 결여되어 있었다(편의상 경제적 문제점과 정치적 문제점으로 구분했지만 실은 하나다. 자본주의는 의회민주주의의 경제적 표현이며, 의회민주주의는 자본주의의 정치적 표현이기 때문이다). 이 문제점은 두고두고 현실 사회주의의 굴레가 되어 결국 사회주의 실험을 실패로 이끄는 요인으로 작용한다.

앞서 본 것처럼 사회주의 신생국인 소련이 제1차 세계대전 직후 신경제정책으로 자본주의적 요소를 도입할 수밖에 없었던 것은 경제적 난국을 타개하려는 고육지책이었다. 그러나 역사적으

• 마르크스는 《정치경제학 비판 요강》에서 이렇게 말했다. "사회의 물질적 생산력은 특정한 발전 단계에 이르면 기존의 생산관계, 또는 이전까지 적합했던 소유관계와 갈등을 빚게 된다. 생산력을 발전시키는 힘이었던 이 관계는 오히려 생산력을 제약하는 질곡으로 변화한다. 그때 사회혁명의 시대가 시작된다. …… 어떠한 사회질서도 그 내부에서 발전할 여지가 있는 모든 생산력이 발전하기 전까지는 결코 멸망하지 않는다. 또한 그 물질적 존재 조건이 낡은 사회 자체의 태내에서 충분히 성숙하기 전까지는 새롭고 고도한 생산관계가 결코 나타나지 않는다."

이념의 약점 거칠게 도식화하면 냉전 구도는 경제가 중심인 체제와 이념이 중심인 체제로 양분할 수 있다. 전자는 풍요로운 경제에 비해 이념이 약했고, 후자는 반대로 강력한 이념을 뒷받침할 경제가 약했다. 사진은 냉전 시대가 정점에 달한 1970년대에 물건을 마음껏 구할 수 없어 닥치는 대로 장을 본 소련 여성의 모습이다.

로 보면 그것은 (소비에트 지도자들의 의지와 무관하게) 자본주의 단계의 생략을 뒤늦게 만회하려는 노력이었다. 정상적인 사회주의 사회로 진입하려면 자본주의 단계를 통한 생산력의 발전이 필요한데, 그 단계가 생략되었기에 인위적으로 공백을 메우려 한 것이다. 혁명이 끝난 뒤에 비로소 역사적 공백을 메우기 위해 노력한다면 그것은 역사적 행정이 거꾸로 되었다는 고백이나 다름없다.

그래도 일단 즉각적인 효과는 있었다. 혁명 직후 붕괴 직전에 놓였던 소련 경제는 신경제정책이 끝날 무렵 상당히 건강을 되찾았다. 신생국 소련은 일약 미국과 어깨를 나란히 하는 강국으로 급성장했다. 제2차 세계대전 이후 소련이 냉전 체제의 한 우두머리가 된 데는 그런 배경이 작용했다. 하지만 그 이면에는 바깥이 화려해질수록 안이 더욱 곪아가는 옛 '제국 체제'의 망령이 도사리고 있었다. 소련이 이룬 경제성장은 제국 체제를 연상시키는 중앙집권, 국가 성장 이데올로기와 자본주의적 경제정책이 결합된 소산이었다.

제국 체제라면 당연히 황제가 있어야 한다. 사회주의 지도자가 바로 그런 황제의 자리를 차지하게 된다. 혁명을 성공시킨 레닌은 그 권력을 행사하지 못하고 병사했지만, 그의 뒤를 이어 30년간 철권통치를 한 스탈린을 비롯해 흐루쇼프, 브레즈네프 등 소련의 최고 지도자들은 사실상 '사회주의적 황제'였다. 서유럽의 경우

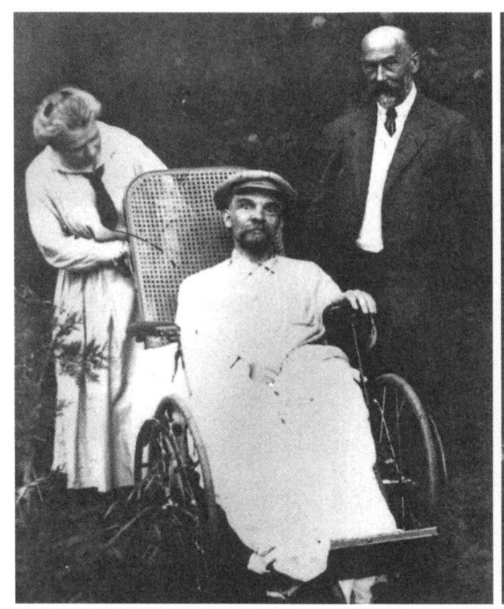

요리사와 식인종 레닌이 좀 더 오래 살았더라면 현실 사회주의는 이념적으로나 경제적으로나 훨씬 더 튼튼해졌을지도 모른다. 그의 후계자가 하필 스탈린이었다는 것은 가뜩이나 어려운 처지의 신생 사회주의 국가가 건강하게 자랄 수 있는 기회를 아예 없애버렸다. 사진은 병상의 레닌과 거리를 활보하는 스탈린인데, 냉전 시대에 프랑스에서 나온 어느 책에서는 레닌을 요리사에, 스탈린을 식인종에 비유하기도 했다.

절대주의 시대에도 의회가 나름대로 기능했다는 사실에 비추어보면, 사회주의적 황제가 권력을 독점한 20세기의 현실 사회주의는 정치에 관한 한 300년 전 서유럽의 절대주의보다도 못하다. 역사의 진보를 기치로 내건 사회주의가 극히 보수적인 체제를 취했다는 것은 커다란 아이러니다.●

제2차 세계대전 이후 소련이 사회주의권을 블록화하려 한 것은 반대 진영에 맞서기 위한 자구책이기도 하지만, 다른 한편으로는

● 이 점은 또 다른 사회주의 국가들도 마찬가지다. 1949년 사회주의 공화국이 된 중국은 마오쩌둥이 혁명 후 수십 년 동안 단독 집권했고, 그 뒤에도 화궈펑, 덩샤오핑, 장쩌민으로 이어지는 1인 집권 체제를 내내 유지했다. 그 밖의 동유럽 국가들과 쿠바, 북한 등도 정당과 의회의 기능이 구분되지 않고 공산당이 모든 권력을 장악했으며, 공산당의 최종적 지배자는 1인이었다. 심지어 북한 같은 경우는 권력이 한 가문에서 세습될 정도다. 이것을 '왕조식 사회주의'라고 해야 할까? 아니, 이런 체제에도 사회주의라는 말을 붙일 수 있을까?

청바지의 지도자　다원화를 향한 세계사적 흐름은 체제의 장벽마저도 무너뜨렸다. 처음부터 다원화가 보장되어 있었던 서양 세계에서는 인위적 블록화가 최소한의 통합성을 유지하는 역할을 했으나, 그렇지 못했던 사회주의권에서 시도한 블록화는 결국 완전한 실패로 돌아갔다. 사진은 그 시도를 거부하고 나선 폴란드 자유노조의 지도자 바웬사다. 그가 입은 청바지가 그의 이념을 상징하는 듯하다.

오랜 과거의 유제인 제국 체제의 '본능'에서 탈피하지 못한 탓이기도 하다(동유럽 지역은 제국의 '속주'에 해당한다). 그래도 전선이 둘로 갈려 매우 단순했던 냉전 시대에는 그런 체제가 어느 정도 통했다. 하지만 전 세계가 다원화되고 있는 시대적 추세에 그런 낡은 발상은 더 이상 버티기 어려웠다(그런 점에서도 냉전 체제는 역시 과도적이었다).

현실 사회주의는 소련의 코앞에서부터 붕괴되었다. 1980년 폴란드에서 레흐 바웬사Lech Watesa가 공산당과 무관한 자유노조를 결성한 것을 신호탄으로 동유럽 사회주의 블록은 크게 흔들리기 시작했다. 1985년에 소련 공산당 서기장이 된 미하일 고르바초프Mikhail Sergeyevich Gorbachyev는 대외적으로 글라스노스트(개방), 대내적으로 페레스트로이카(개혁)를 내세우며 시대의 변화를 현실적으로 수용하고자 했으나 사회주의의 출발점인 70년 전부터 잘못 꿴 단추를 바로잡을 수는 없었다. 오히려 그의 조치는 사회주의 블록의 해체를 가속화시키는 데 기여했다.

붕괴 현상이 극적으로 표출된 것은 1989년이다. 이해에 폴란드에서는 자유노조 출신의 총리가 집권해 연립정부를 구성했고, 18년 동안 동독 공산당을 지배한 호네커가 대규모 시위로 실각했다. 계속해서 헝가리에서는 의회가 324대 4라는 압도적인 표결로 야당을 인정함으로써 공산당 지배 체제가 무너졌고, 루마니아의 차우셰스쿠 정권도 몰락했다. 체코슬로바키아에서는 공산당에 반대하던 하벨이 대통령으로 선출되었고, 유고슬라비아 연방이 해체되었다.

이런 사태가 잇따르자 현실 사회주의의 본산인 소련도 변화의 물결을 피해가지 못했다. 1991년 러시아 공화국 대통령 선거에서는 급진 개혁파인 옐친Boris Yeltsin이 압승을 거두었고, 8월에는 고르바초프가 공산당의 해체를 선언했다. 하지만 해체된 것은 공산당만이 아니었다. 8월 말에서 9월 초에 에스토니아, 라트비아, 리투아니아의 발트 3국이 며칠 차이를 두고 차례로 독립한 것은 소비에트 연방 자체가 유지될 수 없음을 뜻했다. 이후 우크라이나, 벨라루스 등 유럽 지역의 공화국들만이 아니라 우즈베키스탄, 카자흐스탄 등 중앙아시아의 공화국들이 하나둘씩 독립하면서 소비에트 연방은 완전히 해체되었고, 1993년에는 소련의 국호가 러시아 연방으로 개칭됨으로써 유럽에서 현실 사회주의가 막을 내렸고, 냉전 시대가 공식적으로 종식되었다.

미국의 지위와 역할

숲의 호랑이가 두 마리였다가 한 마리가 죽으면 어떻게 될까? 당연히 남은 한 마리가 숲의 단독 주인이 되어 모든 동물을 지배할 것이다. 미국산 호랑이도 바로 그렇게 하려 했다. 이제는 누구의 눈치도 볼 필요 없이 숲 전체를 자기 마음대로 주무르고 모든 신민 위에서 군림하려 했다.

1991년 미국에서 멀고 먼 쿠웨이트와 이라크의 해묵은 영토 분쟁에 끼어든 게 그 예다. 이 문제의 뿌리는 30년 전인 1961년 쿠웨이트가 독립하면서부터 생겨난 것이었으니 새삼스러운 사태가 아니었다. 1980년대에 8년에 걸친 이란-이라크 전쟁에도 공식적으로 개입하지 않았던 미국이 이라크가 쿠웨이트를 침공한 사태에 소매를 걷어붙이고 나선 것은 서아시아의 석유 이권을 노린 경제적 이유만 있는 게 아니라 냉전 시대가 끝나고 단독으로 전 세계의 우두머리가 되었다는 자신감의 발로이기도 했다. 미국 대통령 조지 부시George Bush는 미국 의회와 국제연합을 움직여 이라크에 대한 경제제재 결의안을 신속히 통과시키고 미국이 주도하는 다국적군을 구성해 이라크를 공격했다. 정식 명칭은 페르시아 만 전쟁이지만 보통 걸프 전쟁이라고 부른다.*

이미 냉전 시대부터 '세계의 경찰'이라는 불편한 별명을 얻었던 미국이다. 그래선지, 그 별명에 걸맞게 불과 42일 만에 걸프 전쟁을 완승으로 이끌었어도 국제사회에서 미국의 지위는 오히려 하락했다. 경찰은커녕 조폭의 딱지나마 면하면 다행이었다. 왜 그럴까? 세계의 단독 우두머리가 되었는데 왜 미국은 세계의 치안을 담당하는 명예로운 경찰이 되지 못한 걸까?

이유는 간단하다. 냉전 시대가 과도기였다는 점에 있다. 냉전 시대에 한 진영의 우두머리였던 미국은 그 시대가 지나자 원래의 위치로 돌아간 것이다. 그럼 원래의 위치는 무엇일까? 미국은 서양 문명의 '훌륭한' 후손이지만 관리자나 지배자의 지위는 아니었다. 학급으로 비유하면 미국은 학급을 최종적으로 통제하는 교사가 아니라 반장의 역할

* 걸프 전쟁은 현재의 시사적 의미만이 아니라 전쟁사적으로도 큰 의의를 가진다. 역사상 최초로 처음부터 끝까지 컴퓨터 시스템이 이용된 전쟁이기 때문이다. 과거의 미사일 담당 병사는 물리적 발사 장치를 조작했지만 걸프 전쟁에서는 오로지 컴퓨터 프로그램만을 조작했다. 이렇게 전쟁 과정이 비인격적(impersonal)이기 때문에 대량 살상에 따른 인도주의적 부담이 적어진다. 지금 우리가 19세기 중반의 크림 전쟁을 최초의 현대전이라고 기록하듯이, 후대의 역사서에는 걸프 전쟁이 최초의 현대전이라고 기록될 것이다.

초토화된 문명의 고향 체제 간의 대결이 사라진 이후 전쟁은 미국이라는 반장이 명에 따르지 않는 급우들에게 제재를 가하는 방식으로 진행되었다. 사진은 1991년의 걸프 전쟁(위쪽)과 2003년의 이라크 전쟁(아래쪽)이다. 두 전쟁에서 미국의 공적으로 꼽힌 이라크 대통령 사담 후세인은 결국 반장에 의해 최초로 처형된 급우가 되었다.

이다. 반장은 반을 통솔하고 관리할 뿐 총책임을 지는 위치는 아니다. 급우들도 반장을 급우 대표라고는 인정해도 교사에게처럼 복종하지는 않는다. 반장은 명령을 내리는 지위가 아니고, 급우들도 반장의 명령에 따를 의무는 없다. 반장은 이해관계가 다양한 급우들의 의견을 총괄하고 급우들과 함께 결정을 내리는 지위다.

미국이 세계 유일의 초강대국이면서도 국제연합에서 다른 나라와 똑같은 '한 표'를 행사하는 이유는 그 때문이다. 미국의 착각은 세계 무대에서 자신의 역할이 반장이라기보다 교사라고 여긴 데 있다.

미국이 교사가 되지 못하고 반장에 그칠 수밖에 없는 또 한 가지 이유는 미국 내의 체제적 '결함'에 있다. 알다시피 미국은 연방 체제를 취하는 국가다. 미국의 한 주를 가리키는 'state'라는 단어가 '국가'를 뜻하듯이, 미국은 여러 '국가'가 모여 이룬 '합중국'이다. 서유럽의 시민혁명과 같은 역사적 기능을 담당한 남북전쟁으로 연방 체제가 강화되면서 중앙집권적 연방제라는 묘한 체제를 이루게 되었지만 연방국가의 속성은 언제든 부활할 수 있다. 독립 시기에 제정된 미국 헌법에 따르면, 미국에 속한 각 주는 연방에서 탈퇴할 권리를 가지고 있으며, 이 권리는 지금도 법적으로 유효하다. 미국이 건국될 때부터 탈퇴의 권리는 국민의 자연권이자 중앙정부의 권한 남용을 제어하는 최후의 수단이었다. 미국 헌법은 몇 차례의 수정을 거쳤으나 개헌된 적은 없으므로 주의 탈퇴권은 아직 헌법에 명문화되어 있다. 오히려 법적으로 연방정부는 헌법에 명시된 권한만을 행사하고, 나머지는 주정부 또는 국민이 행사하는 것으로 되어 있다.

미국의 연방정부는 앞으로도 강력한 중앙집권화를 지향하겠지만 다원화의 역사적 흐름을 거스를 수는 없다. 자칫 오버 페이스를 한다면 또다시 연방이 깨지는 위기가 닥칠지도 모른다. 결국 장기적인 견지에서 볼 때 미국은 대외적으로 반장의 역할에 그칠 수밖에 없고 대내적으로 연방 체제의 굴레에 묶여 있을 수밖에 없을 것이다. 그런 한계가 있으므로 미국은 아무리 패권주의 전략으로 일로매진한다 해도 그 뜻을 이룰 수 없을 것이다. 미국 내의 강성 우파가 아무리 애국주의를 부르짖는다 해도 미국이 하나의 국민국가로서 단일한 목소리를 내기란 갈수록 어려워질 것이다.● 세계 문명의 역사에서 미국은 당분간 초강대국으로 군림하겠지만 세계의 경찰은 영원히 미국인들만의, 아니 연방정부만의 꿈으로 남을 것이다.

● 미국은 서유럽에서 이미 폐기 처분된 낡은 민족주의 이념에 여전히 매달리고 있다. 지금까지 보았듯이, 서유럽에서는 19세기 초부터 20세기 중반까지 150년에 걸쳐 민족주의라는 독소적인 요소—실은 국민국가 체제가 성립한 데 따르는 필연적인 산물—때문에 엄청난 전란을 치러야 했다(그 절정이 히틀러의 인종주의다). 미국은 그런 역사적 경험이 없기에 아직 민족주의의 폐해를 실감하지 못하고 오히려 그것을 대외적으로 표출시키고 있지만, 결국 생략되거나 부재한 역사 과정은 앞으로 미국의 행보에 지대한 영향을 미칠 것이다.

서양 문명의 전 지구적 이동, '글로벌 문명' 다음은 '로컬 문명'으로

서양사의 길고 거친 탐색이 끝났다. 보통 서양사라고 하면 제2차 세계대전으로 끝나고, 그다음은 역사라기보다 시사에 속한다. 이때부터 지금까지 이르는 시대, 즉 현대는 적어도 앞으로 수십 년이 지난 뒤에야 역사로 분류될 것이다. 또한 제2차 세계대전 이후는 서양이나 동양이라는 지역의 역사가 아니라 명실상부한 세계사가 된다. 서양사와 동양사라는 이름을 붙일 수 있는 시대는 지났고, 이제 진정한 의미의 세계사가 전개되고 있다. 그래서 이 책의 맨 끝장(37장)에서는 전후 지금까지 세계사의 과정을 간략하게 정리했다.

1만 년에 달하는 장구한 역사를 한 권의 책으로 압축했으니 아무래도 거칠 수밖에 없다. 역사 읽기를 끝맺는 이 자리에서 그것을 다시 압축해 더 거칠게 만들 필요는 없을 것이다. 여기서는 그 오랜 역사를 통해 조금씩 형성되어 오늘의 서양 세계를 있게 하는 데 큰 역할을 한 두 가지 요소, 자본주의와 민주주의를 초점으로 삼아 서양사와 동양사를 비교하면서 책을 매듭짓기로 하자.

우리는 보통 자본주의가 서양사의 근대, 그러니까 얼추 18세기경에 생성되기 시작한 것으로 배운다. 역사학자에 따라 약간 더 거슬러 올라갈 수도 있는데, 아무리 멀게 잡아도 중세가 해체되는 15세기보다 더 거슬러가지는 않는다. 하지만 지금까지 우리가 서양사를 살펴본 결과는 다르다. 학자들은 자본주의의 구체적 양태에 대한 분석을 전거로 삼아야 하니까 그런 학설을 꾸밀 수밖에 없겠지만, 우리가 파악한 자본주의의 '뿌리'는 사실 무척 오래다.

기원전 3000년경 고대 이집트의 파라오는 국경을 수비하기 위해 용병(주로 누미디아 기병)을 고용했다. 람세스 2세와 무와탈리스가 맞붙은 카데시 전투에서도 용병의 역할(람세스를 구한 가나안군)이 분명히 드러난다. 포에니 전쟁에서 한니발은 갈리아 용병을 충원해 이탈리아를 침공했다. 로마 제국은 결국 게르만 용병대장인 오도아케르에 의해 멸망되었다. 용병mercenary은 상인merchant과 같은 어원을 가지는 데서 알 수 있듯이 돈과 밀접한 관련이 있으며, 정치적인 성격보다는 경제적인 성격이 강하다. 즉 용병이 전쟁을 수행하는 것은 누구의 명령을 받들어서라기보다 자신의 이익을 위해서다. 여기서 서양 특유의 '계약'이라는 관념을 볼 수 있다.

남유럽에 로마 제국이 있었을 무렵 중국에는 한漢 제국이 있었다. 두 제국은 비슷한 시기에 존재했고 각기 동양과 서양 역사의 방향을 결정하는 데 지극히 중요한 역할을 했지만, 성격은 상당히 달랐다. 한은 주변의 속국들이 황제(천자)의 명령에 복종하는 수직적 체제였으나, 로마 제국은 속국(속주)들이 나름대로 로마와 동맹 관계, 즉 일종의 계약 관계를 맺은 수평적 체제였다. 두 제국의 이런 차이는 이후 동서양의 역사에도 반영된다.

예를 들면 비슷한 시기에 전개된 동서양의 대규모 원정에서도 그 차이를 확인할 수 있다. 서유럽의 십자군은 교황 우르바누스의 선동으로 시작되었으나 누구의 명령을 받은 것은 아니었다. 그래서 병사들은 제멋대로 행동했다. 원정 도중에 약탈을 통해 각자 잇속을 챙겼고, 심지어 같은 그리스도교권인 콘스탄티노플에 라틴 제국이라는 괴상한 제국까지 세웠다. 그러나 중앙아시아와 동유럽을 침략한 몽골 원정군은 십자군과 전혀 달랐다. 그들은 대칸(황제)의 명령을 받아 원정에 나선 것이었으므로 행동이 훨씬 일사불란했고 약탈보다는 파괴를 일삼았다.

한마디로 동양식 체제는 명령을 기반으로 했고 서양식 체제는 계약을 위주로 했다. 물론 이것을 자본주의와 직결시키기는 어렵다. 하지만 적어도 서양의 제국이나 군사 행동에서 늘 정치적 측면보다 경제적 측면이 더 중요했다는 사실은 자본주의 발생에 유리한 배경이 된다(그래서 독일의 사회학자 막스 베버 같은 사람은 자본주의적 정신의 뿌리가 탄생한 시기를 수천 년 전으로 잡았다).

그보다 더 직접적인 사례는 은행과 신용의 개념이다. 12세기 북이탈리아에서는 중세 자치도시들이 발달하면서 자연스럽게 환전상이 생겨났고, 이들이 근대 은행의 맹아를 이루게 되었다. 알다시피 은행이란 돈을 맡겨두는 곳이다. 무엇을 믿고 자신의 귀중한 재산을 맡길까? 그것은 바로 신용이다. 서양의 역사에서는 은행의 탄생과 동시에 신용의 개념이 중요한 역할을 차지했다. 그러나 동양의 역사에서는 상인들 간에 어음을 사용한 지는 오래되었어도 신용을 기반으로 하는 은행은 매우 생소했다. 장사꾼은 신용이 있어야 한다는 말이 있듯이, 신용의 관념이 없지 않았으나 도덕에 속하는 것으로 여겼을 뿐 경제의 개념이라고는 생각하지 않았다. 서양에서는 상인들이 필요에 따라 자체로 금융과 은행 제도를 만들었으나 동양에서는 민간의 영역이 크지 않고 관이 보증하는 게 아니면 신용을 확보할 수 없기에 신용이 제도화되지 못했다.

자본주의의 정치적 표현인 민주주의도 마찬가지다. 말 그대로 '민民의 주권'을 뜻하는 민주주의는 동양 역사에서 자체적으로 생겨나기 어려운 제도였다. 기원전 221년 진시황이 중국 대륙을 통일한 이후 1911년 신해혁명으로 청淸 제국이 무너질 때까지 2000여 년 동안 동양 사회는 제국의 체제와 질서로 편제되었고, 그 질서의 정점에는 언제나 천자가 있었다. 천하의 모든 것은 천자의 소유였고, 천하의 뭇 백성들은 천자를 섬겨야 했다. 사마천이 말했듯이 중화 세계는 천자가 북극성처럼 불변의 존재로 군림하고 그 주변을 제후들이 돌면서 천자를 보필하는 동심원적 중앙집권 체제였다.

서양사에서 동양식 제국 체제와 비슷한 것을 찾는다면 고대 로마 제국일 것이다. 하지만 로마 제국은 중국의 역대 어느 제국보다도 중앙집권력이 약했다. 그나마 로마 제국이 무너진 이후 1000년에 이르는 중세는 교회가 문명의 동질성을 유지할 뿐 정치권력의 중심이 부재한 극도의 분권 체제였다. 그런 역사적 배경이 있었기에 서양사에서는 일찍부터 의회가 구성되었으며, 신분제가 약해지는 근대에 접어들면 그 의회가 평민을 대표하는 기구로 탈바꿈할 수 있었다. 그 의회를 바탕으로 근대 민주주의가 성립했다.

이처럼 서양사에서 자본주의와 민주주의의 개념이 길고 오랜 뿌리를 지니고 있다면, 동양에 사는 우리로서는 어떻게 해야 할까? 서양에서 수백, 수천 년 동안에 걸쳐 무수한 피와 땀을 먹으며 키운 자본주의와 민주주의를 체득하기 위해 동양의 우리도 역시 그와 같은 기간이 필요할까? 그렇지는 않다. 이제 자본주의와 민주주의는 서양의 것만이 아니라 세계가 공유하는 제도로 자리잡았기 때문이다.

인류 역사 5000년을 거치며 서양 문명은 지구를 서쪽으로 한 바퀴 돌았다. 서아시아에서 생겨난 서양 문명의 싹은 그리스와 로마에서 뿌리를 내렸고, 서유럽에서 줄기를 키우고 꽃을 피우고 열매를 맺었다. 그 열매는 대서양을 건너 아메리카로 이전되었고, 거기서 또 태평양 건너 동아시아로 전해졌다. 그 결과, 싫든 좋든 서양 문명의 최종 결과물인 자본주의와 민주주의는 점차 전 세계로 확산되었다. 큰 역사로 보면 이것은 오리엔트에서 탄생한 이후 내내 서쪽으로 이동하고 확산된 서양 문명이 드디어 지구를 완전히 한 바퀴 돈 것에 해당한다.

현재 이슬람 문명권인 이곳에 자본주의와 민주주의가 이식되면 서양 문명의 이동은 완전히 끝난다. 2010년부터 서아시아와 북아프리카에 불기 시작한 민주화 운동은 어쩌면 그 마지막 행정일지도 모른다.

그렇다면 그 과정이 완료된 다음은 어떻게 될까? 서양 문명의 끊임없는 이동으로, 우리는 지금 인류 역사상 처음으로 전 지구가 단일한 문명권으로 묶이는 시점에 이르렀다. 이렇게 명실상부한 '글로벌 문명'이 성립한 다음의 역사는 어떤 방식으로 전개될까?

그 예상은 그다지 어렵지 않다. 글로벌 다음에는 로컬이다. 전 세계가 글로벌화된 이후에는 로컬의 시대가 될 것이다. 세계가 기본적으로 동질적인 문명권으로 묶이고 나면 과거처럼 특정한 문명이 압도하는 시대는 종식된다. 이후 세계는 대단히 다원화될 것이며, 기존의 전통 문명들이 그 다원화의 축으로 기능할 것이다. 동아시아 문명, 이슬람 문명, 심지어 글로벌화를 주도한 서양 문명도 각각의 로컬 문명이 될 것이다. 그 밖에 아프리카, 폴리네시아, 극지의 소문명들도 각기 로컬로 자리 잡을 것이다.

또한 각 로컬 문명도 더 하위 로컬 문명으로 잘게 쪼개질 것이다. 서양 문명은 동유럽·서유럽·북유럽 등으로 세분화되고, 동아시아 문명은 한·중·일 로컬로 나뉠 것이며, 이슬람 문명과 인도 문명도 단일한 로컬 문명을 유지하면서 동시에 지역·종교·문화 등을 기준으로 잘게 나뉘어 복잡한 양상을 이룰 것이다.

흔히 글로벌 시대를 이야기하지만 실은 인류 역사 전체가 글로벌화의 과정이었다. 글로벌 시대라는 말은 앞으로 계속 세계가 단일한 글로벌 문명권으로 남을 것처럼 여기게 만든다. 그러나 정확히 말하면 글로벌화가 완료되는 지금은 과도기이고, 이 시기가 지나면 본격적인 로컬 시대가 올 것이다. 이제 하나의 문명이 힘으로 다른 문명을 압도하고 정복하는 시대는 지났지만 그렇다고 해서 안정과 평화가 지속되지는 않을 것이다. 이제부터 다양한 로컬 문명들은 더 치열하게, 더 다양한 방식으로 경쟁하게 될 것이다. 그것을 대비하고 준비하는 문명은 힘 있는 로컬로 발전할 것이고, 그렇지 못하는 문명은 로컬로서의 존재마저 잃게 될 것이다.

합스부르크와 서유럽 왕가

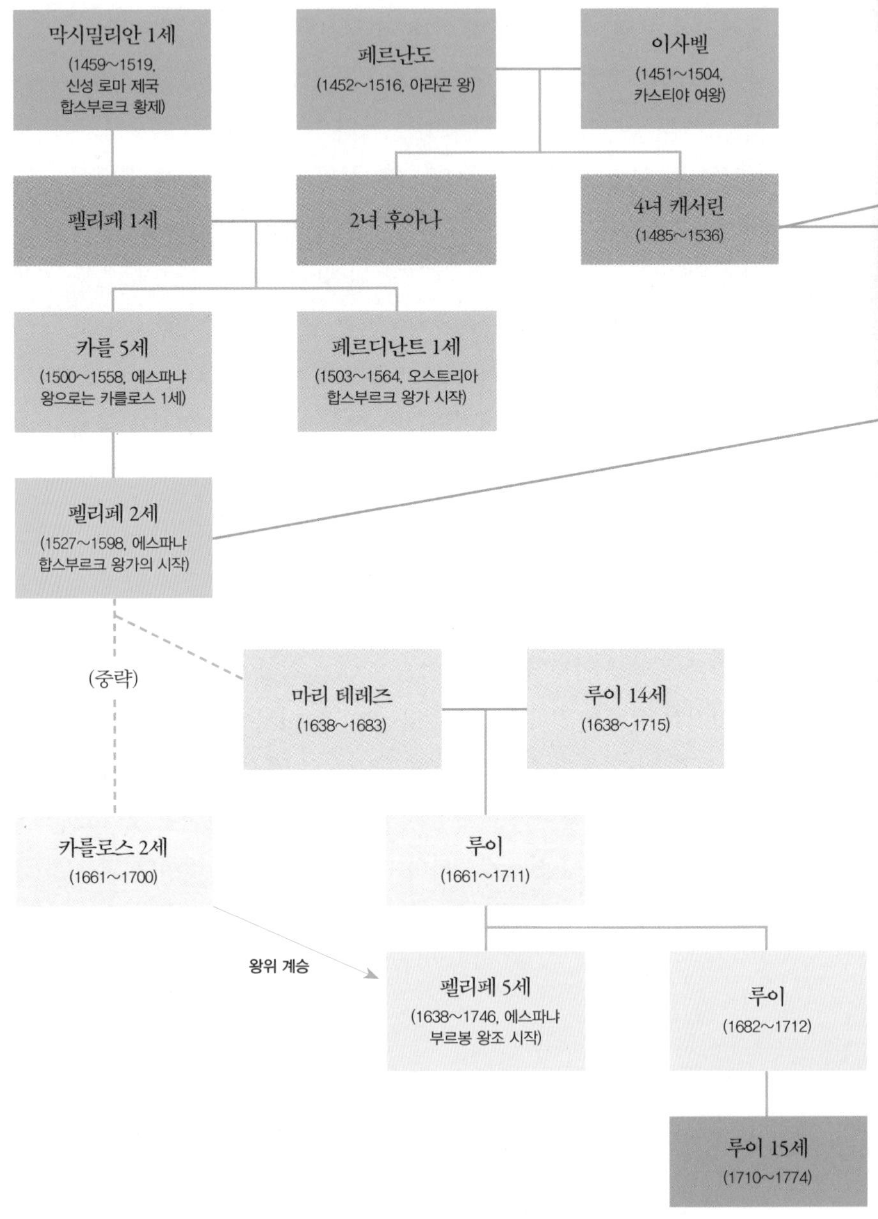

■ 위 그림은 합스부르크 왕가를 중심으로 15세기 중반부터 18세기 중반까지 약 300년 동안 복잡한 혼맥을 통해 형성되는 서유럽 왕가를 보여준다. 신성 로마 제국의 합스부르크 왕가를 비롯해 에스파냐(합스부르크, 부르봉), 영국(튜더, 스튜어트), 프랑스(부르봉)의 여러 왕실이 어지러이 연결되는 것을

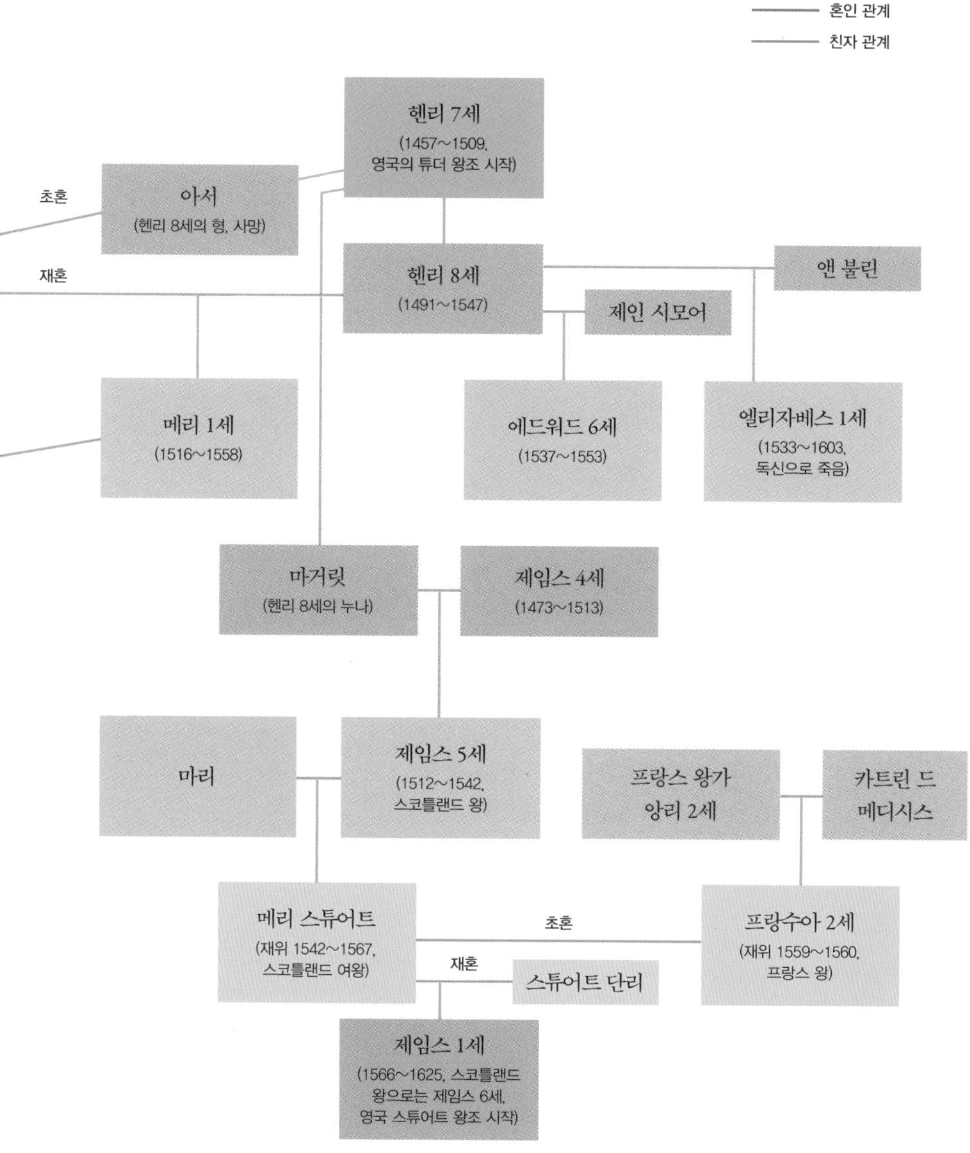

볼 수 있다. 막시밀리안 1세는 자신의 통혼으로 부르고뉴와 밀라노 일대의 북이탈리아를 손에 넣었으며, 이사벨 부부는 에스파냐를 통합했다. 이 결과를 송두리째 상속받은 사람이 바로 카를 5세다. 그러나 그는 당대에만 합스부르크 제국을 유지했고, 결국 동생(페르디난트 1세)에게 오스트리아를, 아들(펠리페 2세)에게 에스파냐를 물려주고 물러난다. 한편 이사벨 부부의 또 다른 딸 캐서린은 영국 튜더 왕가로 시집가 스튜어트 왕조까지 이어지는 혈통을 만든다. 이렇게 해서 18세기 초반에는 에스파냐와 영국, 프랑스, 오스트리아의 왕실들이 모두 '사돈의 팔촌'으로 엮이게 된다.

| 연표 |

	동양	서양
1400		
	1401 일본 쇼군이 명나라로부터 일본 왕으로 책봉됨	
	1405~1433 정화가 영락제의 명으로 남해 원정	1414 콘스탄츠 공의회에서 면죄부에 반대한 후스를 화형 시킴
	1420 영락제가 베이징으로 천도	
	1428 베트남, 중국을 몰아냄	1429 백년전쟁 중 잔 다르크의 활약으로 프랑스가 역전
	1436 명, 은납제 실시	
	1449 토목보의 변으로 정통제가 몽골의 포로가 됨. 명, 팽창정책을 중단함	
1450		
		1453 비잔티움 제국 멸망. 오스만 제국의 동유럽 지배 시작
		1455 영국, 장미전쟁 시작
	1467~1478 오닌의 난으로 일본의 전국시대 시작	1469 페르난도와 이사벨의 결혼. 10년 뒤 아라곤과 카스티야의 통일로 이어지면서 에스파냐 탄생
	1471 베트남의 전국 통일	1472 러시아에 차리즘 성립
		1485 영국에 튜더 왕조 성립
		1488 바르톨로메우 디아스가 희망봉 발견

동양	서양	
	1492 에스파냐, 레콘키스타의 완성. 콜럼버스가 신대륙 발견	
	1493 에스파냐와 포르투갈, 토르데시야스 조약 체결	
	1498 바스코 다 가마가 인도 항로를 개척함	
		1500
1506 조선, 중종반정		
1512 명, 장거장의 개혁 시작		
1513 명, 일조편법 실시		
	1517 루터가 95개조 반박문을 비텐베르크 교회 문에 게시(종교개혁의 시작)	
	1519 카를 5세가 신성 로마 제국 황제로 즉위(합스부르크 제국의 시작)	
	1521 아스테카 제국 멸망	
	1522 마젤란이 세계 일주에 성공함	
1526 바부르가 무굴 제국 수립		
	1533 잉카 제국 멸망	
	1534 헨리 8세가 이혼 문제로 로마 가톨릭과 결별. 수장령을 발표해 스스로 영국 국교회의 수장이 됨	
	1536 칼뱅의 종교개혁	
1543 일본, 포르투갈로부터 총포 유입	**1543** 코페르니쿠스가 지동설을 발표함	
		1550
	1555 아우크스부르크 종교화의에서 루터파에 한해 신앙의 자유 인정	
1556 인도 무굴 제국, 아크바르 대제 즉위		
1557 포르투갈, 마카오 점령		
	1559 프로테스탄트를 억압하기 위한 프랑스와 에스파냐 간의 카토-캉브레지 조약 성립	
	1562~1598 프랑스 최초의 종교전쟁	
1565 무굴 제국의 아크바르가 데칸까지 영토 확장		

	동양	서양
	1568 오다 노부나가가 천하 통일을 목표로 교토 입성에 성공	
		1571 레판토 해전에서 튀르크를 누르고 에스파냐를 비롯한 신성동맹 승리
		1573 에스파냐, 필리핀 점령
	1578 명, 포르투갈에 광동 무역 허용. 장거정의 토지 조사 사업	**1581** 네덜란드 연방 공화국 수립
	1582 오다 노부나가가 가신의 배신으로 자결	
		1588 영국, 에스파냐의 무적함대 격파
	1590 도요토미 히데요시가 일본 통일	
	1592 임진왜란 발발	
	1598 도요토미 히데요시 병사. 정유재란 종결	**1598** 앙리 4세가 낭트 칙령으로 신교의 자유 허용(위그노 전쟁 종결)
1600	**1600** 도쿠가와 이에야스가 오사카의 미쓰나리와 붙은 세키가하라 전투에서 승리해 일인자로 부상	**1600** 네덜란드, 동인도회사 설립
	1603 에도 바쿠후 시대 개막. 명, 베이징에서 마테오 리치의 《천주실의》 간행	**1603** 영국에 스튜어트 왕조 성립
		1613 러시아에 로마노프 왕조 성립
	1614 이에야스가 히데요시의 아들 히데요리를 제거	
	1616 청 태조 누르하치가 후금을 건국	
		1618~1648 독일, 30년 전쟁(역사상 최초의 국제전)
	1623 조선, 인조반정	
		1628 영국 의회, 찰스 1세에게 권리청원 승인
	1636 후금, 국호를 청으로 고치고 조선 침공(병자호란)	**1642** 영국에서 청교도혁명이 일어남
	1644 이자성의 난으로 명 멸망. 청, 오삼계의 도움을 받아 이자성을 물리치고 베이징에 입성	**1648** 30년 전쟁 종결로 베스트팔렌 조약 체결(근대 유럽 세계의 형성)
		1649 크롬웰이 찰스 1세를 공식 처형함(공화정 성립)
1650		
		1651 영국, 항해조례 발표

동양	서양
1653 샤 자한이 타지마할을 건설	
1658 철권 군주 아우랑제브 즉위	
1674 인도에 마라타 왕국 성립	
1681 청, 삼번의 난 진압으로 전 중국 지배	
	1685 프랑스, 낭트 칙령 폐지(종교적 반동화)
	1688 영국에서 명예혁명이 일어남(입헌군주제의 성립)
1689 청과 러시아, 두 나라 간의 국경을 확정한 네르친스크 조약 체결	
1700	
	1701 프로이센, 공국에서 왕국으로 승격
	1701~1714 에스파냐 왕위 계승 전쟁
1707 아우랑제브 사망(무굴이 쇠퇴하기 시작)	
	1710 프랑스, 베르사유 궁전 완공
1711 강희제가 즉위 50년을 기념하여 성세자생인정 선포	
1720년대 옹정제가 지정은제 시행	
1725 중국 최초의 백과사전 《고금도서집성》 완성	
	1740~1748 오스트리아 왕위 계승 전쟁
1744~1764 영국-프랑스, 카르나티크 전쟁	
1750	
	1751~1772 디드로와 달랑베르 등이 《백과전서》 간행
	1756~1763 슐레지엔 영유를 두고 유럽 국가들 간에 7년 전쟁이 벌어짐(7년 전쟁)
1757 영국과 프랑스 간 플라시 전투에서 영국 승리, 영국의 벵골 점령	
1759 청나라, 신장과 시짱 영토화(중국 역대 최대의 강역 형성)	
	1772 폴란드 1차 분할
1773 영국, 노스 규제법 통과로 본격적인 인도 식민 지배 시작	**1773** 미국, 보스턴 차 사건
1776 조선 정조가 규장각 설치	**1776** 미국, 독립선언
1781 《사고전서》 완성	
	1783 영국, 파리 조약으로 미국의 독립 승인

	동양	서양
		1789 바스티유 감옥 습격을 시작으로 프랑스 혁명 발발
		1792 프랑스 최초의 공화정 수립
	1796 영국, 실론 점령	
		1799 나폴레옹이 브뤼메르 쿠데타로 집권
1800		
	1801 조선, 신유박해로 천주교도 300명 처형	
		1804 나폴레옹이 황제 즉위, 나폴레옹 법전 편찬
		1805 나폴레옹이 정복 전쟁을 시작함
		1806 신성 로마 제국 멸망
		1812 나폴레옹이 러시아 원정에 실패하면서 몰락
		1814 오스트리아의 재상 메테르니히의 주도로 빈 회의 개최
		1816~1825 자유주의의 여파로 아르헨티나, 칠레, 콜롬비아 등 라틴아메리카 여러 나라가 독립함
	1817 영국, 마라타 연합 대파. 인도 전체를 지배	
	1819 영국, 싱가포르에 자유무역항을 설치	
	1825~1830 자와 전쟁	
		1829 그리스 독립
		1830 프랑스, 7월 혁명(자유주의 혁명, 왕정복고)
	1835 벤팅크 총독이 인도에서 영어 교육을 시작함(영국화 정책)	
	1840 청-영 간 아편전쟁 발발	
	1842 아편전쟁에서 패한 청이 영국과 난징 조약 체결	
		1846 영국, 곡물법 폐지
		1848 프랑스, 2월 혁명(성인 남성의 보통선거권 보장). 독일, 3월 혁명. 마르크스가 《공산당 선언》을 발표함. 영국, 차티스트 운동
1850		
	1851~1864 홍수전이 태평천국운동을 일으킴	**1851** 루이 나폴레옹이 쿠데타를 일으켜 황제 즉위

동양	서양
	1853~1856 크림 전쟁
1854 미국 페리 제독이 일본 강제 개항. 미·일 화친조약 체결	
1857 세포이의 반란 결과 무굴 제국 멸망. 영국, 동인도회사 폐지	
1858 2차 아편전쟁. 텐진 조약 체결	
	1859 다윈이 《종의 기원》을 출간
1861 베이징에 총리아문을 설치하면서 양무운동 시작	**1861** 이탈리아의 통일. 알렉산드르 2세가 농노 해방령을 공표
	1861~1865 미국의 남북전쟁. 북부의 승리
1863 프랑스, 인도차이나 일대를 보호령으로 획득	**1863** 미국, 링컨 대통령이 노예해방령을 선포
	1867 오스트리아-헝가리 제국의 성립
1868 일본, 존왕파가 쿠데타를 일으켜 쇼군제 폐지. 메이지 유신	**1869** 수에즈 운하 완공
	1871 독일제국의 수립. 파리 코뮌, 베르사유 정부군에 의해 진압
1876 영국 빅토리아 여왕이 인도 황제 겸임. 일본, 미국을 그대로 모방해 조선과 강화도조약 체결	**1882** 독일, 오스트리아, 이탈리아의 삼국동맹 성립
1885 인도, 국민회의 발족	
1889 일본, 제헌헌법 선포. 청, 캉유웨이 등을 중심으로 무술변법 실시	**1890** 비스마르크 체제 종식
1891 시베리아 횡단철도 건설 시작	
1894~1895 한반도에서 청일전쟁이 일어남(시모노세키 조약 체결)	**1896** 헤르츨이 시오니즘 제창
	1898 파쇼다 사건(영국과 프랑스 간 우호 성립)
1899 의화단 사건 발발	

1900

동양	서양
1902 영국, 러시아를 견제하기 위해 일본과 영일동맹 결성	
1903 영국, 벵골 분리 계획 추진	
1904~1905 러일전쟁(일본, 동양의 제국주의 국가로 부상)	**1905** 러시아, '피의 일요일' 사건

	동양	서양
	1906 인도, 캘커타 대회에서 스와라지(자치), 영국 상품 배척, 스와데시(국산품 애용), 국민 교육의 4대 강령을 중심으로 민족운동 전개	1907 영국, 프랑스, 러시아의 삼국협상 성립
		1908 오스트리아, 보스니아와 헤르체고비나를 일방적으로 합병
1910	1910 일본, 조선 병합	
	1911 중국, 신해혁명. 임시 대총통 쑨원이 중화민국 임시정부 선포(2000년 제국사 종식)	1912 발칸 전쟁
	1914 일본이 호주, 뉴질랜드, 아시아의 독일 식민지 병합에 나섬	1914~1918 제1차 세계대전
		1917 러시아 사회주의혁명(소련의 탄생)
	1919 중국에 대한 일본의 침략을 인정하는 파리 강화회의에 반발해 5·4 운동 발발(중국 민족주의 태동)	1919 베르사유 조약. 독일에 바이마르 공화국 수립(독일 최초의 공화정). 이탈리아에 파시스트당 성립
1920	1920 인도의 간디가 불복종운동을 시작함	1920 국제연맹 창립
	1921 중국공산당 발족	
		1922 이탈리아에 파시스트 정권 수립
		1923 케말 파샤가 터키 공화국 수립(오스만 제국의 멸망)
	1924 군벌과 제국주의에 대항하기 위한 제1차 국공합작	
	1927 장제스가 북벌에 나선 지 2개월 만에 베이징 점령. 난징 정부 수립	1928 부전 조약 체결
		1929 세계 경제 대공황
1930		
	1931 만주사변 발발	
	1933 일본, 만주사변에 대한 국제사회의 비난이 일자 국제연맹 탈퇴	1933 히틀러의 집권. 미국 뉴딜 정책 실시
	1934~1936 대장정	
	1936 시안 사건을 계기로 제2차 국공합작	1936 에스파냐 내전 시작

동양	서양	
1937 일본, 노구교 사건을 빌미 삼아 중일전쟁 일으킴. 수세에 몰린 일본이 난징 대학살을 자행함		
	1939 독일이 폴란드를 침공함(제2차 세계대전의 발발)	
1940 일본, 난징 괴뢰정부 수립		1940
1941 일본, 하와이 진주만 기습(태평양전쟁 발발)	1941 독일의 소련 침공	
1942 일본군, 동남아시아 침공 개시		
	1943 이탈리아 항복	
1945 미국, 일본에 원자폭탄 투하. 제2차 세계대전 종식	1945 독일 항복. 제2차 세계대전 종전. 국제연합 탄생	
1946 중국, 내전 재개. 베트남, 대프랑스 독립전쟁 개시		
1947 인도, 독립과 동시에 인도와 파키스탄으로 분립	1947 미국, 트루먼 독트린 발표	
1948 장제스 하야. 대만으로 철수 준비. 반 이슬람파 극우 청년의 총격으로 간디 사망	1948 이스라엘 공화국 성립	
1949 인민해방군이 중국 본토를 완전히 점령함	1949 북대서양조약기구(NATO) 성립	
1950 한국전쟁 발발		1950
1953 한국전쟁 휴전		
	1955 바르샤바조약기구(WTO) 설립	
	1957 유럽경제공동체(ECC) 조인	
1960 한국, 4·19혁명		1960
	1962 미국, 쿠바 봉쇄	
	1964 베트남 전쟁 발발	
1966 중국, 문화대혁명		
	1967 유럽공동체(EC) 설립	
	1968 소련, 프라하 침공하여 '프라하의 봄' 진압	
		1970
1972 한국, 7·4 남북공동성명	1972 닉슨 미국 대통령과 마오쩌둥 중국 주석 정상회담	
	1973 4차 중동전쟁으로 석유 파동	

	동양	서양
		1979 소련, 아프가니스탄 침공
1980	**1980** 한국, 5·18 광주민주항쟁	**1980** 이란-이라크 전쟁 발발
		1985 소련, 고르바초프 집권. 페레스트로이카 추진
	1989 중국, 제2차 톈안먼 사건	**1989** 독일, 베를린 장벽 붕괴
1990		
		1991 걸프 전쟁 발발
	1994 북한, 김일성 사망	**1994** 유럽공동체를 유럽연합으로 개칭
	1997 한국, IMF 외환 위기	**1997** 영국, 중국에 홍콩 반환

| 찾아보기 |

ㅁ

ㅂ

ㅅ

ㅇ

ㅈ

ㅊ

종횡무진 서양사 2

초판 1쇄 발행일 1999년 12월 17일
개정판 1쇄 발행일 2015년 4월 13일
개정판 8쇄 발행일 2023년 6월 12일

지은이 남경태

발행인 김학원
발행처 (주)휴머니스트출판그룹
출판등록 제313-2007-000007호(2007년 1월 5일)
주소 (03991) 서울시 마포구 동교로23길 76(연남동)
전화 02-335-4422 **팩스** 02-334-3427
저자·독자 서비스 humanist@humanistbooks.com
홈페이지 www.humanistbooks.com
유튜브 youtube.com/user/humanistma **포스트** post.naver.com/hmcv
페이스북 facebook.com/hmcv2001 **인스타그램** @humanist_insta

편집주간 황서현 **편집** 최윤영 임미영 **디자인** 김태형 최우영 박인규 **지도** 임근선
용지 화인페이퍼 **인쇄** 삼조인쇄 **제본** 해피문화사

ISBN 978-89-5862-787-6 04900